Stefan Niewöhner

Das Assistenzkonzept zur Gewährleistung des Selbstbestimmungsrechts von Kindern im Rahmen der Heilbehandlung

Recht und Medizin

Zukunftsvisionen aus dem Gedankenlabor

herausgeben von

Prof. Dr. Gunnar Duttge

Band 4

LIT

Stefan Niewöhner

Das Assistenzkonzept zur Gewährleistung des Selbstbestimmungsrechts von Kindern im Rahmen der Heilbehandlung

LIT

∞

Gedruckt auf alterungsbeständigem Werkdruckpapier entsprechend
ANSI Z3948 DIN ISO 9706

Bibliografische Information der Deutschen Nationalbibliothek
Die Deutsche Nationalbibliothek verzeichnet diese Publikation in der Deutschen Nationalbibliografie; detaillierte bibliografische Daten sind im Internet über https://dnb.dnb.de abrufbar.

ISBN 978-3-643-15545-0 (br.)
ISBN 978-3-643-35545-4 (PDF)
Zugl.: Göttingen, Univ., Diss., 2024

Verlagskontakt:
Fresnostr. 2 D-48159 Münster
Tel. +49 (0) 2 51-62 03 20
E-Mail: lit@lit-verlag.de https://www.lit-verlag.de

Auslieferung:
Deutschland: LIT Verlag, Fresnostr. 2, D-48159 Münster
Tel. +49 (0) 2 51-620 32 22, E-Mail: vertrieb@lit-verlag.de

DANKSAGUNG

In vielen Jahren, in denen ich ehrenamtlich und hauptberuflich in der Jugendarbeit des CVJM (Christlicher Verein Junger Menschen) und der Ev. Jugend tätig war, habe ich positive Erfahrungen mit der Partizipation junger Menschen gemacht. Ein wirksames Instrument, um Kinder, Jugendliche und junge Erwachsene in ihrer Persönlichkeitsentwicklung zu fördern, besteht darin, ihnen Verantwortung zu übertragen. Dies impliziert die Bereitschaft, die eigene Gestaltungsmacht mit ihnen zu teilen bzw. aufzugeben.

Eine Asymetrie der Macht besteht im Eltern-Kind-Verhältnis. Auch wenn dieses schon lange nicht mehr als „Gewaltverhältnis" bezeichnet wird, bestimmen doch die Eltern bis zum Eintritt der Volljährigkeit über die wesentlichen Dinge im Leben von Kindern und Jugendlichen. Die elterliche Sorge stellt dabei einen Ermöglichungsrahmen für die gesunde Entwicklung von Kindern und Jugendlichen dar. Eltern sind gehalten, mit zunehmender Reife des Kindes dessen Willen in ihren stellvertretenden Handlungen mehr und mehr zu berücksichtigen. Dies gilt insbesondere bei höchstpersönlichen Angelegenheiten der Kinder, von denen an erster Stelle die Heilbehandlung zu nennen ist.

Die vorliegende Arbeit wurde im Sommersemester 2023 von der juristischen Fakultät der Georg-August-Universität zu Göttingen als Dissertation angenommen. Sie stellt die rechtlichen Rahmenbedingungen der Heilbehandlung von Kindern dar und zeigt Wege auf, wie Kinder als Subjekte schon in jungen Jahren in die Planung und Gestaltung ihrer Behandlung eingebunden und so zum Entscheider in eigenen Angelegenheiten werden können. Es erscheint wenig überraschend, dass dies auf Seiten der Eltern die Bereitschaft zum Teilen bzw. zum Verzicht ihrer Macht voraussetzt.

Mein Dank gilt Prof. Dr. Gunnar Duttge, der die Erstellung dieser Arbeit durch seine wohlwollend-kritische Begleitung gefördert hat. Sehr herzlich danke ich ihm auch für die Möglichkeit, die Arbeit in der von ihm verantworteten Schritenreihe des LIT-Verlags zu veröffentlichen. Frau Prof. Dr. Barbara Veit danke ich für die zügige Erstellung des Zweitgutachtens. Prof. Dr. Eva Schumann und Prof. Dr. Dr. h. c. Volker Lipp haben meine Zulassung zum Promotionsstudium durch die Gewährung der Teilnahme an von ihnen veranstalteten Seminaren erst ermöglicht. Dafür gebührt ihnen mein Dank.

Meinen Kinder Matthis, Jakob und Johanna danke ich für ihre Bereitschaft zum Verzicht auf manche gemeinsame Unternehmung und für ihr Verständnis für meine Forschungen im Studierzimmer. Sie haben mir ermöglicht, die Forschungserkenntnisse auf ihre Praxistauglichkeit hin zu überprüfen.

Meine Familie und meine Freunde haben sich häufig interessiert gezeigt für meine Forschungen. Dafür danke ich ihnen ebenso wie für ihr kritisches Nachfragen und den sich daraus ergebenden angeregten Austausch.

Meine Mutter Ursula hat mich das Vertrauen in meine Fähigkeiten gelehrt. Ihre Unterstützung gab mir die innere und äußere Freiheit, um dieses Projekt zu realisieren. Ihr danke ich aus tiefstem Herzen.

Meine Ehefrau Melanie hat zu jeder Zeit an das Gelingen meines Vorhabens geglaubt. Sie war mir wichtigste Ansprechpartnerin und liebevolle Begleiterin. Ohne ihren Rückhalt und ihre Liebe wäre diese Arbeit nicht entstanden.

Voerde im Februar 2024

INHALTSVERZEICHNIS

ABKÜRZUNGSVERZEICHNIS

Es werden die üblichen Abkürzungen nach Hildebert Kirchner, Abkürzungsverzeichnis der Rechtssprache, 9. Auflage, Berlin 2018, verwendet.

1. Kapitel: Einleitung

§ 1 Problemstellung

A. Die Bedeutung der Patientenautonomie in der modernen Medizin

Etwa seit den 1960er Jahren hat das ursprünglich paternalistisch geprägte Arzt-Patienten-Verhältnis eine starke Veränderung erfahren.[1] Nicht mehr länger wird davon ausgegangen, dass der Arzt als Experte hinsichtlich der Behandlung und ihrer Abläufe über die durchzuführenden Untersuchungen und Behandlungen für den Patienten entscheiden soll. Vielmehr ist die moderne Arzt-Patienten-Beziehung geprägt durch den Anspruch jedes einzelnen Patienten auf Selbstherrschaft bzw. Autonomie (autos nomos = sich selbst Gesetz gebend) und Mitbestimmung über die ärztliche Behandlung. Bezugspunkt für die insoweit geführte medizinethische Debatte um Patientenautonomie ist ein in freiheitlichen Gesellschaften verwurzeltes liberales Verständnis von Autonomie, deren ethisches Leitbild der Respekt vor der freien Entscheidung des Patienten ist.[2] Nur in Ausnahmefällen soll dieser Respekt hinter andere ethische Rücksichten, wie die der Schadensvermeidung oder der Fürsorge, zurücktreten.[3] Der Anspruch des Patienten, bei ihn selbst betreffenden Behandlungen auch selbst (mit)bestimmen zu können, wurzelt in der tiefen Überzeugung, dass das eigene Leben nach eigenen Vorstellungen gestaltet werden darf. Ausdruck findet dieser Anspruch bei medizinischen Behandlungen im Grundsatz des ‚informed consent‘: Der informierte und aufgeklärte Patient hat seine Einwilligung vor jedem medizinischen Eingriff zu erteilen.[4] Dieser Grundsatz hat durch das Gesetz zur Verbesserung der Rechte von Patientinnen und Patienten vom 20.2.2013[5] auch Eingang in das Bürgerliche Gesetzbuch erhalten. Die im Kontext des Behandlungsvertragsrechts anzutreffenden Vorschriften der §§ 630d und 630e BGB normieren die Einwilligung und die ihr zugrunde liegende Patientenaufklärung. Damit bildet das BGB auf der Ebene des Vertragsrechts die als gesichert zu bezeichnende Rechtslage des Delikts- und Schadensrechts

---

[1] *Faden/King/Beauchamp*, informed consent, S. 125; *Jox*, in: Wiesemann/Simon, Patientenautonomie, S. 329; vgl. zu den Gründen dieser Veränderung: *Miranowicz*, MedR 2018, 131 (132).

[2] *Emanuel/Emanuel*, in: Wiesing/Ach/Bormuth/Clausen/Ehni/Marckmann/ Rothenberger/Tümmers, Ethik in der Medizin, S. 107 (108); *Kreß*, Medizinische Ethik, S. 25; *Wapler*, Kinderrechte und Kindeswohl, S. 329; *Wiesemann*, in: Wiesemann/Simon, Patientenautonomie, S. 13 (14).

[3] *Beauchamp/Childress*, Biomedical Ethics, S. 215; *Patzig*, Gesammelte Schriften, S. 77.

[4] *Beauchamp/Childress*, Biomedical Ethics, S. 122

[5] BGBl. I S. 277.

sowie des Strafrechts ab.[6] Diese Rechtslage lässt sich bis zur Entscheidung des Reichsgerichts im Jahr 1894 zurückführen. Jeder – auch der nach den Regeln der ärztlichen Kunst und zu Heilzwecken vorgenommene – invasive Eingriff stellt nach Auffassung der Rechtsprechung eine Verletzung der körperlichen Unversehrtheit im Sinne der §§ 823 Abs. 1 BGB, 223 StGB dar und realisiert damit den Tatbestand der Körperverletzung.[7] Der Tat wird durch den Rechtfertigungsgrund der Einwilligung die Rechtswidrigkeit genommen, wenn der entsprechend aufgeklärte Patient sich im Vorfeld des Eingriffs mit diesem einverstanden erklärt hat.[8]

B. Kinder als Patienten

Ob Minderjährige in der Lage sind, das ihnen zustehende Selbstbestimmungsrecht selbstständig auszuüben, ist umstritten. Zwar ging der Bundesgerichtshof bereits im Jahr 1958 davon aus, dass ein junger Mensch bereits vor Eintritt der Volljährigkeit über die erforderliche Reife verfüge,[9] doch noch in den 1970er Jahren war es übliche Praxis in der Medizin, Kinder nicht über ihre Erkrankungen und die damit einhergehenden Folgen aufzuklären. Der zur damaliger Zeit seine Berufstätigkeit aufnehmende Kinderarzt *Dietrich Niethammer* berichtet von bühnenreifen Inszenierungen, die Ärzte, Eltern und Pflegende dargeboten haben, um Kinder im Unklaren über ihre Krankheit zu lassen.[10] Gerechtfertigt wurde dies mit dem Anliegen, das Kind nicht belasten zu wollen. So wurde den Kindern vorgespielt, dass ihr Gesundheitszustand sich bald verbessern werde, selbst wenn die konkrete Diagnose das zeitnahe Ableben der Kinder erwarten ließ. Oft durchschauten die jungen Patienten das Schauspiel. Sie machten ihrerseits mit, um die Eltern, deren Schmerz sie wahrnahmen, nicht noch

---

[6] *Duttge*, in: Prütting, Medizinrecht, StGB § 228 Rn. 5; *Spickhoff*, in: Spickhoff, Medizinrecht, BGB § 630a Rn. 3; *Wagner*, in: MüKo, BGB vor § 630a Rn. 26.

[7] RG, Urt. v. 31.05.1894 – Rep. 1406/94, RGSt 25, 375 (377 f.); Urt. v. 03.12.1941 – III. 68/41, RGZ 168, 206 (213); BGH, Urt. v. 16.01.1959 – VI ZR 179/57, BGHZ 29, 176 (179 f.); Urt. v. 29.06.1995 – 4 StR 760/94, NStZ 1996, 34; Urt. v. 07.11.2006 – VI ZR 206/05, NJW-RR 2007, 310; zur in der Literatur vertretenen Gegenauffassung vgl.: *Joecks*, in: MüKo, StGB § 223 Rn. 47-55; *Kühl*, in: Lackner/Kühl, StGB § 223 Rn. 8; *Sternberg-Lieben*, in: Schönke/Schröder, StGB § 223 Rn. 29-35.

[8] RG, Urt. v. 27.05.1908 – Rev. VI 484/07, RGZ 68, 431 (433); Urt. v. 19.06.1936 – III. 298/35, RGZ 151, 349 (355); BGH, Urt. v. 28.11.1957 – 4 StR 525/57, BGHSt 11, 111 (112); Urt. v. 09.12.1958 – VI ZR 203/57, BGHZ 29, 46 (49); Urt. v. 22.05.2007 – VI ZR 35/06, NJW 2007, 2774 (2775); Urt. v. 22.12.2010 – 3 StR 239/10, MedR 2011, 809 (810).

[9] BGH, Urt. v. 05.12.1958 – VI ZR 266/57, BGHZ 29, 33.

[10] Vgl. auch zu den nachfolgenden Ausführungen: *Niethammer*, in: Wiesemann, Kind als Patient, S. 92 (92f., 102-105).

zusätzlich zu beunruhigen.[11] Die Folge dieser als *barmherzige Illusionierung* zu bezeichnenden Praxis war, dass die Kinder zurückgezogen, einsam und verlassen – und damit menschenunwürdig[12] – starben. Kinderonkologische Untersuchungen aus neuerer Zeit legen den Verdacht nahe, dass die Sprachlosigkeit der Erwachsenen gegenüber (tot-) kranken Kindern noch nicht gänzlich überwunden ist. Mit etwa einem Drittel der präadoleszenten Kinder wird nicht über ihre Krebserkrankung gesprochen.[13] Bis heute existiert keine Leitlinie der medizinischen Fachgesellschaften zur Aufklärung von Kindern und die Kommunikation mit juvenilen Patienten ist nicht Gegenstand der Facharztausbildung zum Kinder- und Jugendmediziner.[14] Zwar findet der in der Medizin allgemein anerkannte Bedeutungszuwachs der positiven Gestaltung der Arzt-Patienten-Beziehung auch Niederschlag in der pädiatrischen Literatur, doch wird insoweit vor allem auf die Gesprächsführung des Arztes mit den Eltern des Kindes fokussiert statt auf die Kommunikation des Behandelnden mit dem kranken Kind.[15] Diese Tatsachen sind zu kritisieren, lassen sie doch den eingangs erwähnten Anspruch des Menschen auf Selbstherrschaft und Autonomie für das Kind gänzlich unberücksichtigt. Dass Kinder bereits eine eigene Vorstellung von ihrem Leben haben, zeigt das Beispiel der 13-jährigen Hannah Jones, die im Jahr 2008 – nach einer überstandenen Leukämietherapie – eine notwendige Herztransplantation ablehnte, weil sie die damit verbundenen Risiken, Gefahren und Unannehmlichkeiten nicht auf sich nehmen wollte. Vor einem englischen Gericht erstritt sie ihr Recht, sterben zu dürfen.[16]

Zweifelsohne ist die Situation der Behandlung von Kindern und Jugendlichen speziell. Der informed-consent-Grundsatz gerät dort an seine Grenzen, wo Kinder noch nicht über die erforderlichen Kompetenzen verfügen, um eine selbstbestimmte Entscheidung treffen zu können. Aufgrund der besonderen Vulnerabilität von Kindern und Jugendlichen verlangen die durch das Autonomieprinzip zurückgedrängten Prinzipien der Schadensvermeidung und der Fürsorge eine stärkere Berücksichtigung. Die ohnehin mitunter nicht ganz unproblematische Arzt-Patienten-Beziehung wird hier noch erweitert um die Beteiligung der Erziehungsberechtigten. Damit entsteht bei der Behandlung von Kindern ein Spannungsverhältnis zwischen dem Behandlungsauftrag des

---

[11] *Niethammer*, in: Wiesemann, Kind als Patient, S. 92 (105).

[12] *Niethammer*, in: Wiesemann, Kind als Patient, S. 92 (102).

[13] *Webster/Skeen*, in: Martin/Weyl Ben Arush/Kreitler, Pediatric psycho-oncology, S. 71.

[14] *Schmidt/Krones*, Monatsschrift Kinderheilkunde 2016, 122 (126).

[15] Vgl. insoweit: *Kölfen*, Monatsschrift Kinderheilkunde 2015, 583; *Kölfen*, Monatsschrift Kinderheilkunde 2016, 574.

[16] Vgl. zu diesem Fall: *Devitt*, paediatric nursing 2009, 25; *Wiesemann/Peters*, Frühe Kindheit 2013, 23.

medizinischen Fachpersonals, dem elterlichen Sorgeauftrag und dem Selbstbestimmungsrecht der minderjährigen Patienten.[17] Ärzte stellt die Behandlung von Kindern vor die größten ethischen Herausforderungen.[18] Nicht gerade erleichternd wirkt in diesem Zusammenhang, dass es sich bei Kindern[19] um eine äußerst inhomogene Personengruppe handelt, die sich innerhalb desselben Alters, aber auch bei einem Vergleich unterschiedlicher Altersgruppen, hinsichtlich ihrer kognitiven und emotionalen Entwicklung als äußerst divers darstellt.[20]

Aus juristischer Perspektive stellt sich die Frage, ob minderjährige Patienten gegebenenfalls selbst in sie betreffende Heilbehandlungen einwilligen dürfen und welche Voraussetzungen dafür vorzuliegen haben? Weiter ist zu fragen, wie zu verfahren ist, wenn die Meinung von Eltern und Kind bzgl. einer konkreten Behandlung divergieren? Kann das Kind sich mit seiner Auffassung durchsetzen oder kommt es bis zum Eintritt der Volljährigkeit allein auf die Entscheidung der Personensorgeberechtigten an?[21] Diese Fragestellungen gehören zu den umstrittensten im gesamten Kindschafts- und Medizinrecht.[22] Aufgrund der mit der Kindheit verbundenen großen Altersspanne und der sehr unterschiedlichen Entwicklungsgeschwindigkeiten ist eine Antwort darauf nicht ohne einen Blick in die Entwicklungspsychologie zu geben. Aufgrund der grundsätzlichen ethischen Bedeutung sind auch medizinethische und kinder- und jugendmedizinische Aspekte zu berücksichtigen. Die vorliegende Darstellung konzentriert sich auf die Gewährleistung des Selbstbestimmungsrechts, weshalb der Thematik des Abschlusses eines Behandlungsvertrags durch den Minderjährigen keine Beachtung geschenkt wird.[23]

C. Zunehmende Bedeutung von Kinderrechten

Die sich stets und ständig verändernden gesellschaftlichen Überzeugungen und die das Zusammenleben der Allgemeinheit beeinflussenden Wertvorstellungen prägen das Recht. Die Perspektive auf Kindheit hat in den zurückliegenden

---

[17] *Kölch*, Drug Research 2004, 22 (23).

[18] *Dörries*, in: Wiesemann, Kind als Patient, S. 180 (181); *Jox*, in: Wiesemann/Simon, Patientenautonomie, S. 329; *Wiesemann/Peters*, Frühe Kindheit 2013, 23 (29).

[19] In der Terminologie sind alle Minderjährigen „Kinder".

[20] *Kölch/Fegert*, FPR 2007, 76.

[21] Die Personensorge (§§ 1631-1632 BGB) kann neben dem Regelfall der gemeinsamen Ausübung durch die sorgeberechtigten Eltern auch von einem allein sorgeberechtigten Elternteil oder von einem Vormund (§§ 1789, 1795 BGB) bzw. einem Pfleger (§1809, 1813, 1789, 1795 BGB) ausgeübt werden.

[22] *Götz*, FamRZ 2017, 1289 (1295).

[23] Siehe zum Abschluss des Behandlungsvertrags durch Minderjährige: *Spickhoff*, FamRZ 2018, 412 (414–418).

Jahrhunderten und insbesondere in den letzten Jahrzehnten einen paradigmatischen Wandel erfahren. Während das Kind im römischen und germanischen Recht noch unter der sehr umfassenden Herrschaft des Vaters stand, die diesem gar das Recht gewährte, Kinder als Sklaven zu verkaufen,[24] trat in der Zeit der Aufklärung die Schutzbedürftigkeit des Kindes in den Fokus.[25] Neben der Implementierung rechtlicher Einschränkungen der elterlichen Gewalt über das Kind war diese Epoche geprägt von der Entstehung philosophischer und pädagogischer Konzepte, die erstmals das Kind als Person in das Zentrum ihrer Überlegungen stellten.[26] Hier sind Jean-Jacques Rousseau (1712-1778) und Johann Pestalozzi (1746-1824) zu nennen. Auch im 19. Jahrhundert wurden die Bemühungen um den Schutz der Kinder fortgesetzt, etwa durch Maria Montessori (1870-1952). Wenngleich in dem zum 1.1.1900 in Kraft getretenen BGB Kindern die Rechtsfähigkeit zuerkannt wurde, existierte am Ende des 19. Jahrhunderts kein umfassendes gesetzliches Konzept der Rechte von Kindern.[27] Dies änderte sich erst im 20. Jahrhundert. Zwar stand im Zentrum der 1924 in der Vollversammlung des Völkerbundes verabschiedeten *Genfer Deklaration der Rechte des Kindes* immer noch das Bemühen um den Schutz des Kindes und nicht das Bestreben, dem Kind Selbstbestimmung und aktive Teilhabe in der Gesellschaft zu ermöglichen,[28] doch änderte sich dies mit der 1959 von den Vereinten Nationen verabschiedeten *Erklärung der Rechte des Kindes vom 20.11.1959*. Diese stattete die Kinder mit eigenen Teilhaberechten aus und machte sie zu eigenständigen Rechtsträgern. Ideologischer Wegbereiter für diese Entwicklung war unter anderem der polnische Kinderarzt *Janusz Korczak*, der im Jahr 1928 mit der Veröffentlichung seines Werkes *Das Recht des Kindes auf Achtung* die Diskussion um die Kinderrechte um eine neue Perspektive bereicherte. Er stellte die Achtung der kindlichen Persönlichkeit in den Fokus seiner Überlegungen und forderte Erwachsene auf, Kinder als gleichwertig anzusehen und mit Respekt zu behandeln.[29] Obwohl von diesem inspiriert, ist gleichwohl zu konstatieren, dass die *Erklärung der Rechte des Kindes vom 20.11.1959* weit hinter den von *Korczak* geforderten Kinderrechten zurückblieb.[30] Darüber hinaus fehlte ihr für die nächsten 40 Jahre die rechtliche

---

[24] *Schwab*, in: Bundesministerium für Familie und Senioren, 40 Jahre Familienpolitik, S. 63 (78); *Zimmer*, Sorge- und Umgangsrecht, S. 56; ausführlich zu den Kinderrechten in dieser Zeit: *Brückner*, Selbstbestimmungsrecht Minderjähriger, S. 11–13.

[25] *Brückner*, Selbstbestimmungsrecht Minderjähriger, S. 14.

[26] Dazu: *Fegert*, ZKJ 2012, 418 (419).

[27] *Surall*, Ethik des Kindes, S. 38; siehe zu dieser Epoche: *Brückner*, Selbstbestimmungsrecht Minderjähriger, S. 15–16.

[28] *Fegert*, ZKJ 2012, 418 (425); *Finger*, FuR 2020, 97; *Liebel*, Kinderrechte, S. 16.

[29] *Korczak et al.*, Recht des Kindes auf Achtung, S. 23–29.

[30] *Freeman*, in: Freeman/Veerman, ideologies of children´s rights, S. 3 (4).

Verbindlichkeit. Diese trat erst mit der Umwandlung dieser Erklärung in einen völkerrechtlichen Vertrag im Jahr 1989 ein.

Am 20.11.1989 verabschiedete die Generalversammlung der Vereinten Nationen (United Nations – UN) die Konvention über die Rechte des Kindes, die UN-Kinderrechtskonvention (KRK).[31] Keine andere UN-Konvention hat eine derart breite Zustimmung unter den Mitgliedsstaaten erfahren wie die KRK.[32] Von ihr gingen Impulse für die Verbesserung des rechtlichen und sozialen Status der Kinder aus.[33] Kindern wurden damit erstmals in völkerrechtlich verbindlicher Weise weltweit eigene Rechte zuerkannt.[34] Der KRK liegt eine neue Perspektive zugrunde, aus der Kinder gesehen werden: nicht mehr als defizitäre Erwachsene aus einer ausschließlich „paternalistischen Optik mittels Festschreibung von Schutz- und Fürsorgepflichten“, sondern als „Subjekte mit eigener Persönlichkeit und eigenen Rechten“, deren Entwicklung zu fördern ist.[35] Im Zentrum der Konvention steht der Schutz der Würde des Kindes.[36] Die KRK sichert Kindern ein Recht auf „Kindsein“, wozu die Freiheit zur Selbstentfaltung und Selbstverwirklichung gehört. Dadurch wird die Entwicklung zur Selbstständigkeit und Selbstverantwortung gefördert.[37] Auch die Regelung des Art. 24 EU-Grundrechtecharta (EU-GRCh),[38] die nach dem Vorbild der KRK geschaffen wurde, gewährt Kindern ein Teilhaberecht und wird auch als „Kondensat“ der KRK bezeichnet.[39] Neben dem Anspruch auf Schutz und Fürsorge werden explizit das Recht auf die Äußerung der eigenen Meinung und auf die Berücksichtigung derselben gewährt.

---

[31] Mit Gesetz vom 17.2.1992 hat der Deutsche Bundestag mit Zustimmung des Bundesrates beschlossen, dass die Bundesrepublik Deutschland der Konvention zustimmt (BGBl. II S. 121). Nach Hinterlegung der Ratifizierungsurkunde beim Generalsekretär der Vereinten Nationen am 6.3.1992 ist die KRK in Deutschland am 5.4.1992 (vgl. Art. 49 Abs. 2 KRK) in Kraft getreten (BGBl. II S. 990.). Die von Deutschland zunächst geäußerten Vorbehalte (BGBl. II S. 991) wurden im Jahr 2010 zurückgenommen, so dass die KRK seitdem in Deutschland unbeschränkte Geltung hat.

[32] *Eichenhofer*, Soziale Menschenrechte, S. 118.

[33] *Liebel*, Kinderrechte, S. 89.

[34] *Liebel*, Kinderrechte, S. 89.

[35] *Cremer*, in: General Comments zu den VN-Menschenrechtsverträgen, S. 525 (526); *Michel*, Rechte von Kindern in Heilbehandlungen, S. 57.

[36] *Michel*, Rechte von Kindern in Heilbehandlungen, S. 55; vgl. Präambel zur KRK.

[37] *Brückner*, Selbstbestimmungsrecht Minderjähriger, S. 32; *Eichenhofer*, Soziale Menschenrechte, S. 118.

[38] Die EU-GRCh erlangt durch Art. 6 EUV die Stellung europäischen Primärrechts.

[39] *Steindorff-Classen*, EuR 2011, 19 (29).

D. Herausforderungen der Gegenwart

Dieser kurze Überblick zeigt die Tendenz der Entwicklung der Kinderrechte: Nachdem die Diskussion um diese in den zurückliegenden Jahrhunderten von dem Bemühen um den Schutz der Kinder geprägt war, besteht im 21. Jahrhundert die Herausforderung darin, Kindern die selbstständige Geltendmachung der ihnen zustehenden Rechte zu ermöglichen.[40] Dass die nicht vorhandene Geschäftsfähigkeit nicht dazu führen darf, dass die insoweit beeinträchtigten Personen ihrer Selbstbestimmung in medizinischen Angelegenheiten beraubt werden, hat das Bundesverfassungsgericht (BVerfG) zuletzt in mehreren Entscheidungen deutlich gemacht.[41] Gegenstand der Voten waren Patienten, die aufgrund ihrer psychischen Störung in der Besorgung ihrer Geschäfte eingeschränkt bzw. davon gänzlich ausgeschlossen waren. Die Begründungen des BVerfG zeugen von dem Bemühen, diesen die Teilhabe und ein selbstbestimmtes Leben zu ermöglichen.[42] Aufgrund der Tatsache, dass minderjährige einwilligungsunfähige Patienten hinsichtlich ihrer Abhängigkeit und Vulnerabilität eine gewisse Ähnlichkeit mit einwilligungsunfähigen Betreuten aufweisen,[43] entfaltet die aktuelle Rechtsprechung des BVerfG eine Indizwirkung für die hier zu beantwortende Frage, wie die Selbstbestimmung von Kindern, und hier insbesondere die von denjenigen Kindern, die als einwilligungsunfähig angesehen werden, gewährleistet werden kann.

§ 2 Gang der Untersuchung

Den Ausgangspunkt der vorliegenden Arbeit bildet eine verfassungsrechtliche Untersuchung der für die Fragestellung relevanten Axiome der Fürsorge und der Selbstbestimmung. Dem Selbstbestimmungsrecht des Kindes, dessen verfassungsrechtliche Verortung erörtert wird, steht bei medizinischen Behandlungen das Elterngrundrecht aus Art. 6 Abs. 2 GG gegenüber.

Im Kontext der Erörterung von Kollisionslösungen werden Modelle der Harmonisierung präsentiert, in deren Rahmen die derzeitige Rechtslage im Behand-

---

[40] *Brückner*, Selbstbestimmungsrecht Minderjähriger, S. 23; *Wiesemann/Peters*, Frühe Kindheit 2013, 23 (24); auf das Bedürnis einer "Neudefinition der Positionen von Kind, Eltern und Staat unter Berücksichtigung der wachsenden Autonomie des Kindes" hinweisend: *Dethloff*, NJW 2018, 23 (27).

[41] BVerfG, Beschluss v. 23.03.2011 – 2 BvR 882/09, NJW 2011, 2113 (2114); v. 20.02.2013 – 2 BvR 228/12, BVerfGE 133, 112 (131); Beschluss v. 19.07.2017 – 2 BvR 2001/14, NJW 2017, 2982.

[42] Die gesellschaftlichen Bemühungen um Teilhabe behinderter Menschen zeigen sich auch im Bundesteilhabegesetz. Dazu: *Kainz*, NZS 2017, 649–655; zur Selbstbestimmung von Menschen, die an einer Demenz leiden: *Deutscher Ethikrat*, Demenz und Selbstbestimmung (passim).

[43] *Duttge*, in: Wiesemann/Simon, Patientenautonomie, S. 77 (88).

lungsvertragsrecht vorgestellt und kritisch gewürdigt wird. Die in einigen medizinischen Spezialgesetzen normierten Vetorechte werden dahingehend untersucht, ob sie eine verallgemeinerungsfähige Möglichkeit darstellen, Minderjährigen unterhalb der Schwelle der Einwilligungsfähigkeit die Ausübung ihres Selbstbestimmungsrechts zu ermöglichen.

Es wird aufgezeigt werden, dass der Einwilligungsfähigkeit eine Schlüsselrolle bei der Wahrnehmung der Patientenautonomie zukommt, so dass sich eine Untersuchung der Einwilligungsfähigkeit anschließt, wobei zunächst die zur Rechtsnatur der Einwilligung vertretenen Ansichten dargestellt und erörtert werden. Es folgt eine rechtsdogmatische Analyse der Einwilligungsfähigkeit durch Auswertung der einschlägigen Rechtsprechung und des relevanten Schrifttums. Zur Generierung weiterer Erkenntnisse hinsichtlich der Beurteilung der Einwilligungsfähigkeit wird die Entwicklungspsychologie zu Rate gezogen. Zunächst werden entwicklungspsychologische Untersuchungen vorgestellt, die konkret zur Einwilligungsfähigkeit gemacht wurden. Sodann werden diese Untersuchungen entwicklungspsychologischen Grundlagentheorien zur kognitiven Entwicklung zugeordnet, die im Anschluss eine Diskussion erfahren.

Die insoweit gewonnenen Erkenntnisse fließen in den Konzeptvorschlag zur Gewährleistung des medizinischen Selbstbestimmungsrechts von Kindern im Rahmen der Heilbehandlung ein. Am Anfang wird das ‚Assistenzkonzepts zur Gewährleistung der Selbstbestimmung bei Kindern‘ präsentiert, woraufhin dieses unter Berücksichtigung medizinethischer und kinder- und jugendmedizinischer Perspektiven eine weitere Begründung erfährt. Daran schließt sich eine Darstellung der Ausgestaltung des Assistenzkonzepts an, woraufhin die sich aus dem Konzept ergebenden Konsequenzen eingehend untersucht werden.

Zuletzt wird der Frage nachgegangen, ob die zur stellvertretenden Entscheidung für das Kind in Angelegenheiten der Gesundheitssorge berufenen Personensorgeberechtigten befugt sind, eine Behandlungsentscheidung auch gegen den natürlichen Willen des nicht einwilligungsfähigen Kindes durchzusetzen. Nach einer Reflexion des Begriffs des natürlichen Willens und einer Darstellung der bestehenden Rechtslage erfährt Letztere eine kritische Würdigung, die in Vorschlägen für eine kindschaftsrechtliche Regelung zur Zwangsbehandlung mündet.

An die Darstellung des Gesamtergebnisses schließen sich konkrete Reformvorschläge und weitere Empfehlungen an. Es folgt eine exemplarische Darstellung eines gelingenden Informations- und Aufklärungsgesprächs im Sinne des Konzeptvorschlags. Die Zusammenfassung soll diese Arbeit schließen.

2. Kapitel: Kinder als Patienten zwischen Selbstbestimmung und Fürsorge

§ 1 Die Heilbehandlung unter verfassungsrechtlichen Gesichtspunkten

Die bei der Behandlung von Kindern relevanten Parameter der Fürsorge und der Selbstbestimmung werden durch die Verfassung gewährleistet. Die Grundrechte weisen einen „substanziellen Gehalt"[44] auf, der auf die gesamte Rechtsordnung ausstrahlt.[45] Der Fürsorgeaspekt ist Ausdruck des Elterngrundrechts (Art. 6 Abs. 2 GG). Das Grundrecht auf körperliche Unversehrtheit (Art. 2 Abs. 2 Satz 1 GG) bzw. das Allgemeine Persönlichkeitsrecht (Art. 2 Abs. 1 i. V. m. Art 1 Abs. 1 GG) gewährleisten die Patientenautonomie.

A. Das Grundrecht der körperlichen Unversehrtheit, Art. 2 Abs. 2 Satz 1 GG

I. Schutzbereich und Eingriff

Der Schutzbereich des Art. 2 Abs. 2 Satz 1 Fall 2 GG umfasst neben der körperlichen Unversehrtheit im biologisch-physiologischen Sinn auch den geistseelischen Bereich und das psychische Wohlbefinden, soweit diese in ihrer Wirkung mit körperlichen Eingriffen zu vergleichen sind.[46] Der Schutz der Gesundheit wird begrifflich nicht erfasst, was auf eine bewusste Entscheidung des Verfassungsgebers zurückzuführen ist.[47] Art. 2 Abs. 2 Satz 1 Fall 2 GG gewährleistet einen Integritäts-[48] und nicht Gesundheitsschutz, so dass ein Eingriff unabhängig von der Profession des Behandelnden, dessen subjektiver Zielrichtung, der Ausführung lege artis und dem Eintritt des Behandlungserfolgs angenommen wird.[49] Gerechtfertigt wird dies mit dem Menschenwürdegehalt des Rechts auf körperliche Unversehrtheit.[50] Insoweit besteht ein entscheidender Unterschied zur strafrechtlichen Regelung des § 223 StGB: Diese Norm setzt eine körperliche Misshandlung oder eine Gesundheitsbeschädigung voraus, was bei Art. 2 Abs. 2 Satz 1 Fall 2 GG gerade nicht notwendig ist. Folgerichtig findet auch die im strafrechtlichen Schrifttum geführte Diskussion über die Annahme der Verwirklichung des Tatbestands der Körperverletzung

---

[44] *Lorenz*, in: Isensee/Kirchhof, HStR VI [2. Auflage], § 128 Rn. 3.
[45] *Wapler*, Kinderrechte und Kindeswohl, S. 89.
[46] BVerfG, Beschluss v. 14.01.1981 – 1 BvR 612/72, BVerfGE 56, 54 (75).
[47] *Starck*, in: v. Mangoldt/Klein/Starck, GG Art. 2 Rn. 193.
[48] BVerfG, Beschluss v. 23.03.2011 – 2 BvR 882/09, NJW 2011, 2113 (2114); *Kunig*, in: Münch/Kunig, GG Art. 2 Rn. 72; *Lorenz*, in: Isensee/Kirchhof, HStR VI [2. Auflage], § 128Rn. 64.
[49] *Starck*, in: v. Mangoldt/Klein/Starck, GG Art. 2 Rn. 237.
[50] *Di Fabio*, in: Maunz/Dürig, GG Art. 2 Abs. 2 Satz 1 Rn. 69.

durch den zu Heilungszwecken handelnden Behandler[51] im Verfassungsrecht kein Äquivalent. Dem Eingriffscharakter einer invasiven Behandlung steht nicht entgegen, dass sie zum Zweck der Heilung vorgenommen wird.[52] „Eine schädigende Zielrichtung ist nicht Voraussetzung für das Vorliegen eines Eingriffs in das Grundrecht auf körperliche Unversehrtheit."[53] Einzig das Vorliegen einer „frei, auf der Grundlage der gebotenen ärztlichen Aufklärung erteilten Einwilliung"[54] des Behandelten führt dazu, dass kein Eingriff in das Grundrecht vorliegt. Da Kinder in den meisten Fällen nicht von grundrechtsverpflichteten Ärzten behandelt werden, gelten die Grundrechte im Arzt-Patienten-Verhältnis nicht unmittelbar.

II. Staatliche Schutzpflichten

Neben der Gewährleistung des subjektiven Schutzes der Bürger vor der staatlichen Machtentfaltung wird den klassischen Abwehrgrundrechten über ihre Bestimmung der Eingriffsabwehr hinaus die Funktion zugewiesen, aus ihrem objektiv-rechtlichen Gehalt[55] bzw. aus der Menschenwürdegarantie des Grundgesetzes[56] eine staatliche Schutzpflicht zu konstituieren.[57] Der Begriff der

---

[51] Vgl. zum Streitstand im Strafrecht: *Duttge*, in: Prütting, Medizinrecht, StGB § 223 Rn. 8-24; *Kaufmann*, ZStW 73 (1961), 341 (371–374); *Knauer/Brose*, in: Spickhoff, Medizinrecht, StGB § 223 Rn. 16-19; *Kühl*, in: Lackner/Kühl, StGB § 223 Rn. 8; *Paeffgen/Böse*, in: Kindhäuser/Neumann/Paeffgen, StGB § 223 Rn. 2; *Sternberg-Lieben*, in: Schönke/Schröder, StGB § 223 Rn. 29-35.

[52] BVerfG, Beschluss v. 25.07.1979 – 2 BvR 878/74, BVerfGE 52, 131 (175) - abweichende Meinung; Beschluss v. 30.11.1988 – 1 BvR 1301/84, BVerfGE 79, 174 (201); Beschluss v. 22.09.1993 – 2 BvR 1732/93, BVerfGE 89, 120 (131); Beschluss v. 23.03.2011 – 2 BvR 882/09, NJW 2011, 2113 (2114); Beschluss v. 19.07.2017 – 2 BvR 2001/14, NJW 2017, 2982; *Di Fabio*, in: Maunz/Dürig, GG Art. 2 Abs. 2 Satz 1 Rn. 69; *Kunig*, in: Münch/Kunig, GG Art. 2 Rn. 65; *Schulze-Fielitz*, in: Dreier, GG Art 2 II Rn. 38; *Starck*, in: v. Mangoldt/Klein/Starck, GG Art. 2 Rn. 194.

[53] BVerfG, Beschluss v. 23.03.2011 – 2 BvR 882/09, NJW 2011, 2113 (2114).

[54] BVerfG, Beschluss v. 23.03.2011 – 2 BvR 882/09, NJW 2011, 2113 (2114).

[55] *Di Fabio*, in: Maunz/Dürig, GG Art. 2 Abs. 2 Satz 1 Rn. 42; *Meyer*, Genetische Untersuchungen, S. 28.

[56] *Lorenz*, in: Isensee/Kirchhof, HStR VI [2. Auflage], § 128 Art. 2 Rn. 4; *Starck*, in: v. Mangoldt/Klein/Starck, GG Art. 2 Rn. 190.

[57] BVerfG, Beschluss v. 14.01.1981 – 1 BvR 612/72, BVerfGE 56, 54 (78); Urt. v. 30.07.2008 – 1 BvR 3262/07, 402, 906/08, BVerfGE 121, 317 (356); Beschluss v. 26.07.2016 – 1 BvL 8/15, NJW 2017, 53 (55); Beschluss v. 03.02.2017 – 1 BvR 2569/16, NZFam 2017, 261 (265); *Di Fabio*, in: Maunz/Dürig, GG Art. 2 Abs. 2 Satz 1 Rn. 43; *Isensee*, in: Isensee/Kirchhof, HStR IX, § 191 Rn. 25; *Starck*, in: v. Mangoldt/Klein/Starck, GG Art. 2 II Rn. 190; *Stern*, Staatsrecht IV/1, § 100 XII 4 c γ und § 100 XII 3 b; kritisch: *Preu*, JZ 1991, 265 (266).; *Schmidt-Recla*, MedR 2017, 92 (93 f.).

staatlichen Schutzpflicht meint in diesem Zusammengang die an den Staat gerichtete Verpflichtung, grundrechtlich geschützte Rechtsgüter der Bürger wie Leben,[58] körperliche Unversehrtheit[59] und die Freiheit,[60] aber auch das Eigentum[61] vor rechtswidrigen Beeinträchtigungen seitens privater Dritter zu schützen. Adressat der Schutzpflichten ist der Staat. Dieser hat schützende Maßnahmen zu ergreifen.

Als staatliche Schutzpflicht obligiert das Grundrecht auf Schutz der körperlichen Unversehrtheit (Art. 2 Abs. 2 Satz 1 Fall 2 GG) den Staat dazu, die körperliche Integrität des Bürgers vor Beeinträchtigungen durch nicht grundrechtsgebundene Privatpersonen zu bewahren.[62] Damit geht die Verpflichtung einher, die Grundrechtsträger durch wirksame Vorkehrungen gegen eigenmächtige Heilbehandlungen der Ärzteschaft abzuschirmen.[63] Der Staat, in der Gestalt des Gesetzgebers, ist verpflichtet, für einen angemessenen Patientenschutz zu sorgen, der die Heilbehandlung nur dann grundrechtskonform erscheinen lässt, wenn sie durch eine Einwilligung des Patienten gedeckt ist.[64] Dabei ist zu beachten, dass der Gesetzgeber bei der Ausgestaltung des Schutzkonzepts einen weiten Einschätzungs-, Wertungs- und Gestaltungsspielraum hat.[65]

B. Das medizinische Selbstbestimmungsrecht

Einigkeit besteht innerhalb des juristischen Schrifttums und der Rechtsprechung des BVerfG und der Bundesgerichte darüber, dass jeder Mensch das Recht hat, selbst darüber zu entscheiden, inwiefern er seine körperliche Unversehrtheit preisgibt, um durch die Heilbehandlung einen Zustand größerer Gesundheit zu

---

[58] BVerfG, Urt. v. 25.02.1975 – 1 BvF 1, 2, 3, 4, 5, 6/74, BVerfGE 39, 1 (42 f.); Urt. v. 28.05.1993 – 2 BvF 2/90 und 4, 5/92, BVerfGE 88, 203 (252).

[59] BVerfG, Beschluss v. 14.01.1981 – 1 BvR 612/72, BVerfGE 56, 54 (80 f.); Urt. v. 30.07.2008 – 1 BvR 3262/07, 402, 906/08, BVerfGE 121, 317 (356).

[60] BVerfG, Beschluss v. 29.07.1968 – 1 BvL 20/63, 31/66 und 5/67, BVerfGE 24, 119 (144 f.); Urt. v. 19.02.2013 – 1 BvL 1/11, 1 BvR 3247/09, BVerfGE 133, 59 (74).

[61] *Kloepfer/Greve*, Staatsrecht kompakt, Rn. 434.

[62] *Kunig*, in: Münch/Kunig, GG Art. 2 Rn. 67.

[63] *Lorenz*, in: Isensee/Kirchhof, HStR VI [2. Auflage], § 128 Rn. 65.

[64] *Francke*, Berufsfreiheit, S. 100; *Lorenz*, in: Isensee/Kirchhof, HStR VI [2. Auflage], § 128 Rn. 65.

[65] BVerfG, Beschluss v. 06.05.1997 – 1 BvR 409/90, BVerfGE 96, 56 (64); Urt. v. 30.07.2008 – 1 BvR 3262/07, 402, 906/08, BVerfGE 121, 317 (356); Urt. v. 19.02.2013 – 1 BvL 1/11, 1 BvR 3247/09, BVerfGE 133, 59 (76); Beschluss v. 26.07.2016 – 1 BvL 8/15, NJW 2017, 53 (55).

erlangen.[66] Diese Freiheit wird als „medizinisches Selbstbestimmungsrecht" bezeichnet.[67]

I. Vorkonstitutionelle Existenz des Selbstbestimmungsrechts

Das medizinische Selbstbestimmungsrecht war bereits vorkonstitutionell anerkannt. Obgleich es von der Rechtsprechung des Reichsgerichts nicht als solches bezeichnet wurde, prägte es doch dessen Voten. In seiner Entscheidung vom 31.5.1894 machte das Gericht deutlich, dass auch der Patient, der einen Arzt aufsucht oder herbeiruft, sich nicht widerstandslos dessen paternalistischer Fürsorge anvertraut.[68] Vielmehr haben die Rechte des Arztes „ihre Schranke in dem entgegengesetzten Willen des verfügungsfähigen Kranken, dessen Angehörigen oder sonstigen rechtlichen Repräsentanten"[69]. In dem der Entscheidung zugrundeliegenden Fall hatte ein Arzt einem siebenjährigen Mädchen, das an einer Vereiterung des Fußwurzelknochens litt, den Fuß amputiert, obwohl der Vater des Kindes diesem Eingriff widersprochen hatte. Der Arzt trug in dem Rechtsstreit vor, er habe die Zustimmung des Vaters nachträglich einholen wollen und sei sich sicher gewesen, dass dieser sie nach der eingehenden Information auch erteilt hätte. Das Gericht stellte klar, dass eine nachträgliche Zustimmung in eine Körperverletzung niemals als Einwilligung bewertet werden kann, sondern im Rechtssinne lediglich als „Verzeihung einer einmal verübten Rechtsverletzung"[70] anzusehen sei. „Zu wirken vermag der Wille des Menschen nur auf gegenwärtige und zukünftige, nicht auf vergangene Dinge."[71] In der Konsequenz sah das Gericht, trotz der medizinischen Indikation, im ärztlichen Heileingriff eine Körperverletzung. Bemerkenswert erscheint, dass das Reichsgericht nicht näher auf die Information des Vaters als notwendige Grundlage für dessen Einwilligung einging, was wohl den Umständen des Falles geschuldet war. Auch ohne diese Bedingung für eine wirksame Einwilligung explizit zu benennen, ist der Entscheidung die Notwendigkeit der entsprechenden Patienteninformation zu entnehmen. Dieser Schluss kann aus den

---

[66] BVerfG, Beschluss v. 25.07.1979 – 2 BvR 878/74, BVerfGE 52, 131 (168); Beschluss v. 23.03.2011 – 2 BvR 882/09, NJW 2011, 2113 (2114); BGH, Urt. v. 09.12.1958 – VI ZR 203/57, BGHZ 29, 46 (49); Beschluss v. 01.02.2006 – XII ZB 236/05, BGHZ 166, 141 (150); Urt. v. 28.11.1957 – 4 StR 525/57, BGHSt 11, 111 (113); Urt. v. 22.12.2010 – 3 StR 239/10, MedR 2011, 809 (810); *Katzenmeier*, in: Laufs/Katzenmeier/Lipp, Arztrecht, Kap. V Rn. 3; *Starck*, in: v. Mangoldt/Klein/Starck, GG Art. 2 Rn. 237; *Sternberg-Lieben*, in: Schönke/Schröder, StGB § 223 Rn. 37.

[67] *Brückner*, Selbstbestimmungsrecht Minderjähriger, S. 26.

[68] RG, Urt. v. 31.05.1894 – Rep. 1406/94, RGSt 25, 375 (380).

[69] RG, Urt. v. 31.05.1894 – Rep. 1406/94, RGSt 25, 375 (380).

[70] RG, Urt. v. 31.05.1894 – Rep. 1406/94, RGSt 25, 375 (383).

[71] RG, Urt. v. 31.05.1894 – Rep. 1406/94, RGSt 25, 375 (383).

Ausführungen des Gerichts zu dem Vortrag des Arztes gefolgert werden, er habe durch die eindringliche Information des Vaters die spätere Zustimmung noch erwirken wollen. Obiter dicter weist das Gericht damit auf die Notwendigkeit einer der Einwilligung vorausgehenden Patienteninformation hin.

Die zivilrechtlichen Senate des Reichsgerichts folgten dieser Entscheidung und etablierten das medizinische Selbstbestimmungsrecht damit, ohne es jedoch beim Namen zu nennen.[72] Auffallend ist, dass die Gerichte erst in den 1930er Jahren Ersatzansprüche wegen der Verletzung der gebotenen Aufklärung bejahten.[73] Gleichwohl gingen die Zivilsenate von Anfang an davon aus, dass eine Aufklärung des Patienten, die anfänglich noch als ‚Belehrung' bezeichnet wurde, die Grundlage jeder Einwilligung darstellt,[74] auch wenn die einzelnen Entscheidungen hinsichtlich der Reichweite der Aufklärung variierten.[75]

Auch das juristische Schrifttum widmete sich bereits im ausgehenden 19. Jahrhundert dem Recht des Menschen auf medizinische Selbstbestimmung. Im Gegensatz zu den Entscheidungen des Reichsgerichts wurde es hier expressis verbis benannt:

> „Die Entscheidung, ob operiert werden soll, ist das ausschließliche Recht der persönlichen Selbstbestimmung. Der Kranke (…) [hat] nur sich selbst zu befragen und er allein [hat] über sich zu entscheiden."[76]

Ausdruck findet das Selbstbestimmungsrecht in der Einwilligung, die der Patient im Vorfeld der Behandlung erteilt.[77] Dass das Selbstbestimmungsrecht „keine Erfindung von Juristen oder Medizinern ist"[78], zeigt sich unter anderem im rechtshistorischen Schrifttum, das darauf verweist, dass es sich bei den Rechtsgrundsätzen, die das medizinische Selbstbestimmungsrecht gewährleis-

---

72 RG, Urt. v. 27.05.1908 – Rev. VI 484/07, RGZ 68, 431 (433 f.); Urt. v. 13.10.1916 – Rep. III. 145/16, RGZ 88, 433 (436); Urt. v. 19.06.1936 – III. 298/35, RGZ 151, 349 (352); Urt. v. 08.03.1940 – III. 117/39, RGZ 163, 129 (137 f.); Urt. v. 03.12.1941 – III. 68/41, RGZ 168, 206 (213).

73 RG, Urt. v. 19.05.1931 – III. 202/30, JW 1932, 3328; Urt. v. 03.12.1941 – III. 68/41, RGZ 168, 206; OLG Naumburg, Urt. v. 18.02.1932 – 5 U 233/31, JW 1932, 3369.

74 RG, Urt. v. 27.05.1908 – Rev. VI 484/07, RGZ 68, 431 (433); Urt. v. 19.06.1936 – III. 298/35, RGZ 151, 349 (355).

75 Ablehnend gegenüber dem Erfordernis einer Aufklärung über "alle möglichen Folgen der Operation": RG, Urt. v. 01.03.1912 – Rep. III. 231/11, RGZ 78, 432 (434); bejahend für das Operationsrisiko und die Heilungschancen: Urt. v. 27.05.1908 – Rev. VI 484/07, RGZ 68, 431 (433); bejahend für die Diagnose: Urt. v. 19.06.1936 – III. 298/35, RGZ 151, 349 (355); und Urt. v. 08.03.1940 – III. 117/39, RGZ 163, 129 (137 f.).

76 *Endemann*, Rechtswirkungen der Ablehnung einer Operation, S. 94.

77 *Endemann*, Rechtswirkungen der Ablehnung einer Operation, S. 94.

78 *Voll*, Einwilligung, S. 47.

ten, um zwingendes Recht handelt, „denn sie beruhen auf den unveränderlichen Grundlagen der uns gegebenen Rechtsordnung“[79]. Die geistigen Wurzeln reichen noch weiter zurück und liegen in den philosophischen Werken Immanuel Kants,[80] der dem Menschen an sich einen absoluten Wert beimisst, wodurch dieser eine unabdingbare Würde und eine absolute Freiheit hat.[81]

II. Der Schutzbereich des medizinischen Selbstbestimmungsrechts

Das medizinische Selbstbestimmungsrecht gewährleistet die Freiheit des Einzelnen, selbst über seinen Körper und seine Gesundheit zu verfügen.[82] Die Freiheit seiner Entscheidung bezieht sich auf das ‚Ob‘ einer Behandlung: Der Patient hat das Recht zu bestimmen, ob er überhaupt behandelt werden will.[83] Weiter liegt es an ihm, eine der durch den Behandelnden angebotenen medizinisch indizierten Behandlungsmethoden auszuwählen – die Entscheidung über das ‚Wie‘ einer Behandlung.[84] So kann der Patient auf der Grundlage seines subjektiven Wertesystems etwa wählen, ob er eine langwierige konservative Behandlung oder einen operativen Eingriff präferiert. Selbstbestimmt ist der Patient auch in der Auswahl des behandelnden Arztes oder der Klinik, in der er einen Eingriff vornehmen lässt.[85] Der Patient wird auf diese Weise davor geschützt, dass sich der Arzt „ein ihm nicht zustehendes Bevormundungsrecht anmaßt“[86], denn das Recht zur letztgültigen Entscheidung in höchstpersönlichen und existenziell bedeutsamen Fragen hat der Patient selbst.[87] Grundlage für eine selbstbestimmte und im wahrsten Sinne des Wortes autonome Entscheidung ist die umfassende und verständliche Aufklärung des Patienten über die Diagnose, die möglichen Therapieformen und die mit ihnen verbundenen Heilungschan-

---

[79] *Endemann*, Rechtswirkungen der Ablehnung einer Operation, S. 96.

[80] *Fiebig*, Freiheit, S. 37–39.

[81] *Fiebig*, Freiheit, S. 38–39.

[82] BVerfG, Beschluss v. 26.07.2016 – 1 BvL 8/15, NJW 2017, 53 (56); *Duttge*, in: Breitsameter, Autonomie und Stellvertretung, S. 34 (37); *Katzenmeier*, in: Laufs/Katzenmeier/Lipp, Arztrecht, Kap. V Rn. 6.

[83] BGH, Urt. v. 22.01.1980 – VI ZR 263/78, NJW 1980, 1333 (1334); Urt. v. 22.04.1980 – VI ZR 37/79, NJW 1980, 1905 (1907); *Francke*, Berufsfreiheit, S. 122.

[84] BGH, Urt. v. 12.02.1974 – VI ZR 141/72, NJW 1974, 1422 (1423); *Duttge*, in: Breitsameter, Autonomie und Stellvertretung, S. 34 (38); *Giesen*, JZ 1987, 282 (283).

[85] BGH, Urt. v. 27.09.1983 – VI ZR 230/81, BGHZ 88, 248 (251 f.); *Giesen*, JZ 1987, 282 (283).

[86] BGH, Urt. v. 22.01.1980 – VI ZR 263/78, NJW 1980, 1333 (1334).

[87] *Duttge*, in: Breitsameter, Autonomie und Stellvertretung, S. 34 (37).

cen und Risiken,[88] durch die der Patient regelmäßig erst in die Lage versetzt wird, eine Nutzen-Risiko-Abwägung vorzunehmen.[89]

1. Freiheit zur Unvernunft

Das Selbstbestimmungsrecht des Patienten kann durchaus in Konkurrenz zu dem ärztlichen Heilauftrag stehen. Zu denken ist an einen Patienten, der eine objektiv gebotene Behandlung im vollen Besitz seiner geistigen Kräfte ablehnt. Insoweit ist anerkannt, dass ein grundsätzlicher Vorrang des Selbstbestimmungsrechts des Patienten gegenüber dem ärztlichen Heilauftrag besteht, so dass der Behandelnde auch objektiv unvernünftige Patientenentscheidungen respektieren muss,[90] selbst wenn eine klare medizinische Indikation einen Eingriff geboten erscheinen lässt:[91]

> „Auch bei vitaler Indikation eines Eingriffs verlangt das Selbstbestimmungsrecht des Patienten, dass sein Arzt ihm die Möglichkeit lässt, über den Eingriff selbst zu entscheiden und ihn gegebenenfalls abzulehnen, auch wenn ein solcher Entschluss unvernünftig ist."[92]

Der Maßstab, an dem der Patient seine Entscheidung ausrichtet, ob und wie er eine Krankheit behandeln lässt, ist dabei stets ein höchstpersönlicher. Dieser muss sich nicht an der objektiven Vernunft orientieren, so dass auch unvernünftige Entscheidungen vom Schutzbereich des Selbstbestimmungsrechts erfasst sind.[93]

> „Die grundrechtlich geschützte Freiheit schließt auch die ‚Freiheit zur Krankheit' und damit das Recht ein, auf Heilung zielende Eingriffe abzulehnen, selbst wenn diese nach dem Stand des medizinischen Wissens dringend angezeigt sind."[94]

---

[88] BVerfG, Beschluss v. 23.03.2011 – 2 BvR 882/09, NJW 2011, 2113 (2114); BGH, Urt. v. 09.12.1958 – VI ZR 203/57, BGHZ 29, 46 (51); *Brückner*, Selbstbestimmungsrecht Minderjähriger, S. 28; *Di Fabio*, in: Maunz/Dürig, GG Art. 2 Abs. 2 Satz 1 Rn. 69; *Duttge*, in: Wiesemann/Simon, Patientenautonomie, S. 77 (78).

[89] Zur Entbehrlichkeit der Aufklärung bei nicht vorhandenem Aufklärungsbedarf aufgrund patientenseits schon vorhandenen Krankheits- und Behandlungswissens: *Gödicke*, MedR 2017, 148.

[90] BGH, Urt. v. 22.01.1980 – VI ZR 263/78, NJW 1980, 1333 (1334); Urt. v. 07.02.1984 – VI ZR 174/82, BGHZ 90, 103 (111).

[91] BGH, Urt. v. 28.11.1957 – 4 StR 525/57, BGHSt 11, 111 (114); Urt. v. 28.11.1972 – VI ZR 133/71, NJW 1973, 556 (558).

[92] BGH, Urt. v. 07.02.1984 – VI ZR 174/82, BGHZ 90, 103 (105 f.)

[93] BVerfG, Beschluss v. 26.07.2016 – 1 BvL 8/15, NJW 2017, 53 (56).

[94] BVerfG, Beschluss v. 26.07.2016 – 1 BvL 8/15, NJW 2017, 53 (56); so auch: Beschluss v. 23.03.2011 – 2 BvR 882/09, NJW 2011, 2113 (2115); Beschluss v. 07.10.1981 – 2 BvR 1194/80, BVerfGE 58, 208 (226).

2. Aufklärung auch bei Eingriffserweiterungen

Immer wieder kommt es vor, dass der im Vorfeld eines Eingriffs erhobene Befund durch intraoperativ gewonnene Erkenntnisse eine Veränderung erfährt. Ebenso können im Rahmen der Eingriffsvornahme Komplikationen auftreten, mit denen der Behandelnde vor der Operation nicht gerechnet hat und über die der Patient daher auch nicht aufgeklärt wurde. Insbesondere der narkotisierte Patient kann dann nicht über die gebotene Eingriffserweiterung entscheiden. Die obergerichtliche und höchstrichterliche Rechtsprechung verlangt hier grundsätzlich den Abbruch der Operation, um die Einwilligung des Patienten einzuholen.[95] Dies soll jedenfalls dann gelten, wenn der Abbruch keine ernsthafte Gefahr für die Gesundheit des Patienten bedeutet[96] bzw. wenn es sich nicht nur um eine „belanglose Erweiterung der Operation“[97] handelt.[98] Die Vornahme eines weiteren Eingriffs, der von der Einwilligung des Patienten nicht mehr gedeckt ist, wird nur dann als zulässig angesehen, wenn durch das Unterlassen der Behandlung eine akute Lebensgefahr für den Patienten besteht und sich keine Anhaltspunkte für einen entgegenstehenden Patientenwillen ergeben.[99] Der Arzt hat in solchen Situationen den mutmaßlichen Willen des Patienten zu ermitteln und danach zu handeln.[100]

3. Mutmaßlicher Wille

Zur Bestimmung des mutmaßlichen Willens sind die subjektiven Interessen des Patienten zu eruieren. Die Behandelnden sollen durch die ihnen zur Verfügung stehenden Informationsquellen (z. B. persönliche Kenntnis des Patienten und seiner Präferenzen, Befragung von Angehörigen, Patientenverfügungen) der Frage nachgehen, wie dieser konkrete Patient sich in dieser konkreten Situation entschieden hätte, wenn er im Vorfeld entsprechend aufgeklärt worden wäre.[101] § 1827 Abs. 2 BGB verweist insoweit auf das Erfordernis der Ermittlung konkreter Anhaltspunkte. Damit verbleibt kein Raum für objektive Erwägun-

---

95 BGH, Urt. v. 02.11.1976 – VI ZR 134/75, NJW 1977, 337 (338); OLG Koblenz, Urt. v. 13.07.2006 – 5 U 290/06, NJW 2006, 2928.

96 BGH, Urt. v. 02.11.1976 – VI ZR 134/75, NJW 1977, 337; *Kern*, in: Laufs/Kern/Rehborn, HbArztR, § 68 Rn. 5.

97 OLG Hamm, Urt. v. 17.09.2001 – 3 U 58/01, NJOZ 2002, 2618 (2619).

98 BGH, Urt. v. 05.02.1991 – VI ZR 108/90, NJW 1991, 2342 (2343); keine Einwilligung für das Anlegen eines Zentralnervenkatheters verlangte das OLG Hamm, Urt. v. 17.09.2001 – 3 U 58/01, NJOZ 2002, 2618.

99 BGH, Urt. v. 02.11.1976 – VI ZR 134/75, NJW 1977, 337 (338); *Kern*, in: Laufs/Kern/Rehborn, HbArztR, § 68 Rn. 4.

100 *Giesen*, JZ 1987, 282 (285).

101 BGH, Urt. v. 22.01.1980 – VI ZR 263/78, NJW 1980, 1333 (1334); Urt. v. 07.02.1984 – VI ZR 174/82, BGHZ 90, 103 (112); Urt. v. 04.10.1999 – 5 StR 712/98, VersR 2000, 603.

gen, die auf die hypothetische Entscheidung eines vernünftigen Menschen in der Situation des Patienten abstellen.[102] Ebenso wenig soll es darauf ankommen, was eine Mehrzahl von Patienten in dieser Situation gewünscht hätte.

4. Kein „therapeutisches Privileg" zur Nichtaufklärung

In der Behandlungspraxis sind Fälle denkbar, in denen die Aufklärung des Patienten diesem im ersten Anschein mehr Schaden als Nutzen zufügt. Zu denken ist etwa an die Eröffnung schwerster Erkrankungen mit infausten Prognosen. Regelmäßig gerät der Patient hier aus dem psychophysischen Gleichgewicht. Deshalb möchte eine vorwiegend im älteren Schrifttum vertretene Auffassung der Aufklärungspflicht des Behandelnden in solchen Fällen aus therapeutischen bzw. humanitären Gründen Grenzen setzen und den Patienten mit der Wahrheit verschonen.[103]

> „Ein Patient, der noch bis zu seinem Ableben ärztliche Hilfe erfährt, braucht keine Information über die Natur seiner Krankheit zu erhalten, falls nicht therapeutische Gründe bestimmte Aufschlüsse gebieten. Über einen geplanten Eingriff hat der Arzt freilich seinen Patienten aufzuklären."[104]

Dieses Recht zur Nichtaufklärung wird als „therapeutisches Privileg" bezeichnet.[105] Die Rechtsprechung hat ein im Patienteninteresse liegendes, im Ergebnis aber paternalistisches Nichtaufklärungsprivileg zunächst abgelehnt,[106] später jedoch für „besondere Situationen"[107] zugelassen, ohne dass es diese näher bestimmt hätte. Der BGH weist auf die „Gefahr einer mitunter gutgemeinten ärztlichen Zurückhaltung"[108] hin, die das Potenzial in sich trägt, den grundsätzlichen Anspruch des Patienten zu „untergraben"[109]. Das BVerfG hat diese Rechtsprechung „angesichts neuerer Entwicklungen und zwischenzeitlich veränderter Anschauungen" hinsichtlich der Relevanz des Persönlichkeitsrechts des Patienten in Frage gestellt.[110] Gleichwohl hat der Gesetzgeber die Auffassung des BVerfG im Rahmen der Novellierung des Behandlungsvertragsrecht ignoriert und mit dem Tatbestandsmerkmal des „besonderen Umstands" in § 630e Abs. 3 BGB ein Einfallstor für unwahre ärztliche Auskünfte am Krankenbett geschaffen. Dass der Gesetzgeber dabei an ein therapeutisches Privileg gedacht hat, zeigt ein Blick in die Historie des Gesetzgebungsverfahrens: Der ursprüngliche Referentenentwurf nannte den „therapeutischen Vorbehalt" noch

---

[102] *Giesen*, JZ 1987, 282 (286).
[103] *Deutsch*, NJW 1980, 1305 (1308-1309); *Tempel*, NJW 1980, 609 (614).
[104] *Laufs*, in: Laufs/Kern/Clemens/Uhlenbruck, HbArztR (4. Auflage), § 59 Rn. 13.
[105] *Schreiber*, in: Madea, Innere Medizin und Recht, S. 17 (18).
[106] RG, Urt. v. 08.03.1940 – III. 117/39, RGZ 163, 129 (137-138).
[107] BGH, Urt. v. 23.11.1982 – VI ZR 222/79, BGHZ 85, 327 (333).
[108] BGH, Urt. v. 23.11.1982 – VI ZR 222/79, BGHZ 85, 327 (333).
[109] BGH, Urt. v. 23.11.1982 – VI ZR 222/79, BGHZ 85, 327 (333).
[110] BVerfG, Beschluss v. 09.01.2006 – 2 BvR 443/02, NJW 2006, 1116 (1118).

ausdrücklich.[111] Unter dem Druck der Medizinrechtswissenschaft wurde diese Aussage sodann aus dem Gesetzestext gestrichen. Der Gedanke taucht allerdings in den Gesetzesmaterialien wieder auf, wenn es in der Begründung zu § 630e Abs. 3 heißt, dass „das Selbstbestimmungsrecht des Patienten nur unter engen Voraussetzungen eingeschränkt werden" dürfe, so dass die an solche therapeutischen Gründe zu richtenden Maßstäbe „sehr streng" anzuwenden seien und das „Gebot einer schonenden Aufklärung" vorrangig zu beachten sei.[112] Zustimmung erfährt diese Öffnung von einigen Vertretern im Schrifttum, die einen Verzicht auf die Aufklärung des Patienten in Ausnahmesituationen als „humanitäres Prinzip"[113] bezeichnen. Auch wenn die Wahrheit für den Patienten zur Belastung werden kann, ist jedoch sein vitales Interesse an der Aufklärung über die Krankheit und ihre Folgen anzunehmen.[114] So kann die Information über die nicht vorhandenen Heilungschancen und die damit unter Umständen verkürzte Lebenserwartung doch persönliche Lebensentscheidungen beeinflussen, etwa hinsichtlich der Gestaltung der verbleibenden Lebenszeit, der Neubewertung der eigenen Lebensziele oder der Rückbesinnung auf religiöse Bindungen.[115] Aus diesem Grund sollte das ‚therapeutische Privileg' nicht als „besonderer Umstand" im Sinne des § 630e Abs. 3 BGB angesehen werden, der eine Aufklärung ausnahmsweise obsolet macht. Etwas anderes kann nur gelten, wenn der Patient von sich aus auf die Mitteilung der Diagnose verzichtet hat.

5. Aufklärungsverzicht

Einigkeit besteht darüber, dass aus dem Selbstbestimmungsrecht nicht eine Selbstbestimmungspflicht zu folgern ist. Die Gründe mögen vielfältig sein, weswegen ein Patient sich ganz und gar in die Hände des Behandelnden begibt und diesem die Entscheidung über das ‚Ob' und/oder ‚Wie' des Vorgehens überlässt. Es gehört zu den vom Selbstbestimmungsrecht geschützten höchstpersönlichen Freiheiten eines Patienten, seinem Behandler freie Hand zu lassen.[116] An den Aufklärungsverzicht, der seine verfassungsrechtliche Wurzel

---

[111] *Duttge/Er/Fischer*, in: Steinfath/Wiesemann, Autonomie und Vertrauen, S. 239 (273).

[112] BT-Drs. 17/10488, S. 25.

[113] *Deutsch/Spickhoff*, Medizinrecht, Rn. 502; *Katzenmeier*, in: Beck-OK, BGB § 630e Rn. 58.

[114] *Duttge*, MedR 2016, 664 (667); *Katzenmeier*, in: Laufs/Katzenmeier/Lipp, Arztrecht, Kap. V Rn. 6; *Schwill*, Aufklärungsverzicht, S. 287; *Walter*, in: Beck-OGK, BGB § 630e Rn. 46.

[115] *Kaufmann*, ZStW 73 (1961), 341 (363); *Schreiber*, in: Madea, Innere Medizin und Recht, S. 17 (20); *Schwill*, Aufklärungsverzicht, S. 287.

[116] *Katzenmeier*, in: Beck-OK, BGB § 630e Rn. 54; *Schwab*, in: MüKo, BGB (7. Auflage) § 1901a Rn. 17.

im ‚Recht auf Nichtwissen' hat,[117] das wiederum seinen einfachgesetzlichen Niederschlag in §§ 630e Abs. 3, 630c Abs. 4 BGB findet,[118] stellt die Rechtsprechung hohe Anforderungen, die tatrichterlich festzustellen sind.[119]

6. Freie Widerrufbarkeit

Zum Schutzbereich des medizinischen Selbstbestimmungsrechts gehört auch die Freiheit, eine einmal erklärte Einwilligung jederzeit zu widerrufen, solange der Eingriff noch nicht vollendet ist. Eine Rückwirkung des Widerrufs ist ausgeschlossen, so dass der auf einer wirksamen Einwilligung beruhende bereits vollendete Eingriff nicht nachträglich rechtswidrig wird.[120] Auf die Gründe, die den Patienten zum Widerruf motivieren, kann und soll es nicht ankommen.

C. Verfassungsrechtliche Verortung des medizinischen Selbstbestimmungsrechts

Die Existenz des medizinischen Selbstbestimmungsrechts wird innerhalb der Jurisprudenz nicht in Frage gestellt. Insofern besteht eine große Einmütigkeit.[121] Kontrovers diskutiert wird hingegen die Frage, wo das medizinische Selbstbestimmungsrecht innerhalb der Grundrechte seine positiv-rechtliche Verortung hat.

I. Verortung im Allgemeinen Persönlichkeitsrecht

Das BVerfG stellte in seiner Entscheidung zum Arzthaftungsprozess[122] hinsichtlich des Selbstbestimmungsrechts von Patienten auf Art. 2 Abs. 1 GG ab. Dabei nahm es auch Bezug auf die Würde des Menschen und auf die innerhalb der

---

[117] Als negative Variante des Rechts auf informationelle Selbstbestimmung. Vgl.: BGH, Urt. v. 20.05.2014 – VI ZR 381/13, MedR 2015, 186 (188); *Di Fabio*, in: Maunz/Dürig, GG Art. 2 Abs. 1 Rn. 192; *Duttge*, DuD 2010, 34 (37 f.).

[118] *Duttge*, MedR 2016, 664 (666).

[119] BGH, Urt. v. 09.12.1958 – VI ZR 203/57, BGHZ 29, 46 (54); Urt. v. 28.11.1972 – VI ZR 133/71, NJW 1973, 556 (558).

[120] *Mansel*, in: Jauernig, BGB § 630d Rn. 7.

[121] BVerfG, Beschluss v. 25.07.1979 – 2 BvR 878/74, BVerfGE 52, 131 (168); Beschluss v. 23.03.2011 – 2 BvR 882/09, NJW 2011, 2113 (2114); Beschluss v. 19.07.2017 – 2 BvR 2001/14, NJW 2017, 2982; BGH, Urt. v. 09.12.1958 – VI ZR 203/57, BGHZ 29, 46 (49); Beschluss v. 01.02.2006 – XII ZB 236/05, BGHZ 166, 141 (150); Urt. v. 28.11.1957 – 4 StR 525/57, BGHSt 11, 111 (113); Urt. v. 22.12.2010 – 3 StR 239/10, MedR 2011, 809 (810); *Katzenmeier*, in: Laufs/Katzenmeier/Lipp, Arztrecht, Kap. V Rn. 3; *Starck*, in: v. Mangoldt/Klein/Starck, GG Art. 2 Rn. 237; *Sternberg-Lieben*, in: Schönke/Schröder, StGB § 223 Rn. 37.

[122] BVerfG, Beschluss v. 25.07.1979 – 2 BvR 878/74, BVerfGE 52, 131.

Gemeinschaft sich entfaltende menschliche Persönlichkeit, die den Mittelpunkt des Wertesystems des Grundgesetzes darstellt.[123] Es ging davon aus, dass der Aufklärung eines Patienten die Aufgabe zukommt, „das in Art. 2 Abs. 1 GG gewährleistete Selbstbestimmungsrecht des Patienten zu schützen"[124]. Auch wenn der zweite Senat in dieser Entscheidung nicht ausdrücklich auf das allgemeine Persönlichkeitsrecht rekurrierte, das seine gesetzliche Grundlage im Freiheitsgrundrecht des Art. 2 Abs. 1 i. V. m. der Menschenwürdegarantie des Art. 1 Abs. 1 GG findet, so ist doch davon auszugehen, dass er dieses gleichwohl gemeint hat. Denn auch in anderen Entscheidungen stützte das BVerfG das allgemeine Persönlichkeitsrecht dogmatisch ausschließlich auf Art. 2 Abs. 1 GG.[125] Art. 1 Abs. 1 GG wurde von ihm insoweit lediglich ergänzend als „Auslegungsmaßstab für die Ermittlung des Inhalts und der Reichweite des Schutzumfangs" herangezogen.[126] Die in dem soeben genannten Verfahren zum Arzthaftungsprozess[127] von einer knappen Senatsmehrheit getragene Entscheidung lebt in einem jüngeren verfassungsgerichtlichen Beschluss zum medizinischen Selbstbestimmungsrecht von Patienten wieder auf. Am 26.7.2016 hatte das BVerfG über die Zulässigkeit von Zwangsbehandlungen von nicht stationär untergebrachten Betreuten zu entscheiden. Das insoweit betroffene medizinische Selbstbestimmungsrecht sah das Gericht durch das allgemeine Persönlichkeitsrecht aus Art. 2 Abs. 1 i. V. m. Art. 1 Abs. 1 GG geschützt.[128]

1. Schutzbereich des allgemeinen Persönlichkeitsrechts

Das allgemeine Persönlichkeitsrecht schützt als Ergänzung zu den benannten Freiheitsrechten

> „die Würde des Menschen, die engere persönliche Lebenssphäre und die Erhaltung ihrer Grundbedingungen (...), die sich durch die traditionellen Freiheitsgarantien nicht vollständig erfassen lassen"[129].

Das BVerfG hat im Laufe der Zeit einige Fallgruppen des allgemeinen Persönlichkeitsrechts entwickelt. Regelmäßig wies es dabei darauf hin, dass der Schutzbereich dieses Grundrechts nicht abschließend geregelt ist. Vielmehr zeige er sich vor dem Hintergrund der sich fortentwickelnden Gesellschaft und

---

[123] BVerfG, Beschluss v. 25.07.1979 – 2 BvR 878/74, BVerfGE 52, 131 (168-169).
[124] BVerfG, Beschluss v. 25.07.1979 – 2 BvR 878/74, BVerfGE 52, 131 (168).
[125] BVerfG, Beschluss v. 13.01.1981 – 1 BvR 116/77, NJW 1981, 1431; Beschluss v. 05.02.1981 – 2 BvR 646/80, NJW 1981, 1943.
[126] *Kunig*, in: Münch/Kunig, GG Art. 2 Rn. 30.
[127] BVerfG, Beschluss v. 25.07.1979 – 2 BvR 878/74, BVerfGE 52, 131.
[128] BVerfG, Beschluss v. 26.07.2016 – 1 BvL 8/15, NJW 2017, 53 (56).
[129] BVerfG, Urt. v. 31.01.1989 – 1 BvL 17/87, BVerfGE 79, 256 (268).

ihrer „modernen Entwicklungen“[130] „gerade für bisher unbekannte Persönlichkeitsverfahren offen“[131].

2. Gründe für die Verortung im allgemeinen Persönlichkeitsrecht

Im juristischen Schrifttum trifft die Verortung des medizinischen Selbstbestimmungsrechts im allgemeinen Persönlichkeitsrecht des Art. 2 Abs. 1 i. V. m. Art. 1 Abs. 1 GG teilweise auf Zustimmung.[132] Zur Begründung wird darauf verwiesen, dass bei einer invasiven Behandlung der Schutz der Entscheidungsfreiheit den Schutz vor den Eingriffsfolgen überlagert.[133] Jedem Eingriff in die körperliche Unversehrtheit quasi zwangsläufig vorausgehend wird der Eingriff in die Selbstbestimmungsfreiheit der Betroffenen gesehen. Der Medizinrechtler *Florian Wölk* argumentiert hinsichtlich minderjähriger Patienten gerade umgekehrt, indem er die persönlichkeitsrelevanten Folgen betont, die ein medizinischer Eingriff für einen jungen Menschen haben kann. Mit Blick auf die Folgen eines Eingriffs, die weit über diesen hinausgehen und sich auf die spätere Lebensführung auswirken können, will auch er das medizinische Selbstbestimmungsrecht im allgemeinen Persönlichkeitsrecht gewährleistet sehen.[134] Darüber hinaus wird zur Begründung auf die „kommunikative Verfassung der partnerschaftlichen Arzt-Patienten-Beziehung“[135] hingewiesen. Die Aufklärung des Patienten sei ein grundlegender Baustein einer Selbstbestimmungs-Entscheidung, die nicht nur ein „Anhängsel einer paternalistisch konzipierten Arztrolle“[136] sein dürfe, der auf diese Weise das notwendige Gewicht verliehen werde.

3. Zweifel bzgl. der Verortung im allgemeinen Persönlichkeitsrecht

Zweifel hinsichtlich der verfassungsrechtlichen Verortung des medizinischen Selbstbestimmungsrechts im allgemeinen Persönlichkeitsrecht nährt das BVerfG selbst, wenn der erkennende Senat in der Arzthaftungsprozess-Entscheidung[137] offen lässt, „in welchem Umfang *das* Grundrecht des *Art. 2 Abs. 1 und 2* den Gesetzgeber verpflichtet, die in *dieser* Verfassungsnorm

---

[130] BVerfG, Urt. v. 15.12.1983 – 1 BvR 209, 269, 362, 420, 440, 484/83, BVerfGE 65, 1.
[131] BVerfG, Beschluss v. 03.06.1980 – 1 BvR 185/77, BVerfGE 54, 148 (153); Beschluss v. 26.02.1997 – 1 BvR 2172/96, BVerfGE 95, 220 (241).
[132] *Eberbach*, MedR 1986, 14; *Nebendahl*, MedR 2009, 197 (199); *Wölk*, MedR 2001, 80 (82); zur Gegenmeinung siehe unten II 1.
[133] *Zuck*, NJW 1991, 2933.
[134] *Wölk*, MedR 2001, 80 (82-83).
[135] *Hart*, in: Andreas Heldrich/Heinrichs, FS Heinrichs, S. 291 (310).
[136] *Hart*, in: Andreas Heldrich/Heinrichs, FS Heinrichs, S. 291 (310).
[137] BVerfG, Beschluss v. 25.07.1979 – 2 BvR 878/74, BVerfGE 52, 131.

genannten Rechtsgüter haftungsrechtlich abzusichern“[138]. Mit dieser Formulierung setzt das Gericht das Persönlichkeitsrecht und das Recht auf körperliche Unversehrtheit offenbar gleich. Darüber hinaus fällt auf, dass das BVerfG weder in dieser noch in der jüngeren Zwangsbehandlungsentscheidung[139] ausdrücklich das medizinische Selbstbestimmungsrecht als eine Fallgruppe der Einzelverbürgung des allgemeinen Persönlichkeitsrechts entwickelt hat. Sähe man in den Entscheidungen gleichwohl eine entsprechende verfassungsrechtliche Verortung, so läge darin zumindest eine Abweichung von der sonstigen Praxis des Gerichts. In mehreren anderen Fällen, in denen neue Fallgruppen der Einzelverbürgung des allgemeinen Persönlichkeitsrechts entwickelt wurden, nahm das BVerfG diese Entwicklung mit einem gewissen Begründungsaufwand vor.[140] In der Entscheidung zur Zwangsbehandlung nicht stationär untergebrachter Betreuter[141] fällt darüber hinaus auf, dass sich der erkennende erste Senat im Rahmen der Darstellung des medizinischen Selbstbestimmungsrechts auf Entscheidungen des zweiten Senats beruft, in denen bzgl. der verfassungsrechtlichen Verortung jedoch von Art. 2 Abs. 2 GG ausgegangen wurde. Das Gericht macht auf diese Abweichung im Rahmen der Verweisung aufmerksam, ohne jedoch an dieser oder anderer Stelle näher darauf einzugehen.[142] Insbesondere vor dem erwähnten Hintergrund der üblichen Praxis der verfassungsgerichtlichen Rechtsprechung bei der Etablierung einer neuen Fallgruppe des allgemeinen Persönlichkeitsrechts verwundert es, dass der erkennende erste Senat hinsichtlich der dogmatischen Begründung des medizinischen Selbstbestimmungsrechts jede Mühe vermissen lässt und die Verortung im allgemeinen Persönlichkeitsrecht lediglich postuliert. Der Senat hätte wegen der Abweichung von der Begründungslinie des zweiten Senats auch ein Plenarverfahren nach § 16 BVerfGG herbeiführen können. Doch dafür lag die erforderliche Abweichung von einer tragenden Rechtsauffassung[143] des zweiten Senats gerade nicht vor, da der erkennende Senat nur hinsichtlich der Verortung des medizinischen Selbstbestimmungsrechts, nicht aber bzgl. dessen Inhalt von der Rechtsprechung des zweiten Senats divergierte.

---

[138] BVerfG, Beschluss v. 25.07.1979 – 2 BvR 878/74, BVerfGE 52, 131 (168) - Hervorhebungen durch den Verfasser.

[139] BVerfG, Beschluss v. 26.07.2016 – 1 BvL 8/15, NJW 2017, 53.

[140] Vgl.: BVerfG, Beschluss v. 03.06.1980 – 1 BvR 185/77, BVerfGE 54, 148 (154); Urt. v. 15.12.1983 – 1 BvR 209, 269, 362, 420, 440, 484/83, BVerfGE 65, 1 (41); Urt. v. 31.01.1989 – 1 BvL 17/87, BVerfGE 79, 256 (268-269); Urt. v. 13.02.2007 – 1 BvR 421/05, BVerfGE 117, 202 (225-226).

[141] BVerfG, Beschluss v. 26.07.2016 – 1 BvL 8/15, NJW 2017, 53.

[142] Siehe: BVerfG, Beschluss v. 26.07.2016 – 1 BvL 8/15, NJW 2017, 53 (56).

[143] Zu diesem Erfordernis: BVerfG, Beschluss v. 06.10.1987 – 1 BvR 1086, 1468, 1623/82, BVerfGE 77, 84 (104); Beschluss v. 09.11.2004 – 1 BvR 684/98, BVerfGE 112, 50 (63).

II. Verortung im Recht auf körperliche Unversehrtheit

Bereits im Verfahren zum Arzthaftungsprozess[144] gab es innerhalb des erkennenden zweiten Senats keine einheitliche Meinung bzgl. der verfassungsrechtlichen Verortung des medizinischen Selbstbestimmungsrechts. In ihrem Sondervotum stellten die Richter *Hirsch*, *Niebler* und *Steinberger*[145] insoweit auf das Grundrecht der körperlichen Unversehrtheit aus Art. 2 Abs. 2 Satz 1 GG ab, das „zuvörderst Freiheitsschutz im Bereich der leiblich-seelischen Integrität des Menschen“[146] gewährleistet. Davon umfasst sahen sie auch die Bestimmung über die leiblich seelische Integrität des Menschen. „In diesem Bereich ist er aus der Sicht des Grundgesetzes frei, seine Maßstäbe zu wählen und nach ihnen zu leben und zu entscheiden“[147], so dass diese Freiheit zur Selbstbestimmung eben gerade durch Art. 2 Abs. 2 Satz 1 GG verbürgt wird. Das Sondervotum bestätigte insoweit die Linie der höchstrichterlichen Rechtsprechung in Zivil- und Strafsachen.[148] Die zunächst abweichende Meinung der Richter *Hirsch, Niebler* und *Steinberger* wurde zur festen Rechtsprechungslinie des zweiten Senats. In mehreren Entscheidungen zum medizinischen Selbstbestimmungsrecht entschied dieser konsistent.[149]

1. Gründe für die Verortung im Recht auf körperliche Unversehrtheit

Zustimmung erfährt diese Sichtweise durch weite Teile des Schrifttums.[150] Hinsichtlich der Begründung wird mit dem BVerfG davon ausgegangen, dass Art. 2 Abs. 2 Satz 1 GG nicht nur die Körperlichkeit in einem biologischen Sinne, sondern auch die Selbstbestimmung über sie schützt.[151] Die Dispositionsfreiheit des Patienten ist jedem anderen verfügbaren Rechtsgut vorgelagert, so

---

[144] BVerfG, Beschluss v. 25.07.1979 – 2 BvR 878/74, BVerfGE 52, 131.

[145] BVerfG, Beschluss v. 25.07.1979 – 2 BvR 878/74, BVerfGE 52, 131 (171-178).

[146] BVerfG, Beschluss v. 25.07.1979 – 2 BvR 878/74, BVerfGE 52, 131 (174).

[147] BVerfG, Beschluss v. 25.07.1979 – 2 BvR 878/74, BVerfGE 52, 131 (175).

[148] Vgl.: BGH, Urt. v. 28.11.1957 – 4 StR 525/57, BGHSt 11, 111 (114); Urt. v. 09.12.1958 – VI ZR 203/57, BGHZ 29, 46 (49); Urt. v. 16.01.1959 – VI ZR 179/57, BGHZ 29, 176 (179).

[149] Vgl.: BVerfG, Beschluss v. 22.09.1993 – 2 BvR 1732/93, BVerfGE 89, 120 (130); Beschluss v. 23.03.2011 – 2 BvR 882/09, NJW 2011, 2113 (2114); Beschluss v. 12.10.2011 – 2 BvR 633/11, NJW 2011, 3571; v. 20.02.2013 – 2 BvR 228/12, BVerfGE 133, 112 (131); Beschluss v. 19.07.2017 – 2 BvR 2001/14, NJW 2017, 2982.

[150] Vgl. etwa: *Cramer*, Genom- und Genanalyse, S. 66–67; *Francke*, Berufsfreiheit, S. 103–105; *Hollenbach*, Grundrechtsschutz, S. 50–52; *Kunig*, in: Münch/Kunig, GG Art. 2 Rn. 72; *Lorenz*, in: Isensee/Kirchhof, HStR VI [2. Auflage], § 128Rn. 64; *Starck*, in: v. Mangoldt/Klein/Starck, GG Art. 2 Rn. 237; *Voll*, Einwilligung, S. 51–52; zur Gegenauffassung siehe oben I 2.

[151] *Francke*, Berufsfreiheit, S. 103; *Lorenz*, in: Isensee/Kirchhof, HStR VI [2. Auflage], § 128 Rn. 3, 64.

dass hinter dem Eingriff in sie der Eingriff in den Körper erscheint. Sie bezieht sich auf die leiblich-psychische Integrität, so dass die Persönlichkeitsverletzung hinter der Verletzung des Körpers zurücktritt.[152] Wenn die Gegenauffassung[153] dies gerade als ein Argument für die Verortung des medizinischen Selbstbestimmungsrechts im allgemeinen Persönlichkeitsrecht des Art. 2 Abs. 1 i. V. m. Art. 1 Abs. 1 GG heranziehen will, verkennt sie hiernach, dass bei einem Eingriff in die körperliche Integrität insoweit in Art. 2 Abs. 2 Satz 1 GG das speziellere Grundrecht zu sehen ist.[154]

Ein Unterschied gegenüber den kasuistisch herausgebildeten Einzelverbürgungen des allgemeinen Persönlichkeitsrechts wird darin gesehen, dass das medizinische Selbstbestimmungsrecht nicht auf die Konstitution der Persönlichkeit in ihren komplexen sozialen Bezügen, sondern auf die „Eigengestaltung des Körpers“ [155] abstellt. So sind die körperliche Substanz und die auf diese bezogene Selbstbestimmung des Einzelnen nach dieser Ansicht untrennbar miteinander verknüpft und werden gemeinsam in Art. 2 Abs. 2 Satz 1 GG gewährleistet. Diese Verknüpfung von äußerem und innerem Schutz findet sich nicht nur bei der körperlichen Unversehrtheit. Auch andere Freiheitsrechte weisen als integralen Bestandteil ihres Schutzes neben dem äußeren auch den inneren Schutz der Selbstbestimmung über das gewährte Grundrecht auf.[156]

2. Zweifel bzgl. der Verortung im Recht auf körperliche Unversehrtheit

Mit guten Gründen wird jedoch teilweise darauf hingewiesen, dass Situationen denkbar sind, in denen diese enge Verknüpfung von körperlicher Unversehrtheit und medizinischer Selbstbestimmung nicht gegeben ist.[157] Dies trifft auf Fälle zu, in denen nicht in die körperliche Integrität eines Patienten eingegriffen wird, sein höchstpersönlicher Lebensbereich aber gleichwohl betroffen ist. In der modernen Medizin existieren Behandlungs- und Diagnoseformen, bei denen nicht der Eingriff in die körperliche Unversehrtheit im Vordergrund steht, sondern der Persönlichkeitsschutz. Exemplarisch sei hier auf Ultraschalluntersuchungen hingewiesen, die gänzlich ohne Eingriffe in die körperliche Unversehrtheit auskommen, gleichwohl aber das Selbstbestimmungsrecht tangieren.[158] In diesem Zusammenhang ist auch der Umgang des Behandelnden mit

---

[152] *Deutsch*, AcP 192 (1992), 161 (166-167); *Hollenbach*, Grundrechtsschutz, S. 51.
[153] Siehe oben I 2.
[154] *Hollenbach*, Grundrechtsschutz, S. 51; *Koppernock*, Selbstbestimmung, S. 56.
[155] *Francke*, Berufsfreiheit, S. 104.
[156] *Cramer*, Genom- und Genanalyse, S. 67.; *Sternberg-Lieben*, Schranken der Einwilligung, S. 19–20.
[157] *Hart*, in: Andreas Heldrich/Heinrichs, FS Heinrichs, S. 291 (310); *Koppernock*, Selbstbestimmung, S. 60–61; *Schwill*, Aufklärungsverzicht, S. 286–287.
[158] *Hart*, in: Andreas Heldrich/Heinrichs, FS Heinrichs, S. 291 (311); *Schwill*, Aufklärungsverzicht, S. 286.

Informationen zu nennen, an denen der Patient ein vitales Geheimhaltungsinteresse hat, etwa wenn dieser nicht möchte, dass sein Arzt Dritten über die Infektion mit dem HI-Virus Auskunft gibt. Insoweit ist die körperliche Integrität nicht betroffen, gleichwohl aber das Geheimhaltungsinteresse des Patienten. Betraf dieses Beispiel die Weitergabe von Patienteninformationen an Dritte, so wird bei gendiagnostischen Untersuchungen zusätzlich die Dimension des Selbstschutzes berührt.[159] Gendiagnostische Untersuchungen geben Patienten Hinweise auf möglicherweise vorliegende Veränderungen der Erbsubstanz. Sie erfolgen in der Regel gezielt zum Ausschluss oder zur Bestätigung einer genetisch bedingten Erkrankung und sind auch prädiktiv möglich.[160] Für eine Genanalyse genügen bereits kleinste Proben genetischer Daten,[161] die sogar aus ‚Abfallprodukten' wie Haaren, Kaugummis oder entsorgten Zahnbürsten gewonnen werden können. Die Probenentnahme ist in diesen Fällen genauso wenig ein Eingriff in die körperliche Unversehrtheit, wie dies bei der Speichelprobe angenommen wird, die mittels eines Wattestäbchens aus dem Bereich der Mundhöhle entnommen wird.[162] Auch außerhalb der Gendiagnostik ist ein Auseinanderfallen von Persönlichkeitsschutz und körperlicher Unversehrtheit möglich. Zu denken ist nur an die im Rahmen einer Blutuntersuchung erfolgende zufällige Entdeckung einer Infektion mit dem HI-Virus, über die ein Patient nicht in Kenntnis gesetzt werden möchte. Das Geheimhaltungsinteresse eines Patienten über die seine Person und seinen Körper betreffenden Informationen gegenüber Dritten und gegenüber sich selbst wird allerdings nach allgemeiner Ansicht von dem Schutzbereich des Rechts auf informationelle Selbstbestimmung gewährleistet.[163]

a) Schutzbereich des Rechts auf informationelle Selbstbestimmung

Dieses Recht, das als spezielle Einzelverbürgung aus dem allgemeinen Persönlichkeitsrecht des Art. 2 Abs. 1 i. V. m. Art. 1 Abs. 1 GG entwickelt wurde,[164] beinhaltet das Recht jedes Einzelnen, „grundsätzlich selbst zu entscheiden, wann und innerhalb welcher Grenzen persönliche Lebenssachverhalte offenbar werden"[165]. Dies beinhaltet auch das Recht, „selbst über die Erhebung, Speiche-

---

159 *Genenger*, NJW 2010, 113.

160 *Fenger*, in: Spickhoff, Medizinrecht, GenDG § 2 Rn. 1.

161 BT-Drs. 16/10532 S. 17.

162 *Taupitz*, MedR 2013, 1.

163 BVerfG, Urt. v. 15.12.1983 – 1 BvR 209, 269, 362, 420, 440, 484/83, BVerfGE 65, 1 (43); Beschluss v. 09.03.1988 – 1 BvL 49/86, NJW 1988, 2031; *Genenger*, NJW 2010, 113; *Fenger*, in: Spickhoff, Medizinrecht, GenDG § 1 Rn. 1.

164 BVerfG, Urt. v. 15.12.1983 – 1 BvR 209, 269, 362, 420, 440, 484/83, BVerfGE 65, 1.

165 BVerfG, Urt. v. 15.12.1983 – 1 BvR 209, 269, 362, 420, 440, 484/83, BVerfGE 65, 1 (43); Beschluss v. 11.06.1991 – 1 BvR 239/90, BVerfGE 84, 192 (194).

rung, Verwendung und Weitergabe seiner persönlichen Daten zu bestimmen"[166]. „Zu diesen grundrechtlich geschützten Daten gehören auch solche, die Informationen über genetische Merkmale einer Person enthalten."[167] Wünscht ein Patient keine Informationen über seine genetische Konstitution oder über seinen Gesundheitszustand, so ist sein Recht auf Nichtwissen betroffen.[168] Es wird als negative Seite des Rechts auf informationelle Selbstbestimmung verstanden[169] und schützt den Betroffenen davor, ungewollt über seine gesundheitliche oder genetische Konstitution in Kenntnis gesetzt zu werden.[170]

b) Aufklärung als Ausfluss aus dem allgemeinen Persönlichkeitsrecht

Denkbar ist aber auch der gegenteilige Wunsch des Patienten, nämlich informiert zu werden. Dieser Aufklärungswunsch kann unabhängig von der Erforderlichkeit eines Eingriffs in die körperliche Unversertheit bestehen. Zu denken ist etwa an die Übermittlung einer Diagnose, die eine infauste Prognose enthält, nach der eine Heilung nicht mehr möglich erscheint.[171] Mangels Eingriffs in die körperliche Integrität ist auch eine Einwilligung nicht erforderlich, womit auch die für die Einwilligung grundlegende Aufklärung obsolet wird. Gleichwohl ist jedoch ein vitales Interesse des Patienten an der Aufklärung über die Krankheit und ihre Folgen (Diagnoseaufklärung) anzunehmen.[172] Ein ‚therapeutisches Privileg' ist abzulehnen.[173] In diesen Lebenssituationen kann die Information des Patienten Einfluss auf dessen persönliche Lebensentscheidungen haben, etwa hinsichtlich der Gestaltung der verbleibenden Lebenszeit, der Neubewertung der eigenen Lebensziele oder der Rückbesinnung auf religiöse Bindungen.[174]

Der Zusammenhang von Diagnoseaufklärung und der Beeinflussung von Lebensentscheidungen existiert nicht nur in Fällen der Übermittlung infauster Prognosen. Auch hinsichtlich der für eine erfolgreiche medizinische Behandlung so wichtigen Adhärenz ist es notwendig, dass der Patient informiert und

[166] BVerfG, Urt. v. 15.12.1983 – 1 BvR 209, 269, 362, 420, 440, 484/83, BVerfGE 65, 1 (43); Beschluss v. 09.03.1988 – 1 BvL 49/86, NJW 1988, 2031.

[167] BVerfG, Urt. v. 13.02.2007 – 1 BvR 421/05, BVerfGE 117, 202 (228); Urt. v. 19.04.2016 – 1 BvR 3309/13, NJW 2016, 1939 (1942).

[168] *Damm*, MedR 2008, 535.

[169] *Di Fabio*, in: Maunz/Dürig, GG Art. 2 Abs. 1 Rn. 192; *Duttge*, MedR 2016, 664 (667).

[170] *Fenger*, in: Spickhoff, Medizinrecht, GenDG § 8 Rn. 1; *Genenger*, NJW 2010, 113.

[171] *Schwill*, Aufklärungsverzicht, S. 286.

[172] *Katzenmeier*, in: Laufs/Katzenmeier/Lipp, Arztrecht, Kap. V Rn. 6; *Schwill*, Aufklärungsverzicht, S. 287; *Walter*, in: Beck-OGK, BGB § 630e Rn. 46.

[173] Siehe oben B II 4.

[174] *Kaufmann*, ZStW 73 (1961), 341 (363); *Schreiber*, in: Madea, Innere Medizin und Recht, S. 17 (20); *Schwill*, Aufklärungsverzicht, S. 287.

aufgeklärt ist. Heilung ist ohne seine Mitwirkung, die sich z. B. in der selbstständigen Medikamenteneinnahme zeigt, regelmäßig nicht möglich.[175] Auch ist ein wesentlicher Beitrag zur Heilung bei vielen Erkrankungen in der Lebensführung des Patienten zu sehen. Es obliegt der Selbstbestimmung hinsichtlich seines Körpers, Entscheidungen zu treffen, die eine Behandlung unterstützen, wie z. B. bei einem Herzinfarkt mit dem Rauchen aufzuhören, eine Diät zu machen oder sich gesund zu ernähren.[176] Darüber hinaus kann der Patient durch selbstbestimmte Entscheidungen, die nur einen mittelbaren Bezug zum Körper haben, Einfluss auf den Heilungsverlauf nehmen. Zu denken ist in diesem Zusammenhang etwa an die Reduzierung der Arbeitsbelastung, die Aufgabe der Selbstständigkeit, den Verkauf des eigenen Unternehmens oder den Wechsel des Arbeitsplatzes. Insbesondere die letztgenannten Beispiele der nur mittelbaren Verbindung zum eigenen Körper machen den Persönlichkeitsrechtsbezug deutlich, der durch die medizinische Behandlung tangiert wird. Zusammenfassend lässt sich sagen:

> „Indem der Patient ein Recht darauf in Anspruch nimmt, von seinem Arzt über Diagnose, Risiken und Verlauf eines bevorstehenden Eingriffs informiert zu werden, bringt er eine Selbstbestimmungs-Definition zum Ausdruck, die darin besteht, wesentliche Entscheidungen selbstverantwortlich und eigenständig zu treffen und dies rational aufgrund von Informationen zu tun."[177]

Da, wo es an einem körperlichen Eingriff fehlt, wird dieser Persönlichkeitsschutz nicht von Art. 2 Abs. 2 Satz 1 Fall 2 GG erfasst. Auch ist der sachliche Schutzbereich des Rechts auf informationelle Selbstbestimmung in den exemplarisch genannten Fallkonstellationen nicht eröffnet. Im Ergebnis verbleibt ein selbstständiger Gewährleistungsbereich für den Persönlichkeitsrechtsschutz in medizinischen Angelegenheiten, der seine verfassungsrechtliche Grundlage nur im allgemeinen Persönlichkeitsrecht des Art. 2 Abs. 1 i. V. m. Art. 1 Abs. 1 GG haben kann. Der Schutzzweck der Selbstbestimmungsaufklärung ist darin zu sehen, dass der Behandelnde den Patienten mit den für diesen notwendigen Informationen versorgt, um so die Voraussetzungen zu schaffen, die für Entscheidungen notwendig sind, die auf der persönlichen Werteorientierung basieren.[178]

III. Zwischenergebnis zur verfassungsrechtlichen Gewährleistung des medizinischen Selbstbestimmungsrechts

Auch wenn die grundrechtliche Garantie der körperlichen Unversehrtheit des Art. 2 Abs. 2 Satz 1 Fall 2 GG neben dem äußeren auch den inneren Schutz

---

[175] *Francke*, Berufsfreiheit, S. 112.
[176] *Francke*, Berufsfreiheit, S. 112.
[177] *Schwill*, Aufklärungsverzicht, S. 298–299.
[178] *Schwill*, Aufklärungsverzicht, S. 305.

umfasst, wird durch diese Norm das medizinische Selbstbestimmungsrecht des Patienten nicht in allen Dimensionen gewährleistet. Es verbleiben Anwendungsbereiche, in denen die Patientenautonomie in ihrer Gesamtheit nur durch einen Rückgriff auf das allgemeine Persönlichkeitsrecht des Art. 2 Abs. 1 i. V. m. Art. 1 Abs. 1 GG garantiert wird. Da jeder Verletzung der körperlichen Unversehrtheit stets eine Verletzung der Entscheidungsfreiheit immanent ist und weil die Verletzung des Persönlichkeitsrechts von den Patienten bei einer nicht gewollten Heilbehandlung in der Regel intensiver erlebt wird als die Verletzung der körperlichen Unversertheit, ist hinsichtlich der verfassungsrechtlichen Verortung des medizinischen Selbstbestimmungsrechts von einer einheitlichen Rechtsgrundlage auszugehen, die sich aus dem allgemeinen Persönlichkeitsrecht des Art. 2 Abs. 1 i. V. m. Art. 1 Abs. 1 GG ergibt. Die Selbstbestimmung des Patienten in diesen höchstpersönlichen Angelegenheiten im privatrechtlich ausgestalteten Behandlungsvertrag und in den strafrechtlichen und zivilrechtlichen Haftungsnormen zu sichern, ist Aufgabe der sich aus diesem Grundrecht ergebenden Schutzpflicht des Staates.[179]

§ 2 Das Selbstbestimmungsrecht des Kindes

Das Grundrecht auf medizinische Selbstbestimmung knüpft an den subjektiven Willen des Patienten an und gewährleistet dessen Schutz vor einer ungewollten Fremdbestimmung. Fraglich ist, ob dieser grundrechtlich garantierte Schutz auch bereits Kindern zukommt.

A. Kinder und Grundrechte: Geltung und Wahrnehmung

I. Grundrechtsträgerschaft

Im älteren Schrifttum wurde teilweise angenommen, dass Kinder nicht selbst Träger von Grundrechten sein können.[180] Bereits in der Vergangenheit hat es Versuche gegeben, im Grundgesetz eine ausdrückliche Normierung von Kinder-

[179] allgemein zu den Schutzpflichten: BVerfG, Beschluss v. 14.01.1981 – 1 BvR 612/72, BVerfGE 56, 54 (78); Urt. v. 30.07.2008 – 1 BvR 3262/07, 402, 906/08, BVerfGE 121, 317 (356); Beschluss v. 26.07.2016 – 1 BvL 8/15, NJW 2017, 53 (55); Beschluss v. 03.02.2017 – 1 BvR 2569/16, NZFam 2017, 261 (265); *Francke*, Berufsfreiheit, S. 100; *Lorenz*, in: Isensee/Kirchhof, HStR VI [2. Auflage], § 128 Rn. 65.

[180] *Friebe*, ZBR 1956, 174 Ausführungen in Fn. 3.

rechten herbeizuführen.[181] Auch in der Gegenwart ist dieses Vorhaben Gegenstand der parlamentarischen Beratungen.[182] Der Koalitionsvertrag der 19. Legislaturperiode beschreibt das Ziel der Regierungsparteien, die Kinderrechte im Grundgesetz zu verankern.[183] Nachdem eine Bund-Länder-Arbeitsgruppe ihre Ergebnisse präsentiert hatte,[184] wurde vom Bundesjustizministerium ein Referentenentwurf vorgelegt.[185]

Unabhängig von der ausdrücklichen Normierung eines ‚Kindergrundrechts' sind Kinder bereits heute als Grundrechtsträger anzusehen.[186] Dies ergibt sich schon aus dem Wortsinn des Grundgesetzes.[187] Dieser differenziert hinsichtlich der Grundrechte lediglich zwischen Menschen- und Bürgerrechten, nicht jedoch bzgl. der Rechte von Erwachsenen und Kindern.[188] Soweit sich im Grundgesetz Altersgrenzen finden, wie in Art. 12a und Art. 38 GG, ist darin gerade eine Ausnahme des Grundsatzes der altersunabhängigen Grundrechtswirkung zu sehen.[189] Weiter kann in Art. 6 Abs. 5 GG ein verfassungsimmanenter Beleg für die Grundrechtsträgerschaft von Kindern erkannt werden. Diese Norm gewährt „den unehelichen Kindern" ein Grundrecht auf Gleichstellung mit den ehelichen Kindern[190] und ist daher als Beleg für die Grundrechtsträgerschaft schon von

---

181 Bericht der Gemeinsamen Verfassungskommission v. 5.11.1993, BT-Drs. 12/6000, S.55 f.; Antrag der Fraktion Bündnis 90/Grüne „Kinderrechte in der Verfassung stärken" v. 12.4.2007, BT-Drs. 16/5005; Antrag der Freien Hansestadt Bremen für eine Entschließung des Bundesrates „Kinderrechte in die Verfassung" v. 24.7.2008, BR-Drs. 445/08, der gemeinsam mit einem entsprechenden Antrag des Landes Rheinland-Pfalz am 19.8.2008 abgelehnt wurde (BR-Drs. 445/08 [Beschluss]); Antrag der SPD-Fraktion „Kinderrechte in Deutschland umfassend stärken" v. 6.9.2011, BT-Drs. 17/6920; Gesetzentwürfe der Bundestagsfraktionen der Linken v. 26.06.2012, BT-Drs. 17/10118; der Grünen v. 27.11.2012, BT-Drs. 17/11650; der SPD v. 23.04.2013, BT-Drs. 17/13223 (alle erledigt durch Ablauf der Wahlperiode); Antrag der Linksfraktion v. 22.09.2015, BT-Drs. 18/6042.

182 Nachweise bei: *Veit*, in: Beck-OK, BGB § 1626 Rn. 23.

183 *CDU/CSU und SPD*, Koalitionsvertrag 19. Legislaturperiode, S. 21.

184 *Bund-Länder-Arbeitsgruppe "Kinderrechte ins Grundgesetz"*, Abschlussbericht.

185 *Janisch*, Kinderrechte sollen ins Grundgesetz; RegE 19.1.2021, <www.bmfsfj.de/resource/blob/165208/189dccd485dd00054ae6ff287d19fcfe/gesetzentwurf-kinderrechte-grundgesetz-data.pdf>.

186 *Neuner*, JZ 2020, 269 (270); Sachs in: *Sachs*, GG, Vorbemerkungen zu Abschnitt I, Rn. 70.

187 *Brückner*, Selbstbestimmungsrecht Minderjähriger, S. 51; *Hesse*, Grundzüge, Rn. 285; *Roell*, RdJB 1988, 381 (382).

188 *Roell*, Grundrechte für Minderjährige, S. 32–33.

189 *Brückner*, Selbstbestimmungsrecht Minderjähriger, S. 52; *Roth*, Grundrechte Minderjähriger, S. 13.

190 BVerfG, Beschluss v. 29.01.1969 – 1 BvR 26/66, BVerfGE 25, 167 (173); *Brosius-Gersdorf*, in: Dreier, GG Art. 6 Rn. 224.

Kleinstkindern anzusehen.[191] Dies gilt auch für den durch Art. 6 Abs. 3 GG gewährleisteten Schutz vor unberechtigter Trennung des Kindes von seiner Familie, der nicht nur den Eltern, sondern auch dem Kind selbst zustehen soll.[192] Zu keinem anderen Ergebnis führt die historische Auslegung des Grundgesetzes. Zwar ist zu konstatieren, dass die gesellschaftliche Rolle von Kindern zur Zeit der Verfassungsgebung eine andere war als heute und die rechtliche Stellung des Kindes im Vergleich zur Gegenwart weniger intensiv geschützt war. Gleichwohl finden sich in den Protokollen des Parlamentarischen Rates keine Ausführungen, die darauf schließen lassen, dass die Grundrechte nicht auch für Kinder gelten sollen.[193] Dieser Argumentation folgend besteht heute im Schrifttum Einigkeit darüber, dass die Grundrechtsträgerschaft von Kindern anzuerkennen ist.[194] Das BVerfG stellte mit seiner Entscheidung vom 29.7.1968 klar, dass „das Kind als Grundrechtsträger selbst Anspruch auf den Schutz des Staates hat“[195], und ist bis heute konsistent in dieser Auffassung.[196]

II. Grundrechtsausübungsfähigkeit

Von der Grundrechtsträgerschaft zu unterscheiden ist die Frage der Fähigkeit zur Wahrnehmung von Grundrechten. Diese wird vom Vorliegen der zivilrechtlichen Geschäftsfähigkeit,[197] bzw. einer davon unabhängigen „geistigen Reife, Einsichtsfähigkeit und Entschlusskraft“ [198] abhängig gemacht. Das BVerfG beteiligte sich an der insoweit im Schrifttum geführten Diskussion zu keiner Zeit. In seiner Entscheidung vom 9.2.1982 führte es hinsichtlich der höchstpersönlichen Rechte eines Minderjährigen aus, „dass der zwar noch Unmündige,

---

[191] *Kuhn*, Grundrechte und Minderjährigkeit, S. 9; *Roth*, Grundrechte Minderjähriger, S. 14.

[192] *Robbers*, in: v. Mangoldt/Klein/Starck, GG Art. 6 Rn. 255; *Herdegen*, FamRZ 1993, 374 (375); *Roth*, Grundrechte Minderjähriger, S. 14; offengelassen in: BVerfG, Beschluss v. 18.03.1970 – 1 BvR 498/66, BVerfGE 28, 104 (112).

[193] Vgl.: *Deutscher Bundestag und Bundesarchiv*, Parlamentarischer Rat, S. 507-531.

[194] *Badura*, in: Maunz/Dürig, GG Art. 6 Rn. 135; *Stern*, Staatsrecht III/1, § 70 IV 1.

[195] BVerfG, Beschluss v. 29.07.1968 – 1 BvL 20/63, 31/66 und 5/67, BVerfGE 24, 119 (144).

[196] BVerfG, Beschluss v. 21.05.1974 – 1 BvL 22/71 und 21/72, BVerfGE 37, 217 (252); Beschluss v. 21.12.1977 – 1 BvL 1/75, 1 BvR 147/75, BVerfGE 47, 46 (74); Beschluss v. 12.10.1988 – 1 BvR 818/88, BVerfGE 79, 51 (63); Urt. v. 01.04.2008 – 1 BvR 1620/04, NJW 2008, 1287 (1289); Urt. v. 19.02.2013 – 1 BvL 1/11, 1 BvR 3247/09, BVerfGE 133, 59 (73); Beschluss v. 03.02.2017 – 1 BvR 2569/16, NZFam 2017, 261 (265).

[197] *Bleckmann*, StaatsR II, § 17 Rn. 12; *Dürig*, in: Maunz/Dürig, [51. EL] GG Art 19 Abs. 3 Rn. 16; *Fehnemann*, Grundrechte im Kindesalter, S. 58.

[198] *Reuter/Säcker*, NJW 1965, 2037 (2038 f.); *Schwerdtner*, AcP 173 (1973), 227 (242); *Stern*, Staatsrecht III/1, § 70 V 2 a; *Zacher*, in: Isensee/Kirchhof, HStR VI [2. Auflage], § 134 Rn. 70.

aber schon Urteilsfähige die ihm um seiner Persönlichkeit willen zustehenden Rechte (…) eigenständig ausüben können [soll]“[199]. Von dieser Linie ist das Verfassungsgericht nicht abgewichen und hat auch zu keiner Zeit den geringsten Zweifel an der Gültigkeit dieser Rechtsprechung aufkommen lassen.[200] Vielmehr betonte es in späteren Entscheidungen die Notwendigkeit einer Verfahrensgestaltung, „die eine eigenständige Wahrnehmung der Rechte des Kindes wie seiner Belange sicherstellt“[201]. In Fällen, in denen im Rahmen eines verfassungsgerichtlichen Verfahrens eine Interessenskollision der Eltern nicht ausgeschlossen werden kann, ist der Minderjährige durch einen Verfahrenspfleger zu vertreten,[202] der gegebenenfalls auch die Grundrechte des Kindes durch Einlegung einer Verfassungsbeschwerde geltend machen kann.[203]

B. Die medizinische Selbstbestimmung des Kindes

Das medizinische Selbstbestimmungsrecht gewährleistet die Freiheit des Einzelnen, selbst über seinen Körper und seine Gesundheit zu verfügen.[204] Auf der Grundlage der zuvor erhaltenen Aufklärung entscheidet der Patient, ob er eine ihm angebotene Behandlung annimmt und in sie einwilligt.[205]

I. Die Einwilligungsfähigkeit als ‚gate-keeper' der Selbstbestimmung

Die Rechtsordnung stellt allerdings gewisse Anforderungen an die bei einem Menschen vorhandenen Fähigkeiten, von deren Vorliegen abhängig gemacht wird, ob der Patient selbst in einen seinen Körper betreffenden Eingriff einwilligen kann – die Einwilligungsfähigkeit.[206] Bei fehlender Einwilligungsfähigkeit

---

[199] BVerfG, Urt. v. 09.02.1982 – 1 BvR 845/79, BVerfGE 59, 360 (388).

[200] Vgl. BVerfG, Beschluss v. 12.10.1988 – 1 BvR 818/88, BVerfGE 79, 51 (63); Beschluss v. 29.10.1998 – 2 BvR 1206/98, BVerfGE 99, 145 (157); Urt. v. 01.04.2008 – 1 BvR 1620/04, NJW 2008, 1287 (1289); Beschluss v. 03.02.2017 – 1 BvR 2569/16, NZFam 2017, 261 (265).

[201] BVerfG, Beschluss v. 29.10.1998 – 2 BvR 1206/98, BVerfGE 99, 145 (157); Urt. v. 01.04.2008 – 1 BvR 1620/04, NJW 2008, 1287 (1289).

[202] BVerfG, Beschluss v. 29.10.1998 – 2 BvR 1206/98, BVerfGE 99, 145 (157); Urt. v. 01.04.2008 – 1 BvR 1620/04, NJW 2008, 1287 (1289).

[203] Jetzt ausdrücklich: BVerfG, Beschluss v. 03.02.2017 – 1 BvR 2569/16, NZFam 2017, 261 (265).

[204] BVerfG, Beschluss v. 26.07.2016 – 1 BvL 8/15, NJW 2017, 53 (56); *Duttge*, in: Breitsameter, Autonomie und Stellvertretung, S. 34 (37); *Giesen*, JZ 1987, 282 (283); *Voll*, Einwilligung, S. 47–48.

[205] Siehe oben § 1 B II.

[206] BGH, Urt. v. 05.12.1958 – VI ZR 266/57, BGHZ 29, 33 (36); Urt. v. 02.12.1963 – III ZR 222/62, NJW 1964, 1177 f.; *Coester-Waltjen*, MedR 2012, 553; *Gernhuber/Coester-Waltjen*, Familienrecht, § 57 Rn. 79; *Wagner*, in: MüKo, BGB § 630d Rn. 21; *Weidenkaff*, in: Palandt, BGB § 630d Rn. 3; *Wölk*, MedR 2001, 80 (82).

Minderjähriger wird aus dem Schutzpflichtgedanken der Grundrechte eine Verpflichtung des Staates hergeleitet, den Minderjährigen vor Grundrechtsgefährdungen zu schützen.[207] Dem hat der Gesetzgeber durch die familienrechtlichen Vertretungsregeln (§§ 1626 ff. BGB) entsprochen, die es möglich machen, dass Eltern stellvertretend für ihre Kinder in höchstpersönlichen Angelegenheiten handeln. Darüber hinaus verpflichtet Art. 6 Abs. 2 Satz 1 GG die Eltern unmittelbar, ihr Kind zu pflegen und zu erziehen.[208] Auf diese Weise wird die Einwilligungsfähigkeit zum „gate-keeper"[209] des medizinischen Selbstbestimmungsrechts:[210] Der Einwilligungsfähige darf sein Selbstbestimmungsrecht selbstständig ausüben; das einwilligungsunfähige Kind darf es nicht. Letzteres befindet sich in einem Dilemma: Es ist zwar Träger des Grundrechts auf medizinische Selbstbestimmung, kann es aber nicht selbst ausüben.[211] Dieses Kind bedarf der Stellvertretung durch die Personensorgeberechtigten. Jede Stellvertretung in der Wahrnehmung des Selbstbestimmungsrechts – und ist sie noch so gut gemeint – impliziert jedoch immer auch Fremdbestimmung.[212] Dieses Schicksal teilen Kinder mit einwilligungsunfähigen Volljährigen, für die ein Betreuer bestellt wurde, der zur Stellvertretung berufen ist. Mit guten Gründen weist *Duttge* darauf hin, dass minderjährige einwilligungsunfähige Patienten darüber hinaus auch hinsichtlich ihrer Abhängigkeit und Vulnerabilität eine gewisse Ähnlichkeit mit einwilligungsunfähigen Betreuten aufweisen.[213] Das BVerfG hatte in den Jahren 2011 bis 2013 in mehreren Verfahren über die Zwangsbehandlung von im Maßregelvollzug untergebrachten Betreuten zu entscheiden.[214] Damit kommt diesen Entscheidungen eine nicht unerhebliche Aussagekraft in Bezug auf die medizinische Selbstbestimmung von Kindern zu.

---

[207] BVerfG, Beschluss v. 08.08.1978 – 2 BvL 8/77, BVerfGE 49, 89 (142); Beschluss v. 13.05.1986 – 1 BvR 1542/84, NJW 1986, 1859 (1860); *Coester-Waltjen*, MedR 2012, 553; *Dürig*, in: Maunz/Dürig, [1958] GG Art. 1 Rn.48; *Reuter*, FamRZ 1969, 622 (623 f.); *Roell*, Grundrechte für Minderjährige, S. 51.

[208] *Britz*, FamRZ 2015, 793 (794); *Isensee*, in: Isensee/Kirchhof, HStR IX, § 191Rn. 3, 38.

[209] *Beauchamp/Childress*, Biomedical Ethics, S. 114–115.

[210] *Duttge*, in: Wiesemann/Simon, Patientenautonomie, S. 77 (86.)

[211] Vgl.: *Lischewski*, DÖV 2020, 102; *Reuter*, FamRZ 1969, 622, der vom "Haben" und "Ausüben" der Grundrechte spicht.

[212] *Rothärmel/Wolfslast/Fegert*, MedR 1999, 293 (296).

[213] *Duttge*, in: Wiesemann/Simon, Patientenautonomie, S. 77 (88).

[214] BVerfG, Beschluss v. 23.03.2011 – 2 BvR 882/09, NJW 2011, 2113; Beschluss v. 12.10.2011 – 2 BvR 633/11, NJW 2011, 3571; v. 20.02.2013 – 2 BvR 228/12, BVerfGE 133, 112.

II. Die Entscheidungen des BVerfG zum Selbstbestimmungsrecht von im Maßregelvollzug untergebrachten Betreuten

Zunächst fällt auf, dass das BVerfG den Grundrechtsschutz der einwilligungsunfähigen Patienten nicht nur hinsichtlich des Eingriffs in die körperliche Unversehrtheit, sondern auch hinsichtlich des medizinischen Selbstbestimmungsrechts bejaht,[215] womit es keine Zweifel an der Grundrechtsträgerschaft von nichteinwilligungsfähigen Menschen lässt. Hinsichtlich des medizinischen Selbstbestimmungsrechts des Betreuten soll nicht bereits die Einwilligung des Betreuers genügen, um dem Handeln den Eingriffscharakter zu nehmen, wenn dieses Handeln gegen den natürlichen Willen des Betreuten gerichtet ist.[216] Unter Verweis auf die ‚Freiheit zur Krankheit' erkennt der Senat das Recht des Patienten an, ihm angebotene Heileingriffe abzulehnen, selbst wenn diese dringend indiziert sind.[217] Es sei „grundsätzlich Sache des Einzelnen, darüber zu entscheiden, ob er sich therapeutischen oder sonstigen Maßnahmen unterziehen will, die ausschließlich seiner ‚Besserung' dienen"[218]. Das Gericht erkennt dabei durchaus das Dilemma, in dem sich ein im Maßregelvollzug untergebrachter Patient befindet, wenn er krankheitsbedingt nicht einsichtsfähig ist und sich damit das – von ihm im Zustand der uneingeschränkten Einsichtsfähigkeit mit Sicherheit geteilte – Ziel der Herbeiführung der Entlassungsfähigkeit nicht ohne eine zwangsweise Durchführung einer Behandlung erreichen lässt. Eine solche hält der Senat unter engen materiellen und formellen Voraussetzungen für möglich. Dabei macht er unter Rückgriff auf die seitherige Rechtsprechung zum medizinischen Selbstbestimmungsrecht deutlich, dass der Patient sich nicht vernünftigen oder mehrheitlich anerkannten Gründen zu beugen hat.[219] Bedeutsam erscheint, dass das BVerfG die Grundsätze, die es insoweit bzgl. der Behandlung einwilligungsfähiger Patienten entwickelt hat, ohne erkennbares Zögern auf einwilligungsunfähige Untergebrachte überträgt.

Hinsichtlich des auf Patientenseite zu gewährleistenden medizinischen Selbstbestimmungsrechts nennt das Gericht das Erfordernis der Aufklärung – auch der des Einwilligungsunfähigen.[220] Selbst wenn die Aufklärung nicht zur Grundlage der Einwilligung werden kann, soll auf diese nicht verzichtet werden. Der Patient soll „nicht im Unklaren gelassen"[221], sondern seinen Verständnismöglichkeiten entsprechend über die „beabsichtigte Behandlung und ihre

[215] BVerfG, Beschluss v. 23.03.2011 – 2 BvR 882/09, NJW 2011, 2113 (2114).
[216] BVerfG, Beschluss v. 23.03.2011 – 2 BvR 882/09, NJW 2011, 2113 (2114).
[217] BVerfG, Beschluss v. 23.03.2011 – 2 BvR 882/09, NJW 2011, 2113 (2115).
[218] BVerfG, Beschluss v. 23.03.2011 – 2 BvR 882/09, NJW 2011, 2113 (2115).
[219] BVerfG, Beschluss v. 07.10.1981 – 2 BvR 1194/80, BVerfGE 58, 208 (226 f.); Beschluss v. 23.03.2011 – 2 BvR 882/09, NJW 2011, 2113 (2116).
[220] BVerfG, Beschluss v. 23.03.2011 – 2 BvR 882/09, NJW 2011, 2113 (2116).
[221] BVerfG, Beschluss v. 23.03.2011 – 2 BvR 882/09, NJW 2011, 2113 (2116).

Wirkungen"[222] informiert werden. Wenn auch die Zustimmung des einwilligungsunfähigen Patienten keine Rechtswirkung entfaltet, strebt das Gericht doch eine Übereinstimmung mit dem natürlichen Willen des Betreuten an, die durch „aufklärende Zustimmungswerbung"[223] erreicht werden soll. Dem medizinischen Selbstbestimmungsrecht ist bei nicht einwilligungsfähigen Patienten also dann entsprochen, wenn diese – soweit sie gesprächsfähig sind – vor der Behandlung „mit dem nötigen Zeitaufwand und ohne Ausübung unzulässigen Drucks"[224] aufgeklärt werden.

Zusammenfassend lässt sich die dieser Entscheidung zu entnehmende Devise mit dem Schlagwort „Kommunikation vor Zwang"[225] kennzeichnen. Es stellt sich die Frage, inwieweit diese Devise und die in diesem Beschluss zu Tage getretene Rechtsauffassung bzgl. der Beteiligung einwilligungsunfähiger Betreuter an den sie betreffenden Heilbehandlungen auf die Behandlung von Kindern übertragbar sind.

§ 3 Das Elterngrundrecht aus Art. 6 Abs. 2 GG

Ein wesentlicher Unterschied zwischen der Behandlung einwilligungsunfähiger Volljähriger und einwilligungsunfähiger Minderjähriger ist darin zu sehen, dass die Eltern durch die Verfassung berufen sind, für ihre Kinder zu handeln. Das in Art. 6 Abs. 2 Satz 1 GG gewährleistete Elternrecht fokussiert die Beziehung zwischen Eltern und Kindern in der Familie.[226]

A. Schutzbereich

Art. 6 Abs. 2 GG schützt den Vorrang der Eltern vor allen anderen Erziehungsträgern und damit auch deren Eigenständigkeit und Selbstverantwortung bei Pflege und Erziehung ihrer Kinder.[227] Vom Elternrecht ist grundsätzlich auch die Gesundheitssorge für das Kind umfasst, so dass die Eltern berufen sind, ihre Zustimmung zu einer medizinischen Behandlung zu erklären oder diese zu verweigern. Der prinzipielle Vorrang der Eltern gilt sowohl bzgl. der Erzie-

[222] BVerfG, Beschluss v. 23.03.2011 – 2 BvR 882/09, NJW 2011, 2113 (2116).
[223] BVerfG, Beschluss v. 23.03.2011 – 2 BvR 882/09, NJW 2011, 2113 (2117).
[224] BVerfG, Beschluss v. 23.03.2011 – 2 BvR 882/09, NJW 2011, 2113 (2116).
[225] *Duttge*, in: Wiesemann/Simon, Patientenautonomie, S. 77 (87).
[226] *Bleckmann*, StaatsR II, § 27 Rn. 29; *Jarass*, in: Jarass/Pieroth, GG Art. 6 Rn. 41.
[227] BVerfG, Beschluss v. 29.07.1968 – 1 BvL 20/63, 31/66 und 5/67, BVerfGE 24, 119 (135, 138); *Uhle*, in: Beck-OK, GG Art. 6 Rn. 46.

hungsziele als auch bzgl. der Erziehungsmittel und –methoden.[228] Er beruht auf der Grundannahme, „dass diejenigen, die einem Kind das Leben geben, von Natur aus bereit und berufen sind, die Verantwortung für seine Pflege und Erziehung zu übernehmen“[229]. Mit anderen Worten: Weil die Eltern am besten wissen, was gut für das Kind ist, sollen sie auch für das Kind sorgen und über es entscheiden. Hier zeigt sich bereits der Kontrast, der zwischen dem Selbstbestimmungsrecht des Kindes in medizinischen Angelegenheiten und dem Fürsorgerecht der Eltern, das mitunter auch als „Elternautonomie“ bezeichnet wird,[230] besteht. Art. 6 Abs. 2 Satz 1 HS 2 GG expliziert von seinem Wortsinn her, dass es sich bei dem Elternrecht des Grundgesetzes nicht nur um ein Recht, sondern auch um eine Pflicht der Eltern handelt.[231] Die den Eltern bei der Erziehung ihrer Kinder durch Art. 6 Abs. 2 Satz 1 GG gewährte Freiheit ist dabei nicht als eine Freiheit zur Selbstbestimmung zu verstehen, sondern als eine Freiheit „im Dienste und Nutzen des Kindes“[232]. Das BVerfG übernahm den von *Böckenförde*[233] geprägten Begriff des „treuhänderischen“ Rechts[234] und spricht von einem „Grundrecht im Interesse“[235] des Kindes bzw. zum „Schutz des Kindes“[236] und betont die „Elternverantwortung“[237].

---

[228] BVerfG, Urt. v. 16.01.2003 – 2 BvR 716/01, BVerfGE 107, 104 (117); *Böckenförde*, in: Essener Gespräche, S. 54 (66 f.); *Coester-Waltjen*, in: Münch/Kunig, GG Art. 6 Rn. 65; *Robbers*, in: v. Mangoldt/Klein/Starck, GG Art. 6 Rn. 152; *Stern*, Staatsrecht IV/1, § 100 VIII 8 a.

[229] BVerfG, Beschluss v. 29.07.1968 – 1 BvL 20/63, 31/66 und 5/67, BVerfGE 24, 119 (150).

[230] *Röthel*, JZ 2017, 116 (118 f.).

[231] *Bleckmann*, StaatsR II, § 27 Rn. 29; *Hohmann-Dennhardt*, FPR 2008, 476 (477); *Lipp*, Freiheit und Fürsorge, S. 29; *Ossenbühl*, FamRZ 1977, 533 spricht von einer "Grundpflicht im Grundrecht"; *Peschel-Gutzeit*, in: Staudinger [2015], BGB § 1626 Rn. 7.

[232] *Ossenbühl*, FamRZ 1977, 533.

[233] *Böckenförde*, in: Essener Gespräche, S. 54 (64).

[234] BVerfG, Urt. v. 09.02.1982 – 1 BvR 845/79, BVerfGE 59, 360 (377); Urt. v. 16.01.2003 – 2 BvR 716/01, BVerfGE 107, 104 (121).

[235] BVerfG, Beschluss v. 14.04.1987 – 1 BvR 332/86, NJW 1988, 125 (126); Urt. v. 08.11.2000 – 1 BvR 12/92, BVerfGE 103, 89 (107).

[236] BVerfG, Urt. v. 19.02.2013 – 1 BvL 1/11, 1 BvR 3247/09, BVerfGE 133, 59 (77).

[237] BVerfG, Beschluss v. 29.07.1968 – 1 BvL 20/63, 31/66 und 5/67, BVerfGE 24, 119 (143); Beschluss v. 13.05.1986 – 1 BvR 1542/84, NJW 1986, 1859 (1860); Beschluss v. 30.11.1988 – 1 BvR 37/85, NJW 1989, 1275; den sich für die Eltern aus dem Elternrecht ergebenden Rechtscharakter, der dieses Grundrecht nicht ausschließlich pflichtgebunden sein lässt, betonen mit Hinweis auf die Asymetrie des Eltern-Kind-Verhältnisses: *Röthel*, JZ 2017, 116 (119); *Wapler*, Kinderrechte und Kindeswohl, S. 115–119.

Im Verhältnis der Eltern zum Kind ist das Kindeswohl die beherrschende Maxime der Erziehung und des Handelns.[238] Das Elternrecht schützt keine Rechte, die das Kindeswohl gefährden oder vereiteln können. Bei der Beurteilung dessen, was dem Interesse des Kindes entspricht und bei der Wahrnehmung der Elternverantwortung haben die Eltern einen großen Freiraum, der nicht von einem staatlichen Primat der bestmöglichen Entwicklung des Kindes geprägt wird.[239] Dieser Beurteilungsspielraum findet seine Grenze erst dort, wo das elterliche Verhalten nicht mehr dem Kindeswohl dient.[240] Unter dem Kindeswohl wird eine gesunde körperliche und seelische Entwicklung des Kindes verstanden, die es diesem ermöglicht, sich „zu einer eigenverantwortlichen Persönlichkeit innerhalb der sozialen Gemeinschaft zu entwickeln, wie sie dem Menschenbilde des Grundgesetzes entspricht“[241]. Das impliziert ein Erziehungshandeln, das die Würde des Kindes wahrt[242] und auf Personalisation und Sozialisation abzielt.[243] Kindeswohlmissbräuchliche Erziehung ist nicht mehr vom Schutzbereich des Art. 6 Abs. 2 Satz 1 GG gedeckt.

B. Schutzrichtung

Im Grundsatz stellt Art. 6 Abs. 2 Satz 1 GG als Freiheitsrecht der Eltern ein Abwehrrecht gegenüber dem Staat dar.[244] Eingriffe des Staates in die Erziehungshoheit der Eltern sind ausschließlich in Ausübung des staatlichen Wächteramtes des Art. 6 Abs. 2 Satz 2 GG zulässig.[245] Zu diesem Recht gehört – als

---

[238] *Ossenbühl*, FamRZ 1977, 533 f.

[239] BVerfG, Urt. v. 08.11.2000 – 1 BvR 12/92, BVerfGE 103, 89 (108); Urt. v. 16.01.2003 – 2 BvR 716/01, BVerfGE 107, 104 (118); Beschluss v. 19.11.2014 – 1 BvR 1178/14, NJW 2015, 223 (223, 224); *Britz*, NZFam 2016, 1113 (1116); *Coester-Waltjen*, in: Münch/Kunig, GG Art. 6 Rn. 64, 78, 81, 93; *Peschel-Gutzeit*, in: Staudinger [2015], BGB § 1626 Rn. 8.

[240] BVerfG, Beschluss v. 14.04.1987 – 1 BvR 332/86, NJW 1988, 125 (126); Beschluss v. 30.11.1988 – 1 BvR 37/85, NJW 1989, 1275; Urt. v. 08.11.2000 – 1 BvR 12/92, BVerfGE 103, 89 (107); Beschluss v. 19.11.2014 – 1 BvR 1178/14, NJW 2015, 223.

[241] BVerfG, Beschluss v. 29.07.1968 – 1 BvL 20/63, 31/66 und 5/67, BVerfGE 24, 119 (144); Urt. v. 16.01.2003 – 2 BvR 716/01, BVerfGE 107, 104 (117).

[242] BVerfG, Beschluss v. 12.10.1988 – 1 BvR 818/88, BVerfGE 79, 51 (63 f.); *Uhle*, in: Beck-OK, GG Art. 6 Rn. 56.

[243] *Coester-Waltjen*, in: Münch/Kunig, GG Art. 6 Rn. 64; *Jestaedt/Reimer*, in: BK, GG (195. Aktualisierung) Art. 6 Abs. 2 und 3 Rn. 87.

[244] BVerfG, Urt. v. 20.10.1954 – 1 BvR 527/52, BVerfGE 4, 52 (57); Beschluss v. 13.01.1987 – 2 BvR 209/84, BVerfGE 74, 102 (124); *Kingreen/Poscher*, Grundrechte, Rn. 746.

[245] *Ossenbühl*, FamRZ 1977, 533; *Peschel-Gutzeit*, in: Staudinger [2015], BGB § 1626 Rn. 6.

„Komplementär"[246] – die Pflicht der Eltern zur Pflege und Erziehung ihrer Kinder. Mit dieser Verpflichtung korrespondiert nach Auffassung des BVerfG ein Recht des Kindes auf Pflege und Erziehung durch seine Eltern.[247] Darüber hinaus stellt Art. 6 Abs. 2 Satz 1 GG eine wertentscheidende Grundnorm dar, aus der sich eine staatliche Schutzpflicht ergibt.[248] Diese unterstellt das Kind dem besonderen Schutz des Staates[249] und bindet den Gesetzgeber bei der familienrechtlichen Ausgestaltung des Elternrechts in der Weise, dass die Eltern die Erziehung ihrer Kinder „nach innen und nach außen wahrnehmen und Dritte abwehren können"[250]. Dazu gehört auch die Gewährleistung der Entwicklung des Kindes zu einer eigenverantwortlichen Persönlichkeit,[251] wobei der Staat die grundrechtliche Stellung des Kindes zu berücksichtigen hat.[252] Der Staat ist gehalten, seiner Schutzaufgabe in der Weise nachzukommen, dass er sich möglichst nicht in den Widerspruch zur erzieherischen Freiheit der Eltern begibt und nur dann einschreitet, wenn das Wächteramt es gebietet.[253]

---

[246] *Uhle*, in: Beck-OK, GG Art. 6 Rn. 48.

[247] BVerfG, Urt. v. 01.04.2008 – 1 BvR 1620/04, NJW 2008, 1287; zustimmend: *Coelln*, in: Sachs, GG Art. 6 Rn. 54; *Hohmann-Dennhardt*, FPR 2008, 476 (477); *Muckel*, JA 2008, 744 (745); kritisch bzgl. des Verzichts auf Art. 2 Abs. 1 GG: *Britz*, JZ 2014, 1069 (1070); *Brosius-Gersdorf*, in: Dreier, GG Art. 6 Rn. 152; *Jarass*, in: Jarass/Pieroth, GG Art. 6 Rn. 48; *Jestaedt*, in: Coester-Waltjen/Lipp/Schumann/Veit, Alles zum Wohle des Kindes, S. 13 (25–30); *Robbers*, in: v. Mangoldt/Klein/Starck, GG Art. 6 Rn. 182.

[248] BVerfG, Beschluss v. 07.05.1991 – 1 BvL 32/88, BVerfGE 84, 168 (180); Beschluss v. 07.02.2012 – 1 BvL 14/07, BVerfGE 130, 240 (252); Urt. v. 19.02.2013 – 1 BvL 1/11, 1 BvR 3247/09, BVerfGE 133, 59 (73); *Britz*, FamRZ 2015, 793 (794); *Britz*, NZFam 2016, 1113 (1114); *Isensee*, in: Isensee/Kirchhof, HStR IX, § 191 Rn. 38; *Jarass*, in: Jarass/Pieroth, GG Art. 6 Rn. 52; *Kingreen/Poscher*, Grundrechte, Rn. 744; *Stern*, Staatsrecht IV/1,
§ 100 VIII 7 c; vgl. zu den Schutzpflichten allgemein § 1 A II und § 4 C.

[249] BVerfG, Beschluss v. 29.07.1968 – 1 BvL 20/63, 31/66 und 5/67, BVerfGE 24, 119 (144).

[250] *Coester-Waltjen*, in: Münch/Kunig, GG Art. 6 Rn. 59.

[251] BVerfG, Urt. v. 19.02.2013 – 1 BvL 1/11, 1 BvR 3247/09, BVerfGE 133, 59 (73).

[252] BVerfG, Beschluss v. 05.11.1980 – 1 BvR 349/80, NJW 1981, 217 (218); Beschluss v. 18.06.1986 – 1 BvR 857/85, NJW 1986, 3129 (3130); Urt. v. 08.11.2000 – 1 BvR 12/92, BVerfGE 103, 89 (107); *Isensee*, in: Isensee/Kirchhof, HStR IX, § 191 Rn. 40.

[253] BVerfG, Urt. v. 09.02.1982 – 1 BvR 845/79, BVerfGE 59, 360 (376); Beschluss v. 03.02.2017 – 1 BvR 2569/16, NZFam 2017, 261 (265); *Isensee*, in: Isensee/Kirchhof, HStR IX, § 191 Rn. 42.

§ 4 Kollision zwischen Selbstbestimmung und Fürsorge

Sofern im Kontext der Heilbehandlung eines minderjährigen Patienten der Wille des Kindes von dem abweicht, was die Eltern für ihr Kind wollen, kollidiert das grundrechtlich geschützte Erziehungsprimat bzw. die sich insoweit ergebende Erziehungspflicht der Eltern[254] mit der ebenfalls verfassungsrechtlich gewährleisteten Freiheit von Kindern zur medizinischen Selbstbestimmung.[255]

A. Erziehung versus Selbstbestimmung

Mit zunehmender Reife des Kindes wächst dessen Bedürfnis zur Selbstbestimmung. Die Entwicklung der rechtlichen Selbstverantwortung des Kindes ist ein Kontinuum, „dessen Fluss nicht bis zur Mündigkeit gestaut werden kann".[256] Es erscheint auch vor dem Hintergrund der Fremdnützigkeit des Elternrechts nicht sachgerecht, dem heranwachsenden Jugendlichen in einer so höchstpersönlichen Angelegenheit wie der Bestimmung über seinen eigenen Körper die Ausübung seiner Rechte bis zur Volljährigkeit vorzuenthalten und ihm diese mit dem Eintritt der Mündigkeit quasi nach dem ‚Alles-oder-Nichts-Prinzip' zu verleihen. Die Dialektik von abnehmender Pflege- und Erziehungsbedürftigkeit und zunehmender Selbstbestimmungsfähigkeit des Kindes hat das BVerfG in seiner Entscheidung vom 9.2.1982 zum Ausdruck gebracht, in der es ausführt: [257]

> „Das Elternrecht dient als pflichtgebundenes Recht dem Wohle des Kindes; es muß seinem Wesen und Zweck nach zurücktreten, wenn das Kind ein Alter erreicht hat, in dem es eine genügende Reife zur selbständigen Beurteilung der Lebensverhältnisse und zum eigenverantwortlichen Auftreten im Rechtsverkehr erlangt hat. Als ein Recht, das um des Kindes und dessen Persönlichkeitsentfaltung willen besteht, liegt es in seiner Struktur begründet, daß es in dem Maße, in dem das Kind in die Mündigkeit hineinwächst, überflüssig und gegenstandslos wird. Da die Entscheidungsfähigkeit des Jugendlichen für die verschiedenen Lebens- und Handlungsbereiche sich in der Regel unterschiedlich entwickelt, ist jeweils eine Abwägung zwischen Erziehungsbedürftigkeit und Selbstbestimmungsfähigkeit des Jugendlichen erforderlich. Dabei hat für die Ausübung höchstpersönlicher Rechte der Grundsatz zu gelten, daß der zwar noch Unmündige, aber schon Urteilsfähige die ihm um seiner Persönlichkeit willen zustehenden Rechte soll eigenständig ausüben können."

Daraus wird geschlussfolgert, dass ein absolut vorrangiges Elternrecht, das sich in jedem Fall und unter Missachtung der schon vorhandenen kindlichen Reife

---

[254] Siehe oben § 3.
[255] Siehe oben § 1 und § 2.
[256] *Zacher*, in: Isensee/Kirchhof, HStR VI [2. Auflage], § 134 Rn. 70.
[257] BVerfG, Urt. v. 09.02.1982 – 1 BvR 845/79, BVerfGE 59, 360 (387 f.).

bis zur Volljährigkeit gegen die Rechte des Kindes durchsetzt, nicht im Einklang mit dem grundrechtlich gewährleisteten Erziehungsauftrag steht, der fordert, dass die Kinder zu eigenständigen und selbstverantwortlichen Menschen erzogen werden sollen.[258] Folglich nehmen die aus Art. 6 Abs. 2 Satz 1 GG abgeleiteten Befugnisse der Eltern in dem Maß ab, wie das Kind der Pflege und Erziehung weniger bedarf und je fähiger es zur Eigenentscheidung wird.[259] Die Fürsorge der Eltern ‚bricht' nicht die Freiheitsrechte des Kindes, sondern verhilft diesen in Lebensphasen, in denen es dem Kind an der Fähigkeit der Selbstbestimmung und der Selbstverwirklichung fehlt, vielmehr zur Entfaltung.[260] Dies gilt jedenfalls insoweit, als die Vorstellung der Eltern für das Wohl des Kindes nicht mit dem Willen des Kindes für dessen eigenes Wohl kollidiert.

B. Grundrechtsausgleich über staatliche Schutzpflichten

Bei der medizinischen Behandlung von Kindern handelt es sich regelmäßig um ein privatrechtliches Rechtsverhältnis. Die Grundrechte gelten nach ganz herrschender Meinung innerhalb dieses Rechtsverhältnisses ebenso wenig unmittelbar wie im Verhältnis des Kindes zu seinen Eltern,[261] so dass kein Fall klassischer Grundrechtskollision vorliegt.[262] Die konfligierenden Grundrechtspositionen können nicht – jedenfalls nicht auf abwehrrechtlicher Seite – im Wege der praktischen Konkordanz gelöst werden. Für eben solche Fälle entwickelte das BVerfG die Lehre von den Schutzpflichten.[263] Regelmäßig sind Gefährdungen für grundrechtlich geschützte Rechtsgüter nicht auf ein hoheitliches Handeln zurückzuführen, sondern ergeben sich aus dem Verhalten privater Dritter, die ihrerseits grundrechtsberechtigt sind. Der Staat hat zwischen den unterschiedlichen Schutzinteressen und den durch die Beteiligten ausgehenden Grundrechtsgefährdungen zu vermitteln und diese in einen angemessenen Ausgleich zu bringen.[264] Ungeachtet unterschiedlicher Begründungsansätze besteht heute in Rechtsprechung und Literatur weitgehend Einigkeit darüber,

---

[258] *Bleckmann*, StaatsR II, § 27 Rn. 32; *Zacher*, in: Isensee/Kirchhof, HStR VI [2. Auflage], § 134 Rn. 69.

[259] *Ivanits*, NZFam 2016, 7 (10); *Peschel-Gutzeit*, in: Staudinger [2015], BGB § 1626 Rn. 10.

[260] *Coester-Waltjen*, in: Münch/Kunig, GG Art. 6 Rn. 81.

[261] *Canaris*, AcP 184 (1984), 201 (203–210); *Herdegen*, in: Maunz/Dürig, GG Art. 1 Abs. 3 Rn. 113; *Hillgruber*, in: Beck-OK, GG Art. 1 Rn. 72; *Kingreen/Poscher*, Grundrechte, Rn. 228; a. A. *Nipperdey*, in: Nipperdey/Molitor, FS Molitor, S. 17 (23–33); *Steindorff*, Persönlichkeitsschutz im Zivilrecht, S. 12.

[262] *Stern*, Staatsrecht IV/1, § 100 XII 4 c γ.

[263] BVerfG, Urt. v. 25.02.1975 – 1 BvF 1, 2, 3, 4, 5, 6/74, BVerfGE 39, 1 (42 f.); *Canaris*, AcP 184 (1984), 201 (225); *Kloepfer/Greve*, Staatsrecht kompakt, Rn. 434.

[264] *Lang*, in: Beck-OK, GG Art. 2 Rn. 76; *Schulze-Fielitz*, in: Dreier, GG Art. 2 II Rn. 76.

dass der Staat in bestimmten Situationen, in denen grundrechtlich geschützte Werte bedroht sind, nicht untätig bleiben darf, sondern vielmehr verpflichtet ist, zur Gewährleistung dieser aktiv zu werden.[265] Häufig steht der Gesetzgeber dabei vor der Herausforderung, „mehrpolige Verflechtungen“[266] in Ausgleich miteinander zu bringen und zwischen ihnen zu vermitteln. Dies birgt allerdings die Gefahr eines tiefen Eindringens der Gerichte in die politische Gestaltungsfreiheit von Gesetzgebung und Verwaltung mit sich, für die es der Judikatur jedoch an demokratischer Legitimation fehlt.[267] Dieser Gefährdung begegnet das BVerfG, indem es dem Gesetzgeber einen weiten „Einschätzungs-, Wertungs- und Gestaltungsspielraum“ [268] zubilligt. Die Grenze ist auf der einen Seite das Untermaßverbot: So ist der Gesetzgeber verpflichtet, einen angemessenen und wirksamen Mindestschutz zu gewährleisten.[269] Diese Grenze ist dort unterschritten, wo die staatliche Gewalt entweder gar keine oder lediglich gänzlich ungeeignete Maßnahmen zum Grundrechtsschutz unternommen hat.[270] Auf der anderen Seite wird die gesetzgeberische Einschätzungsprärogative durch das Übermaßverbot begrenzt: Im Rahmen der Realisierung grundrechtlich gewährleisteter Positionen des einen Bürgers soll nicht im Übermaß in die Grundrechte des anderen eingegriffen werden. Hier ist der Grundsatz der Verhältnismäßigkeit zu wahren, wonach staatliche Maßnahmen nur dann geboten sind, wenn sie einen benennbaren Zweck verfolgen, geeignet, erforderlich und angemessen sind.[271] Der Staat hat sich in seinem Handeln innerhalb

---

[265] BVerfG, Beschluss v. 14.01.1981 – 1 BvR 612/72, BVerfGE 56, 54 (78); Urt. v. 30.07.2008 – 1 BvR 3262/07, 402, 906/08, BVerfGE 121, 317 (356); Beschluss v. 26.07.2016 – 1 BvL 8/15, NJW 2017, 53 (55); Beschluss v. 03.02.2017 – 1 BvR 2569/16, NZFam 2017, 261 (265); *Di Fabio*, in: Maunz/Dürig, GG Art. 2 Abs. 2 Satz 1 Rn. 43; *Isensee*, in: Isensee/Kirchhof, HStR IX, § 191 Rn. 25; *Starck*, in: v. Mangoldt/Klein/Starck, GG Art. 2 Rn. 190; *Stern*, Staatsrecht IV/1, § 100 XII 4 c γ und § 100 XII 3 b; kritisch: *Preu*, JZ 1991, 265 (266); *Schmidt-Recla*, MedR 2017, 92 (93 f.).

[266] *Schulze-Fielitz*, in: Dreier, GG Art. 2 II Rn. 76.

[267] *Di Fabio*, in: Maunz/Dürig, GG Art. 2 Abs. 2 Satz 1 Rn. 41.

[268] BVerfG, Urt. v. 16.10.1977 – 1 BvQ 5/77, BVerfGE 46, 160 (164); Beschluss v. 14.01.1981 – 1 BvR 612/72, BVerfGE 56, 54 (81); Urt. v. 28.05.1993 – 2 BvF 2/90 und 4, 5/92, BVerfGE 88, 203 (262); Urt. v. 10.01.1995 – 1 BvF 1/90, 1 BvR 342, 348/90, BVerfGE 92, 26 (46); Urt. v. 30.07.2008 – 1 BvR 3262/07, 402, 906/08, BVerfGE 121, 317 (356); Beschluss v. 26.07.2016 – 1 BvL 8/15, NJW 2017, 53 (55).

[269] BVerfG, Urt. v. 28.05.1993 – 2 BvF 2/90 und 4, 5/92, BVerfGE 88, 203 (254).

[270] BVerfG, Urt. v. 10.01.1995 – 1 BvF 1/90, 1 BvR 342, 348/90, BVerfGE 92, 26 (46); Beschluss v. 29.10.1987 – 2 BvR 624, 1080, 2029/83, BVerfGE 77, 170 (215); *Schulze-Fielitz*, in: Dreier, GG Art 2 II Rn. 89.

[271] *Grzeszick*, in: Maunz/Dürig, GG Art. 20 Rn. 110.

eines „Korridors“[272] zwischen dem Untermaß- und dem Übermaßverbot zu bewegen.

Hinsichtlich der Heilbehandlung von Kindern ist der Gesetzgeber durch den Schutzpflichtcharakter des medizinischen Selbstbestimmungsrechts,[273] des Rechts auf körperliche Unversehrtheit[274] und der Elternpflicht[275] berufen, die Aspekte der Selbstbestimmung des Kindes und seiner noch vorhandenen Fürsorgebedürftigkeit in einen angemessenen Ausgleich zu bringen.[276] Die ‚Bühne‘, auf der dieser Ausgleich erfolgt, ist das Privatrecht.[277]

§ 5 Privatrechtliche Modelle der Harmonisierung

A. Die geltende Rechtslage im Behandlungsvertragsrecht

Die mit dem Patientenrechtegesetz vom 20.02.2013[278] eingeführte Vorschrift des § 630d BGB normierte erstmals positiv-rechtlich den Grundsatz des ‚informed consent‘ für die Heilbehandlung. Sie unterscheidet zwischen Patienten, die einwilligungsfähig und solchen, die einwilligungsunfähig sind, § 630d Abs. 1 Satz 1 und 2 BGB.

I .Einwilligungsfähige Minderjährige

Dem einwilligungsfähigen Patienten wird in § 630d Abs. 1 Satz 1 BGB das Recht gewährt, über die ihm angebotene Entscheidung zu bestimmen und in diese, nach vorausgegangener Aufklärung (§ 630e BGB), einzuwilligen oder seine Einwilligung zu verweigern. Diese ihm zugesprochene Zuständigkeit zur Erteilung der Einwilligung wird als Einwilligungskompetenz bezeichnet.[279] Die gesetzliche Regelung lässt von ihrem Wortsinn her keinen Zweifel daran, dass derjenige, der einwilligungsfähig ist, auch berufen ist, die notwendige Einwilli-

---

[272] *Lang*, in: Beck-OK, GG Art. 2 Rn. 76.
[273] Siehe oben § 1 B.
[274] Siehe oben § 1 A.
[275] Siehe oben § 3.
[276] *Roell*, RdJB 1988, 381 (383).
[277] *Röthel*, JZ 2017, 116.
[278] BGBl. I S. 277.
[279] *Damm*, MedR 2015, 775 (777); *Gleixner-Eberle*, Einwilligung Minderjähriger, S. 15; *Kaeding/Schwenke*, MedR 2016, 935 (937).

gung zu erteilen.[280] Ein Blick in die Gesetzesbegründung legt allerdings den Verdacht nahe, dass der Wortsinn dem Minderjährigen weitergehende Kompetenzen gewährt, als vom Gesetzgeber beabsichtigt wurde, wenn es dort heißt:[281]

> „Bei dem Minderjährigen kommt es auf die Umstände des Einzelfalles an, ob seine Eltern als gesetzliche Vertreter, gegebenenfalls der Minderjährige allein oder auch der Minderjährige und seine Eltern einwilligen müssen.“

Diese Ausführungen sind zumindest als unglücklich zu bezeichnen,[282] weil sie im Kontext der Einwilligungsfähigkeit getätigt wurden, inhaltlich aber die Thematik der Einwilligungskompetenz betreffen. Die Gesetzesbegründung differenziert hier und an anderen Stellen nicht zwischen der Einwilligungsfähigkeit – also der Fähigkeit, Wesen, Bedeutung und Tragweite des Eingriffs und seiner Gestattung zu erkennen[283] und das eigene Handeln danach auszurichten – und der Einwilligungskompetenz. Daher ist aus der Gesetzesbegründung kein Rückschluss hinsichtlich der gesetzgeberischen Intention bzgl. der Einwilligungskompetenz zu ziehen.

Auch die mit Wirkung zum 28.12.2012[284] in Kraft getretene Regelung des § 1631d BGB eröffnet in ihrem Umkehrschluss dem einsichts- und urteilsfähigen männlichen Kind die Möglichkeit, selbst und alleine in seine Beschneidung einzuwilligen oder den Eingriff zu verweigern.[285] Daraus kann auf den allgemeinen gesetzgeberischen Vorsatz geschlossen werden, dass auch Minderjährige, soweit sie einwilligungsfähig sind, bereits in ihren Körper betreffenden

---

[280] *Hoffmann*, NZFam 2015, 985 (986); *Klumpp*, in: Staudinger [2017], BGB vor §§ 104 ff. Rn. 38; *Meyer*, Genetische Untersuchungen, S. 77; *Wagner*, in: MüKo, BGB § 630d Rn. 37; im Ergebnis ebenso: *Wapler*, Kinderrechte und Kindeswohl, S. 535; *Ellenberger*, in: Palandt, BGB Überblick vor §§ 104 ff. Rn. 8; a. A.: *Lipp*, in: Laufs/Katzenmeier/Lipp, Arztrecht, Kap. VI Rn. 183; *Lorenz*, NZFam 2017, 782 (783).

[281] BT-Drs. 17/10488 S. 23.

[282] *Meyer*, Genetische Untersuchungen, S. 77 spricht von einer "gesetzgeberischen Unachtsamkeit".

[283] BGH, Urt. v. 05.12.1958 – VI ZR 266/57, BGHZ 29, 33 (36).

[284] Durch das Gesetz über den Umfang der Personensorge bei der Beschneidung des männlichen Kindes (BGBl. I S. 2749).

[285] OLG Hamm, Beschluss v. 30.08.2013 – II3 UF 133/13, FamRZ 2013, 1818 (1819); *Duttge*, in: Prütting, Medizinrecht, BGB § 1631d Rn. 4; *Fröschle*, Sorge und Umgang, Rn. 530 Fn. 142; *Götz*, in: Hilbig-Lugani/Coester-Waltjen, FS Coester-Waltjen, S. 89 (96); *Rixen*, NJW 2013, 257 (259 f.); *Spickhoff*, in: Spickhoff, Medizinrecht, BGB § 1631d Rn. 4; für eine kumulative Einwilligung des einwilligungsfähigen Jungen und seiner Eltern mit Verweis auf die Bedeutung und Schwere der Zirkumzision: *Kerscher*, in: Beck-OGK, BGB § 1631d Rn. 16.1; *Schumann*, in: Götz/Brudermüller, FS Brudermüller, S. 729 (730 Fn. 7); *Veit*, in: Beck-OK, BGB § 1631d Rn. 21.2.

höchstpersönlichen Angelegenheiten zur alleinigen Entscheidung berufen sind.[286]

Die hier vertretene Auslegung des § 630d Abs. 1 Satz 1 BGB findet – jedenfalls hinsichtlich der Personengruppe der unter Betreuung stehenden Volljährigen – die ausdrückliche Zustimmung des BVerfG. Dieses betonte in seiner Entscheidung vom 26.7.2016 die Notwendigkeit der Feststellung der hinreichenden Einsichts- und Handlungsfähigkeit der Betroffenen im Hinblick auf die konkret vorzunehmende Maßnahme[287] und schloss ein Handeln gegen den Willen des einwilligungsfähigen Betreuten in jedem Fall aus.[288] Weil die gesetzliche Regelung keine Unterscheidung zwischen Volljährigen und Minderjährigen kennt, sondern die Einwilligungskompetenz allein vom Vorhandensein der Einwilligungsfähigkeit abhängig macht, kann insofern für einwilligungsfähige Minderjährige nichts anderes gelten.

1. Einwilligungskompetenz statt Vetorecht

Mit den durch das Patientenrechtegesetz vom 20.2.2013[289] zum Behandlungsvertrag erlassenen Regelungen entzieht der Gesetzgeber der vom BGH im Jahr 2006 obiter dicter vertretenen Rechtsauffassung zum Vetorecht einwilligungsfähiger Minderjähriger[290] die Grundlage.[291] Nach nicht weiter begründeter Auffassung des Haftungssenats haben einwilligungsfähige Minderjährige bei nur relativ indizierten Heileingriffen lediglich ein Vetorecht gegen Einwilligungen, die ihre Eltern in eine medizinische Behandlung erteilt haben.[292] Die dem Minderjährigen vom BGH zugedachte Vetokompetenz geht in der dem Minderjährigen mit § 630d Abs. 1 Satz 1 BGB nun zustehenden weitergehenden Einwilligungskompetenz auf. Die Einwilligungskompetenz soll ohne Einschränkung jedem Einwilligungsfähigen zukommen, der insoweit ein Alleinentscheidungsrecht hat.[293] Ihre Anerkennung trägt dem medizinischen Selbstbestimmungsrecht des Minderjährigen Rechnung, so dass es folgerichtig ist, dass

---

[286] *Götz*, in: Hilbig-Lugani/Coester-Waltjen, FS Coester-Waltjen, S. 89 (96); *Hoffmann*, NZFam 2015, 985 (986); kritisch dazu: *Spickhoff*, in: Spickhoff, Medizinrecht, BGB § 1631d Rn. 6.

[287] BVerfG, Beschluss v. 26.07.2016 – 1 BvL 8/15, NJW 2017, 53 (57).

[288] BVerfG, Beschluss v. 26.07.2016 – 1 BvL 8/15, NJW 2017, 53 (56).

[289] BGBl. I S. 277.

[290] BGH, Urt. v. 10.10.2006 – VI ZR 74/05, FamRZ 2007, 130.

[291] *Damm*, MedR 2015, 775 (777); *Kaeding/Schwenke*, MedR 2016, 935 (937); *Kreße*, MedR 2015, 91 (94); *Meyer*, Genetische Untersuchungen, S. 77.

[292] BGH, Urt. v. 10.10.2006 – VI ZR 74/05, FamRZ 2007, 130.

[293] *Kreße*, MedR 2015, 91 (94); *Gleixner-Eberle*, Einwilligung Minderjähriger, S. 351–352; *Götz*, FamRZ 2020, 339 (340); *Wagner*, in: MüKo, BGB § 630d Rn. 44.

die insoweit erwachende Selbstbestimmungsfähigkeit des jungen Menschen die elterliche Sorge zurückdrängt.[294]

2. Alleinentscheidungsrecht statt Co-Konsens

Als – jedenfalls de lege lata – überholt anzusehen ist damit auch diejenige Auffassung, die von einer gemeinsamen Entscheidung eines minderjährigen Patienten und seiner Eltern ausgeht und nur der ‚doppelten' Einwilligung rechtfertigende Wirkung zukommen lassen will.[295] Bestätigung findet die hier vertretene Sichtweise dadurch, dass der Gesetzgeber an anderen Stellen die Wirksamkeit einer Einwilligung von der kumulativen Einwilligung des einwilligungsfähigen Minderjährigen und seiner gesetzlichen Vertreter abhängig macht, vgl. § 40b Abs. 3 Satz 1Arzneimittelgesetz (AMG) oder § 8a Satz 1 Nr. 5 Transplantationsgesetz (TPG), hier aber darauf verzichtet hat.[296] Hätte er die Rechtmäßigkeit eines medizinischen Eingriffs von einer ‚doppelten Einwilligung' abhängig machen wollen, so hätte er dies entsprechend normiert.

3. Einwilligungskompetenz des Minderjährigen und Art. 6 Abs. 2 GG

Gegen die alleinige Einwilligungskompetenz des einwilligungsfähigen Minderjährigen wird eingewandt, dass diese einen unzulässigen Eingriff in das Elternrecht des Art. 6 Abs. 2 Satz 1 GG darstellt.[297] Insoweit wird angenommen, dass das elterliche Sorgerecht das Selbstbestimmungsrecht einwilligungsfähiger Minderjähriger überlagere, so dass ihm der Vorrang gebühre.[298]

---

[294] OLG Hamm, Beschluss v. 29.11.2019 – 12 UF 236/19, NZFam 2020, 14 (17); *Spickhoff*, FamRZ 2018, 412 (423).

[295] *Hoffmann*, NZFam 2015, 985 (986); *Klumpp*, in: Staudinger [2017], BGB vor §§ 104 ff. Rn. 38; *Wagner*, in: MüKo, BGB § 630d Rn. 44; *Lugani*, in: MüKo, BGB § 1666 Rn. 79; vgl. zu solchen Vorschlägen vor dem Inkrafttreten des PatRG: *Coester-Waltjen*, MedR 2012, 553 (559); *Hefermehl*, in: Soergel, BGB § 107 Rn. 19; *Nebendahl*, MedR 2009, 197 (202); *Pawlowski*, in: Brambring/Hagen, FS Hagen, S. 5 (19); *Schwerdtner*, AcP 173 (1973), 227 (247); Im Schrifttum wird dieses Erfordernis auch nach Inkrafttreten des § 630d Abs. 1 Satz 1 BGB teilweise noch gesehen, vgl.: *Ellenberger*, in: Palandt, BGB Überblick vor §§ 104 ff. Rn. 8; *Lipp*, in: Laufs/Katzenmeier/Lipp, Arztrecht, Kap. III Rn. 19; *Sternberg-Lieben*, in: Schönke/Schröder, StGB § 223 Rn. 38a - bei offensichtlichen Fehlentscheidungen; *Olzen*, in: MüKo, BGB (7. Auflage) § 1666 Rn. 79 - für die Möglichkeit, im Dissensfall eine familiengerichtliche Entscheidung herbeizuführen.

[296] *Kreße*, MedR 2020, 387 (388).

[297] *Lipp*, in: Laufs/Katzenmeier/Lipp, Arztrecht, Kap. VI Rn. 183; *Lipp*, Freiheit und Fürsorge, S. 33–34; *Pawlowski*, in: Brambring/Hagen, FS Hagen, S. 5 (14); *Reuter*, AcP 192 (1992), 108 (123).

[298] *Lorenz*, NZFam 2017, 782 (785).

a) Elternrecht als treuhänderisches Recht

Diese Bedenken sind mit Blick auf die Rechtsprechung des BVerfG zum Verhältnis von Elternrecht und Selbstbestimmungsrecht des Kindes[299] zurückzuweisen. Das den Eltern als treuhänderisches Recht zugewiesene Elternrecht soll diesen nur soweit und solange zustehen, wie der Minderjährige noch nicht selbst über die entsprechenden Fähigkeiten verfügt,[300] so dass die elterliche Sorge immer mehr der zunehmenden Selbstbestimmungsfähigkeit des Minderjährigen weicht.[301] Dem Grundgesetz immanent ist das „formelle Erziehungsziel"[302] der Förderung des Kindes zur Selbstentscheidung und Selbstverantwortung. Würde trotz bestehender Selbstbestimmungsfähigkeit des Minderjährigen der elterlichen Fremdbestimmung das Übergewicht eingeräumt, so wäre darin ein Verstoß gegen das Übermaßverbot zu sehen.[303] Das BVerfG sieht in Teilmündigkeitsregelungen, wie sie sich z. B. in § 5 Gesetz über die religiöse Kindererziehung (RKEG) finden, keinen unzulässigen Eingriff in das Elternrecht und billigt dem Gesetzgeber zu, dass er der zunehmenden Selbstbestimmungsfähigkeit des Heranwachsenden verstärkt Bedeutung schenkt.[304]

b) Vorbehalt des Gesetzes

Des Weiteren wird hinsichtlich der Einwilligungskompetenz des einwilligungsfähigen Minderjährigen angeführt, diese bedürfe wegen des mit ihr verbundenen Eingriffs in Art. 6 Abs. 2 Satz 1 GG einer entsprechenden gesetzlichen Grundlage.[305] Die Sinnhaftigkeit und verfassungsrechtliche Gebotenheit einer solchen Regelung wird dabei nicht in Frage gestellt.[306] Verwiesen wird aber auf den Gesetzesvorbehalt des Art. 6 Abs. 2 GG, der ein entsprechendes Gesetz zur Teilmündigkeit des Minderjährigen erforderlich macht.[307] Einigkeit besteht im juristischen Schrifttum darüber, dass die Regelung des § 1626 Abs. 2 BGB keine echte Teilmündigkeitsregelung darstellt. Sie gewährt der Entscheidung

---

[299] BVerfG, Urt. v. 09.02.1982 – 1 BvR 845/79, BVerfGE 59, 360 (387 f.); siehe oben § 4 A.

[300] *Belling/Eberl/Michlik*, Selbstbestimmungsrecht Minderjähriger, S. 123; *Böckenförde*, in: Essener Gespräche, S. 54 (67).

[301] BVerfG, Urt. v. 09.02.1982 – 1 BvR 845/79, BVerfGE 59, 360 (387); OLG München, Urt. v. 07.12.1956 – 3 U 1285/54, NJW 1958, 633 (634); *Wapler*, Kinderrechte und Kindeswohl, S. 538.

[302] Zu diesem Begriff: *Böckenförde*, in: Essener Gespräche, S. 54 (65).

[303] *Deutsch/Spickhoff*, Medizinrecht, Rn. 1128; *Taupitz*, Gutachten A, S. 64.

[304] BVerfG, Urt. v. 09.02.1982 – 1 BvR 845/79, BVerfGE 59, 360 (388).

[305] *Lipp*, Freiheit und Fürsorge, S. 33–34; *Lipp*, in: Laufs/Katzenmeier/Lipp, Arztrecht, Kap. VI Rn. 183; *Pawlowski*, in: Brambring/Hagen, FS Hagen, S. 5 (13-14, 19).

[306] *Pawlowski*, in: Brambring/Hagen, FS Hagen, S. 5 (14).

[307] *Lipp*, MedR 2008, 292 (293); zum Gesetzesvorbehalt bei Art. 6 Abs. 2 GG: BVerfG, Urt. v. 16.01.2003 – 2 BvR 716/01, BVerfGE 107, 104 (120).

des Minderjährigen nicht den Vorrang, sondern belässt – im Gegenteil – die Entscheidung letztlich bei den Eltern.[308] Vielmehr als eine Teilmündigkeitsregelung ist in dieser Norm ein Leitbild der elterlichen Sorge zu sehen, wonach die Eltern der wachsenden Selbstbestimmungsfähigkeit des Minderjährigen bei ihren Entscheidungen Rechnung tragen sollen.[309] Zu der Zeit, als der Grundsatz des ‚informed-consent' und die aus diesem entwickelte Lehre der Einwilligungskompetenz lediglich richterrechtlich ausgestaltet[310] und noch keiner gesetzlichen Regelung zugeführt worden war, vermochte der Einwand der fehlenden gesetzlichen Grundlage für die angenommene Teilmündigkeit unter Umständen zu greifen.[311] Seit dem Inkrafttreten des § 630d Abs. 1 Satz 1 BGB[312] liegt jedoch die von einigen Vertretern im Schrifttum geforderte gesetzliche Regelung zur Teilmündigkeit vor. Die Vorschrift des § 630d Abs. 1 BGB enthält zwar keine Angabe eines Alters, ab dem der Minderjährige selbst befugt sein soll, über die ihn betreffende Heilbehandlung zu entscheiden. Der Gesetzgeber hat aber die richterrechtlich entwickelte Regelung der Einwilligungsfähigkeit übernommen, mit der ein Minderjähriger dann für teilmündig hinsichtlich medizinischer Maßnahmen erklärt wird, wenn er einwilligungsfähig ist.[313] Dem möglichen Einwand der Unbestimmtheit dieser Regelung kann mit dem Hinweis auf die Individualität des Arzt-Patienten-Verhältnisses begegnet werden. „Der Arzt [ist] durch das individuelle Aufklärungsgespräch (...) zur Beurteilung der Einwilligungsfähigkeit des Minderjährigen am ehesten geeignet."[314] Dabei ist der Behandelnde frei, gegebenenfalls sachverständige Hilfe hinzuzuziehen[315] oder sich mit Kollegen, Pflegepersonal oder den Eltern des Kindes zu beraten. Die im Schrifttum vorgetragenen Einwände gegen ein Alleinentscheidungsrecht des einwilligungsfähigen Minderjährigen hinsichtlich der ihn betreffenden Heilbehandlung können im Ergebnis nicht überzeugen. Der aufgeklärte einwilligungsfähige Patient, sei er voll- oder minderjährig, ist befugt und berufen, selbst über die ihm angebotene Heilbehandlung zu entscheiden.

---

308 *Scherer*, FamRZ 1997, 589 (591); *Götz*, in: Palandt, BGB § 1626 Rn. 23; *Peschel-Gutzeit*, in: Staudinger [2015], BGB § 1626 Rn. 120; *Röchling*, FPR 2008, 481 (482); *Veit*, in: Beck-OK, BGB § 1626 Rn. 77; *Wölk*, MedR 2001, 80 (83).

309 *Gleixner-Eberle*, Einwilligung Minderjähriger, S. 347; *Huber*, in: MüKo, BGB § 1626 Rn. 28; *Scherer*, FamRZ 1997, 589 (591).

310 Siehe oben § 1 B I.

311 Siehe zu den Gründen, mit denen er damals schon zurückgewiesen wurde: *Gleixner-Eberle*, Einwilligung Minderjähriger, S. 347–348.

312 Zum 26.3.2013 durch das Patientenrechtegesetz vom 22.3.2013 (BGBl. I S. 277).

313 BT-Drs. 17/10488 S. 23.

314 *Wölk*, MedR 2001, 80 (82).

315 *Spickhoff*, in: Spickhoff, Medizinrecht, BGB § 630d Rn. 4.

4. Einwilligungsfähigkeit

Eine Torhüter-Funktion für die Ausübung des Selbstbestimmungsrechts kommt damit der Einwilligungsfähigkeit des Patienten zu. Diese ist unabhängig von der Geschäftsfähigkeit zu beurteilen.[316] Damit stellt der Gesetzgeber auch klar, dass die Einwilligungsfähigkeit zeitlich vor dem Beginn der Geschäftsfähigkeit eintreten kann. Auf eine Legaldefinition der Einwilligungsfähigkeit wurde verzichtet, was im Schrifttum mit dem Hinweis auf die zentrale Bedeutung dieses Kriteriums für die Gewährleistung des medizinischen Selbstbestimmungsrechts zu Recht kritisiert wird.[317] Die Gesetzesbegründung spricht von „natürlicher Einsichts- und Steuerungsfähigkeit"[318] und nimmt damit Bezug auf die von der Rechtsprechung entwickelte und von weiten Teilen der Literatur tradierte Definition der Einwilligungsfähigkeit als Einsichts-, Urteils- und Steuerungsfähigkeit, die als Grundlage dafür angesehen wird, dass der Patient Wesen, Bedeutung und Tragweite des Eingriffs ermessen und seinen Willen danach bestimmen kann.[319]

II. Nicht einwilligungsfähige Minderjährige

Für den nichteinwilligungsfähigen Patienten ist nach § 630d Abs. 1 Satz 2 BGB die Einwilligung eines *hierzu Berechtigten* einzuholen. Zur Entscheidung berufen ist danach die gesetzliche Vertretung,[320] also bei Kindern in der Regel die Eltern (§§ 1626, 1631 BGB) und nur in Ausnahmefällen ein Vormund (§§ 1789, 1795 BGB) oder Ergänzungspfleger (§§ 1809, 1813 i. V. m. §§ 1789, 1795 BGB). Die Sorge für das Kind umfasst neben der Vermögens- auch die

---

316 BT-Drs. 17/10488 S. 23; *Damm*, MedR 2013, 201 (206); *Deutsch/Spickhoff*, Medizinrecht, Rn. 420, 991; *Kaeding/Schwenke*, MedR 2016, 935 (936); *Kreße*, MedR 2015, 91 (92); vgl. zur Rechtsnatur der Einwilligung und zur Einwilligungsfähigkeit die ausführliche Darstellung im 3. Kapitel.

317 *Coester-Waltjen*, MedR 2012, 553 (555); *Damm*, MedR 2013, 201 (206); *Deutsch/Spickhoff*, Medizinrecht, Rn. 424; *Kaeding/Schwenke*, MedR 2016, 935; *Katzenmeier*, MedR 2012, 576 (581).

318 BT-Drs. 17/10488 S. 23.

319 Vgl.: BGH, Urt. v. 05.12.1958 – VI ZR 266/57, BGHZ 29, 33 (36); Urt. v. 02.12.1963 – III ZR 222/62, NJW 1964, 1177 (1178); RG, Urt. v. 03.07.1908 – V 420/08, RGSt 41, 392 (394); BGH, Urt. v. 10.02.1959 – 5 StR 533/58, BGHSt 12, 379 (382 f.); Urt. v. 22.02.1978 – 2 StR 372/77, NJW 1978, 1206; *Katzenmeier*, in: Beck-OK, BGB § 630d Rn. 13; *Mansel*, in: Jauernig, BGB § 630d Rn. 3; *Sternberg-Lieben*, in: Schönke/Schröder, StGB § 223 Rn. 38, 38a; *Ulsenheimer*, in: Laufs/Kern/Rehborn, HbArztR § 149 Rn. 63; *Weidenkaff*, in: Palandt, BGB § 630d Rn. 3. Ausführlich zur Einwilligungsfähigkeit unten im 3. Kapitel § 2.

320 *Mansel*, in: Jauernig, BGB § 630d Rn. 3; *Spickhoff*, in: Spickhoff, Medizinrecht, BGB § 630d Rn. 9; *Weidenkaff*, in: Palandt, BGB § 630d Rn. 3.

Personensorge, zu der die Sorge für das gesundheitliche Wohl des Kindes gehört, vgl. § 1631 Abs. 1 BGB.

1. Aufklärung des einwilligungsunfähigen Minderjährigen

Dem medizinischen Selbstbestimmungsrecht des einwilligungsunfähigen Patienten soll durch die in § 630e Abs. 5 BGB normierte Erläuterungspflicht Genüge getan werden.[321] Danach sind diesem die wesentlichen Umstände der Behandlung entsprechend seinem Verständnis zu erläutern, soweit er nach seinem Entwicklungsstand und seinen Verständnismöglichkeiten in der Lage ist, die Erläuterungen aufzunehmen, was bei Säuglingen und komatösen Patienten nicht der Fall ist.[322] Im ursprünglichen Entwurf des § 630e BGB war diese Regelung nicht enthalten. Sie wurde auf Vorschlag des Ausschusses für Gesundheit des Deutschen Bundestages in das Behandlungsvertragsrecht aufgenommen. Dabei handelt es sich um die Reaktion des Gesetzgebers auf die bereits dargestellten Entscheidung des BVerfG[323] vom 23.3.2011.[324] Ausweislich der Begründung im Gesetzgebungsverfahren sollte dadurch eine stärkere Einbeziehung der nicht einwilligungsfähigen Patienten erreicht werden.[325] Die Soll-Vorschrift des § 630e Abs. 5 BGB kann als Gewinn an Selbstbestimmung angesehen werden. Auf diese Weise wird gewährleistet, dass das Kind nicht nur ein bloßes Objekt der medizinischen Behandlung, sondern Subjekt des Geschehens ist. Mit der Erläuterung der wesentlichen Umstände gegenüber dem Kind soll bereits begonnen werden, sobald das Kind „wenigstens in groben Zügen“[326] über die Fähigkeit verfügt, das Geschehen zu erfassen, was jedenfalls mit dem Erreichen des Schulalters angenommen wird.[327]

2. Aufklärung des Kindes nicht Wirksamkeitsvoraussetzung der Einwilligung des Berechtigten

Auch wenn diese Regelung hinsichtlich der Ausgestaltung des medizinischen Selbstbestimmungsrechts nicht einwilligungsfähiger Patienten als Schritt in die richtige Richtung zu bezeichnen ist, so ist der Gesetzgeber gleichwohl den beschrittenen Weg nicht konsequent bis zum Ende gegangen: Es wäre nur ein

---

[321] BT-Drs. 17/11710 S. 29; *Damm*, MedR 2015, 775 (777 f.).
[322] BT-Drs. 17/11710 S. 29; *Kreße*, MedR 2015, 91 (93).
[323] BVerfG, Beschluss v. 23.03.2011 – 2 BvR 882/09, NJW 2011, 2113; siehe dazu § 2 B II.
[324] *Brückner*, Selbstbestimmungsrecht Minderjähriger, S. 71; *Geiß/Greiner*, Arzthaftpflichtrecht, Rn. 114; *Thole*, MedR 2013, 145 (148).
[325] BT-Drs. 17/11710 S. 29.
[326] *Brückner*, Selbstbestimmungsrecht Minderjähriger, 105.
[327] *Brückner*, Selbstbestimmungsrecht Minderjähriger, S. 105; *Eberbach*, MedR 1986, 14 (15); für eine Kommunikation mit dem Kind, sobald dieses in der Lage ist, zu kommunizieren: *Wapler*, Kinderrechte und Kindeswohl, S. 539.

kleiner, zusätzlicher Schritt gewesen, die Soll-Vorschrift des § 630e Abs. 5 BGB in den Rang einer Muss-Vorschrift zu erheben und so dem Selbstbestimmungsrecht des einwilligungsunfähigen Kindes zu mehr Geltung zu verhelfen. So könnte bei der Behandlung einwilligungsunfähiger Kinder die Wirksamkeit der Einwilligung der Eltern davon abhängig gemacht werden, dass auch das Kind nach § 630e Abs. 5 BGB aufgeklärt worden ist. Auf diese Weise würde sichergestellt werden, dass die beabsichtigte Information des Kindes auch tatsächlich erfolgt und nicht dem Zeitdruck oder anderen Zwängen, Fakten oder Fehlannahmen in Arztpraxen und Krankenhäusern zum Opfer fällt.[328] Für das Kind bestünde mit dem auf diese Weise gestärkten und in seiner Durchführung stärker abgesicherten Aufklärungsanspruch die Möglichkeit, sich mit dem Berechtigten über die angedachte Behandlung auszutauschen. Kommunikation auf der Grundlage gemeinsamer Information fördert die Übereinstimmung, so dass auf diesem Weg die von § 1626 Abs. 2 BGB herbeigesehnte Übereinkunft zwischen Kindeswillen und Elternwillen befördert würde, was dazu führte, dass die Eltern eine Entscheidung im Sinne des Kindes treffen könnten.

Soweit sich die Gesetzesbegründung hinsichtlich der Folgenlosigkeit der unterbliebenen Aufklärung nach § 630e Abs. 5 BGB für die Wirksamkeit der Einwilligung des Berechtigten auf die Entscheidung des BVerfG vom 23.3.2011[329] beruft,[330] kann dem nicht gefolgt werden. Ausdrücklich hält der erkennende zweite Senat in der zitierten Entscheidung die Aufklärung des einwilligungsunfähigen Patienten nicht von vornherein für entbehrlich, sondern fordert diese ausdrücklich.[331] Wenn in diesem Zusammenhang der Entscheidung dargelegt wird, dass die Aufklärung des Nichteinwilligungsfähigen nicht die Grundlage „einer“ – gemeint sein dürfte wohl ‚seiner‘ – rechtfertigenden Einwilligung sein kann,[332] ist darin lediglich eine Klarstellung der insoweit nicht vorhandenen Einwilligungskompetenz zu sehen. Denn unbestritten ist – und war es auch schon vor dem Inkrafttreten des § 630d Abs. 1 Satz 1 BGB – ein Einwilligungsunfähiger nicht einwilligungskompetent. Keine Aussage ist in den Ausführungen des BVerfG an dieser Stelle hinsichtlich einer kumulativen Aufklärungsbedürftigkeit für die Wirksamkeit der Einwilligung des Vertreters zu sehen. Für die Annahme eines redaktionellen Versehens bleibt kein Raum, da der Gesetzgeber sich explizit zu der Frage der unterbliebenen Aufklärung des

---

[328] Vgl. zur geringen Qualität der Aufklärung von Minderjährigen: *Niethammer*, in: Wiesemann, Kind als Patient, S. 92 (92-93); *Rothärmel et al.*, Patientenaufklärung, S. 251–252.
[329] BVerfG, Beschluss v. 23.03.2011 – 2 BvR 882/09, NJW 2011, 2113.
[330] BT-Drs. 17/11710 S. 29.
[331] BVerfG, Beschluss v. 23.03.2011 – 2 BvR 882/09, NJW 2011, 2113 (2116).
[332] BVerfG, Beschluss v. 23.03.2011 – 2 BvR 882/09, NJW 2011, 2113 (2116).

einwilligungsunfähigen Patienten geäußert hat.[333] Auch verstößt die Vorschrift des § 630e Abs. 5 BGB nicht gegen das Untermaßverbot.[334] Zwar bleibt der Gesetzgeber hinsichtlich der Ausgestaltung des Selbstbestimmungsrechts einwilligungsunfähiger Minderjähriger hinter seinen Möglichkeiten zurück, er war aber nicht gänzlich untätig. Im Ergebnis ist die Zurückhaltung des Gesetzgebers zu bedauern. Ein Verstoß gegen die sich aus dem medizinischen Selbstbestimmungsrecht einwilligungsunfähiger Patienten ergebende Schutzpflicht liegt aber nicht vor.

B. Das Modell überwiegender Fürsorge

I. Orientierung am Kindeswohl

Mit der geltenden Rechtslage im Zivilrecht zufrieden gibt sich eine Auffassung, die in dem fürsorgenden Charakter der stellvertretenden Wahrnehmung der Kindesinteressen ein das Selbstbestimmungsrecht des einwilligungsunfähigen Kindes übergewichtendes Argument sieht.[335] Vertreter dieser Auffassung gehen von dem kindschaftsrechtlichen Grundsatz aus, dass die Eltern das Kind vertreten (§ 1626 Abs. 1 BGB) und bei ihrem Handeln dessen Wohl zu berücksichtigen haben, vgl. § 1627 BGB. Die Interessen des Kindes sehen sie in ausreichendem Maße durch die Verpflichtung der Eltern zur Orientierung am Kindeswohl geschützt, da für dessen Beurteilung auch die Zukunftsperspektiven des Heranwachsenden berücksichtigt werden müssen.[336] Teilweise wird aus der Verpflichtung zur Orientierung am Kindeswohl der Grundsatz abgeleitet, dass nicht indizierte und fremdnützige Eingriffe nicht vom elterlichen Sorgerecht umfasst sind,[337] so dass die Gefahr einer paternalistischen Fremdbestimmung der Eltern als gering eingeschätzt wird. Tatsächlich ist es aber so, dass das durch §§ 1626, 1631 Abs. 1 BGB gewährte Personensorgerecht, das grundrechtlich durch Art. 6 Abs. 2 Satz 1 GG garantiert ist, den Eltern eine sehr umfängliche Befugnis zuweist, nach ihrem Ermessen und auf der Grundlage ihres eigenen Wertehorizonts über das Wohl und Wehe des Kindes zu entscheiden.[338]

---

[333] BT-Drs. 17/11710 S. 28, 29; zur Kritik daran siehe unten B III.

[334] Siehe dazu oben § 2 B I.

[335] *Belling/Eberl/Michlik*, Selbstbestimmungsrecht Minderjähriger, S. 118–119; *Gernhuber/Coester-Waltjen*, Familienrecht, § 57 Rn. 84; *Peschel-Gutzeit*, in: Staudinger [2015], BGB § 1626 Rn. 97; *Wapler*, Kinderrechte und Kindeswohl, S. 539; *Weidenkaff*, in: Palandt, BGB § 630d Rn. 3.

[336] *Brückner*, Selbstbestimmungsrecht Minderjähriger, S. 131; *Gernhuber/Coester-Waltjen*, Familienrecht, § 57 Rn. 30; *Peschel-Gutzeit*, in: Staudinger [2015], BGB § 1627 Rn. 20.

[337] *Gleixner-Eberle*, Einwilligung Minderjähriger, S. 312–313; *Kern*, NJW 1994, 753 (756).

[338] *Bichler*, GesR 2014, 1 (5); *Taupitz*, Gutachten A, S. 74.

II. Zur Beachtlichkeit des Kindeswillens

Sofern die Eltern als *Berechtigte* i. S. d. § 630d Abs. 1 Satz 2 BGB das einwilligungsunfähige Kind vertreten, wird davon ausgegangen, dass dessen Wille nicht gänzlich unbeachtlich sei und es nicht der ‚paternalistischen Herrschaft' seiner Eltern unterstellt werde. Der Kindeswille habe zwar keine rechtsgestaltende Kraft, solle von den Eltern aber im Rahmen der von § 1626 Abs. 2 BGB geforderten Berücksichtigung des wachsenden Bedürfnisses des Kindes zu selbstständigem Handeln Beachtung finden.[339] Die Regelung des § 1626 Abs. 2 BGB, die ausweislich der Begründung des Gesetzgebers auch bei medizinischen Maßnahmen gelten soll,[340] strebt zwar eine einvernehmliche Lösung im Eltern-Kind-Verhältnis an. Für den Fall, dass es nicht zu einer Einigung zwischen Kind und Eltern kommt, geht nach h. M. aber das elterliche Erziehungsprimat vor, so dass nur und ausschließlich der Elternwille maßgeblich und der gegebenenfalls entgegenstehende Wille des Minderjährigen unbeachtlich sei.[341]

III. Das Kindeswohl als einzige Grenze des Elternwillens

Eine Begrenzung erfährt der Elternwille nach dieser Auffassung also erst durch die Gefährdung des Kindeswohls, vgl. § 1666 BGB. Aufgrund des verfassungsrechtlich durch Art. 6 Abs. 2 Satz 1 GG verbürgten Elternrechts haben die Eltern die Interpretationsprärogative darüber, was dem Wohl des Kindes entspricht.[342] Soweit vereinzelt angenommen wird, es könne kein Kindeswohl gegen den Kindeswillen geben,[343] ist dem zu widersprechen. Diese Auffassung hätte zur Folge, dass der Wille des einwilligungsunfähigen Kindes sich bei jeder medizinischen Maßnahme durchsetzen könnte. Die Befugnis der Eltern zur Vertretung des Kindes müsste sich folglich auf solche Maßnahmen beschränkten, die vom Kind gewollt sind. Dadurch würden das elterliche Erziehungsrecht und die damit verbundene Komplementärverpflichtung zum Schutz und zur

---

339 OLG Hamm, Beschluss v. 30.08.2013 – II3 UF 133/13, FamRZ 2013, 1818 (1819); *Belling/Eberl/Michlik*, Selbstbestimmungsrecht Minderjähriger, S. 120; *Huber*, in: MüKo, BGB § 1626 Rn. 28; *Lipp*, Freiheit und Fürsorge, S. 35; *Scherer*, FamRZ 1997, 589 (591); *Veit*, in: Beck-OK, BGB § 1626 Rn. 75.

340 BT-Drs. 7/2060 S. 19.

341 *Gleixner-Eberle*, Einwilligung Minderjähriger, S. 347; *Huber*, in: MüKo, BGB § 1626 Rn. 45; *Lorenz*, NZFam 2017, 782 (783); *Röchling*, FPR 2008, 481 (482); *Scherer*, FamRZ 1997, 589 (591).

342 BVerfG, Beschluss v. 29.07.1968 – 1 BvL 20/63, 31/66 und 5/67, BVerfGE 24, 119 (135, 138); Urt. v. 16.01.2003 – 2 BvR 716/01, BVerfGE 107, 104 (117); *Bichler*, GesR 2014, 1 (5); *Böckenförde*, in: Essener Gespräche, S. 54 (66 f.); *Lipp*, in: Laufs/Katzenmeier/Lipp, Arztrecht, Kap. VI Rn. 181; *Lugani*, in: MüKo, BGB § 1666 Rn. 1; *Uhle*, in: Beck-OK, GG Art. 6 Rn. 46.

343 *Köster*, Sorgerecht, S. 125.

Fürsorge der Eltern für das Kind ebenso ausgehöhlt wie die gesetzlich normierte Bedeutung der Einwilligungsfähigkeit.[344]

Eine gewisse Objektivierbarkeit erfährt das Kindeswohl im medizinischen Bereich. Von einer Kindeswohlgefährdung ist dann auszugehen, wenn die Eltern die im Lichte der Personensorge betrachtete gebotene medizinische Maßnahme ablehnen und keine gleichwertigen Behandlungsalternativen bestehen.[345] Gründe für die Ablehnung beruhen häufig auf weltanschaulichen, religiösen oder alternativmedizinischen Standpunkten der Eltern, die zur Verweigerung von Bluttransfusionen, Operationen, chemotherapeutischen Behandlungen und dergleichen mehr führen. Sofern die aus solchen Gründen erklärte Verweigerung der Eltern das körperliche, geistige oder seelische Wohl des Kindes in erheblicher Weise gefährdet, ist das Familiengericht gemäß § 1666 BGB verpflichtet, die geeigneten Maßnahmen zu treffen, um die Kindeswohlgefährdung zu vermeiden oder abzustellen.[346] Bei einer medizinisch notwendigen Behandlung eines einwilligungsunfähigen Minderjährigen dürfte dies stets dann der Fall sein, wenn ohne die Behandlung die Gefahr einer erheblichen Gesundheitsschädigung droht.[347] Praktisch schränkt das Familiengericht in diesen Fällen die elterliche Sorge ein, indem es den Aspekt der Gesundheitssorge auf einen Pfleger überträgt oder die Entscheidung selbst trifft.[348] Liegt der Fall jedoch so, dass die Eltern eine Behandlung des Kindes wünschen, mit der dieses nicht einverstanden ist, werden die Gerichte nur sehr selten angerufen.[349] Das BGB stellt dem Minderjährigen kein Schlichtungsverfahren zur Verfügung, wie es beim Konflikt der Eltern im Innenverhältnis nach § 1628 BGB oder bei einem Dissens zwischen Eltern und Pfleger nach § 1630 Abs. 2 BGB existiert.[350] In Frage käme nur ein Verfahren wegen Kindeswohlgefährdung nach § 1666 BGB. Denkbar wäre der Fall, dass ein vierjähriges Kind mit seinen Eltern im Rahmen einer zahnärztlichen Vorsorgeuntersuchung einen

---

344 *Duttge*, in: Breitsameter, Autonomie und Stellvertretung, S. 34 (49); *Knauf*, Mutmaßliche Einwilligung, S. 109–110.

345 *Gleixner-Eberle*, Einwilligung Minderjähriger, S. 310; *Kern*, FamRZ 1981, 738 (739); *Lipp*, in: Laufs/Katzenmeier/Lipp, Arztrecht, Kap. VI Rn. 181; *Rixen*, MedR 1997, 351 (353).

346 *Ulsenheimer*, in: Laufs/Kern/Rehborn, HbArztR, § 149 Rn. 71.

347 BayObLG, Beschluss v. 25.09.1975 – BReg. 1 Z 55/75, FamRZ 1976, 43 (46); Beschluss v. 24.11.1987 – BReg. 1 Z 52/87, FamRZ 1988, 748 (750); *Deutsch/Spickhoff*, Medizinrecht, Rn. 1134.

348 OLG Celle, Beschluss v. 21.02.1994 – 17 W 8/94, NJW 1995, 792 (793); *Deutsch/Spickhoff*, Medizinrecht, Rn. 1135; *Drygala/Kenzler*, FamRZ 2018, 156 (159).

349 *Schertzinger*, in: Dierks/Graf-Baumann/Lenard, Therapieverweigerung, S. 119 (120) (am Beispiel Hamburg).

350 *Burschel*, in: Oberloskamp, Vormundschaft, § 8 Rn. 8.

Zahnarzt aufsucht, der bei dieser Gelegenheit einen Kariesbefall an einem Zahn des Kindes feststellt, der sich noch im Anfangsstadium befindet. Das Kind hat noch keine Schmerzen. Aufgrund seiner unbestimmten Angst vor dem Geschehen verweigert das Kind jegliche Behandlung. Die Eltern sehen die Notwendigkeit der zahnmedizinischen Maßnahme und wollen die Sache ‚hinter sich bringen'. Sie bitten den Arzt, das Kind zu behandeln und erklären, ‚gemeinsam mit vereinten Kräften' dafür Sorge zu tragen, dass die Behandlung durchgeführt werden kann.

Die dargestellte Auffassung der überwiegenden Fürsorge hat zur Konsequenz, dass eine medizinische Behandlung in diesen und in vergleichbaren Fällen auch gegen den Willen des Kindes und notfalls unter Einsatz elterlicher Zwangsanwendungen durchgesetzt werden könnte.[351] Begrenzt wird die Fremdbestimmungskompetenz der Eltern nur durch das Überschreiten der Grenze der Kindeswohlgefährdung (§ 1666 BGB),[352] wovon bei einer indizierten Maßnahme niemals ausgegangen wird.[353] Die Gewährleistung des medizinischen Selbstbestimmungsrechts einwilligungsunfähiger Kinder ist damit vom Entgegenkommen der Eltern abhängig. Somit verbleibt eine Lücke zwischen dem grundrechtlich gewährleisteten medizinischen Selbstbestimmungsrecht und dessen einfachgesetzlicher Ausgestaltung.

C. Vetorecht: Selbstbestimmung trotz fehlender Einwilligungsfähigkeit

Diese Lücke wollen manche Vertreter im Schrifttum durch ein dem einwilligungsunfähigen Minderjährigen zustehendes Vetorecht schließen.[354] Danach sollen einwilligungsunfähige Kinder in einer der Einwilligungsfähigkeit vorausgehenden Phase der Vetofähigkeit[355] das Recht haben, eine indizierte

---

351 *Hoffmann*, NZFam 2015, 985 (986).

352 *Götz*, in: Coester-Waltjen/Lipp/Schumann/Veit, Zwangsbehandlung, S. 65 (69, 71-72).

353 Zur Thematik der Zwangsbehandlung von Kindern ausführlich im 5. Kapitel.

354 *Amelung*, Vetorechte beschränkt Einwilligungsfähiger (passim); *Amelung*, ZStW 104 (1992), 821 (831–833); *Duttge*, in: Wiesemann/Simon, Patientenautonomie, S. 77 (86–88); *Duttge*, in: Prütting, Medizinrecht, § 228 StGB Rn. 8; *Golbs*, Vetorecht einwilligungsunfähiger Patienten (passim); *Rothärmel*, Einwilligung, Veto, Mitbestimmung, S. 167–173.

355 *Amelung*, ZStW 104 (1992), 821 (831); *Biermann*, in: Ulsenheimer, Arztstrafrecht, Rn. 425; *Koch*, in: Eser/Illhardt, Lexikon Medizin, Ethik, Recht, S. 593 (604); *Laufs*, Arztrecht (5. Auflage), S. 115 Fn. 128.

Heilbehandlung zu versagen – auch wenn die Sorgeberechtigten diese zum Wohle ihres Kindes begehren.[356]

I. Vetorechte in medizinischen Spezialgesetzen

Vorbilder für ein de lege lata positiv-rechtlich nicht normiertes Vetorecht einwilligungsunfähiger Patienten bei Heilbehandlungen finden sich in medizinischen Spezialgesetzen. Diese enthalten umfangreiche Regelungen zur Beteiligung einwilligungsunfähiger Kinder, durch die deren Selbstbestimmungsrechte einfachgesetzlich gewährleistet werden.

1. Arzneimittelforschung – AMG

Die medizinische Forschung am Menschen ist in Deutschland unter anderem im AMG normiert. Darüber hinaus entfaltet das Europarecht seine Wirkung. Die bis zum 27.1.2022 gültigen Vorschriften der §§ 40 Abs. 4 und 41 Abs. 2 AMG a. F. beruhten auf unionsrechtlichen Vorgaben in Gestalt der Richtlinie 2001/20/EG über die Anwendung der guten klinischen Prüfungen mit Humanarzneimitteln. Nach § 40 Abs. 4 Nr. 3 Satz 1 AMG a. F. lag die Einwilligungskompetenz für die Teilnahme an einer klinischen Prüfung bei dem gesetzlichen Vertreter des minderjährigen Probanden. Sofern der Minderjährige Wesen, Bedeutung und Tragweite erkennen konnte, war auch seine Einwilligung erforderlich, vgl. § 40 Abs. 4 Nr. 3 Satz 4 AMG a. F.[357] Die aus der Rechtsprechung zur Einwilligungsfähigkeit vom Gesetzgeber hier übernommenen Begriffe verweisen auf diese.[358] Erklärte der Minderjährige, nicht an der klinischen Prüfung teilnehmen zu wollen oder brachte er dies in sonstiger Weise zum Ausdruck, so war dies zu beachten (§ 40 Abs. 4 Nr. 3 Satz 3 HS 2 AMG a. F.). Wortsinn und Gesetzessystematik machen deutlich, dass hier einwilligungsunfähige Minderjährige gemeint waren, denn eine explizite Regelung für einwilligungsfähige Minderjährige fand sich in § 40 Abs. 4 Nr. 3 Satz 4 AMG a. F. Denknotwendig musste Satz 3 HS 2 dieser Norm einen anderen Fall – nämlich den der nicht einwilligungsfähigen Minderjährigen – betreffen.[359]

Die gesetzliche Grundlage für die klinische Prüfung von Arzneimitteln an Minderjährigen hat sich durch die Verordnung (EU) Nr. 536/2014 verändert. Die mit unmittelbarem Geltungsrang ausgestattete Verordnung (VO) strebt nach der Vereinfachung und Beschleunigung von Genehmigungsverfahren für

---

[356] *Golbs*, Vetorecht einwilligungsunfähiger Patienten, S. 144; *Huber*, in: MüKo, BGB § 1626 Rn. 44; *Odenwald*, Einwilligungsfähigkeit im Strafrecht, S. 152–153; *Ulsenheimer*, in: Dierks/Graf-Baumann/Lenard, Therapieverweigerung, S. 65 (88).

[357] Zum Fortbestand dieser Rechtslage siehe § 40b Abs. 3 Satz 1 AMG n. F.

[358] *Wachenhausen*, in: Kügel/Müller/Hofmann, AMG § 40 Rn. 103.

[359] *Duttge*, Biomedical Law & Ethics 2011, 23 (35); *Duttge*, Comp Law Rev (jap.) 2012, 41 (49); *Listl-Nörr*, in: Spickhoff, Medizinrecht, § 40 AMG Rn. 56.

klinische Prüfungen im vereinten Europa. Sie wird von den nationalen Regelungen der §§ 40 ff. AMG n. F.[360] ergänzt. Die Vorschriften verfolgen den Schutz des Menschen bei klinischen Prüfungen. Der nationale Gesetzgeber in Deutschland sah die nach § 40 Abs. 4 Nr. 3 Satz 3 AMG a. F. geltende Rechtslage, wonach jede mit natürlichem Willen von einem nicht einwilligungsfähigen Probanden – egal ob verbal oder nonverbal – erklärte Ablehnung der Teilnahme an einer klinischen Prüfung gültig und zu beachten ist, durch Art. 31, 32 VO (EU) Nr. 536/2014 als gefährdet an. Deshalb machte er von der in Art. 29 Abs. 8 VO (EU) Nr. 536/2014 bestehenden Öffnungsklausel Gebrauch, indem er die Vorschrift des § 40b Abs. 3 AMG n. F. um einen Satz 2 erweiterte.[361] Dieser verweist auf Art. 31 Abs. 1 lit. c der VO (EU) Nr. 536/2014. Danach beachtet der Prüfer die Verweigerung zur Teilnahme bzw. den Wunsch zur Beendigung der Teilnahme.

Was aber ist unter „beachten" zu verstehen? Teilweise wird in dieser Formulierung lediglich eine spezialgesetzliche Ausgestaltung des allgemeinen Grundsatzes aus § 1626 BGB gesehen. Dies soll zur Folge haben, dass eine vom Minderjährigen geäußerte Ablehnung dann auch in seinem wohlverstandenen Interesse übergangen werden kann, „wenn aus der Prüfungsteilnahme ein besonderer Nutzen für den Minderjährigen zu erwarten ist oder aus der Studienteilnahme gegenüber dem Nutzen nur minimale Risiken resultieren"[362]. Diese Auslegung des Gesetzes widerspricht jedoch dem Willen des Gesetzgebers. Dieser beabsichtigte den Vorrang des Willens des minderjährigen Probanden gegenüber dem evtl. abweichenden Willen des gesetzlichen Vertreters mit der Möglichkeit, die klinische Prüfung zu versagen.[363] Das überwiegende Schrifttum sieht darum in dieser Regelung ein Vetorecht des Minderjährigen, das diesem trotz nicht vorhandener Einwilligungskompetenz gleichwohl die Befugnis zukommen lässt, die durch den gesetzlichen Vertreter erteilte Einwilligung abzulehnen.[364] Übt der Minderjährige sein Vetorecht aus, entfaltet dies eine Sperrwirkung und die klinische Prüfung hat zu unterbleiben. Hinsichtlich der Anforderungen, die an die Ablehnung auf sonstige Weise gestellt werden, ist auf die Gesetzesbegründungen zu verweisen:

---

[360] Eingeführt durch das vierte Gesetz zur Änderung arzneimittelrechtlicher und anderer Vorschriften vom 20.12.2016 (BGBl. I S. 3048) mit Wirkung vom 28.1.2022.

[361] BT-Drs. 18/10236 S. 2.

[362] *Listl-Nörr*, in: Spickhoff, Medizinrecht, § 40 Rn. 56.

[363] BT-Drs. 15/2849 S. 61 für § 40 Abs. 4 Nr. 3 Satz 3 AMG a. F. und BT-Drs. 18/10236 für § 40b Abs. 3 Satz 2 AMG n. F.

[364] *Coester-Waltjen*, MedR 2012, 553 (556); *Damm*, MedR 2015, 775 (780); *Duttge*, Biomedical Law & Ethics 2011, 23 (35); *Duttge*, Comp Law Rev (jap.) 2012, 41 (49); *Kern*, in: Kern/Fischer, FS Fischer, S. 137 (147); *Taupitz*, MedR 2012, 583 (587).

„Eine Ablehnung auf sonstige Weise kann insbesondere durch nichtsprachliche Zeichen der Furcht oder des Schreckens zum Ausdruck kommen, sofern dies dauerhaft die Haltung des Minderjährigen zum Ausdruck bringt und unmissverständlich geschieht."[365]

„Sie [*Anmerkung*: die Ergänzungen des Satz 2 in § 40b Abs. 3 AMG n. F.] stellen Rechtsklarheit darüber her, dass auch eine nonverbal, z. B. durch abwehrende Gesten, geäußerte Ablehnung der Teilnahme an einer Arzneimittelprüfung gültig und zu beachten ist."[366]

Jede nonverbale Äußerung des Nichtwollens soll also genügen,[367] sofern diese eindeutig und dauerhaft ist. Die Vetofähigkeit wird nur vom Vorhandensein eines minimalen Verständnishorizonts abhängig gemacht,[368] so dass auch die Ablehnung von Kleinkindern beachtlich ist.[369]

2. Transplantationsmedizin – TPG

Die gleiche Systematik wie bei der klinischen Prüfung von Arzneimitteln findet sich bei einer auf die Entnahme von Knochenmark beschränkten Organspende.[370] Die Organspende ist in § 8a TPG geregelt. Die Norm stellt eine ergänzende Regelung zu dem in § 8 Abs. 1 Nr. 1. a) TPG normierten generellen Erfordernis der Volljährigkeit des Organspenders dar.[371] Unabhängig von der Einwilligungsfähigkeit des Minderjährigen ist hierfür stets die Einwilligung des gesetzlichen Vertreters erforderlich, § 8a Satz 1 Nr. 4 Satz 1 TPG. Dieser und der Minderjährige selbst sind in jedem Fall aufzuklären, § 8a Satz 1 Nr. 4 Satz 1 und 3 TPG. Die Aufklärung muss den nach § 8 Abs. 2 TPG gesteigerten Anforderungen genügen. Sofern der Minderjährige einwilligungsfähig ist, ist auch seine Einwilligung erforderlich, § 8a Satz 1 Nr. 5 TPG. Unterhalb dieser Grenze, also bei Einwilligungsunfähigkeit des Minderjährigen, ist dessen Ablehnung der Entnahme oder Verwendung, die auch in sonstiger Weise zum Ausdruck gebracht werden kann, zu beachten, vgl. § 8a Satz 1 Nr. 3 Satz 4 TPG. Dieser Regelungsinhalt ist also identisch mit § 40 Abs. 4 Nr. 3 Satz 3 HS 2 AMG a. F. (§ 40b Abs. 3 Satz 2 AMG n. F.) und wurde diesem bewusst

---

[365] BT-Drs. 15/2849 S. 61.
[366] BT-Drs. 18/10236 S. 2.
[367] *Kandler*, Biomedizinische Forschung, S. 169–170; *Kern*, in: Kern/Fischer, FS Fischer, S. 137 (147).
[368] *Brückner*, Selbstbestimmungsrecht Minderjähriger, S. 153; *Duttge*, Comp Law Rev (jap.) 2012, 41 (49).
[369] *Brückner*, Selbstbestimmungsrecht Minderjähriger, S. 153; *Kandler*, Biomedizinische Forschung, S. 169; kritisch mit Verweis darauf, dass diese noch keinen konkreten Willen bilden können: *Kern*, in: Kern/Fischer, FS Fischer, S. 137 (147).
[370] *Damm*, MedR 2015, 775 (779).
[371] *Scholz/Middel*, in: Spickhoff, Medizinrecht, TPG § 8a-c Rn. 2.

nachgebildet.[372] So ist darin ein Recht des einwilligungsunfähigen Minderjährigen zu sehen, die Entnahme oder Verwendung zu versagen und damit ein rechtswirksames Veto einzulegen, das auch nicht mit „höherer Vernunft“ beanstandet werden kann.[373] Zur Begründung ist auf den Charakter der Maßnahme zu verweisen. Diese ist für das Kind – jedenfalls in medizinischer Hinsicht – rein fremdnützig und damit kontraindikatorisch. Darüber hinaus ist sie erheblich, da das gespendete Knochenmark operativ unter Vollnarkose aus dem Becken des Kindes gewonnen wird.[374]

Mit Blick auf den Charakter der Maßnahme sind keine hohen Anforderungen an die Art der Ablehnung oder an die kognitive Reife des Kindes zu richten, so dass jegliches Verhalten, das die Versagung zum Ausdruck bringt, zu beachten ist. Angesichts des Zwangscharakters und der Indikationslosigkeit sollen auch die Motive des Kindes unbeachtlich sein, so dass bereits die unspezifische Angst vor der Operation oder vor dem Krankenhaus genügen soll, um die Entnahme oder Verwendung abzulehnen.[375]

3. Gendiagnostik – Gendiagnostikgesetz (GenDG)

Auch im Bereich des Rechts der Gendiagnostik finden sich spezialgesetzliche Vorschriften, die das Selbstbestimmungsrecht des Kindes in besonderer Weise berücksichtigen. Wie bei der klinischen Prüfung und bei der Knochenmarkspende erteilen im Fall der Einwilligungsunfähigkeit des Minderjährigen die aufgeklärten gesetzlichen Vertreter die Einwilligung in diagnostische und prädiktive Untersuchungen und in die Gewinnung der Probe, § 14 Abs. 1 Nr. 4 i. V. m. §§ 9, 8 Abs. 1 GenDG. Der einwilligungsfähige Minderjährige kann ohne seine Eltern in die Untersuchung und Probengewinnung einwilligen.[376] Für einwilligungsunfähige Personen verlangt § 14 Abs. 1 Nr. 2 GenDG bei einer diagnostischen oder prädiktiven Untersuchung, die mit einem unmittelbaren Nutzen für die betroffene Person verbunden ist, eine altersgemäße Aufklärung der Person. Voraussetzung für die Rechtmäßigkeit der Maßnahme ist darüber hinaus, dass die einwilligungsunfähige Person die Untersuchung bzw. Gewinnung der Probe nicht ablehnt. Auch wenn hier die Anforderungen an die Ablehnung und an die dafür notwendigen Kompetenzen nicht näher bezeichnet sind, geht das Schrifttum davon aus, dass diese Regelung dem Kind ein Veto-

---

[372] BT-Drs. 16/3146 S. 29.

[373] *Coester-Waltjen*, MedR 2012, 553 (556); *Damm*, MedR 2015, 775 (779); a. A.: *Deutsch/Spickhoff*, Medizinrecht, Rn. 1259.

[374] *Schmidt-Recla*, GesR 2009, 566 (569); *Schmidt-Recla*, in: Höfling, TPG § 8a Rn. 62; *Voll*, Einwilligung, S. 238.

[375] *Schmidt-Recla*, GesR 2009, 566 (569).

[376] *Fenger*, in: Spickhoff, Medizinrecht, GenDG § 14 Rn. 1.

recht gewährt.[377] Gleiches gilt für familiennützige Gentests nach § 14 Abs. 2 Nr. 2 GenDG. In der Konsequenz kann das einwilligungsunfähige Kind den Eingriff, den es selbst nicht zulassen darf, gleichwohl selbstständig verhindern.[378] Der Entscheidung des einwilligungsunfähigen Kindes gebührt insoweit auch der Vorrang gegenüber dem evtl. abweichenden elterlichen Willen, der die Einwilligung erteilt hat.[379]

4. Zwischenfazit

In medizinrechtlichen Spezialgesetzen finden sich Regelungen, die einwilligungsunfähigen Kindern ein Vetorecht gegen die durch ihre gesetzlichen Vertreter erteilten Einwilligungen in die jeweiligen Maßnahmen gewähren. *Duttge* weist darauf hin, dass in diesen Vetorechten „ein (mindestens) zweistufiges System von ‚Autonomie‘ und darauf gestützten Entscheidungsrechten zum Vorschein [kommt]“[380]. Neben die ‚klassische‘ Gestaltung von Selbstbestimmung durch den einwilligungsfähigen Patienten könnte eine in Vetorechten zum Ausdruck kommende zusätzliche Gestalt treten, die bereits unterhalb der Schwelle der Einwilligungsfähigkeit Selbstbestimmung ermöglicht. So führt das Vorhandensein der in medizinrechtlichen Spezialgesetzen normierten Vetorechte zu der Frage, ob der darin zum Ausdruck kommende Rechtsgedanke einer Verallgemeinerung zugänglich ist?

II. Das Vetokonzept bei Heilbehandlungen

Die Notwendigkeit für Überlegungen, aus den in medizinrechtlichen Spezialgesetzen gewährleisteten Vetorechten ein allgemeines Vetorecht für Minderjährige hinsichtlich der zu Heilzwecken vorzunehmenden Behandlungseingriffe zu erwägen, ergibt sich aus der Reichweite des elterlichen Sorgerechts und aus den ‚Nachwirkungen‘, die elterliche Entscheidungen – auch über das Ende der elterlichen Personensorge hinaus – für die Heranwachsenden haben können. Zu denken ist etwa an eine Fallkonstellation, wie sie der Entscheidung des BGH vom 10.10.2006[381] zugrunde lag: Ein Mädchen, das im konkreten Fall bereits 15 ½ Jahre alt war, litt an einer Skoliose. Neben einer Weiterbehandlung mit der bisher nicht erfolgreichen konservativen Therapie erschien auch eine operative Behandlung medizinisch möglich. Die Eltern entschieden sich für die Operation. Dies hatte die für das weitere Leben des Kindes enorm einschneidende, unerwünschte Nebenfolge der Querschnittslähmung. Dieser Fall offenbart – ganz unabhängig von den rechtlichen Wertungen des Gerichts und der auch

---

[377] *Damm*, MedR 2015, 775 (780); *Kern*, in: Kern, GenDG § 14 Rn. 21.
[378] *Damm*, MedR 2013, 201 (210).
[379] *Meyer*, Genetische Untersuchungen, S. 197.
[380] *Duttge*, Comp Law Rev (jap.) 2012, 41 (49).
[381] BGH, Urt. v. 10.10.2006 – VI ZR 74/05, FamRZ 2007, 130.

vorliegenden Einwilligung der minderjährigen Patientin im konkreten Fall – die enorme Reichweite, die elterliche Entscheidungen für das Leben ihrer Kinder haben können. Je näher die Kinder der Mündigkeit in Gesundheitsfragen sind, desto unbilliger erscheinen die insoweit getroffenen stellvertretenden elterlichen Entscheidungen. Dies gilt umso mehr, wenn die elterlichen Entscheidungen in der Lage sind, das Leben des Heranwachsenden über den Eintritt der Volljährigkeit hinaus, mitunter sogar lebenslänglich, zu beeinflussen.[382]

Im Schrifttum wird in diesem Zusammenhang auf die Pflichtgebundenheit des Elternrechts verwiesen.[383] Eltern sollen keine Entscheidungen treffen, die den Selbstbestimmungsraum des Kindes nach dessen Eintritt in die Volljährigkeit beschneiden. Damit soll erreicht werden, dass der junge Mensch sein Leben zu diesem Zeitpunkt ohne belastende Nebenwirkungen der vorhergehenden Entscheidungen der Eltern gestalten kann und sich ihm eine ‚offene Zukunft' bietet. Für den vermögensrechtlichen Bereich der elterlichen Sorge wird dieser Schutz durch explizite gesetzliche Regelungen gewährleistet: Hier ist etwa die Schutznorm der §§ 1643 Abs. 1, 1799 Abs. 2 Satz 1 BGB zu nennen, die die elterliche Vetretungsmacht beschränkt. Verträge, durch die der Minderjährige zu wiederkehrenden Leistungen verpflichtet wird und die länger als ein Jahr nach dem Eintritt der Volljährigkeit fortdauern, bedürfen der familiengerichtlichen Genehmigung. Eine herausragende Position zum Minderjährigenschutz im Rahmen der elterlichen Vertretungsmacht nimmt die Vorschrift des § 1629a BGB[384] ein. Diese beschränkt die Haftung für vor Eintritt der Volljährigkeit mit Zustimmung der Eltern oder durch Erwerb von Todes wegen begründete Verbindlichkeiten des Minderjährigen auf das bei Eintritt der Volljährigkeit vorhandene Vermögen des Heranwachsenden. Dadurch soll verhindert werden, dass der junge Mensch, als Folge der gesetzlichen Vertretungsmacht seiner Eltern, völlig überschuldet in die Volljährigkeit startet.[385] Diese Norm stellt eine Reaktion des Gesetzgebers auf die vom BVerfG festgestellte Notwendigkeit einer gesetzlichen Regelung zum Schutz des Minderjährigen vor weitreichenden Konsequenzen der elterlichen Vertretung in Vermögensangelegenheiten

---

382 *Götz*, in: Hilbig-Lugani/Coester-Waltjen, FS Coester-Waltjen, S. 89 (98).

383 *Amend-Traut*, in: Beck-OGK, BGB § 1626 Rn. 113; *Belling*, FuR 1990, 68 (72); *Gernhuber/Coester-Waltjen*, Familienrecht,§ 57 Rn. 84; *Götz*, in: Hilbig-Lugani/Coester-Waltjen, FS Coester-Waltjen, S. 89 (98); *Huber*, in: MüKo, BGB § 1626 Rn. 62; so auch: BVerfG, Beschluss v. 13.05.1986 – 1 BvR 1542/84, NJW 1986, 1859 (1860) hinsichtlich der vermögensrechtlichen Vertretung durch die Eltern.

384 Eingeführt durch das Gesetz zur Beschränkung der Haftung Minderjähriger vom 25.8.1998 (BGBl. I S. 2487).

385 *Huber*, in: MüKo, BGB § 1629a Rn. 1.

dar.[386] Das BVerfG sah in der bis dato unbegrenzten Möglichkeit von Eltern, ihre Kinder kraft der ihnen zustehenden gesetzlichen Vertretungsmacht (§ 1629 BGB) in nicht beschränktem Umfang finanziell verpflichten zu können, einen Verstoß gegen das allgemeine Persönlichkeitsrecht (Art. 2 Abs. 1 i. V. m. Art. 1 Abs. 1 GG) des Kindes.[387] Zur Begründung führte es aus:

> „Hierdurch können in erheblichem Maße die Grundbedingungen freier Entfaltung und Entwicklung und damit nicht nur einzelne Ausformungen allgemeiner Handlungsfreiheit, sondern die engere persönliche Lebenssphäre junger Menschen betroffen werden."[388]

Eine gesetzliche Regelung müsse das Ziel haben, den volljährig gewordenen Heranwachsenden Raum zu bieten, „um ihr weiteres Leben selbst und ohne unzumutbare Belastungen zu gestalten, die sie nicht zu verantworten haben"[389], was § 1629a BGB heute gewährleistet.

Hinsichtlich der Folgen, die eine elterliche Einwilligung oder deren Versagung in körperliche Eingriffe für einen Minderjährigen haben kann, hinkt der Schutz des Minderjährigen dem in Vermögensangelegenheiten hinterher.[390] Denn explizite gesetzliche Regelungen, welche die Eltern zur Zurückhaltung in Angelegenheiten der Gesundheitssorge verpflichten, existieren nicht. Limitiert wird die Personensorge allein durch die Grenze der Kindeswohlgefährdung des § 1666 BGB. Dabei liegen die mit Eingriffen in die körperliche Unversehrtheit – je nach Eingriff – einhergehenden Einschränkungen für die freie Entfaltung der Persönlichkeit nach dem Eintritt der Volljährigkeit auf der Hand.[391] Pointiert ließe sich sagen: Das Vermögen des Minderjährigen ist besser vor Fremdbestimmung geschützt als seine körperliche Unversehrtheit! Diesem Missverhältnis könnte mit einem allgemeinen Vetorecht nichteinwilligungsfähiger Minderjähriger hinsichtlich der sie betreffenden Heilbehandlung abgeholfen werden.

1. Dogmatische Herleitung eines Vetorechts

a) Veto- und andere Mitwirkungsrechte

Im juristischen Schrifttum wurde ein Vetorecht erstmals im Kontext der Heilbehandlung von *Amelung* erwähnt.[392] Er untersuchte einige Normen, die

---

[386] BVerfG, Beschluss v. 13.05.1986 – 1 BvR 1542/84, NJW 1986, 1859 (1860); *Amend-Traut*, in: Beck-OGK, BGB § 1629a Rn. 3; *Veit*, in: Beck-OK, BGB § 1629a Rn. 1.1.

[387] BVerfG, Beschluss v. 13.05.1986 – 1 BvR 1542/84, NJW 1986, 1859 (1860).

[388] BVerfG, Beschluss v. 13.05.1986 – 1 BvR 1542/84, NJW 1986, 1859 (1860).

[389] BVerfG, Beschluss v. 13.05.1986 – 1 BvR 1542/84, NJW 1986, 1859 (1860).

[390] *Götz*, in: Hilbig-Lugani/Coester-Waltjen, FS Coester-Waltjen, S. 89 (98).

[391] *Belling*, FuR 1990, 68 (72); *Paino-Staber*, Gesetzliche Stellvertretung, S. 151.

[392] *Amelung*, Vetorechte beschränkt Einwilligungsfähiger (passim); *Amelung*, ZStW 104 (1992), 821 (831–833).

unterhalb der Schwelle der Einwilligungsfähigkeit dem Betroffenen Mitwirkungsmöglichkeiten gewähren.[393] Namentlich waren dies (nach damaliger Rechtslage) die Kastration nach § 3 Abs. 3 Kastrationsgesetz (KastrG), die Sterilisation eines Betreuten nach § 1905 Abs. 1 Nr. 1 BGB a. F. (§ 1830 BGB n. F.), die klinische Prüfung von Arzneimitteln an Minderjährigen und geschäftsunfähigen Erwachsenen nach §§ 40 Abs. 4 Nr. 4, 41 Nr. 3 AMG a. F. und nach unterbringungsrechtlichen Regelungen einiger Bundesländer. *Amelung* sah in allen von ihm untersuchten Rechten eine einheitliche Struktur, die er als „Vetorechte" titulierte.[394]

Es ist das Verdienst von *Rothärmel*, dass die von *Amelung* unter dem Sammelbegriff ‚Vetorechte' bezeichneten Mitwirkungsrechte eine nähere Spezifizierung erfuhren. Sie macht in ihrer Auseinandersetzung mit dessen Arbeit deutlich, dass die von *Amelung* dargestellten Vetorechte keine einheitliche Struktur aufweisen und keinen einheitlichen Zweck verfolgen, ja sogar nicht allesamt als Vetorechte im engeren Sinne bezeichnet werden können.[395] *Amelung* war davon ausgegangen, dass die Vetorechte ihre Einheitlichkeit aus dem Zweck bezögen, „den Zwangsbefugnissen der Vertretungspersonen Grenzen zu setzen"[396]. Dieser Zweck ist nur in der Vorschrift des § 1905 Abs. 1 Nr. 1 BGB a. F. (§ 1830 BGB n. F.) zu sehen. Diese Norm macht die Zulässigkeit der Sterilisation eines Betreuten, die eine für die Persönlichkeit und Menschenwürde sehr einschneidende Maßnahme darstellt, neben weiteren Voraussetzungen davon abhängig, dass der einwilligungsunfähige Betreute keinen Widerstand leistet.[397] Nur in dieser Vorschrift ist mit *Rothärmel* ein Veto im engeren Sinn zu sehen.[398] Sie weist unter Berufung auf Art. 17 lit v des Übereinkommens über Menschenrechte und Biomedizin des Europarates (Bioethikkonvention) darauf hin, dass ein solches Vetorecht auch im Bereich der medizinischen Forschung für einwilligungsunfähige Minderjährige angebracht wäre.[399] Der Gesetzgeber ist ihr schon bald gefolgt und hat mit Wirkung zum 6.8.2004[400] unter anderem § 40 Abs. 4 AMG a. F. neu gefasst und dort das an früherer Stelle[401] dargestellte Vetorecht normiert. Diese Vorschrift des AMG bildete wiederum die Vorlage

---

393 *Amelung*, Vetorechte beschränkt Einwilligungsfähiger, S. 12–19.
394 *Amelung*, Vetorechte beschränkt Einwilligungsfähiger, S. 19.
395 *Rothärmel*, Einwilligung, Veto, Mitbestimmung, S. 167–173.
396 *Amelung*, Vetorechte beschränkt Einwilligungsfähiger, S. 19.
397 *Schneider*, in: MüKo, BGB § 1905 Rn. 18; *Taupitz*, Gutachten A, S. 76.
398 *Rothärmel*, Einwilligung, Veto, Mitbestimmung, S. 174, die unter Bezugnahme auf die englischsprachige Literatur auch von "lack of objection" (S. 168) spricht.
399 *Rothärmel*, Einwilligung, Veto, Mitbestimmung, S. 171.
400 Durch das Zwölfte Gesetz zur Änderung des Arzneimittelgesetzes vom 30.7.2004 (BGBl. I S. 2031).
401 § 5 C I.

für das Vetorecht des § 8a TPG.[402] Somit kann konstatiert werden, dass der Gesetzgeber in der jüngeren Vergangenheit den Schutz der Selbstbestimmung minderjähriger Patienten durch die Schaffung von Vetorechten gestärkt hat.

Überzeugend stellt *Rothärmel* dar, dass es sich bei den übrigen von *Amelung* als ‚Vetorechte' bezeichneten Mitwirkungsrechten um solche anderer Art handelt. § 3 Abs. 3 KastrG setzt eine Einverständnisfähigkeit voraus, an die geringere kognitive und voluntative Anforderungen zu stellen sind als an die Einwilligungsfähigkeit. Dies könnte mit der englischsprachigen Literatur als ‚assent' oder als ‚Billigung nach Aufklärung' bezeichnet werden.[403] Nach der Regelung des § 40 Abs. 4 Nr. 4 AMG a. F. bedurfte es für die klinische Prüfung von Arzneimitteln an minderjährigen Patienten der Einwilligung des Minderjährigen und dessen Eltern. Durch diese Regelung, die sich später in § 40 Abs. 4 Nr. 3 Satz 1 und Satz 4 AMG a. F. fand und heute in § 40b Abs. 3 Satz 1 AMG n. F. normiert ist, wird die Handlungsmöglichkeit des einwilligungsfähigen Minderjährigen im Vergleich zu dessen Einwilligungskompetenz bei Heilbehandlungen jedoch eher beschränkt als erweitert.[404] Diese Form der kumulativen Zustimmungserteilung stellt damit kein Veto im eigentlichen Sinn dar, sondern ist als Co-Konsent zu bezeichnen.[405] Als Rechtfertigung für diese Einschränkung wird allgemein die besondere Situation der Forschung angeführt: Minderjährige sollen auf diese Weise – auch bei schon vorhandener Einwilligungsfähigkeit – davor bewahrt werden, durch den besonderen Druck, den forschende Ärzte auf Patienten ausüben können, gegen ihren Willen zur Teilnahme an klinischen Prüfungen überredet zu werden und dazu einzuwilligen, obwohl sie eigentlich die Teilnahme ablehnen.[406]

Gemeinsam ist dem Vetorecht des § 1830 Abs. 1 Nr. 1 BGB und den neueren medizinrechtlichen Spezialregelungen der §§ 40 b Abs. 3 Satz 2 AMG n. F., 8a TPG und 14 GenDG, dass sie unterhalb der Schwelle der Einwilligungsfähigkeit eine Möglichkeit zur Selbstbestimmung eröffnen. Im Folgenden wird mit dem Begriff Vetorecht nur und ausschließlich das Versagungsrecht des einwilligungsunfähigen Patienten bezeichnet, für den ein Berechtigter zur stellvertretenden Entscheidung berufen ist. Das Veto soll dazu führen, dass die Vornahme

---

402 Vgl. BT-Drs. 16/3146 S. 29.

403 *Rothärmel*, Einwilligung, Veto, Mitbestimmung, S. 167.

404 *Rothärmel*, Einwilligung, Veto, Mitbestimmung, S. 170–171; zur Einwilligungskompetenz des einwilligungsfähigen Minderjährigen vgl. § 5 A I 1.

405 *Rothärmel*, Einwilligung, Veto, Mitbestimmung, S. 168; so auch schon: *Amelung*, Vetorechte beschränkt Einwilligungsfähiger, S. 26.

406 *Amelung*, Vetorechte beschränkt Einwilligungsfähiger, S. 26; *Rothärmel*, Einwilligung, Veto, Mitbestimmung, S. 171; *Taupitz*, Gutachten A, S. 64.

des Eingriffs trotz vorliegender Einwilligung des Berechtigten nicht gerechtfertigt ist und daher zu unterbleiben hat.[407]

b) Zur Begründung eines Vetorechts

Amelung sieht in der Möglichkeit, ein Veto einzulegen, eine Chance, den Konflikt zwischen dem Schutzbedürfnis des Kindes hinsichtlich seines Körpers und seines Lebens auf der einen Seite und dem Selbstbestimmungsbedürfnis des Kindes bzgl. höchstpersönlicher Güter auf der anderen Seite zu lösen.[408] An die für die Ausübung eines Vetorechts notwendige Reflexionskompetenz will er gegenüber der Einwilligungsfähigkeit geringere Anforderungen stellen.[409] Leitend ist dabei der Gedanke, dass eine vollständige Ersetzung der Entscheidung in höchstpersönlichen Angelegenheiten Fremdbestimmung bedeutet und – sofern diese noch im Widerspruch zum Willen des Kindes steht – dann auch Zwang:[410] „Zwang lässt sich nur insoweit legitimieren, wie er unerlässlich ist. Unerlässlich ist er aber nur in dem Maße, wie der Vertretene nicht selbst vernünftig entscheiden kann."[411] Dies hat zur Konsequenz, dass der Vertretene so weit, wie er bereits in der Lage ist, „vernünftig mitzuentscheiden", in die Entscheidung einzubeziehen ist.[412] *Amelung* will die für die Entscheidung notwendige Vernunft teilen. Exemplarisch verweist er auf den mit einem Eingriff verbundenen Verlust, den er in der Aufgabe des aktuellen körperlichen Zustands sieht, und den mit dem Eingriff verbundenen Gewinn, der in der Freiheit von Beschwerden oder zumindest in deren Linderung zu sehen ist. Es falle einem Menschen leichter, den mit einem Eingriff verbundenen Verlust selbstständig abzuschätzen als den mit einem Eingriff erstrebten Gewinn, der mangels Konkretion immer ein bisschen abstrakt bleibe.[413]

An diese Gedanken knüpft *Golbs* an, die das Vetorecht des einwilligungsunfähigen Patienten unter dem Aspekt der Behandlungsverweigerung diskutiert. Für sie ergibt sich die Notwendigkeit, auch hinsichtlich der Behandlung von Kindern nach Wegen und Möglichkeiten zu suchen, wie Selbstbestimmung gewährleistet werden kann, aus deren Grundrechten auf medizinische Selbstbestimmung, auf körperliche Unversehrtheit und aus der Menschenwürdegarantie.[414] Sie verweist darauf, dass „ein einwilligungsunfähiger Patient dieselben

---

[407] *Koch*, in: Eser/Illhardt, Lexikon Medizin, Ethik, Recht, S. 593 (604); *Laufs*, Arztrecht (5. Auflage), S. 115 Fn. 128; *Ulsenheimer*, in: Dierks/Graf-Baumann/Lenard, Therapieverweigerung, S. 65 (88).
[408] *Amelung*, ZStW 104 (1992), 821 (831).
[409] *Amelung*, ZStW 104 (1992), 821 (832).
[410] *Amelung*, Vetorechte beschränkt Einwilligungsfähiger, S. 24–25.
[411] *Amelung*, Vetorechte beschränkt Einwilligungsfähiger, S. 25.
[412] *Amelung*, Vetorechte beschränkt Einwilligungsfähiger, S. 25.
[413] *Amelung*, Vetorechte beschränkt Einwilligungsfähiger, S. 25.
[414] *Golbs*, Vetorecht einwilligungsunfähiger Patienten, S. 137.

beachtenswerten Gründe für eine Behandlungsverweigerung haben [könne] wie ein einwilligungsfähiger Patient"[415], weshalb seine Ablehnung einer angebotenen, indizierten Behandlung ebenso beachtlich sein müsse wie die eines einwilligungsfähigen Patienten.[416] Im Vetorecht sieht sie eine Möglichkeit, wie dem von seinen Kompetenzen begrenzten Minderjährigen gleichwohl Selbstbestimmung ermöglicht werden kann.[417] Dem Gutachten von *Taupitz* zum 63. Deutschen Juristentag folgend[418] hält sie es für maßgeblich, ob der mit der medizinischen Maßnahme verbundene Eingriff *ohne* oder *gegen* den natürlichen Willen[419] des Betroffenen erfolgt.[420] Ein Eingriff ohne den Willen des Betroffenen wird angenommen, wenn der Patient keinen Willen zu der beabsichtigten Maßnahme bildet oder diesen nicht äußert, er also weder zustimmt noch ablehnt. Ein Eingriff gegen den Willen des Betroffenen liegt demgegenüber vor, wenn dieser seine Ablehnung bekundet oder auf andere Weise zum Ausdruck bringt. Setzt der Behandelnde sich über den ablehnenden Willen des Patienten hinweg, wird darin nach dieser Auffassung ein unzulässiger Eingriff in die Grundrechte auf medizinische Selbstbestimmung, auf körperliche Unversehrtheit und in die Menschenwürde gesehen.[421]

Für *Golbs* macht es darüber hinaus einen Unterschied, ob ein Patient in einen körperlichen Eingriff einwilligt, oder ob er diesen versagt.[422] Den Grund dafür sieht sie darin, dass jeder medizinische Eingriff eine Verletzung der körperlichen Unversehrtheit bedeutet, der einer Rechtfertigung bedarf, um nicht zu straf- und haftungsrechtlichen Konsequenzen zu führen. Die insoweit erforderliche Einwilligung setze zu Recht ein gewisses Maß an Einsichts-, Urteils- und Steuerungsfähigkeit voraus. Demgegenüber sieht sie in der Nichtvornahme des Eingriffs die Beibehaltung des Status quo, für die es – mangels Eingriffs – keiner Rechtfertigung bedürfe.[423] Daraus zieht sie die Konsequenz, dass für die Ablehnung ein Weniger an Abwägung und damit auch ein Weniger an Reflexionskompetenz zu fordern sei.[424]

---

415 *Golbs*, Vetorecht einwilligungsunfähiger Patienten, S. 137.

416 *Golbs*, Vetorecht einwilligungsunfähiger Patienten, S. 137; so auch: *Schünemann*, VersR 1981, 306 (308); *Voll*, Einwilligung, S. 89.

417 *Golbs*, Vetorecht einwilligungsunfähiger Patienten, S. 139.

418 *Taupitz*, Gutachten A, S. 76.

419 Ausführlich zum natürlichen Willen: 5. Kapitel § 1.

420 *Golbs*, Vetorecht einwilligungsunfähiger Patienten, S. 141.

421 *Golbs*, Vetorecht einwilligungsunfähiger Patienten, S. 141; *Taupitz*, Gutachten A, S. 76 sieht ausschließlich die Menschenwürde betroffen.

422 *Golbs*, Vetorecht einwilligungsunfähiger Patienten, S. 141; so auch: *Taupitz*, Gutachten A, S. 75 f.

423 *Golbs*, Vetorecht einwilligungsunfähiger Patienten, S. 145.

424 So auch: *Amelung*, ZStW 104 (1992), 821 (832).

> „Er [*Anmerkung*: der Ablehnende] hat eben nicht abzuwägen, ob er seine körperliche Unversehrtheit hergeben will, ob sich dies nach seiner subjektiven Wertschätzung für ihn lohnt oder ob die damit verbundenen Risiken und Verletzungen seiner höchstpersönlichen Rechtsgüter dem Eingriff einen individuellen Sinn geben. Der Verweigernde hat demgegenüber lediglich zu befinden, dass es bei dem alten bestehenden, wenn auch erkrankten Zustand verbleibt."[425]

Gegen diese Auffassung bestehen jedoch Bedenken, da sich der krankheitsbedingte Status quo im Rahmen einer fortschreitenden Erkrankung innerhalb kürzester Zeit verändern und damit von einer bloßen Gefährdung der Gesundheit zu einer Verletzung derselben mutieren kann. Die mit einer Behandlungsverweigerung verbundenen Konsequenzen können deutlich schwerwiegender sein als die Folgen eines Eingriffs in die körperliche Unversertheit. Zu denken ist etwa an ein Kind, das mit einem Splitter im Finger und einer daraus resultierenden beginnenden Blutvergiftung in die Notaufnahme eines Krankenhauses kommt und das die Behandlung aufgrund der Ungewissheit vor dem Geschehen und der daraus resultierenden Angst ablehnt. Es bestehen erhebliche Zweifel, ob das Kind eine realistische Vorstellung von dem „alten bestehenden Zustand"[426] hat, denn zu diesem gehört nunmehr auch die Gefahr, dass sich das Risiko der Blutvergiftung – von der das Kind sich keine Vorstellung macht – hier verwirklicht.

2. Bestehen und Reichweite eines Vetorechts

Diese Überlegungen machen deutlich, dass das Vetokonzept bei Heilbehandlungen einer Begrenzung bedarf. Kinder könnten ansonsten durch die Ablehnung einer Behandlung sehr weitreichende Entscheidungen über sich und ihr Leben treffen, obwohl sie die dafür von der Rechtsordnung vorgesehene Grenze der Einwilligungsfähigkeit noch nicht erreicht haben.[427] Hier zeigt sich bereits ein wesentlicher Unterschied zwischen einem allgemeinen Vetorecht und dem im AMG normierten: Im Bereich der klinischen Prüfung erhält das Kind auch bei der Versagung der Forschungsteilnahme die bestmögliche medizinische Behandlung. Versagt es hingegen eine indizierte Heilbehandlung, kann dies negative, mitunter auch dauerhafte Auswirkungen auf sein weiteres Leben haben. Diese Diskrepanz tritt auch gegenüber dem kindlichen Veto bzgl. einer fremdnützigen Knochenmarkspende (§ 8a TPG) zu Tage: Das im TPG normierte Veto hat für die körperliche Unversehrtheit und Gesundheit des Kindes nur

[425] *Golbs*, Vetorecht einwilligungsunfähiger Patienten, S. 145.
[426] *Golbs*, Vetorecht einwilligungsunfähiger Patienten, S. 145.
[427] *Amelung*, Vetorechte beschränkt Einwilligungsfähiger, S. 23–25; *Golbs*, Vetorecht einwilligungsunfähiger Patienten, S. 200; *Meyer*, Genetische Untersuchungen, S. 74; *Odenwald*, Einwilligungsfähigkeit im Strafrecht, S. 153–154; *Taupitz*, Gutachten A, S. 78.

positive Auswirkungen. Die allenfalls mittelbaren Wirkungen, die ein mit dem Veto verbundener möglicher Verlust eines Eltern- oder Geschwisterteils haben, sind auf einer anderen Ebene anzusiedeln und vermögen dies daher nicht zu relativieren.

a) Vetofähigkeit

Eine Möglichkeit zur Begrenzung der Reichweite eines allgemeinen Vetorechts im Rahmen von Heilbehandlungen wird darin gesehen, dass an den ablehnenden Willen des einwilligungsunfähigen Patienten gewisse Anforderungen gestellt werden – sogenannte Vetofähigkeit. Im Schrifttum wird angenommen, dass ‚unterhalb' der Einwilligungsfähigkeit bei „Vorhandensein eines gewissen Grundverständnisses über Situation und mögliche Konsequenzen der ärztlichen Intervention"[428] bereits eine Vetofähigkeit anzunehmen sei.[429]

aa) Vetofähigkeit als ein ‚Weniger' zur Einwilligungsfähigkeit

Nach Auffassung der Befürworter eines Vetorechts geht der Einwilligungsfähigkeit eine „Phase der Vetofähigkeit"[430] voraus, die später zur Einwilligungsfähigkeit erstarkt.[431] Allgemein sind die Vertreter einer Vetorechtskonstruktion der Auffassung, dass an die Vetofähigkeit geringere Anforderungen zu stellen sind als an die Einwilligungsfähigkeit.[432] Wie genau diese Kompetenzen aussehen sollen, ist jedoch nicht geklärt. Einigkeit besteht darüber, dass als Mindestvoraussetzung die Fähigkeit vorliegen soll, überhaupt einen natürlichen Willen bilden zu können.[433] Darunter wird die Fähigkeit verstanden, auf der Grundlage eines Willens handeln zu können.[434] Mit diesem Kriterium sollen die auf bloßen Reflexen beruhenden Versagungen einwilligungsunfähiger Patienten ausgeschlossen werden. Die Fähigkeit, einen natürlichen Willen bilden zu

---

[428] *Duttge*, in: Prütting, Medizinrecht, § 228 StGB Rn. 8.

[429] *Ulsenheimer*, in: Laufs/Kern/Rehborn, HbArztR, § 149 Rn. 69.

[430] *Ulsenheimer*, in: Dierks/Graf-Baumann/Lenard, Therapieverweigerung, S. 65 (88).

[431] *Biermann*, in: Ulsenheimer, Arztstrafrecht, Rn. 425; *Koch*, in: Eser/Illhardt, Lexikon Medizin, Ethik, Recht, S. 593 (604); *Laufs*, Arztrecht (5. Auflage), S. 115 Fn.128; *Ulsenheimer*, in: Dierks/Graf-Baumann/Lenard, Therapieverweigerung, S. 65 (88).

[432] *Amelung*, ZStW 104 (1992), 821 (831); *Golbs*, Vetorecht einwilligungsunfähiger Patienten, S. 198; *Odenwald*, Einwilligungsfähigkeit im Strafrecht, S. 153; kritisch dazu: *Rothärmel*, Einwilligung, Veto, Mitbestimmung, S. 177–178, die mit Verweis auf die Rechtsprechung des BGH (bei dringend indizierten Eingriffen sind geringere Anforderungen an die Einwilligungsfähigkeit zu stellen, vgl. BGHZ 29, 33, 36 und BGHSt 12, 379, 382) für die Versagung einer indizierten Behandlung eher höhere Anforderungen stellen will.

[433] *Golbs*, Vetorecht einwilligungsunfähiger Patienten, S. 199; *Wölk*, MedR 2001, 80 (88). Ausführlich zum natürlichen Willen im 5. Kapitel § 1.

[434] *Gleixner-Eberle*, Einwilligung Minderjähriger, S. 317; *Heide*, Medizinische Zwangsbehandlung, S. 145.

können, wird bei Säuglingen noch nicht angenommen, bei Kleinkindern aber durchaus.[435] Ein Vergleich mit den Anforderungen, die an die Vetofähigkeit bei den spezialgesetzlich normierten Vetorechten einwilligungsunfähiger Minderjähriger gestellt werden, offenbart, dass dort die Vetofähigkeit weiter gefasst wird, wenn insoweit schon die Ablehnung von Säuglingen und Kleinstkindern beachtlich sein soll.[436] Der Grund dafür ist in der erwähnten Zielrichtung dieser Vorschriften zu sehen: Sie sind im Unterschied zur Heilbehandlung in erster Linie fremdnützig (TPG) bzw. allgemeinnützig (AMG). Eine Versagung ist für das Kind nicht mit negativen Konsequenzen verbunden. Letzteres dürfte auch für die Versagung des Kindes nach § 14 Abs. 1 Nr. 2 GenDG gelten. Auch wenn das Ergebnis einer genetischen Untersuchung Auswirkungen auf die vorzunehmende Therapie haben kann, erfährt das Kind – unabhängig von dem Wissen um mögliche genetische Bedingungen – die bestmögliche medizinische Versorgung.

Über das Vorhandensein eines natürlichen Willens hinaus wird eine gewisse Einsichtsfähigkeit im Hinblick auf die Notwendigkeit der Behandlung für erforderlich gehalten, ohne die ein Vetorecht keine verbindliche Wirkung haben könne.[437] Damit sollen Spontanreaktionen vom Veto abgegrenzt werden.[438] *Golbs* stellt in ihren Bemühungen um eine Definition der Vetofähigkeit auf die Ernsthaftigkeit und Kontinuität der Ablehnung ab.[439] Darüber hinaus soll die Ablehnung aus der Perspektive des Patienten „nachvollziehbar und aus der konkreten Situation heraus vertretbar sein“[440]. Zur Beurteilung dessen sollen die Werte und Zukunftsabsichten des Minderjährigen herangezogen werden, soweit diese bereits existieren.[441]

bb) Kritische Stellungnahme

Die wenigen Versuche zur Bestimmung der Vetofähigkeit bleiben konturlos und sind als unbestimmt zu bezeichnen.[442] Im Unterschied zum krankheitsbedingt einwilligungsunfähigen Erwachsenen, der auf ein selbstbestimmtes und an seinen Wertvorstellungen orientiertes Leben zurückblicken kann, ist eine Prüfung an den kindlichen Wertvorstellungen nur eingeschränkt möglich. Auch

---

[435] *Heide*, Medizinische Zwangsbehandlung, S. 145; *Wapler*, Kinderrechte und Kindeswohl, S. 539.
[436] *Brückner*, Selbstbestimmungsrecht Minderjähriger, S. 153; *Kandler*, Biomedizinische Forschung, S. 169; *Schmidt-Recla*, GesR 2009, 566 (569); siehe oben § 5 C I und II.
[437] *Odenwald*, Einwilligungsfähigkeit im Strafrecht, S. 153–154.
[438] *Golbs*, Vetorecht einwilligungsunfähiger Patienten, S. 198–199.
[439] *Golbs*, Vetorecht einwilligungsunfähiger Patienten, S. 198.
[440] *Golbs*, Vetorecht einwilligungsunfähiger Patienten, S. 198.
[441] *Golbs*, Vetorecht einwilligungsunfähiger Patienten, S. 198–199.
[442] *Gleixner-Eberle*, Einwilligung Minderjähriger, S. 322.

ist nicht ersichtlich, wie sich die Vetofähigkeit von der Einwilligungsfähigkeit unterscheiden soll. Wo liegt die Grenze zwischen der Einsichtsfähigkeit, wie sie für die Einwilligungsfähigkeit konstitutiv ist, und der für die Vetofähigkeit verlangten „Befähigung zur Einsicht in die Notwendigkeit einer Behandlung“[443]? Und ist letztere nicht identisch mit dem, was der BGH mit der Fähigkeit, „Bedeutung und Tragweite des Eingriffs und seiner Gestattung zu ermessen [vermögen]“[444] als maßgeblich für das Vorliegen der Einwilligungsfähigkeit bezeichnet hat? Zur Erfassung von Wesen, Bedeutung und Tragweite eines Eingriffs und der sich daran anschließenden Urteilsbildung gehört doch die Prüfung der geplanten Maßnahme vor dem Hintergrund der individuellen Wert- und Lebensvorstellungen. Wenn hinsichtlich der Vetofähigkeit darauf abgestellt werden soll, ob die Versagung einer Behandlung im Hinblick auf die eigenen Wertvorstellungen nachvollziehbar und vertretbar ist,[445] so ist darin keine Disparität zur Einwilligungsfähigkeit zu sehen. Es drängt sich der Eindruck auf, dass hinsichtlich des Vetos letztlich dieselben kognitiven und emotionalen Kompetenzen für notwendig gehalten werden wie für die Einwilligung. Die Definitionen von Vetofähigkeit und Einwilligungsfähigkeit kommen lediglich in unterschiedlicher sprachlicher Gestalt daher, was daran liegen mag, dass sie unterschiedliche Ansatzpunkte – die Einwilligung in einen Eingriff bzw. dessen Versagung – zum Gegenstand haben. Ein Beleg für diese These findet sich in der Entwicklungspsychologie. Die entwicklungspsychologische Literatur differenziert hinsichtlich der Entwicklung von Krankheitskonzepten nicht zwischen der Einwilligung in eine Behandlung und der entsprechenden Versagung, sondern benennt insofern dieselben Anforderungen.[446]

Weiter ist der Versuch, die Vetofähigkeit näher zu bestimmen, dahingehend zu kritisieren, dass dadurch das ohnehin schon schwierige Feld der Klärung der Einwilligungsfähigkeit von Minderjährigen noch um ein weiteres unbestimmtes Kriterium ergänzt wird. In Österreich haben diese Erkenntnis und die Sorge vor der damit verbundenen Rechtsunsicherheit dazu geführt, dass die im Jahr 2001 im Rahmen des Kindschaftsrechtsänderungsgesetzes (KindRÄG) neu gefasste Vorschrift des § 146c ABGB[447] – entgegen dem ursprünglichen Entwurf – kein Vetorecht mehr enthält.[448]

---

[443] So gefordert von: *Odenwald*, Einwilligungsfähigkeit im Strafrecht, S. 153.
[444] BGH, Urt. v. 05.12.1958 – VI ZR 266/57, BGHZ 29, 33 (36).
[445] So: *Golbs*, Vetorecht einwilligungsunfähiger Patienten, S. 198–199.
[446] *Brewster*, Pediatrics 1982, 355–362; *Lohaus*, in: Keller, Entwicklungspsychologie, S. 599–613; *Perrin/Gerrity*, Pediatrics 1981, 841–849.
[447] Jetzt § 173 ABGB.
[448] *Gleixner-Eberle*, Einwilligung Minderjähriger, S. 62 mit weiteren Nachweisen.

cc) Feste Altersgrenzen für die Vetomündigkeit

Dieses Problem würde durch die Bestimmung von festen Altersgrenzen für die Vetomündigkeit gelöst. Damit würde dem Bedürfnis nach Rechtssicherheit und Klarheit entsprochen. Mit dem Erreichen der noch zu definierenden Altersgrenze könnte die Vetofähigkeit positiv vermutet werden. Feste Altersgrenzen werden mit Hinweis auf die mit ihnen verbundene Rechtssicherheit von einigen Vertretern auch hinsichtlich der Einwilligungsfähigkeit gefordert.[449] Dabei wird auf die durchschnittliche Entwicklung von Heranwachsenden abgestellt. Dies ermöglicht es, ab einem bestimmten Alter bei jungen Menschen bestimmte Kompetenzen anzunehmen, weil sie bei einem durchschnittlich entwickelten Kind ab diesem Zeitpunkt vorhanden sind.[450] Diese Herangehensweise sieht sich allerdings der Kritik ausgesetzt, dass die Entwicklung von Kindern sich mit sehr unterschiedlichen Geschwindigkeiten vollzieht und innerhalb einer Altersgruppe teilweise erhebliche Reifeunterschiede bestehen.[451] Diejenigen Kinder, die schon früher als der Durchschnitt über entsprechende Kompetenzen verfügen, würden dadurch benachteiligt. Die Rechtssicherheit würde also damit ‚erkauft' werden, dass die Selbstbestimmung von Kindern von starren Altersgrenzen abhängig gemacht würde, was ungerecht und unbillig erscheint, weil ein nicht unerheblicher Anteil dadurch von der selbstständigen Wahrnehmung seiner Rechte ausgeschlossen würde.[452] Gegen diese Kritik könnte eingewandt werden, dass die gesetzliche Bestimmung der Volljährigkeit in § 2 BGB in der gleichen Weise verfährt. Dabei ist jedoch zu berücksichtigen, dass die unterschiedlichen Geschwindigkeiten, mit denen die Entwicklung von Heranwachsenden sich vollzieht, im Laufe eines 18-jährigen Prozesses zu einer deutlich stärkeren Nivellierung führen als bei einem Prozess, der einen kürzeren Zeitraum umfasst.[453] Auch ist zu bedenken, dass mit der Volljährigkeit das Erlangen einer Vielzahl von rechtlichen Kompetenzen und Befugnissen verbunden ist,[454]

---

[449] *Bosch*, FamRZ 1959, 202 (203); *Coester-Waltjen*, in: Rehbinder/Rebe, Neues elterliches Sorgerecht, S. 67 (80); *Reiserer*, FamRZ 1991, 1136 (1140); *Rouka*, Selbstbestimmungsrecht des Minderjährigen, S. 132; gegen feste Altersgrenzen aber für eine Vermutungsregel zugunsten der Einwilligungsfähigkeit: *Eberbach*, MedR 1986, 14 (15 f.); *Kern*, NJW 1994, 753 (755).

[450] Zu dieser Vorgehensweise: *Coester-Waltjen*, MedR 2012, 553 (558), die die Bestimmung von Altersgrenzen, die sich an der durchschnittlichen Kompetenz orientieren, jedenfalls für legitim hält, sie an dieser Stelle im Ergebnis jedoch ablehnt; *Rouka*, Selbstbestimmungsrecht des Minderjährigen, S. 136–139.

[451] *Brückner*, Selbstbestimmungsrecht Minderjähriger, S. 74; *Hauser*, Das Krankenhaus 2012, 1310; *Lohaus/Vierhaus*, Entwicklungspsychologie, S. 7; *Sternberg-Lieben/Reichmann*, NJW 2012, 257 (259).

[452] *Brückner*, Selbstbestimmungsrecht Minderjähriger, S. 75.

[453] *Lohaus/Vierhaus*, Entwicklungspsychologie, S. 7.

[454] Siehe die Nachweise bei: *Spickhoff*, in: MüKo, BGB § 2 Rn. 6-14.

die ein Minderjähriger vorher nicht hatte. Die Volljährigkeit hat Auswirkungen auf den gesamten Rechtsverkehr, sie dient dem Verkehrsschutz,[455] weshalb es unverzichtbar erscheint, insoweit eine feste Altersgrenze zu definieren, die leicht belegbar und überprüfbar ist. Soweit ein Minderjähriger einen medizinischen Eingriff versagt, sind dadurch jedoch keine Drittinteressen, etwa des Rechtsverkehrs, betroffen. Es handelt sich vielmehr um eine höchstpersönliche und sehr individuelle Angelegenheit, die nur im Arzt-Patienten-Verhältnis wirkt, das bei einwilligungsunfähigen Minderjährigen – unter Beteiligung der Eltern – als Dreiecksverhältnis ausgestaltet ist. Das Bedürfnis nach Rechtssicherheit besteht vor allem auf Seiten der Behandelnden.[456] Die mit dem unbestimmten Rechtsbegriff der Einwilligunsfähigkeit – und selbiges gälte für die Vetofähigkeit– einhergehenden Rechtsunsicherheiten werden von der Rechtsordnung mit Verweis auf die Höchstpersönlichkeit der Arzt-Patienten-Beziehung in Kauf genommen.[457] Der Behandelnde ist aufgrund seiner Kenntnis des Patienten am besten in der Lage, diesbezüglich eine individuelle und damit angemessene Entscheidung zu treffen. Das Verkehrsschutzbedürfnis hat daher hinter die Gewährung des Selbstbestimmungsrechts des Minderjährigen zurück zu treten.[458] Feste Altersgrenzen erweisen sich damit nicht als ein geeignetes Mittel zur Lösung der Problematik der Vetofähigkeit.

dd) Zwischenergebnis

Eine Begrenzung des Vetorechts einwilligungsunfähiger Minderjähriger ist über das Kriterium der Vetofähigkeit mangels näherer Spezifizierbarkeit dieser unbestimmten Kategorie nicht zu erreichen. Lässt man für die Vetofähigkeit das Vorliegen eines unqualifizierten Willens genügen, bedarf es zur Begrenzung der Reichweite des Vetorechts anderer Instrumente.

b) Reichweitenbegrenzung

Für eine möglichst geringe Begrenzung des Vetorechts spricht sich *Amelung* aus, der die Demarkationslinie für das Veto des einwilligungsunfähigen Minderjährigen erst dort zieht, wo dieser sich durch die Ausübung des Vetos in eine ernsthafte Lebensgefahr bringt.[459] Zur Begründung verweist er darauf, dass ohne diese Grenze der einwilligungsunfähige Patient die Möglichkeit hätte,

---

[455] *Bamberger*, in: Beck-OK, BGB § 2 Rn. 1.

[456] *Belling*, FuR 1990, 68 (75).

[457] *Belling*, FuR 1990, 68 (75); *Meyer*, Genetische Untersuchungen, S. 63; *Wölk*, MedR 2001, 80 (82).

[458] *Coester-Waltjen*, MedR 2012, 553 (558); *Diederichsen*, in: Müller/Hirsch, FS G. Hirsch, S. 355 (356); *Spickhoff*, AcP 208 (2008), 345 (355).

[459] *Amelung*, Vetorechte beschränkt Einwilligungsfähiger, S. 23–25.

über sein Leben zu verfügen,[460] was von der Rechtsordnung so nicht vorgesehen ist. Eine unter „defekter Autonomie“ leidende „Selbstgefährdungsentscheidung“, die das Leben bedroht, verdiene daher keine Anerkennung.[461]

Bedenken bestehen hinsichtlich der von *Amelung* vertretenen, sehr späten Begrenzung des Vetorechts insoweit, als bereits vor dem Eintritt einer ernsthaften Gefahr für das Leben des Betroffenen durch die Nichtvornahme einer indizierten Behandlung erhebliche gesundheitliche Schäden für diesen drohen.[462] So wollen einige Vertreter eines Vetorechts dieses auf solche Behandlungsmaßnahmen begrenzen, die zwar durchaus indiziert, aber nicht dringend sind.[463] Auf diese Weise wird das Vetorecht zu einem ‚Aufschubrecht‘,[464] weil es dem noch nicht einwilligungsfähigen Minderjährigen die Möglichkeit gewährt, nicht dringende Maßnahmen zu verweigern, was zur Konsequenz hat, dass er mit Eintritt der Einwilligungsfähigkeit dann selbst in vollem Umfang darüber entscheiden kann.

3. Kritische Würdigung und Ergebnis

Zunächst ist zu konstatieren, dass ein allgemeines Vetorecht nichteinwilligungsfähiger Minderjähriger durchaus in der Lage ist, den Selbstbestimmungsbereich des Kindes unterhalb der Schwelle der Einwilligungsfähigkeit zu erweitern. Exemplarisch sei auf das eingangs geschilderte Fallbeispiel verwiesen, in dem es um die Operation einer an einer Skoliose leidenden Minderjährigen ging. Mit der Operation war die nicht ganz unerhebliche Gefahr verbunden, dass es zu einer Querschnittslähmung kommt. Ein Vetorecht, wie es hier dargestellt wurde, gewährte Kindern schon unterhalb der Schwelle der Einwilligungsfähigkeit die Möglichkeit, die Operation zu versagen. Mit dem Eintritt ihrer Einwilligungsfähigkeit würden sie dann ihre medizinische Selbstbestimmung vollkommen selbstbestimmt wahrnehmen.

a) Defizite im Bereich der Selbstbestimmung

Unbefriedigend bleibt jedoch die Kontur eines solchen Vetorechts. Die Untersuchung hat gezeigt, dass die Bestimmung eines konkreten Reifegrades (Vetofähigkeit), von dessen Vorhandensein die Befugnis zur Ausübung des Vetos

---

460 *Amelung*, Vetorechte beschränkt Einwilligungsfähiger, S. 23–25; zustimmend: *Taupitz*, Gutachten A, S. 78.

461 *Taupitz*, Gutachten A, S. 78 f.

462 *Taupitz*, Gutachten A, S. 78.

463 *Belling*, FuR 1990, 68 (74); *Biermann*, in: Ulsenheimer, Arztstrafrecht, Rn. 425; *Odenwald*, Einwilligungsfähigkeit im Strafrecht, S. 153–154; *Paino-Staber*, Gesetzliche Stellvertretung, S. 151.

464 *Lüderitz*, AcP 178 (1978), 263 (278); *Ulsenheimer*, in: Dierks/Graf-Baumann/Lenard, Therapieverweigerung, S. 65 (88); maximal für ein Aufschubrecht: *Amend-Traut*, in: Beck-OGK, BGB § 1626 Rn. 121 a. E.

abhängig sein soll, auf unüberwindbare Hindernisse stößt.[465] Die Beschränkung des Vetorechts in seiner Reichweite stellt daher die notwendige Einschränkung dar, um dem besonderen Schutzbedürfnis des Kindes zu entsprechen. Gleichwohl verbleiben mit Blick auf die Selbstbestimmung des Kindes ‚blinde Flecken'. So sind Lebenssachverhalte denkbar, in denen über eine Vetokonstruktion keine angemessene Lösung erzielt würde. Hingewiesen sei in diesem Zusammenhang auf die sehr eindrückliche Fallschilderung, wie sie die Kinder- und Jugendpsychotherapeutin *Barbara Diepold* darbietet:

> "Ein neunjähriges Kind mit einem Hirntumor verweigerte nach der zweiten Operation, die zwei Jahre nach der Ersterkrankung nötig wurde, weitere Strahlentherapie sowie eine notwendig gewordene dritte Operation. Sie ‚wusste' offenbar, daß eine weitere Behandlung sinnlos wäre, was sich auch daran zeigte, daß sie sich in Spielen mit ihrem bevorstehenden Tod beschäftigte. Z. B. fand der Vater sie eines Tages im Kinderzimmer reglos mit geschlossenen Augen auf dem Boden liegen. Auf seine Frage, was sie da tue, antwortete sie: "ich probiere mal [sic] wie das ist, tot zu sein." Und in einer Therapiestunde legte sie sich in eine Truhe und verharrte dort längere Zeit reglos und wortlos. Meine Assoziation war: Sie liegt im Sarg."[466]

Es wäre absolut nachvollziehbar, wenn die Eltern des Kindes in dieser Situation nichts unversucht lassen wollten, um das Leben des Kindes zu retten.[467] Ihre Einwilligung in die Strahlentherapie und in die notwendige dritte Operation gilt daher als wahrscheinlich. Würde für das Kind das Bestehen eines Vetorechts angenommen, so käme in diesem Fall die Reichweitenbegrenzung zum Tragen, da das Kind sich durch das Veto in Lebensgefahr begäbe. Im Ergebnis müsste das Kind die Operation und die Strahlentherapie über sich ergehen lassen. Der Geltungsbereich des kindlichen Selbstbestimmungsrechts würde in diesem Fall durch das Vetorecht nicht erweitert werden.

b) Wertungswidersprüche

Kritisch ist das Vetorecht auch mit Blick auf die mit diesem verbundenen Wertungswidersprüche zu sehen. Mit dem Vetorecht würde nichteinwilligungsfähigen Minderjährigen die Möglichkeit gegeben, gegen die zustimmende Entscheidung der Eltern ein Veto einzulegen. Dies stellt weitreichende Befugnisse hinsichtlich der Versagung einer Behandlung dar. Dem stehen auf der anderen Seite nicht die entsprechenden Möglichkeiten zur Einwilligung in eine

---

465 Vgl. 2. a).

466 *Diepold*, in: Dierks/Graf-Baumann/Lenard, Therapieverweigerung, S. 39 (43 f.).

467 *Bichler*, GesR 2014, 1 (3) weist auf die Gefahr hin, dass Eltern in solchen Situationen ihre eigenen Wünschen und Vorstellungen priorisieren und gegen die geäußerten Wünsche des Kindes handeln.

begehrte Behandlung gegenüber.[468] Insofern blieben die minderjährigen Patienten auf die Mitwirkung ihrer Eltern angewiesen. Sie müssten die ablehnende Entscheidung der Eltern hinnehmen, sofern mit der elterlichen Ablehnung keine Kindeswohlgefährdung (§ 1666 BGB) einherginge. Ein Vetorecht hätte zur Konsequenz, dass die Fähigkeit zur Verhinderung einer Behandlung früher angenommen würde als die Fähigkeit zur Einwilligung in dessen Vornahme. Für diesen Unterschied zwischen der Ablehnung der Behandlung und deren Veranlassung gibt es keinen Grund. Das medizinische Selbstbestimmungsrecht impliziert beide Entscheidungen und differenziert insofern nicht.[469] Im Betreuungsrecht bestand eine vergleichbare widersprüchliche Lage hinsichtlich der Vornahme und Verhinderung einer besonders gefährlichen medizinischen Maßnahme nach § 1904 BGB a. F (§1829 BGB n. F.). Früher war es möglich, dass das Betreuungsgericht eine vom Betreuer beabsichtigte lebensgefährliche Operation zwar verhindern, diese aber bei Gebotenheit zur Lebensrettung nicht bewirken konnte. Eine Änderung hat diese als widersprüchlich angesehene Tatsache[470] durch das Dritte Gesetz zur Änderung des Betreuungsrechts[471] und die mit diesem eingeführte Regelung des § 1904 Abs. 2 BGB a. F. erfahren. Heute gilt für die Einwilligung in eine Behandlung und für die damit korrespondierende Versagung insoweit der gleiche gerichtliche Prüfungsumfang und Prüfungsmaßstab.[472] Mit der Bejahung eines allgemeinen Vetorechts unterhalb der Grenze der Einwilligungsfähigkeit würde der im Betreuungsrecht überwundene Wertungswiderspruch in das Minderjährigenrecht implantiert.

c) Defizite im Bereich der Fürsorge

Darüber hinaus weist ein Vetorecht Defizite im Bereich der Fürsorge auf. Würde einwilligungsunfähigen Minderjährigen ein allgemeines Vetorecht gegen jedwede Art der Behandlung gewährt, so führte dies zu einem „autonomistischen Fehlschluss“[473], da das verfassungsrechtlich verbürgte und im elterlichen Sorgerecht ausgestaltete Fürsorgeprinzip darin keine ausreichende Berücksichtigung findet.[474] Das Kind soll unterhalb der Schwelle der Einwilligungsfähigkeit vor unguten Entscheidungen bewahrt werden, deren Wesen, Bedeutung und Tragweite es gerade nicht zu ermessen vermag. Ein Vetorecht

---

[468] *Gleixner-Eberle*, Einwilligung Minderjähriger, S. 324; *Meyer*, Genetische Untersuchungen, S. 74.

[469] *Belling/Eberl/Michlik*, Selbstbestimmungsrecht Minderjähriger, S. 126–127; *Brückner*, Selbstbestimmungsrecht Minderjähriger, S. 93; *Wölk*, MedR 2001, 80 (84).

[470] *Götz*, in: Hilbig-Lugani/Coester-Waltjen, FS Coester-Waltjen, S. 89 (99).

[471] Vom 29.7.2009, BGBl. I S. 2286.

[472] *Spickhoff*, in: Spickhoff, Medizinrecht, BGB § 1904 Rn. 11.

[473] Zu diesem Begriff: *Rehbock*, Personsein in Grenzsituationen, S. 321.

[474] *Gleixner-Eberle*, Einwilligung Minderjähriger, S. 323.

gäbe aber dem Kind, das nicht in der Lage ist eine Einwilligung zu erteilen, die Möglichkeit der Versagung einer Behandlung. Fürsorgegesichtspunkte stellen sich bei den spezialgesetzlich normierten Vetorechten nicht, woraus sich die Abweichung von dem dort zu beobachtenden zweistufigen System von Autonomie und darauf gestützten Entscheidungsrechten erklärt. Mit guten Gründen wird darauf verwiesen, dass dem Gesetzgeber des Patientenrechtegesetzes die spezialrechtlichen Vetorechte bekannt waren, er sich aber gegen die Normierung eines allgemeinen Vetorechts im Rahmen des Behandlungsvertragsrechts entschieden hat.[475]

d) Fazit zum Vetorecht

Das Vetorecht ist somit kein geeignetes Instrument, um die Autonomie von Kindern im Rahmen der medizinischen Heilbehandlung bereits unterhalb der Schwelle der Einwilligungsfähigkeit zu gewährleisten. Neben Unschärfen, die bzgl. der Voraussetzungen und der Ausgestaltung eines solchen Rechts bestehen, werden dadurch die Belange der Selbstbestimmung und der Fürsorge nicht in einen angemessenen Ausgleich gebracht. Ein allgemeines Vetorecht ist daher abzulehnen.

§ 6 Zwischenfazit

Das im Grundrechtsrang stehende medizinische Selbstbestimmungsrecht gewährleistet die Freiheit des Einzelnen, selbst über seinen Körper und seine Gesundheit zu verfügen. Die Grundlage für eine selbstbestimmte Entscheidung ist die umfassende und verständliche Aufklärung des Patienten über die Diagnose, die möglichen Therapieformen und die mit ihnen verbundenen Heilungschancen und Risiken. Das medizinische Selbstbestimmungsrecht steht Kindern ab ihrer Geburt zu. Die sich aus diesem Grundrecht ergebende Schutzpflicht bestimmt den Gesetzgeber dazu, auf einfachgesetzlicher Ebene den Schutz der Selbstbestimmung in körperlichen Angelegenheiten des minderjährigen Patienten zu sichern. Aus der Art. 6 Abs. 2 GG zu entnehmenden Schutzpflicht hat er dabei Rahmenbedingungen zu gewährleisten, die dem Kind eine Entwicklung zu einer selbstständigen und eigenverantwortlichen Persönlichkeit ermöglichen, bei der den Eltern nach der Wertung des Grundgesetzes eine exponierte Rolle zukommen soll.

Die insoweit kollidierenden Grundrechtspositionen der Eltern und des Kindes hat der Bundesgesetzgeber mit den Vorschriften der §§ 630d und 630e BGB für den Bereich der Heilbehandlung in Ausgleich zu bringen versucht und mit §

---

[475] *Kreße*, MedR 2015, 91 (94); so auch im Gesetzgebungsverfahren zu § 1631d BGB, vgl. den Vorschlag BT-Drs. 17/11816, der letztlich nicht Gesetz wurde; *Rixen*, NJW 2013, 257 (260).

630d Abs. 1 Satz 1 BGB eine Teilmündigkeitsregelung geschaffen, die nicht an ein bestimmtes Alter, sondern an die Einwilligungsfähigkeit anknüpft. Das führt zu einem Dilemma: Der einwilligungsfähige Minderjährige kann sein medizinisches Selbstbestimmungsrecht selbst ausüben. Der Einwilligungsunfähige kann es nicht und bedarf der Stellvertretung. Der Gesetzgeber gewährleistet das medizinische Selbstbestimmungsrecht einwilligungsunfähiger Minderjähriger dadurch, dass diesen vor einer medizinischen Maßnahme die Behandlung in wesentlichen Zügen erläutert werden soll (§ 630e Abs. 5 BGB). Auf die Wirksamkeit der Einwilligung des zur Stellvertretung berufenen Berechtigten hat diese Aufklärung bzw. ihr Unterlassen jedoch keine Auswirkung. Einwilligungsunfähige Minderjährige sind in dem höchstpersönlichen Bereich der den eigenen Körper betreffenden Heilbehandlung auf eine Stellvertretung angewiesen, die sich im Konfliktfall – ungeachtet der Bindung an das ‚Wohl' – gegen den Minderjährigen durchzusetzen vermag. Damit verbleibt eine Lücke zwischen dem grundrechtlich garantierten medizinischen Selbstbestimmungsrecht und dessen einfachgesetzlicher Ausgestaltung.

Diese Lücke kann nicht mit einer Verallgemeinerung des in medizinischen Spezialgesetzen normierten Vetorechts für die allgemeine Heilbehandlung geschlossen werden. Die in den Vetorechten des AMG, des TPG und des GenDG zum Ausdruck kommende ‚zweite Gestalt der medizinischen Selbstbestimmung', ist nicht auf die allgemeine Heilbehandlung zu übertragen. Im Ergebnis ist ein allgemeines Vetorecht nicht in der Lage, bereits unterhalb der Schwelle der Einwilligungsfähigkeit Selbstbestimmung zu ermöglichen. Dieses Ergebnis manifestiert die Funktion der Einwilligungsfähigkeit: Sie ist der ‚gatekeeper'. Sie entscheidet darüber, ob ein minderjähriger Patient selbst und damit ‚autonom' über sich und seinen Körper entscheiden darf oder ob in stellvertretender Weise und damit paternalistisch über ihn entschieden wird. Es erscheint, als könnte die Lücke zwischen dem grundrechtlich garantierten Selbstbestimmungsrecht und dessen einfachgesetzlicher Gewährleistung nur durch eine Öffnung des Tores der Einwilligungsfähigkeit geschlossen werden. So soll die Einwilligungsfähigkeit im Folgenden einer eingehenderen Betrachtung unterzogen werden.

3. Kapitel: Einwilligungsfähigkeit

§ 1 Die Rechtsnatur der Einwilligung

Für die Bestimmung der Einwilligungsfähigkeit ist die Frage nach ihrer Rechtsnatur von grundlegender Bedeutung. Sofern die Einwilligung als rechtsgeschäftliche Willenserklärung anzusehen wäre, müsste für die Einwilligungsfähigkeit das Vorliegen der Geschäftsfähigkeit verlangt werden.

A. Einwilligung als Willenserklärung

Die Zivilsenate des Reichsgerichts gingen in konsistenter Rechtsprechung und in Übereinstimmung mit der damals herrschenden Meinung in der zivilrechtlichen Literatur[476] davon aus, dass es sich bei der Einwilligung um eine rechtsgeschäftliche Willenserklärung handelt und wendeten die §§ 104 ff. BGB auf die Einwilligung in die Heilbehandlung an.[477] Die auch heute noch von Teilen des juristischen Schrifttums vertretene Auffassung[478] schafft Rechtssicherheit bei der Behandlung.[479] Sie bewahrt den Behandelnden vor der Unsicherheit, die damit verbunden ist, dass ein minderjähriger Patient unter Umständen schon selbst oder gerade noch nicht einwilligungsfähig ist und davor, dass dies „je nach Standpunkt des Urteilenden durchaus unterschiedlich bewertet werden kann“[480]. Die Person des Behandelnden kann sich nach dieser Auffassung darauf verlassen, dass ein minderjähriger Patient stets der Zustimmung seiner gesetzlichen Vertreter zur Einwilligung in die Heilbehandlung bedarf, da er mit dieser Erklärung über einen deliktischen Anspruch verfügt, was für ihn nicht lediglich rechtlich vorteilhaft im Sinne des § 107 BGB ist. Darüber hinaus wird ein gewisser Widerspruch darin gesehen, dass ein Minderjähriger andernfalls ohne die Zustimmung seiner Eltern sehr weitreichende Entscheidungen über seinen Körper treffen könnte, etwa wenn er in eine seine Lebensführung stark beeinträchtigende Operation einwilligt, wohingegen er selbst für Rechtsgeschäf-

---

[476] *Zitelmann*, AcP 99 (1906), 1 (48); weitere Nachweise bei: *Pawlowski*, in: Brambring/Hagen, FS Hagen, S. 5 (6) Fn. 2.

[477] RG, Urt. v. 21.06.1907 – III 465/06, JW 1907, 505 (506); Urt. v. 27.05.1908 – Rev. VI 484/07, RGZ 68, 431 (436); Urt. v. 30.06.1911 – III 472/10, JW 1911, 748; Urt. v. 03.12.1941 – III. 68/41, RGZ 168, 206 (210).

[478] *Kohte*, AcP 185 (1985), 105 (152–156); *Mittenzwei*, MedR 1988, 43 (44); *Ohly*, Volenti non fit iniuria, S. 207–214; *Peschel-Gutzeit*, in: Staudinger [2015], BGB § 1626 Rn. 92; *Voll*, Einwilligung, S. 42.

[479] *Gitter*, in: MüKo, BGB (3. Auflage) vor § 104 Rn. 89; *Scherer*, FamRZ 1997, 589 (592).

[480] *Scherer*, FamRZ 1997, 589 (592).

te geringen Umfangs stets der elterlichen Zustimmung bedarf.[481] In der Konsequenz hätte diese Auffassung zur Folge, dass die Einwilligung eines Minderjährigen in die Behandlung gemäß § 107 BGB immer die Einwilligung des gesetzlichen Vertreters voraussetzt. Dies würde für das Selbstbestimmungsrecht des Patienten bedeuten, dass es erst mit Eintritt der Volljährigkeit von diesem vollumfänglich ausgefüllt werden dürfte.

B. Einwilligung als Gestattung tatsächlichen Handelns

Anders als die Zivilsenate des Reichsgerichts sind dessen Strafsenate der Auffassung, dass die Einwilligung nicht eine rechtsgeschäftsähnliche Willenserklärung, sondern ein tatsächliches Handeln darstellt.[482] In der Entscheidung vom 3.7.1908[483] setzte sich das Reichsgericht erstmals ausdrücklich mit der Frage auseinander, ob hinsichtlich der Verfügungen über höchstpersönliche Rechtsgüter die Regelungen des BGB zur Geschäftsfähigkeit heranzuziehen sind. Dies wurde mit Verweis darauf, dass die Einwilligung kein Rechtsgeschäft sei, verneint.[484] in späteren Entscheidungen stellten die Strafsenate diese Rechtsauffassung nicht in Frage. Sie prägt seitdem die höchstrichterliche strafrechtliche Rechtsprechung.[485] Der sechste Zivilsenat des BGH hat sich dieser Auffassung im Jahr 1958[486] in einer als „Meilenstein der medizinrechtlichen Rechtsprechung"[487] anzusehenden Entscheidung in Abkehr der Rechtsprechung der Zivilsenate des Reichsgerichts und früherer eigener Entscheidungen[488] angeschlossen. Dabei wurde der Ansatz der strafrechtlichen höchstrichterlichen Rechtsprechung aufgegriffen, nach der über die körperliche Unversehrtheit und das Leben keine rechtsgeschäftlichen Verfügungen getroffen werden können. „Über sie kann ein Mensch nicht verfügen wie über eine ihm

---

481 *Gitter*, in: MüKo, BGB (3. Auflage) vor § 104 Rn. 89; *Pawlowski*, in: Brambring/Hagen, FS Hagen, S. 5 (12); *Scherer*, FamRZ 1997, 589 (592).

482 RG, Urt. v. 19.02.1897 – II Rev. 86/97, RGSt 29, 398 (400).

483 RG, Urt. v. 03.07.1908 – V 420/08, RGSt 41, 392.

484 RG, Urt. v. 03.07.1908 – V 420/08, RGSt 41, 392 (395 f.).

485 RG, Urt. v. 15.04.1943 – III D 14/43, RGSt 77, 17 (20); BGH, Urt. v. 22.01.1953 – 4 StR 373/52, BGHSt 4, 88 (90 f.); Urt. v. 12.11.1953 – 3 StR 713/52, BGHSt 5, 362 (363); Urt. v. 10.02.1959 – 5 StR 533/58, BGHSt 12, 379 (382); Urt. v. 14.08.1963 – 2 StR 181/63, BGHSt 19, 135 (137); Urt. v. 22.02.1978 – 2 StR 372/77, NJW 1978, 1206.

486 BGH, Urt. v. 05.12.1958 – VI ZR 266/57, BGHZ 29, 33.

487 *Gleixner-Eberle*, Einwilligung Minderjähriger, S. 256.

488 RG, Urt. v. 21.06.1907 – III 465/06, JW 1907, 505 (506); Urt. v. 27.05.1908 – Rev. VI 484/07, RGZ 68, 431 (436); Urt. v. 30.06.1911 – III 472/10, JW 1911, 748; Urt. v. 19.06.1933 – VI 74/33, RGZ 141, 262 (265); Urt. v. 03.12.1941 – III. 68/41, RGZ 168, 206 (210); BGH, Urt. v. 17.05.1951 – III ZR 57/51, BGHZ 2, 159 (162 f.); Urt. v. 25.09.1952 – III ZR 322/51, BGHZ 7, 198 (207).

gehörende Sache, ein ihm zustehendes dingliches Recht oder ein Rechtsverhältnis.“[489] Der Senat stellte dabei fest, dass es sich bei der Einwilligung um „eine Gestattung oder Ermächtigung zur Vornahme tatsächlicher Handlungen, die in den Rechtskreis des Gestattenden eingreifen“, handele, so dass die §§ 104 ff. BGB insoweit nicht anwendbar seien.[490] Auch eine analoge Anwendung dieser Vorschriften schloss das Gericht mit Hinweis darauf aus, dass der mit dem Gesetz bezweckte Minderjährigenschutz dies im Falle der Einsichts- und Urteilsfähigkeit des Minderjährigen nicht notwendig mache.[491] Das überwiegende juristische Schrifttum schloss sich dieser Rechtsauffassung an,[492] die – jedenfalls hinsichtlich der Einordnung der Einwilligung als Gestattung oder Ermächtigung zur Vornahme tatsächlicher Handlungen – weitere Entscheidungen der Zivilsenate prägte.[493]

Teilweise wird behauptet, der BGH sei bzgl. der Einordnung der Rechtsnatur der Einwilligung als Gestattung bzw. Ermächtigung zur Vornahme einer tatsächlichen Handlung in seiner Rechtsprechung nicht konsistent.[494] Zur Begründung für diese Annahme wird auf Entscheidungen verwiesen, in denen das Gericht hinsichtlich der Auslegung von Einwilligungen die §§ 133, 157 BGB herangezogen und dies mit einer gewissen verwandtschaftlichen Nähe zur rechtsgeschäftlichen Willenserklärung begründet hat[495] bzw. hinsichtlich der Sittenwidrigkeit der Einwilligung auf § 138 BGB abstellte.[496] Während der sechste Zivilsenat in diesen Entscheidungen lediglich eine gewisse Nähe zwischen der Einwilligung und einer rechtsgeschäftlichen Willenserklärung sah, bezeichnete er die Einwilligung in seiner Entscheidung vom 7.2.1984[497] sogar als letztere. Dabei setzte er sich in der Urteilsbegründung nicht explizit mit der

---

[489] BGH, Urt. v. 05.12.1958 – VI ZR 266/57, BGHZ 29, 33 (36).

[490] BGH, Urt. v. 05.12.1958 – VI ZR 266/57, BGHZ 29, 33 (36).

[491] BGH, Urt. v. 05.12.1958 – VI ZR 266/57, BGHZ 29, 33 (36).

[492] *Belling/Eberl/Michlik*, Selbstbestimmungsrecht Minderjähriger, S. 126–127; *Coester*, FamRZ 1985, 982 (986); *Deutsch/Spickhoff*, Medizinrecht, Rn. 419–420; *Huber*, in: MüKo, BGB § 1626 Rn. 40; *Kern*, NJW 1994, 753; *Klose/Straub*, MedR 2019, 714 (716); *Schiemann*, in: Erman, BGB § 823 Rn. 147; *Ulsenheimer*, in: Laufs/Kern/Rehborn, HbArztR, § 149 Rn. 63; *Wölk*, MedR 2001, 80 (82); ablehnend: *Gernhuber*, FamRZ 1962, 89 (94); *Kohte*, AcP 185 (1985), 105 (152–156).

[493] BGH, Urt. v. 24.04.1961 – III ZR 45/60, VersR 1961, 632 (633); Urt. v. 02.12.1963 – III ZR 222/62, NJW 1964, 1177; Urt. v. 13.01.1970 – VI ZR 121/68, NJW 1970, 511; Urt. v. 16.11.1971 – VI ZR 76/70, NJW 1972, 335.

[494] So: *Brückner*, Selbstbestimmungsrecht Minderjähriger, S. 66; *Rothärmel et al.*, Patientenaufklärung, S. 42–43; *Wölk*, MedR 2001, 80 (81).

[495] Vgl.: BGH, Urt. v. 18.03.1980 – VI ZR 155/78, NJW 1980, 1903 (1904).

[496] Vgl.: BGH, Urt. v. 29.06.1976 – VI ZR 68/75, BGHZ 67, 48 (50); aktuell wieder: Urt. v. 30.05.2017 – VI ZR 203/16, NJW 2017, 2685.

[497] BGH, Urt. v. 07.02.1984 – VI ZR 188/82, BGHZ 90, 96 (101 f.).

Rechtsnatur der Einwilligung auseinander und ließ auch die Grundsatzentscheidung vom 5.12.1958[498] unerwähnt. Daher ist in der obiter dicter getätigten Aussage wohl eher ein Versehen als ein Hinweis auf eine Änderung der Rechtsprechungslinie zu erkennen. Einen Beleg für diese Sichtweise bildet die Entscheidung desselben Senats vom 28.6.1988, in der dieser unter Bezugnahme auf die Entscheidung vom 5.12.1958 darlegt, dass es sich bei der Einwilligung um eine „Gestattung oder Ermächtigung zur Vornahme tatsächlicher Handlungen“[499] handelt, womit die höchstrichterliche Rechtsprechung – jedenfalls hinsichtlich der Rechtsnatur der Einwilligung – im Ergebnis als konsistent zu bezeichnen ist.

C. Stellungnahme

Die Einwilligung in die Vornahme eines Heileingriffs stellt ihrem Wesen nach etwas anderes dar als eine Willenserklärung, die auf den Abschluss eines Rechtsgeschäfts gerichtet ist. Der mit der medizinischen Behandlung herbeigeführte oder zumindest intendierte Erfolg ist ein tatsächlicher. Der Abschluss des Behandlungsvertrags, der die schuldrechtliche Grundlage der Behandlung und damit in gewisser Weise auch des Eingriffs abbildet, ist strikt von der Rechtfertigung des Eingriffs in die körperliche Unversehrtheit zu trennen. Die Einwilligung in einen körperlichen Eingriff begründet keine rechtsgeschäftliche Verpflichtung des Patienten und kann von diesem zu jeder Zeit widerrufen werden. Demgegenüber ist derjenige, der eine Willenserklärung abgibt, an diese gebunden und kann sich nur im Wege der Anfechtung (§ 142 BGB) von ihren Wirkungen befreien. Die Anfechtung lässt das Rechtsgeschäft mit ex-tunc-Wirkung nichtig sein. Gerade dies ist aber bei der Einwilligung zur Heilbehandlung nicht möglich. Gewährte die Rechtsordnung einem Einwilligenden die Möglichkeit, sich mit Wirkung der Nichtigkeit von Anfang an von seiner Einwilligung zu befreien, so wäre dies mit erheblichen Unsicherheiten und Haftungsrisiken für die Behandelnden verbunden.[500] Denn diese müssen darauf vertrauen können, dass die nicht widerrufene Einwilligung des Patienten ihre Gültigkeit auch über den Zeitpunkt der Vornahme des Eingriffs hinaus behält. Unpassend für die Einwilligung erscheinen auch die Regelungen, nach denen sich der Betroffene von den Wirkungen eines Rechtsgeschäfts befreien kann. Die Anfechtung ist nur in den relativ engen Grenzen der §§ 119 Abs. 1 und 2, 123 BGB möglich. Motivirrtümer berechtigen nur ausnahmsweise (§ 119 Abs. 2 BGB) zur Anfech-

---

[498] BGH, Urt. v. 05.12.1958 – VI ZR 266/57, BGHZ 29, 33.

[499] BGH, Urt. v. 28.06.1988 – VI ZR 288/87, BGHZ 105, 45 (47 f.); so dann auch wieder implizit: Urt. v. 10.10.2006 – VI ZR 74/05, FamRZ 2007, 130 f.

[500] *Deutsch/Spickhoff*, Medizinrecht, Rn. 419; *Klose/Straub*, MedR 2019, 714; *Rehborn/Schäfer*, in: Arbeitsgemeinschaft Rechtsanwälte im Medizinrecht e. V., 25 Jahre Arbeitsgemeinschaft, S. 253 (255); *Wagner*, in: MüKo, BGB § 630d Rn. 9.

tung. Für die Einwilligung ist allgemein anerkannt, dass sie auf der Grundlage der zuvor erfolgten Aufklärung erteilt wird. Hat der aufklärende Behandelnde bei dem Patienten eine Motivationslage geweckt, die von der Realität nicht gedeckt ist, so ist die Einwilligung unwirksam, sofern es sich um einen rechtsgutsrelevanten Irrtum handelt.[501] Verändert sich die Motivationslage des Patienten nach der Aufklärung oder erkennt er, dass sein Ziel mit der ihm angebotenen Behandlung nicht erreicht werden kann, so kann er seine Einwilligung jederzeit – bis zur Vollendung des Eingriffs – frei widerrufen (§ 630d Abs. 3 BGB). Dies wird als Ausdruck seines medizinischen Selbstbestimmungsrechts angesehen.[502]

Ein weiterer wesentlicher Unterschied zwischen der rechtsgeschäftlichen Willenserklärung und der Einwilligung in eine Behandlung ist darin zu sehen, dass das für die Willenserklärung als hinreichend erachtete potenzielle Erklärungsbewusstsein[503] für die Einwilligung in einen körperlichen Eingriff nicht genügen kann.[504] Der Patient muss eine klare Vorstellung davon haben, was der Eingriff bedeutet, welche Chancen und Risiken damit verbunden sind und welche alternativen Behandlungsmöglichkeiten bestehen.[505] Etwas anderes ergibt sich auch nicht im Hinblick auf den Schutzzweck der §§ 104 ff. BGB. Durch die Regelungen zur Geschäftsfähigkeit sollen Minderjährige vor nachteiligen Verträgen geschützt werden, deren Inhalt und Folgen sie nicht absehen können. Außerdem dienen die Regelungen der §§ 104 ff. BGB auch den Verkehrsinteressen der Allgemeinheit.[506] Beide Zwecke entfallen bei der medizinischen Behandlung. Insoweit stehen der Schutz der körperlichen Integrität des Minderjährigen und die entsprechende Selbstbestimmung im Vordergrund.[507] Interessen der Allgemeinheit sind dort nicht berührt. Einzig das Interesse der Eltern nach Klarheit hinsichtlich der Einwilligungskompetenz und das eben darauf gerichtete Interesse des Behandelnden könnten ins Feld geführt werden. In dieser Hinsicht ist jedoch davon auszugehen, dass die Eltern und der Behandelnde wegen der typischerweise engen Verbundenheit mit dem Minder-

---

501 BGH, Urt. v. 20.01.2004 – 1 StR 319/03, NStZ 2004, 442 für die unter einem Vorwand eingeholte Einwilligung; Urt. v. 23.10.2007 – 1 StR 238/07, NStZ 2008, 150 (151); *Ulsenheimer*, in: Laufs/Kern/Clemens/Uhlenbruck, HbArztR (4. Auflage), § 139 Rn. 51.

502 BT-Drs. 17/10488 S. 24; *Laufs/Laufs*, NJW 1987, 2257 (2263); *Ulsenheimer*, in: Laufs/Kern/Rehborn, HbArztR, § 149 Rn. 73.

503 Vgl. dazu: BGH, Urt. v. 07.06.1984 – IX ZR 66/83, BGHZ 91, 324 (329); Urt. v. 02.11.1989 – IX ZR 197/88, BGHZ 109, 171 (177).

504 *Deutsch/Spickhoff*, Medizinrecht, Rn. 419.

505 *Katzenmeier*, in: Laufs/Katzenmeier/Lipp, Arztrecht, Kap. V Rn. 7.

506 *Kohte*, AcP 185 (1985), 105 (146); *Spickhoff*, in: MüKo, BGB vor § 104 Rn. 10.

507 *Brückner*, Selbstbestimmungsrecht Minderjähriger, S. 67; *Diederichsen*, in: Müller/Hirsch, FS G. Hirsch, S. 355 (356).

jährigen und der Kenntnis seiner Person am besten in der Lage sind, die Einwilligungsfähigkeit abzuschätzen, so dass sie nicht in stärkerem Maße schutzbedürftig sind.[508]

Von den Befürwortern der Rechtsgeschäftslehre wird dargetan, dass die Nichtanwendung der §§ 104 ff. BGB zu einem Wertungswiderspruch führe, da der Minderjährige zwar in – mitunter weitreichende – körperliche Angelegenheiten einwilligen könne, jedoch ohne die Zustimmung seiner Eltern nicht einmal ein auch nur geringes verbindliches Rechtsgeschäft vornehmen dürfe.[509] Dieses Argument vermag jedoch nicht zu überzeugen, da dieser Wertungswiderspruch gerade mit dem Unterschied der betroffenen Rechtsgüter zu rechtfertigen ist.[510] Die Einwilligung in eine Operation stellt eine Disposition über ein höchstpersönliches Rechtsgut dar und kann enorme Bedeutung für das weitere Leben des Minderjährigen haben.[511] Das Selbstbestimmungsrecht eines Minderjährigen verdient einen höheren Schutz als die Interessen des Rechtsverkehrs. Zuletzt ist darauf hinzuweisen, dass die starre Grenze der Geschäftsfähigkeit für die Einwilligung als nicht passend und daher auch als nicht bindend angesehen wird.[512] Individuelle Unterschiede in der Entwicklung rechtfertigen eine individuelle Handhabung – wenngleich zu betonen ist, dass die Geschäftsfähigkeit nach wie vor als „wesentlicher Orientierungspunkt"[513] fungiert, wenn grundsätzlich angenommen wird, dass alle Volljährigen einwilligungsfähig sind und dies für die Minderjährigen gesondert festzustellen ist. Gelangt man mit der hier vertretenen Auffassung dazu, in der Einwilligung eine Gestattung tatsächlichen Handelns zu sehen, dann ist die Einwilligungsfähigkeit unabhängig von der Geschäftsfähigkeit zu beurteilen. Sodann stellt sich die Frage, unter welchen Umständen und bei Vorliegen welcher Voraussetzungen bzw. Kompetenzen seitens des Patienten die Einwilligungsfähigkeit anzunehmen ist.

§ 2 Rechtsdogmatische Fragestellungen zur Einwilligungsfähigkeit

Die Einwilligungsfähigkeit ist als eine Variante der rechtlichen Handlungsfähigkeit anzusehen und gehört damit zum Katalog der Fähigkeiten, die die

---

508 *Belling*, FuR 1990, 68 (75); *Meyer*, Genetische Untersuchungen, S. 63–64; *Wölk*, MedR 2001, 80 (82).

509 *Gitter*, in: MüKo, BGB (3. Auflage) vor § 104 Rn. 89; *Pawlowski*, in: Brambring/Hagen, FS Hagen, S. 5 (12); *Scherer*, FamRZ 1997, 589 (592).

510 *Brückner*, Selbstbestimmungsrecht Minderjähriger, S. 67.

511 *Schünemann*, VersR 1981, 306 (307); *Wölk*, MedR 2001, 80 (82).

512 *Nüßgens*, in: RGRK, BGB § 823 Anh. II Rn. 71; dies als "starr schablonisierte Altersgrenze" bezeichnend: *Geilen*, Einwilligung, S. 86.

513 *Deutsch/Spickhoff*, Medizinrecht, Rn. 420.

Rechte des Einzelnen in grundsätzlicher Weise bestimmen.[514] Sie steht insoweit in einer Reihe mit der Rechts-, Geschäfts-, Delikts-, Partei- und Prozessfähigkeit. Ihr Vorliegen setzt ein

> „ausreichendes Maß an innerer und äußerer Verfügungsfreiheit voraus, was neben der Freiwilligkeit des Entscheidens (d. h. frei von äußerem Zwang) auch die nötige ‚Kompetenz' auf der Basis umfassenden Verstehens der Situation und aller möglichen Folgen der jeweiligen Entscheidungsoptionen bedingt"[515].

Die Frage, wann die innere und äußere Verfügungsfreiheit in einem ausreichenden Maß vorhanden ist, bildet den Gegenstand umfangreicher juristischer Diskussionen. Hinsichtlich der Gewährleistung des Selbstbestimmungsrechts von Patienten kommt der Einwilligungsfähigkeit eine herausragende Bedeutung zu. Neben der bereits erwähnten ‚gate-keeper'-Funktion führt sie auf Seiten des Behandelnden regelmäßig zu einem doppelten Dilemma: Verkennt dieser die vorhandene Einwilligungsfähigkeit des minderjährigen Patienten und handelt auf der Grundlage der elterlich erteilten Einwilligung, so fehlt seinem Eingriff in die körperliche Unversehrtheit die wirksame Rechtfertigung. Nimmt er jedoch fälschlicherweise die Einwilligungsfähigkeit des minderjährigen Patienten an und verlässt er sich allein auf dessen Einwilligung, so fehlt es ebenso an einer wirksamen Einwilligung.[516] Vor dem Hintergrund ihrer Bedeutung verwundert es, dass die Wirksamkeitsbedingungen der die Heilbehandlung betreffenden Einwilligungsfähigkeit durch den Gesetzgeber nicht hinreichend deutlich geregelt wurden.[517] Zwar finden sich in einigen spezialgesetzlichen Vorschriften des Medizinrechts Legaldefinitionen zur Einwilligungsfähigkeit,[518] doch weisen diese teilweise Disparitäten auf, die vor dem Hintergrund ihres jeweiligen Regelungsbereichs zu erklären sind. Eine analoge Anwendung auf die Heilbehandlung ist ausgeschlossen, da es dazu einer planwidrigen Regelungslücke bedarf, an der es jedoch fehlt. Der Gesetzgeber hat sich im Rahmen

---

[514] *Damm*, MedR 2015, 775 (776); *Lipp*, Freiheit und Fürsorge, S. 65; *Taupitz*, Gutachten A, S. 54.

[515] *Duttge*, in: Wiesemann/Simon, Patientenautonomie, S. 77 (78).

[516] *Brückner*, Selbstbestimmungsrecht Minderjähriger, S. 69; auf die mit der Beurteilung der Einwilligungsfähigkeit verbundenen Herausforderungen für die Behandelnden hinweisend: *Spickhoff*, FamRZ 2018, 412 (419), der den Behandelnden dadurch geschützt sieht, dass auf der Verschuldensebene die Erkennbarkeit der Einwilligungsfähigkeit bzw. der Einwilligungsunfähigkeit zu prüfen ist.

[517] *Taupitz*, Gutachten A, S. 54; zur Kritik an dieser Vorgehensweise: *Coester-Waltjen*, MedR 2012, 553 (555); *Damm*, MedR 2013, 201 (206); *Deutsch/Spickhoff*, Medizinrecht, Rn. 424; *Kaeding/Schwenke*, MedR 2016, 935; *Katzenmeier*, MedR 2012, 576 (581).

[518] Vgl. z. B. § 40b Abs. 3 Satz 1; Abs. 4 Satz 1, 2 AMG; § 14 Abs. 1 GenDG; § 3 Abs. 3 KastrG.

des Gesetzgebungsverfahrens zum Patientenrechtegesetz mit dieser Frage beschäftigt und bewusst auf eine gesetzliche Regelung verzichtet.[519] Er verweist zur Bestimmung der Einwilligungsfähigkeit auf die von der Rechtsprechung entwickelten Grundsätze,[520] die daher im Folgenden näher zu untersuchen sind.

A. Einwilligungsfähigkeit nach höchstrichterlicher Rechtsprechung

I. Höchstrichterliche Rechtsprechung in Strafsachen

Der ersten strafrechtlichen Entscheidung des Reichsgerichts, in der dieses sich mit Einwilligungen in Eingriffe in die körperliche Unversehrtheit zu beschäftigen hatte, lagen Sexualbeleidigungen gegen zwei Minderjährige zugrunde.[521] Das Reichsgericht erstreckte die in diesem Urteil zur Einwilligung in Ehrverletzungen getätigten Ausführungen ausdrücklich auf die körperliche Unversehrtheit, weshalb diese Entscheidung in Rechtsprechung[522] und Literatur[523] auch als „Präzedenzfall“[524] für die strafrechtliche Beurteilung der Einwilligungsfähigkeit bei Heileingriffen angesehen wird. Inhaltlich verlangte das Gericht für die Wirksamkeit der Einwilligung der Minderjährigen das Vorhandensein eines ausreichenden „Urteilsvermögens“[525]. Diese Sichtweise setzte sich in der Entscheidung des BGH vom 10.2.1959 fort.[526] In dem diesem Verfahren zugrundeliegenden Fall hatte ein Arzt einer 17-Jährigen den Blinddarm entfernt. Das Gericht stellte hinsichtlich der Einwilligungsfähigkeit auf das Urteilsvermögen der minderjährigen Patientin bezüglich der Einwilligung und ihrer Folgen ab.[527] Dies solle jedoch nur gelten, „wenn es um die sofortige Notwendigkeit eines lebensrettenden Eingriffs geht“[528]. Diese Sichtweise präzisierte das Gericht, indem es umso strengere Anforderungen an die Urteilskraft stellte, je weniger der Eingriff geboten und dringlich sei.[529] Im Ergebnis ist der Befund an strafrechtlichen höchstrichterlichen Entscheidungen, die sich mit der Frage der Einwilligungsfähigkeit Minderjähriger auseinandersetzen, als dürftig zu bezeichnen. Konstitutives Merkmal für das Vorliegen der Einwillungsfähigkeit minderjähriger Patienten ist deren ausreichendes Urteilsvermögen. An dieses

---

519 BT-Drs. 17/10488 S. 23.
520 BT-Drs. 17/10488 S. 23.
521 RG, Urt. v. 03.07.1908 – V 420/08, RGSt 41, 392.
522 BGH, Urt. v. 05.12.1958 – VI ZR 266/57, BGHZ 29, 33 (36).
523 *Nebendahl*, MedR 2009, 197.
524 So: *Gleixner-Eberle*, Einwilligung Minderjähriger, S. 250.
525 RG, Urt. v. 03.07.1908 – V 420/08, RGSt 41, 392 (396).
526 BGH, Urt. v. 10.02.1959 – 5 StR 533/58, BGHSt 12, 379.
527 BGH, Urt. v. 10.02.1959 – 5 StR 533/58, BGHSt 12, 379 (382).
528 BGH, Urt. v. 10.02.1959 – 5 StR 533/58, BGHSt 12, 379 (382).
529 BGH, Urt. v. 10.02.1959 – 5 StR 533/58, BGHSt 12, 379 (382); zustimmend: *Rönnau*, in: LK, LK-StGB vor § 32 Rn. 195.

sind umso geringere Anforderungen zu stellen, je dringlicher die gebotene Heilbehandlung ist.

II. Höchstrichterliche Rechtsprechung in Zivilsachen

In der ersten zivilrechtlichen Entscheidung des BGH, welche die Behandlung eines Minderjährigen zum Gegenstand hatte, definierte das Gericht die Einwilligungsfähigkeit. Diese sei dann anzunehmen, „wenn er [*Anmerkung*: der Minderjährige] nach seiner geistigen und sittlichen Reife die Bedeutung und Tragweite des Eingriffs und seiner Gestattung zu ermessen vermag“[530]. Kumulativ stellt der BGH auf das Verständnis des Eingriffs und der Einwilligung ab. Das Kriterium der ‚geistigen und sittlichen Reife‘ fokussiert die bei dem Minderjährigen vorhandenen kognitiven Fähigkeiten. Als der dritte Zivilsenat drei Jahre später über die Wirksamkeit der Einwilligung einer damals als ‚geisteskrank‘ bezeichneten Frau in ihre Unterbringung in einer Heilanstalt zu entscheiden hatte, bezog er sich ausdrücklich auf die oben genannte Entscheidung aus dem Jahr 1959.[531] Die in diesem Urteil vorgelegte Definition der Einwilligungsfähigkeit weist zwar gewisse Ähnlichkeiten mit der des sechsten Zivilsenats auf, ist aber im Ergebnis doch eine ganz eigene. Erstmals nennt der BGH dabei das „Erkennen der Sachlage“[532] und das Kriterium der „Art“[533] des Eingriffs. Neben die vom sechsten Zivilsenat verlangte geistige und sittliche Reife tritt nunmehr die „verstandesmäßige“[534] Reife. Weiter wird unter Rückgriff auf die bei den Strafsenaten geläufige Definition[535] die „Urteilskraft, um das Für und Wider abzuwägen“[536] gefordert. Bis dato ohne Vorbild in der höchstrichterlichen Rechtsprechung war das Moment der Steuerungsfähigkeit. Zuletzt fällt auf, dass das vom sechsten Zivilsenat vorausgesetzte Vermögen, die Bedeutung und Tragweite nicht nur des Eingriffs, sondern auch der Gestattung zu ermessen, hier keine Erwähnung mehr findet. Während die Zivilsenate des BGH in ihrer Judikatur bis dato die Schwere eines Eingriffs nicht explizit als Kriterium für das Vorliegen der Einwilligungsfähigkeit genannt hatten, änderte sich das in den beiden sogenannten ‚Warzenfällen‘. Der BGH verneinte in der einen Entscheidung die Einwilligungsfähigkeit einer 15-Jährigen[537] und in der anderen die Einwilligungsfähigkeit eines 16 ½-jährigen Mädchens[538]

---

[530] BGH, Urt. v. 05.12.1958 – VI ZR 266/57, BGHZ 29, 33 (36).
[531] BGH, Urt. v. 24.04.1961 – III ZR 45/60, VersR 1961, 632 (633).
[532] BGH, Urt. v. 24.04.1961 – III ZR 45/60, VersR 1961, 632 (633).
[533] BGH, Urt. v. 24.04.1961 – III ZR 45/60, VersR 1961, 632 (633).
[534] BGH, Urt. v. 24.04.1961 – III ZR 45/60, VersR 1961, 632 (633).
[535] Vgl. BGH, Urt. v. 10.02.1959 – 5 StR 533/58, BGHSt 12, 379 (382); Urt. v. 22.01.1953 – 4 StR 373/52, BGHSt 4, 88 (90).
[536] BGH, Urt. v. 24.04.1961 – III ZR 45/60, VersR 1961, 632 (633).
[537] BGH, Urt. v. 13.01.1970 – VI ZR 121/68, NJW 1970, 511.
[538] BGH, Urt. v. 16.11.1971 – VI ZR 76/70, NJW 1972, 335.

unter Verweis auf das Alter der Patientinnen[539] und die Schwere der Behandlung. Dass in diesen beiden Urteilen die im Dezember 1958 entwickelte Definition nicht zum Einsatz kam, irritiert und führt zu dem Ergebnis, dass hinsichtlich der Einwilligungsfähigkeit nicht von einer konsistenten Judikatur die Rede sein kann.

III. Kritische Stellungnahme

Die wenig einheitliche Linie der höchstrichterlichen Rechtsprechung hinsichtlich der Begriffsbestimmung und der Annahme der Einwilligungsfähigkeit[540] ist zu kritisieren. Der Rechtsprechung des BGH kommt in unserer Rechtsordnung die Aufgabe zu, Klarheit für die Rechtsanwendung zu schaffen. Die Judikatur des BGH zur Einwilligungsfähigkeit wird dieser Funktion nicht gerecht, da die Umschreibungen der Einwilligungsfähigkeit kaum entscheidungstragende Gründe liefern können.[541] Auch sind die Urteile in ihrer Gesamtschau betrachtet nicht frei von Widersprüchen. Dies gilt etwa dann, wenn für dringend indizierte Eingriffe geringere Anforderungen an die Einwilligungsfähigkeit gestellt werden,[542] für schwere Eingriffe hingegen höhere.[543] Häufig sind dringend indizierte Eingriffe auch schwer, etwa dann, wenn es um lebensrettende Maßnahmen unter Inkaufnahme einer bleibenden Gesundheitsbeeinträchtigung geht, wobei Letztere bereits bei jeder Allgemeinanästhesie anzunehmen ist. Dies führt zu Konfusionen. Der Rechtsanwender fragt sich, ob die Anforderungen, die in einem solchen Fall an die Einwilligungsfähigkeit gestellt werden, oberhalb oder unterhalb der – nicht näher definierten – durchschnittlichen Kompetenz zu liegen haben.

Soweit im Rahmen der gerichtlichen Überprüfung der Einwilligungsfähigkeit auf Umschreibungen derselben zurückgegriffen wird, ist darauf hinzuweisen, dass geringfügige Abweichungen in den Begrifflichkeiten zu durchaus erheblichen Divergenzen hinsichtlich der von einer Person zu erfüllenden Kompetenzen führen können.[544] So besteht ein Kontrast zwischen der Fähigkeit, Wesen und Bedeutung des Eingriffs zu verstehen und der Kompetenz, die Tragweite der Einwilligung in einen Eingriff zu ermessen. Dies lässt sich am sogenannten

---

[539] Bei damals noch eintretender Volljährigkeit ab dem 21. Lebensjahr.

[540] *Gleixner-Eberle*, Einwilligung Minderjähriger, S. 260; *Nebendahl*, MedR 2009, 197 (198); *Rothärmel et al.*, Patientenaufklärung, S. 46; *Wölk*, MedR 2001, 80 (81).

[541] *Wölk*, MedR 2001, 80 (82).

[542] So: BGH, Urt. v. 10.02.1959 – 5 StR 533/58, BGHSt 12, 379 (382).

[543] So: BGH, Urt. v. 13.01.1970 – VI ZR 121/68, NJW 1970, 511 (512 f.); Urt. v. 16.11.1971 – VI ZR 76/70, NJW 1972, 335 (337); für den Schwangerschaftsabbruch: AG Celle, Beschluss v. 09.02.1987 – 25 VII K 3470 SH, NJW 1987, 2307 (2308).

[544] *Amelung*, ZStW 104 (1992), 525 (533).

‚ersten Warzenfall'[545] explizieren: Der Eingriff des Arztes besteht in der Verordnung der Medikamente und in der Empfehlung, diese einzunehmen. Insoweit dürfte schon ein deutlich jüngeres Kind, das sich an seinen Warzen stört, über die Fähigkeit zu der Erkenntnis verfügen, dass durch die Einnahme der Medikamente die Warzen weichen werden. Weitaus weitreichender sind jedoch Wesen und Bedeutung der eigenen Einwilligung des Patienten. Hier kommen Aspekte wie Risikoträchtigkeit und mögliche Alternativbehandlungen in Betracht, deren Verständnis ein gewisses Abstraktionsvermögen voraussetzen. Indem die Rechtsprechung darauf verzichtet hat, einheitliche normative Kriterien aufzustellen, nach denen eine Bewertung der Einwilligungsfähigkeit erfolgen könnte, bietet sie mit den dargebotenen Merkmalen ein Einfallstor für sachfremde Entscheidungsgründe und für Billigkeitserwägungen, die keinen Bezug zu den tatsächlichen Fähigkeiten der Person haben.[546] So bezeichnet *Amelung* die Einwilligungsfähigkeit gar als ein „Etikett, das andere unausgesprochene Entscheidungsgründe verdeckt"[547]. Insbesondere die untergerichtliche Rechtsprechung, die vorwiegend zur Einwilligung in den Schwangerschaftsabbruch existiert, nimmt überwiegend keine Prüfung des Einzelfalls vor, sondern verliert sich in allgemeinen und generalisierenden Aussagen, die sich teilweise widersprechen.[548] Im juristischen Schrifttum wurde der Versuch unternommen, die Einwilligungsfähigkeit zu präzisieren. Dafür werden verschiedene Bestimmungsfaktoren der Einwilligungsfähigkeit diskutiert.

---

[545] BGH, Urt. v. 13.01.1970 – VI ZR 121/68, NJW 1970, 511 - Sachverhaltsschilderung oben II.

[546] *Amelung*, ZStW 104 (1992), 525 (541); *Rothärmel et al.*, Patientenaufklärung, S. 46; *Wölk*, MedR 2001, 80 (82).

[547] *Amelung*, ZStW 104 (1992), 525 (537 f.).

[548] Vgl.: AG Celle, Beschluss v. 09.02.1987 – 25 VII K 3470 SH, NJW 1987, 2307 (2308); LG Köln, Beschluss v. 07.02.1986 – 1 T 53/86, FamRZ 1987, 207; AG Dorsten, Beschluss v. 09.11.1977 – 4 X 351/77, DAVorm 1978, 131–136 passim; siehe auch: OLG Hamm, Beschluss v. 16.07.1998 – 15 W 274-98, NJW 1998, 3424 f.; zur Zirkumzision: LG Frankenthal, Urt. v. 14.09.2004 – 4 O 11/02, MedR 2005, 243 (244); eine Einzelfallprüfung hingegen vornehmend: LG München, Beschluss v. 24.07.1978 – 13 T 8767/78, NJW 1980, 646; AG Schlüchtern, Beschluss v. 29.04.1997 – X 17/97, NJW 1998, 832 (833); LG Berlin, Beschluss v. 20.11.1979 – 83 T 395/79, FamRZ 1980, 285 (286).

B. Bestimmungsfaktoren der Einwilligungsfähigkeit

I. Schwere des Eingriffs

Dem vom BGH befürworteten Kriterium der Schwere des Eingriffs[549] folgten weite Teile des Schrifttums, die bei schweren Eingriffen höhere Anforderungen an die Einwilligungsfähigkeit stellen wollen als bei Bagatell- und Routineeingriffen.[550] Als Bagatelleingriffe werden dabei exemplarisch die Blutentnahme und gynäkologische Untersuchungen genannt.[551] Zu denken ist darüber hinaus an die Einnahme von leichten Medikamenten wie Hustensaft, Antihistaminika zur Behandlung allergischer Reaktionen oder die Infusion einer Kochsalzlösung. Die Neigung, die Einwilligungsfähigkeit in Abhängigkeit von der Schwere des Eingriffs zu bestimmen, bestätigt sich bei einem Blick auf die Einwilligungsbefugnisse, die unterschiedliche gesetzliche Regelungen gewähren. Namentlich *Amelung* sieht die Tendenz, dass „bei dauerhaften Einbußen an besonders wertvollen Rechtsgütern die Grenze der Einwilligungsfähigkeit hochzusetzen“[552] sei. Dies zeigt sich etwa daran, dass für die Kastration nach § 2 Abs. 1 Nr. 3 KastrG das Mindestalter von 25 Jahren erforderlich ist, während für die deutlich weniger einschneidende Einwilligung in die Sterilisation nach § 1631c BGB die Volljährigkeit genügt und im Umkehrschluss des § 1631d BGB bereits ein einsichts- und urteilsfähiges männliches Kind bzw. Jugendlicher die Einwilligung in seine medizinisch nicht indizierte religiös motivierte Beschneidung erteilen kann.[553] Die Differenzierung zwischen einem schwerwiegenden und einem nicht schwerwiegenden Eingriff fällt mitunter nicht leicht,[554] so dass diesem Begriff eine gewisse „Unschärfe“ immanent ist.[555] Teilweise wird zur Bewertung eines Eingriffs als schwer auf die Folgen der Behandlung abgestellt.[556] Dies hätte zur Konsequenz, dass auch folgenreiche Eingriffe, die von

---

[549] BGH, Urt. v. 16.11.1971 – VI ZR 76/70, NJW 1972, 335; Urt. v. 13.01.1970 – VI ZR 121/68, NJW 1970, 511.

[550] *Amend-Traut*, in: Beck-OGK, BGB § 1626 Rn. 120; *Belling/Eberl/Michlik*, Selbstbestimmungsrecht Minderjähriger, S. 134; *Diederichsen*, in: Müller/Hirsch, FS G. Hirsch, S. 355 (358); *Geilen*, Einwilligung, S. 88; *Götz*, in: Hilbig-Lugani/Coester-Waltjen, FS Coester-Waltjen, S. 89 (95 f.); *Huber*, in: MüKo, BGB § 1626 Rn. 42; *Neyen*, Einwilligungsfähigkeit, S. 62; *Ulsenheimer*, in: Laufs/Kern/Rehborn, HbArztR, § 149 Rn. 63, 65; *Wagner*, in: MüKo, BGB § 630d Rn. 43.

[551] *Ulsenheimer*, in: Laufs/Kern/Rehborn, HbArztR, § 149 Rn. 65.

[552] *Amelung*, ZStW 104 (1992), 525 (530).

[553] Zum Streitstand bzgl. der Einwilligungskompetenz des Kindes bei § 1631d BGB siehe oben 2. Kapitel § 5 A I 1.

[554] *Götz*, in: Hilbig-Lugani/Coester-Waltjen, FS Coester-Waltjen, S. 89 (96).

[555] *Wölk*, MedR 2001, 80 (87).

[556] *Diederichsen*, in: Müller/Hirsch, FS G. Hirsch, S. 355 (358); *Götz*, in: Hilbig-Lugani/Coester-Waltjen, FS Coester-Waltjen, S. 89 (95 f.); *Wagner*, in: MüKo, BGB § 630d Rn. 43.

lediglich geringer Intensität sind, als schwer anzusehen wären. Zu denken ist in diesem Zusammenhang etwa an eine Blutentnahme, die nach einhelliger Auffassung nicht das Kriterium eines ‚schweren Eingriffs' erfüllt. Dieser Bagatelleingriff kann jedoch für den Patienten eine folgenreiche Bedeutung haben, wenn etwa bei der Untersuchung des Bluts festgestellt wird, dass dieser mit dem HI-Virus infiziert ist. Andere Autoren stellen auf die Schwere der Substanzverletzung[557] oder auf die Komplexität, Gefährlichkeit und die mit dem Eingriff verbundenen Risiken ab.[558]

II. Dringlichkeit des Eingriffs

Ein anderes von der Rechtsprechung genanntes[559] und in der Literatur[560] rezipiertes Kriterium ist das der Dringlichkeit des Eingriffs. Der fünfte Strafsenat des BGH ging davon aus, dass umso weniger Urteilskraft zu fordern sei, je dringender eine Maßnahme ist – insbesondere wenn wegen akuter Lebensgefahr die Notwendigkeit zum sofortigen Handeln besteht.[561] Der sechste Zivilsenat schloss sich dieser Sichtweise an und verneinte die Einwilligungsfähigkeit bei einer Maßnahme, die aufschiebbar und damit nicht dringend war.[562] Der Zweck, in Fällen der Eilbedürftigkeit keine allzu hohen Anforderungen an die Einwilligungsfähigkeit zu stellen, besteht darin, den Minderjährigen in Situationen, in denen die elterliche Zustimmung nicht rechtzeitig eingeholt werden kann, nicht schutzlos seinem Schicksal zu überlassen, weil es an einer den ärztlichen Eingriff rechtfertigenden Einwilligung fehlt.[563] So geht eine im Schrifttum anzutreffende Meinung davon aus, dass bei Maßnahmen, die eine lange Operationsvorbereitung möglich machen und bei denen mehrere gleichwertige Behandlungsalternativen bestehen, eine höhere Urteilskraft notwendig ist.[564] Dahinter ist der Gedanke auszumachen, dass „die Einsicht in das Nahelie-

---

[557] *Geilen*, Einwilligung, S. 88; *Neyen*, Einwilligungsfähigkeit, S. 62; *Ulsenheimer*, in: Laufs/Kern/Rehborn, HbArztR, § 149 Rn. 63, 65.

[558] *Amend-Traut*, in: Beck-OGK, BGB § 1626 Rn. 120.; *Duttge*, in: Breitsameter, Autonomie und Stellvertretung, S. 34 (40); *Huber*, in: MüKo, BGB § 1626 Rn. 42; *Wagner*, in: MüKo, BGB § 630d Rn. 43.

[559] BGH, Urt. v. 10.02.1959 – 5 StR 533/58, BGHSt 12, 379 (382).

[560] *Brückner*, Selbstbestimmungsrecht Minderjähriger, S. 78–79; *Duttge*, in: Wiesemann/Simon, Patientenautonomie, S. 77 (80); *Neyen*, Einwilligungsfähigkeit, S. 59; *Ulsenheimer*, in: Laufs/Kern/Rehborn, HbArztR, § 149 Rn. 63, 65; *Wölk*, MedR 2001, 80 (87).

[561] BGH, Urt. v. 10.02.1959 – 5 StR 533/58, BGHSt 12, 379 (382).

[562] BGH, Urt. v. 16.11.1971 – VI ZR 76/70, NJW 1972, 335 (337).

[563] *Amelung*, ZStW 104 (1992), 525 (540); *Seizinger*, Einwilligung in den Heileingriff, S. 74.

[564] *Ulsenheimer*, in: Laufs/Kern/Rehborn, HbArztR, § 149 Rn. 63, 65.

gende einfacher und daher auch dem Minderjährigen eher zuzutrauen ist“[565]. Gleichwohl ist jedoch davon auszugehen, dass es für einen Minderjährigen regelmäßig schwieriger sein dürfte, eine Entscheidung unter Zeitdruck zu treffen, weil eine gewisse Eile geboten ist, als der Entscheidung ein wohlüberlegtes Abwägen und Nachdenken zu Grunde zu legen.[566] In der Konsequenz sind für eilbedürftige Maßnahmen höhere Anforderungen an die Einwilligungsfähigkeit zu stellen.[567] Um den Schutz minderjähriger Patienten zu erzielen, der geboten ist, wenn die Personensorgeberechtigten nicht rechtzeitig vor einer ärztlichen Heilbehandlung zu erreichen sind, bedarf es nicht notwendig der Einwilligungsfähigkeit des Minderjährigen. Vielmehr ist die Rechtfertigung der Notfallbehandlung über die mutmaßliche Einwilligung der Personensorgeberechtigten zu erzielen.[568]

III. Vernünftigkeit der Entscheidung

Einigkeit besteht im juristischen Schrifttum dahingehend, dass die im Rahmen des medizinischen Selbstbestimmungsrechts gewährleistete ‚Freiheit zur Unvernunft‘[569] auch dem minderjährigen Patienten zuzubilligen ist und daher die Vernünftigkeit einer Entscheidung kein Kriterium sein darf, von dem die Beurteilung der Einwilligungsfähigkeit abhängig zu machen ist.[570] Mehr als auf einen objektiven Vernünftigkeitsmaßstab soll es darauf ankommen, ob die konkrete Entscheidung dem „subjektiven Wertesystem“ des Minderjährigen entspricht.[571] Dabei besteht eine Herausforderung darin, dass sich bei jungen Menschen in der Regel noch kein Wertesystem herausgebildet hat, das dem von Erwachsenen vergleichbar ist.[572] Zu bedenken ist aber, dass Minderjährige durchaus ein Empfinden dafür haben, ob eine Sache richtig für sie ist oder nicht,

---

[565] *Belling/Eberl/Michlik*, Selbstbestimmungsrecht Minderjähriger, S. 134.

[566] *Diederichsen*, in: Müller/Hirsch, FS G. Hirsch, S. 355 (358); *Wölk*, MedR 2001, 80 (87).

[567] *Diederichsen*, in: Müller/Hirsch, FS G. Hirsch, S. 355 (358); *Neyen*, Einwilligungsfähigkeit, S. 59; *Seizinger*, Einwilligung in den Heileingriff, S. 74; *Wölk*, MedR 2001, 80 (87).

[568] *Diederichsen*, in: Müller/Hirsch, FS G. Hirsch, S. 355 (359); *Duttge*, in: Wiesemann/Simon, Patientenautonomie, S. 77 (78).

[569] Siehe oben 2. Kapitel § 1 B II 1.

[570] *Amelung*, JR 1999, 45 (46); *Duttge*, in: Wiesemann/Simon, Patientenautonomie, S. 77 (79); *Lipp*, Freiheit und Fürsorge, S. 63, 69; *Schweitzer*, FamRZ 1996, 1317 (1319); *Spickhoff*, in: Spickhoff, Medizinrecht, BGB § 630d Rn. 5; a. A.: BGH, Urt. v. 22.02.1978 – 2 StR 372/77, NJW 1978, 1206 - 'Zahnextraktionsfall'; kritisch dazu: *Horn*, JuS 1979, 29 (30 f.); *Hruschka*, JR 1978, 519 (520 f.); *Rogall*, NJW 1978, 2344 (2345); *Roxin*, Strafrecht AT/1 § 13 Rn. 87; *Rüping*, Jura 1979, 90 (92).

[571] *Amelung*, JR 1999, 45 (46 f.).

[572] *Belling/Eberl/Michlik*, Selbstbestimmungsrecht Minderjähriger, S. 133; *Diederichsen*, in: Müller/Hirsch, FS G. Hirsch, S. 355 (358).

so dass eine evtl. objektive Unvernunft ihrer Entscheidung nicht die fehlende Einwilligungsfähigkeit präjudiziert.[573] Gleichwohl kann die unvernünftige Entscheidung Anlass sein, die Einwilligungsfähigkeit eingehender zu prüfen.[574]

IV. Alter des Minderjährigen

Ein weiteres von der Rechtsprechung[575] benanntes Kriterium für das Vorliegen der Einwilligungsfähigkeit ist das Alter des minderjährigen Patienten. Aufgrund der Tatsache, dass die Reife bei Heranwachsenden mit zunehmendem Alter kontinuierlich wächst, ist davon auszugehen, dass die Einwilligungsfähigkeit umso eher anzunehmen ist, je näher der minderjährige Patient vor dem Eintritt in die Volljährigkeit steht.

1. Absolute Alterszäsur

Vereinzelt wurde im Schrifttum, mit Hinweis auf das zentrale Gebot der Rechtssicherheit, die Auffassung vertreten, dass die Einwilligungsfähigkeit vom Vorliegen bestimmter Altersgrenzen abhängig sein soll. Mit Überschreiten der Altersschwelle soll der Minderjährige immer einwilligungsfähig sein, sofern keine psychische Störung vorliegt. Zeitlich davor sei die Annahme der Einwilligungsfähigkeit stets ausgeschlossen.[576] Diese Auffassung vermochte sich jedoch nicht durchzusetzen, da die Entwicklung von Kindern sich in unterschiedlichen Geschwindigkeiten vollzieht und innerhalb einer Altersgruppe teilweise erhebliche Reifeunterschiede bestehen.[577] Die mit dieser Lösung erzielte Rechtssicherheit würde somit zu dem Preis erkauft werden, dass die schon mit der nötigen Reife ausgestatteten Kinder von der Selbstbestimmung ausgeschlossen wären, was unbillig wäre.[578] Die mit absoluten Altersgrenzen gewährleisteten Interessen des Verkehrsschutzes haben aufgrund der Höchstpersönlichkeit der

---

[573] *Diederichsen*, in: Müller/Hirsch, FS G. Hirsch, S. 355 (358 f.).

[574] BayObLG, Beschluss v. 07.09.1998 – 5 St RR 153-98, NJW 1999, 372; *Götz*, in: Hilbig-Lugani/Coester-Waltjen, FS Coester-Waltjen, S. 89 (96); *Roxin*, Strafrecht AT/1 § 13 Rn. 85; *Ulsenheimer*, in: Dierks/Graf-Baumann/Lenard, Therapieverweigerung, S. 65 (77).

[575] BGH, Urt. v. 13.01.1970 – VI ZR 121/68, NJW 1970, 511 (512); Urt. v. 16.11.1971 – VI ZR 76/70, NJW 1972, 335 (336).

[576] *Boehmer*, MDR 1959, 705 (707); *Bosch*, FamRZ 1959, 202 (203); *Rouka*, Selbstbestimmungsrecht des Minderjährigen, S. 145; für den Schwangerschaftsabbruch: *Reiserer*, FamRZ 1991, 1136 (1140).

[577] *Hauser*, Das Krankenhaus 2012, 1310; *Lohaus/Vierhaus*, Entwicklungspsychologie, S. 7; *Sternberg-Lieben/Reichmann*, NJW 2012, 257 (259).

[578] *Brückner*, Selbstbestimmungsrecht Minderjähriger, S. 75.

medizinischen Behandlung hinter der Gewährung des Selbstbestimmungsrechts Minderjähriger zurückzutreten.[579]

2. Absolute Altersgrenzen mit einem variablen Zwischenbereich

Um dem Bedürfnis nach Schutz der Verkehrsinteressen gleichwohl zu entsprechen, wollen einige Autoren absolute Altersgrenzen annehmen, ab deren Erreichen die Einwilligungsfähigkeit immer (Obergrenze) bzw. niemals (Untergrenze) vorliegen soll. Dazwischen soll ein Bereich existieren, in dem der behandelnde Arzt die Einwilligungsfähigkeit situationsspezifisch beurteilen müsse.[580] Auf diese Weise wird versucht, den schon vorhandenen Fähigkeiten der Heranwachsenden gerecht zu werden. Häufig wird die untere Altersgrenze bei 14 Jahren gezogen.[581] Teilweise wird dafür aber auch das siebente,[582] achte,[583] zwölfte[584] oder 16. Lebensjahr[585] vorgeschlagen. Auf diese Weise soll der Diversität der Entwicklungsprozesse der Heranwachsenden ebenso Rechnung getragen werden wie der Rechtssicherheit der Behandelnden.

Die Annahme fester Altersgrenzen ist jedoch zu kritisieren. Sie führte dazu, dass das Kind im Zeitraum von der Geburt bis zum Erreichen der – wie auch immer zu bestimmenden – unteren Altersgrenze ohne Ansehen der Person von der Einwilligungskompetenz ausgeschlossen wäre, was im Hinblick auf die Kinderrechte problematisch erscheint.[586] Die Konsequenzen wären auch hin-

---

[579] *Coester-Waltjen*, MedR 2012, 553 (558); *Diederichsen*, in: Müller/Hirsch, FS G. Hirsch, S. 355 (356); *Spickhoff*, AcP 208 (2008), 345 (355); siehe oben 2. Kapitel § 5 C II 2 a) cc).

[580] *Katzenmeier*, in: Laufs/Katzenmeier/Lipp, Arztrecht, Kap. V Rn. 52; *Lipp*, Freiheit und Fürsorge, S. 84; *Odenwald*, Einwilligungsfähigkeit im Strafrecht, S. 131–146; *Roxin*, Strafrecht AT/1 § 13 Rn. 85; *Ulsenheimer*, in: Laufs/Kern/Rehborn, HbArztR, § 149 Rn. 65.; wohl auch: *Spickhoff*, NJW 2000, 2297 (2299 f.).

[581] *Bosch*, FamRZ 1959, 202 (203); *Katzenmeier*, in: Laufs/Katzenmeier/Lipp, Arztrecht, Kap. V Rn. 52; *Linck*, NJW 1987, 2545 (2550); *Lipp*, Freiheit und Fürsorge, S. 84; *Odenwald*, Einwilligungsfähigkeit im Strafrecht, S. 131–146; *Roxin*, Strafrecht AT/1 § 13 Rn. 85; *Spickhoff*, NJW 2000, 2297 (2299 f.); *Ulsenheimer*, in: Laufs/Kern/Rehborn, HbArztR, § 149 Rn. 65; kritisch zur 14-Jahres-Grenze - aber im Ergebnis doch zustimmend: *Neyen*, Einwilligungsfähigkeit, S. 63–64 mit Hinweis auf pubertätsbedingte Unstetigkeiten.

[582] *Uhlenbruck*, DMW 1977, 65 (66); *Zipf*, Einwilligung und Risikoübernahme, S. 40, 41.

[583] *Tegtmeyer-Metzdorf/Grundmann*, Krankenhausarzt und Recht, S. 18.

[584] *Bar*, GerS 60 (1902), 81 (102); *Caesar*, Einwilligung zu ärztlichen Eingriffen an Kindern, S. 96.

[585] *Kohlhaas*, Medizin und Recht, S. 91, 95; *Seizinger*, Einwilligung in den Heileingriff, S. 97–108.

[586] *Brückner*, Selbstbestimmungsrecht Minderjähriger, S. 75; *Peschel-Gutzeit*, NZFam 2014, 433-437 (436); *Wapler*, Kinderrechte und Kindeswohl, S. 537–538.

sichtlich eines entwicklungsverzögerten Kindes unbillig. Dieses würde als einwilligungsfähig angesehen, auch wenn es nicht über die entsprechende Verstandesreife verfügt. Ihm würde durch die absolute Altersgrenze die Möglichkeit der Fürsorge verwehrt. Die Annahme fester Altersgrenzen verkennt darüber hinaus, dass die Anforderungen, die an die geistige Reife eines Minderjährigen zu stellen sind, auch von der Art des jeweiligen Eingriffs abhängen.[587] Die für die Einwilligungsfähigkeit erforderlichen Kapazitäten müssen nicht generell, sondern in Bezug auf den je zu beurteilenden konkreten Einzelfall vorliegen.[588] Der damit verbundenen notwendigen Differenzierung würden absolute Altersgrenzen nicht gerecht werden.

3. Relative untere Altersgrenze

So wird heute vielfach vertreten, dass dem Erreichen einer Altersgrenze keine absolute, sondern nur eine relative Wirkung zukommen soll, so dass auch jüngere Kinder bei Vorliegen der entsprechenden Reife durchaus einwilligungsfähig sein können.[589] Das Alter soll in die Beurteilung des Arztes, der die Einwilligungsfähigkeit festzustellen hat, einfließen,[590] so dass diesem Kriterium nicht mehr und nicht weniger als eine Indizwirkung im Hinblick auf die Einwilligungsfähigkeit zugebilligt wird.[591] Ein differenziertes Meinungsbild findet sich zu der Frage, welchem Alter eine Indizwirkung im Hinblick auf das Vorliegen der Einwilligungsfähigkeit zukommen soll. Von einem Teil des

---

[587] *Belling/Eberl/Michlik*, Selbstbestimmungsrecht Minderjähriger, S. 130; *Knauf*, Mutmaßliche Einwilligung, S. 39–40.

[588] BGH, Urt. v. 05.12.1958 – VI ZR 266/57, BGHZ 29, 33 (36); *Deutsch/Spickhoff*, Medizinrecht, Rn. 993; *Frister*, Strafrecht AT, Kap. 15 Rn. 9; *Kreße*, MedR 2015, 91 (92); *Nebendahl*, MedR 2009, 197 (202); *Wölk*, MedR 2001, 80 (86); BT-Drs. 17/10488 S. 23.

[589] *Bernsmann/Geilen*, in: Handbuch des Fachanwalts, Medizinrecht, Kapitel 4 Rn. 430; *Duttge*, in: Wiesemann/Simon, Patientenautonomie, S. 77 (80); *Fröhlich*, Forschung wider Willen, S. 30, 38; *Sternberg-Lieben*, in: Schönke/Schröder, StGB § 223 Rn. 38a; *Taupitz/Fröhlich*, VersR 1997, 911 (913); *Voll*, Einwilligung, S. 62.

[590] *Amend-Traut*, in: Beck-OGK, BGB § 1626 Rn. 120; *Huber*, in: MüKo, BGB § 1626 Rn. 42.

[591] *Deutsch/Spickhoff*, Medizinrecht, Rn. 992; *Knauf*, Mutmaßliche Einwilligung, S. 41, 48; *Taupitz*, Gutachten A, S. 61.; die Indizwirkung zwischen dem 14. und 18. Lebensjahr ablehnend: *Koch*, in: Eser/Illhardt, Lexikon Medizin, Ethik, Recht, S. 593 (603).

Schrifttums wird dies ab dem vollendeten 14. Lebensjahr angenommen.[592] Die deutsche Rechtsordnung verleiht dem Heranwachsenden mit Vollendung des 14. Lebensjahres bestimmte Befugnisse. Hier ist etwa an die Bestimmung des religiösen Bekenntnisses nach § 5 RKEG oder an den Widerruf der eigenen Einwilligung in die Adoption nach § 1746 Abs. 2 BGB zu denken. Unter Verweis auf diese Vorschriften wird in der Altersgrenze von 14 Jahren das „typisierte Mindestmaß an tatsächlichen Fähigkeiten [gesehen], die das deutsche Zivilrecht für die Zuerkennung von Alleinentscheidungsbefugnissen in persönlichen Belangen unbedingt voraussetzt"[593]. Der wissenschaftliche Beirat der Bundesärztekammer will die Regelvermutung bzgl. des Vorliegens der Einwilligungsfähigkeit zumindest hinsichtlich der Behandlung bösartiger Erkrankungen bei Kindern und Jugendlichen „mit etwa 16 Jahren" annehmen.[594]

V. Krankheitsvorerfahrung des Minderjährigen

Vor dem Hintergrund, dass die Einwilligungsfähigkeit keine dem Minderjährigen für alle Lebensbereiche immanente Kompetenz darstellt, sondern seine Fähigkeit in Bezug auf Verstehen und Urteilen über den jeweiligen Eingriff bezeichnet, sind auch individuelle Krankheitsvorerfahrungen des Kindes bei der Beurteilung seiner Einwilligungsfähigkeit zu berücksichtigen.[595]

> „Wer längere Zeit mit der Krankheit gelebt hat, wird die Gefahren seines Leidens und die Notwendigkeit der Behandlung besser erkennen und beurteilen können als derjenige, der durch einen medizinischen Befund überrascht wird."[596]

---

[592] *Bernsmann/Geilen*, in: Handbuch des Fachanwalts, Medizinrecht, Kapitel 4 Rn. 430; *Duttge*, in: Wiesemann/Simon, Patientenautonomie, S. 77 (80); *Sternberg-Lieben*, in: Schönke/Schröder, StGB vor §§ 32 Rn. 40; unter Verweis auf entwicklungspsychologische Erkenntnisse: *Brückner*, Selbstbestimmungsrecht Minderjähriger, S. 79–81; *Taupitz*, Gutachten A, S. 60; unter Verweis auf die österreichische Rechtslage (§ 173 i. V. m. § 21 ABGB): *Brückner*, Selbstbestimmungsrecht Minderjähriger, S. 81–82; *Taupitz*, Gutachten A, S. 61.

[593] *Taupitz*, Gutachten A, S. 60; so auch: *Brückner*, Selbstbestimmungsrecht Minderjähriger, S. 81; *Duttge*, in: Breitsameter, Autonomie und Stellvertretung, S. 34 (40); *Lipp*, Freiheit und Fürsorge, S. 84.

[594] *Wissenschaftlicher Beirat der Bundesärztekammer*, DÄBl. 1994, A-3204 (A-3207); so auch: *Deutsch*, AcP 192 (1992), 161 (175); *Eberbach*, MedR 1986, 14 (15); *Gerlach*, in: Kaufmann/Merkel/Bay, Moderne Medizin, S. 15 (20); *Rixen*, MedR 1997, 351 (352).

[595] *Belling/Eberl/Michlik*, Selbstbestimmungsrecht Minderjähriger, S. 132; *Birnbacher*, MedR 2012, 560 (565); *Kreße*, MedR 2015, 91 (92); *Neyen*, Einwilligungsfähigkeit, S. 65.

[596] *Diederichsen*, in: Müller/Hirsch, FS G. Hirsch, S. 355 (358).

Dies wird insbesondere für chronische Erkrankungen angenommen, die regelmäßige Eingriffe erforderlich machen, wie etwa die Dialyse bei Niereninsuffizienz.[597] Berichte von Kindern, zum Beispiel aus dem Bereich der pädiatrischen Onkologie, belegen, dass Kinder durchaus über Fähigkeiten verfügen, ihren Gesundheitszustand zu verstehen und zu beurteilen.[598] Instruktiv sind in diesem Zusammenhang die Erfahrungen, die der Pädiater *Dietrich Niethammer* aus der Behandlung schwerstkranker Kinder zu Beginn seiner ärztlichen Tätigkeit in den 1970er Jahren schildert.[599] Als es *Niethammer* gelang, die Mauer des Schweigens gegenüber den Kindern zu durchbrechen, offenbarte sich, dass den jungen Patienten häufig sehr wohl die Ernsthaftigkeit und Schwere ihrer Erkrankung bekannt waren und dass sie aus Scham oder um ihrerseits die Eltern nicht zu beunruhigen, das Schauspiel mitmachten.[600] So erscheint es nicht überspitzt, wenn davon ausgegangen wird, dass Kinder insofern mitunter eine Kompetenz haben, die der vieler Erwachsener „überlegen" ist.[601]

C. Konstitutive Merkmale der Einwilligungsfähigkeit

Es ist das Verdienst von *Amelung*, dass es neben den im juristischen Schrifttum im Anschluss an die einschlägigen BGH-Entscheidungen geführten Diskussionen um die Beurteilung der Bedingungsfaktoren der Einwilligungsfähigkeit auch eine grundlegende Auseinandersetzung mit dieser Thematik gab. *Amelung* präzisierte die übliche Definition der Einwilligungsfähigkeit, die als Einsicht-, Urteils- und Steuerungsfähigkeit verstanden wird[602] und führte diese drei Aspekte einer eingehenderen Untersuchung zu. Dabei entwickelte er eine eigene Definition der Einwilligungsfähigkeit, wobei er auch inhaltliche Kriterien formulierte.[603]

I. Die Ebene der notwendigen Einsicht

Intellektuell müsse der Patient in der Lage sein, Tatsachen und Kausalverläufe zu erkennen:[604] „Der Einwilligende muss ein bestimmtes Wissen haben und in

---

[597] *Neyen*, Einwilligungsfähigkeit, S. 65.

[598] *Führer et al.*, Monatsschrift Kinderheilkunde 2009, 18 (24).

[599] *Niethammer*, in: Wiesemann, Kind als Patient, S. 92–115; vgl. dazu auch 1. Kapitel § 1 B.

[600] *Niethammer*, in: Wiesemann, Kind als Patient, S. 92 (105).

[601] *Wölk*, MedR 2001, 80 (88).

[602] *Duttge*, in: Prütting, Medizinrecht, StGB § 228 Rn. 5 mit weiteren Nachweisen.

[603] *Amelung*, ZStW 104 (1992), 525 (551–558); ihm folgend: *Belling/Eberl/Michlik*, Selbstbestimmungsrecht Minderjähriger, S. 131–135; *Brückner*, Selbstbestimmungsrecht Minderjähriger, S. 82–84; *Meyer*, Genetische Untersuchungen, S. 65–66; *Schweitzer*, FamRZ 1996, 1317 (1319); *Spickhoff*, FamRZ 2018, 412 (418); *Voll*, Einwilligung, S. 64–65; *Wölk*, MedR 2001, 80 (88).

[604] *Amelung*, ZStW 104 (1992), 525 (553–555).

der Lage sein, seine Wissensbestände logisch zu verknüpfen, insbesondere sie auf seinen konkreten Fall anzuwenden.“[605] Da Entscheidungen über medizinische Eingriffe in der Regel auf der Grundlage von Prognosen getroffen werden, bedürfe es auch der Fähigkeit des Patienten, künftige Kausalverläufe in Bezug auf unterschiedliche Behandlungsalternativen richtig einzuschätzen, was ein Verstehen der Ausführungen des Aufklärenden voraussetze.

II. Die Ebene des notwendigen Urteils

Darüber hinaus sei die Einwilligungsfähigkeit davon abhängig, dass der Patient über die Möglichkeit verfügt, die erhaltenen Informationen vernünftig zu werten.[606] Die „Vernunft“ einer Entscheidung sei dabei nicht objektiv zu bestimmen, sondern habe sich an subjektiven Wertvorstellungen zu orientieren: „Es widerspricht dem Prinzip der Selbstbestimmung, dem Abweichler nur wegen seiner Andersartigkeit die Freiheit zur Abweichung zu nehmen, solange er keinen anderen schädigt.“[607] *Amelung* weist auf die Herausforderung hin, die darin besteht, dass sich bei Minderjährigen ein Wertesystem häufig noch nicht in der Weise ausgebildet hat, wie das bei einem Erwachsenen der Fall ist, was jedoch die Möglichkeit des Bestehens nicht ausschließt.[608] Diese Ausführungen liegen inhaltlich auf einer Linie mit dem, was zum Kriterium der Vernunft bereits ausgeführt wurde.[609]

III. Die Ebene der Steuerung

Neben der notwendigen kognitiven Kompetenz, die erforderlich ist, um ein Rechtsgut als frei verfügbar anzuerkennen und innerhalb des subjektiven Wertesystems darüber zu entscheiden, betont *Amelung* die Fähigkeit, das Verhalten gemäß der eigenen Einsichten und Werturteile zu steuern.[610] Dabei verweist der Strafrechtswissenschaftler auf die im täglichen Leben regelmäßig möglichen Widersprüche, die zwischen einer Erkenntnis und einem darauf bezogenen Verhalten entstehen können. Man denke nur an die bei vielen Menschen vorherrschende Erkenntnis, dass regelmäßige Bewegung die körperliche Fitness fördert und die häufig gleichwohl nur mäßige Umsetzung dessen in die Tat. So wird die Fähigkeit zur Selbstbestimmung an dieser Stelle nur dann als eingeschränkt bezeichnet, „wenn in der Person des Entscheidenden ein Defekt gegeben ist, der die Vermittlung zwischen der Einsicht in das Sinnvolle

---

[605] *Amelung*, ZStW 104 (1992), 525 (553 f.).
[606] *Amelung*, ZStW 104 (1992), 525 (551–553).
[607] *Amelung*, ZStW 104 (1992), 525 (551).
[608] *Amelung*, ZStW 104 (1992), 525 (552).
[609] Vgl. B III.
[610] *Amelung*, ZStW 104 (1992), 525 (543; 555-556).

und der letztendlichen Entscheidung behindert"[611]. Als Beispiel wird auf Suchtkrankheiten und auf die Minderjährigkeit verwiesen.

IV. *Amelungs* Definition der Einwilligungsunfähigkeit

Auf der Grundlage dieser Überlegungen legt *Amelung* folgende Definition der Einwilligungsunfähigkeit vor:[612]

> „1. Einwilligungsunfähig ist, wer wegen Minderjährigkeit, geistiger Behinderung oder geistiger Erkrankung nicht erfassen kann,
> a) welchen Wert oder welchen Rang die von der Einwilligungsentscheidung berührten Güter und Interessen für ihn haben oder
> b) welche Folgen oder Risiken sich aus der Einwilligungsentscheidung ergeben oder
> c) welche Mittel es zur Erreichung der mit der Einwilligung erstrebten Ziele gibt, die ihn weniger belasten.
> 2. Das gleiche gilt, wenn der Minderjährige, geistig Behinderte oder geistig Erkrankte zwar die erforderliche Einsicht hat, aber nicht in der Lage ist, sich nach ihr zu bestimmen."

D. Diskussion und Stellungnahme

I. Kritik am Kriterium der Schwere des Eingriffs

Neben den bereits erwähnten ‚Unschärfen' des Begriffs der Schwere des Eingriffs erscheint fraglich, ob die Bewertung einer invasiven Maßnahme als ‚schwer' überhaupt objektiv möglich ist oder ob dies nicht stark durch den subjektiven Wertehorizont des Patienten geprägt ist, was die Beurteilung für den Behandelnden noch diffiziler macht.[613] Die Beurteilung der Schwere des Eingriffs in Abhängigkeit von dessen Bedeutung für den Patienten und die bzgl. eines solchen Eingriffs erhöhten Anforderungen an die Einwilligungsfähigkeit bergen darüber hinaus die Gefahr, dass auf diese Weise der eigenständigen Bewertung des Patienten Entscheidungen über subjektiv bedeutende medizinische Eingriffe entzogen werden.[614] Pointiert wäre zu konstatieren: Je schwerer ein Eingriff ist, desto mehr Fremdbestimmung ist möglich. Diese Konsequenz steht im Konflikt mit dem Selbstbestimmungsrecht des Minderjährigen. Die Auswirkungen des medizinischen Eingriffs auf dessen spätere Lebensführung sind ein entscheidendes Argument für die Beteiligung am Behandlungsgeschehen. Auch dürfte der minderjährige Patient eine stellvertretende Entscheidung

---

[611] *Amelung*, ZStW 104 (1992), 525 (556).
[612] *Amelung*, ZStW 104 (1992), 525 (558).
[613] *Brückner*, Selbstbestimmungsrecht Minderjähriger, S. 77; *Wölk*, MedR 2001, 80 (87); a. A.: *Neyen*, Einwilligungsfähigkeit, S. 62, der das Kriterium der Schwere für objektivierbar hält.
[614] *Wölk*, MedR 2001, 80 (87).

umso eher und intensiver als paternalistisch empfinden, je hochrangiger das betroffene Rechtsgut bzw. das subjektive Interesse daran ist. So macht es im Empfinden eines Kindes einen Unterschied, ob ihm gegen seinen Willen Augentropfen verabreicht werden, oder ob es gegen seinen Willen operiert wird.

Soweit die Annahme vertreten wird, dass es sich bei der Schwere um ein objektivierbares Kriterium handelt, wird zu ihrer Bestimmung auf den Umfang der Aufklärungspflicht abgestellt.[615] Übereinstimmend wird bei schweren Eingriffen eine umfangreichere Aufklärung des Patienten gefordert als bei Bagatelleingriffen.[616] Dabei ist auf das Potenzial hinzuweisen, dass die umfangreichere Aufklärung in sich trägt. Die Aufklärung muss bei Kindern als Patienten an deren Verständnismöglichkeiten orientiert sein, vgl. § 630e Abs. 5 BGB. Sie vermittelt auf kindgerechte Weise ausführliche Informationen und ermöglicht intensive Gespräche zwischen Behandelnden und Patienten – bei Kindern erweitert um den Kreis der sorgeberechtigten Personen. Darin ist die Chance zu sehen, durch die Aufklärung das Verständnis des Kindes und damit die Einwilligungsfähigkeit zu „erhöhen"[617]. Somit wird deutlich, dass neben der vom BGH gezogenen Schlussfolgerung, wonach bei schweren Eingriffen höhere Anforderungen an die Einwilligungsfähigkeit zu richten sind,[618] auch der konträre Schluss gefolgert werden könnte. Mithin erscheint es konsequent, dieses Kriterium nicht als Indikator für das Vorliegen oder Nichtvorliegen der Einwilligungsfähigkeit des minderjährigen Patienten heranzuziehen. Vielmehr ist zu betonen, dass die Schwere des Eingriffs Auswirkungen hinsichtlich der vom Behandelnden vorzunehmenden Aufklärung entfaltet: Diese ist umso umfangreicher und gründlicher vorzunehmen, je schwerer der Eingriff ist, denn die umfassende Information des Patienten – egal ob minderjährig oder erwachsen – ist erforderlich, damit dieser das ausreichende Verständnis von seiner Krankheit und der in Frage kommenden Behandlungsmöglichkeiten erlangt.[619]

II. Kritik am Kriterium der Dringlichkeit des Eingriffs

Ebenso ungeeignet erscheint das Kriterium der Dringlichkeit des Eingriffs, da die Schlussfolgerungen für die Beurteilung der Einwilligungsfähigkeit eines minderjährigen Patienten, die aus der Dringlichkeit gezogen werden, divergie-

---

[615] *Neyen*, Einwilligungsfähigkeit, S. 62.

[616] *Lipp*, Freiheit und Fürsorge, S. 67; *Neyen*, Einwilligungsfähigkeit, S. 62.

[617] *Brückner*, Selbstbestimmungsrecht Minderjähriger, S. 78; *Wölk*, MedR 2001, 80 (88).

[618] BGH, Urt. v. 16.11.1971 – VI ZR 76/70, NJW 1972, 335; Urt. v. 13.01.1970 – VI ZR 121/68, NJW 1970, 511.

[619] BGH, Urt. v. 19.11.1985 – VI ZR 134/84, NJW 1986, 780; *Joecks*, in: MüKo, StGB § 223 Rn. 88.

ren.[620] Es ist nicht ersichtlich, wie der behandelnde Arzt mithilfe dieser Kategorie Klarheit über das Vorliegen der Einwilligungsfähigkeit des kindlichen bzw. juvenilen Patienten erlangen soll.

III. Kritik an relativen unteren Altersgrenzen

Dass absolute Altersgrenzen nicht geeignet sind, um die Einwilligungsfähigkeit zu bestimmen, wurde bereits dargelegt. Gleichwohl erscheint es denkbar, dem Alter des Patienten bei der Überprüfung von dessen Einwilligungsfähigkeit eine gewisse Indizwirkung zukommen zu lassen; schließlich ist von einem kontinuierlichen Zuwachs der kognitiven Kompetenzen eines Heranwachsenden auszugehen. So dürfte die Aussage zutreffend sein, dass die Tendenz zum Vorliegen der Einwilligungsfähigkeit grundsätzlich umso größer sein soll, je näher der Minderjährige der Volljährigkeitsgrenze kommt.[621] Dabei sollte allerdings nicht verkannt werden, dass die Feststellung der Einwilligungsfähigkeit eine im konkreten Einzelfall vorzunehmende Prüfung erforderlich macht, die nicht durch Wahrscheinlichkeitserwägungen substituiert werden darf. Es besteht die Gefahr, dass die Regelvermutung als absolute Altersgrenze missbraucht wird. So lässt etwa die Urteilsbegründung des LG Frankenthal[622] jegliche Auseinandersetzung mit der Frage der Einwilligungsfähigkeit eines neunjährigen Jungen vermissen. Vielmehr führt das Gericht verallgemeinernd aus, dass ein neunjähriges Kind niemals einwilligungsfähig sein kann.[623] Solche Verabsolutierungen widersprechen der Notwendigkeit einer Prüfung der Einwilligungsfähigkeit im Einzelfall und führen zu einem „paternalistischen Fehlschluss“[624]. Wurde hier die Einwilligungsfähigkeit des Kindes möglicherweise zu seinen Ungunsten verneint, so besteht in anders gelagerten Fällen die Gefahr, dass die Einwilligungsfähigkeit aufgrund der Regelvermutung angenommen wird, obwohl die notwendigen Kompetenzen im singulären Fall nicht vorliegen. Von einem minderjährigen Patienten könnte auf diese Weise die Einwilligung in eine Heilbehandlung verlangt werden, zu der er aktuell mangels vorliegender Einwilligungsfähigkeit nicht in der Lage ist. Hier gebieten die ärztliche und die dem Kind zustehende elterliche Fürsorge eine Unterstützung, ansonsten droht ein „autonomistischer Fehlschluss“[625].

---

[620] Vgl. B II.
[621] *Gleixner-Eberle*, Einwilligung Minderjähriger, S. 288; *Krüger-Nieland*, in: RGRK, BGB § 106 Rn. 11; *Rönnau*, in: LK, LK-StGB vor § 32 Rn. 195; *Roxin*, Strafrecht AT/1 § 13 Rn. 85; *Ulsenheimer*, in: Laufs/Kern/Rehborn, HbArztR, § 149 Rn. 65.
[622] LG Frankenthal, Urt. v. 14.09.2004 – 4 O 11/02, MedR 2005, 243.
[623] LG Frankenthal, Urt. v. 14.09.2004 – 4 O 11/02, MedR 2005, 243 (244).
[624] Zu diesem Begriff: *Rehbock*, Personsein in Grenzsituationen, S. 320.
[625] Zu diesem Begriff: *Rehbock*, Personsein in Grenzsituationen, S. 321.

IV. Kritik am Vorschlag *Amelungs*

Es ist das Verdienst *Amelungs*, dass er die von der Rechtsprechung entwickelte Leerformel der Einwilligungsfähigkeit einer kritischen Überprüfung unterzogen und dabei inhaltliche Kriterien für die Einwilligungsfähigkeit identifiziert hat, die heute als Standard bezeichnet werden können. Ihm ist zuzustimmen in seiner Forderung, dass der Patient intellektuell in der Lage sein muss, die seine Behandlungssituation begründenden Tatsachen und Kausalverläufe zu erfassen. Dazu gehören auch Prognosen über den möglichen Krankheits- und Genesungsverlauf sowie über verschiedene Behandlungsalternativen und die mit diesen verbundenen Risiken und Nebenwirkungen. Entscheidend ist, dass der Patient die ihm vom Arzt gegebenen Informationen richtig erfassen und mit seinen schon vorhandenen individuellen Wissensbeständen in der Weise verknüpfen kann, dass er sie auf die Behandlungssituation anwenden kann. Die Fähigkeit, Tatsachen und Kausalverläufe zu erkennen, ist bei Kindern dann noch nicht vorhanden, wenn sie – was bei jüngeren Kindern häufig anzutreffen ist – Krankheit als eine Strafe interpretieren[626] und somit die Kenntnis der Krankheitsursachen vermissen lassen.

Folgerichtig erscheint auch, dass der Patient über die Fähigkeit verfügen muss, auf der Grundlage der gewonnenen Erkenntnis eine seinem Wertehorizont entsprechende Entscheidung zu treffen. Bedenken bestehen gegenüber *Amelungs* Vorschlag jedoch dahingehend, dass er den Minderjährigen auf eine Ebene mit Menschen mit geistiger Behinderung oder psychischer Erkrankung stellt und diesen einen „Defekt" attestiert.[627] Wenn doch die Einwilligungsfähigkeit unabhängig von der Geschäftsfähigkeit zu beurteilen ist, dann kann die Minderjährigkeit nicht per se ein Grund für die Annahme eines das Wertesystem verzerrenden Defekts sein.[628] Vor einer besonderen Herausforderung steht der die Einwilligungsfähigkeit zu beurteilende Behandelnde in Fällen, in denen der Minderjährige auf der Grundlage der richtig verstandenen Tatsachen und Kausalverläufe zu einer Entscheidung gelangt, die objektiv unvernünftig ist. Hier stellt sich die Frage, ob die unvernünftige Entscheidung Ausdruck der nicht vorhandenen Urteilskraft ist. Um die Belange der Selbstbestimmung und der Fürsorge angemessen zu berücksichtigen, bedarf es einer gründlichen Analyse des Werteverständnisses des Minderjährigen.

Als weiteres Verdienst *Amelungs* ist die Etablierung des Elements der Steuerungsfähigkeit zu nennen. Er geht davon aus, dass die Fähigkeit zur Selbstbestimmung dann eingeschränkt ist, „wenn in der Person des Entscheidenden ein

---

[626] Siehe dazu: *Lohaus*, in: Pinquart, Körperlich chronisch kranke Kinder, S. 17 (24); *Perrin/Gerrity*, Pediatrics 1981, 841–849.

[627] *Rothärmel et al.*, Patientenaufklärung, S. 81–82.

[628] *Rothärmel et al.*, Patientenaufklärung, S. 82.

Defekt gegeben ist, der die Vermittlung zwischen der Einsicht in das Sinnvolle und der letztendlichen Entscheidung behindert“[629], wobei er beispielhaft auf Suchtkranke und Minderjährige verweist. Sofern er damit die bei Jugendlichen entwicklungsbedingt eingeschränkte Steuerungsfähigkeit meint, die sich z. B. aus dem Druck der ‚peer-group‘ ergeben kann,[630] bestehen dagegen keine Bedenken. Ausdrücklich widersprochen werden muss aber einer Bezeichnung der Minderjährigkeit an sich als ‚Defekt‘, soweit *Amelung* als Beispiel ein Kind anführt, das nicht bereit ist, seinen kranken Zahn extrahieren zu lassen, weil es sich vor den Schmerzen fürchtet.[631] Einem Erwachsenen, der dasselbe Verhalten zeigte, würde doch auch nicht unterstellt werden, an einer geistigen Erkrankung zu leiden. Vielmehr dürfte es sich hier um einen Fall der zu respektierenden unvernünftigen Patientenentscheidung handeln. Die Freiheit zur Unvernunft ist auch Kindern zuzugestehen[632] und es sollte nicht – auch nicht auf der Ebene der Steuerung des eigenen Verhaltens – der Rückschluss von der Unvernunft der Entscheidung auf die fehlende Einwilligungsfähigkeit gezogen werden. Dies gilt jedenfalls dann – und das scheint entscheidend zu sein – wenn das Kind in der Lage ist, sein Verhalten zu erklären.

E. Zeitpunkt des Vorliegens der Einwilligungsfähigkeit

Fraglich erscheint, zu welchem Zeitpunkt des Behandlungsgeschehens die im Einzelfall zu bestimmende Einwilligungsfähigkeit vorliegen muss. Denkbar wäre, insoweit auf den Beginn der Aufklärung abzustellen. In dieser Weise könnte der Wortlaut der gesetzlichen Regelung der §§ 630d Abs. 2, 630e Abs. 4 BGB gedeutet werden, wonach die Aufklärung an denjenigen zu adressieren ist, der in die medizinische Maßnahme einzuwilligen hat. Dieser Regelung scheint die gesetzgeberische Annahme zugrunde zu liegen, dass bereits zu Beginn der Aufklärung für den Behandelnden offensichtlich ist, ob der minderjährige Patient selbst oder seine Personensorgeberechtigten zur Erteilung der Einwilligung berufen sind. Ein Abstellen auf diesen frühen Zeitpunkt des Behandlungsgeschehens könnte dann zu der Situation führen, dass ein im Zustand der Einwilligungsfähigkeit aufgeklärter Patient, der sich nach einem Tag Bedenkzeit und einer in der Zwischenzeit erlittenen Psychose für einen Eingriff entscheidet, als einwilligungsfähig angesehen werden müsste, was unbillig erscheint. Richtiger erscheint es daher, hinsichtlich des Vorliegens der Einwilligungsfähigkeit auf den Zeitpunkt der Einwilligungsentscheidung abzustellen. Im vorgenannten Beispiel wäre die Einwilligungsfähigkeit des unvermittelt

---

[629] *Amelung*, ZStW 104 (1992), 525 (556).
[630] *Rothärmel et al.*, Patientenaufklärung, S. 49; vgl. dazu: BayObLG, Beschluss v. 07.09.1998 – 5 St RR 153-98, NJW 1999, 372 f.
[631] Vgl.: *Amelung*, ZStW 104 (1992), 525 (556).
[632] Siehe oben B III.

psychotischen Patienten zu verneinen und ein Berechtigter im Sinne des § 630d Abs. 1 Satz 2 BGB wäre zur Entscheidung berufen. Auch praktische Erwägungen legen für das Vorhandensein der Einwilligungsfähigkeit die Annahme des Zeitpunkts der Einwilligungsentscheidung nahe: Wird doch für die Beurteilung der bei dem Patienten vorhandenen Kompetenz durch den Behandelnden verlangt, dass dieser sich „in einem persönlichen Gespräch mit dem Minderjährigen von dessen Einsichtsfähigkeit überzeugen" muss.[633] Insbesondere in Behandlungssituationen, in denen der Minderjährige dem Behandelnden im Rahmen des Aufklärungsgesprächs erstmals begegnet, wäre die Beurteilung der Einwilligungsfähigkeit andernfalls schlechterdings unmöglich. Normativ ist zu bedenken, dass durch das Institut der Einwilligung das medizinische Selbstbestimmungsrecht gewährleistet wird, so dass es bzgl. des Vorliegens der Einwilligungsfähigkeit auch nur auf den Zeitpunkt ihrer Erklärung ankommen kann.[634] Dies hat zur Konsequenz, dass die Einwilligungsfähigkeit nicht bereits zu Beginn der Aufklärung vorliegen muss.

Dieses Ergebnis weist darauf hin, dass der Einwilligungsfähigkeit eine gewisse Entwicklungsoffenheit immanent ist.[635] So, wie im genannten Beispiel der Patient über Nacht seine Einwilligungsfähigkeit verloren hat, kann sie durch eine veranschaulichende Information des Behandelnden im Laufe des Aufklärungsgesprächs auch erreicht werden. Eine „Mobilisierung der Selbstbestimmung in der Behandlung"[636] scheint grundsätzlich erreichbar. Während dies für einen psychotischen Patienten eher die Ausnahme sein dürfte, erscheint hinsichtlich der hier relevanten Personengruppe der minderjährigen Patienten ein Überwinden der anfänglichen Einwilligungsunfähigkeit durchaus möglich. Zu denken ist etwa an ein Kind, das zu Behandlungsbeginn seine Krankheit noch als eine Strafe für ein individuelles Fehlverhalten interpretiert und damit auch die Vorstellung verbindet, dass die Gesundheit sich alsbald wieder einstellt, wenn es das Fehlverhalten aufgibt. Diesem Kind fehlt die Einsichtsfähigkeit in seine Krankheit. Es ist jedoch nicht per se ausgeschlossen, dass es dem Behandelnden gelingt, dem Kind durch seine veranschaulichende Aufklärung zu einer realistischen Sicht auf die Gründe der Erkrankung zu verhelfen. So zur Krankheitseinsicht befähigt, dürfte das Kind dann auch in der Lage sein, die Behandlungsvarianten nebst Chancen, Risiken und Nebenwirkungen zu erfassen und damit die Schwelle der Einwilligungsfähigkeit zu passieren.

---

[633] *Nebendahl*, MedR 2009, 197 (202); so auch: *Diederichsen*, in: Müller/Hirsch, FS G. Hirsch, S. 355 (362).

[634] *Wagner*, in: MüKo, BGB § 630d Rn. 21; *Weidenkaff*, in: Palandt, BGB § 630d Rn. 3, 2.

[635] So auch: *Brückner*, Selbstbestimmungsrecht Minderjähriger, S. 78; *Reipschläger*, Einwilligung Minderjähriger, S. 47; *Wölk*, MedR 2001, 80 (88).

[636] *Katzenmeier*, Bundesgesundheitsblatt 2012, 1093 (1098).

§ 3 Fazit zur Einwilligungsfähigkeit aus rechtswissenschaftlicher Perspektive

Auf der Grundlage der bisherigen Ausführungen lassen sich folgende Voraussetzungen für das Vorliegen der Einwilligungsfähigkeit benennen: Ein Patient muss intellektuell in der Lage sein, die seine Behandlunglungssituation begründenden Tatsachen und Kausalverläufe zu erfassen (Einsichtsfähigkeit). Das setzt die Fähigkeit voraus, die individuellen Wissensbestände und das im Rahmen der Information nach § 630c BGB und der Aufklärung nach § 630e BGB vermittelte Wissen zu verknüpfen und auf die Behandlungssituation anzuwenden. Hinsichtlich der konkret vorzunehmenden medizinischen Maßnahme ist das Verständnis des Patienten über die mit dieser Maßnahme verbundenen Folgen erforderlich. Ferner bedarf es der Fähigkeit, auf der Grundlage der gewonnenen Erkenntnisse und vor dem Hintergrund des subjektiven Wertehorizonts eine Entscheidung über die Behandlung zu treffen (Urteilsfähigkeit). Bei kindlichen Patienten ist die Urteilsfähigkeit anzunehmen, wenn das Kind in der Lage ist, die getr0ffene Entscheidung so zu begründen, dass diese logisch und nachvollziehbar erscheint. Darüber hinaus muss es dem Patienten möglich sein, sein Verhalten gemäß der eigenen Einsichten und Werturteile zu steuern (Steuerungsfähigkeit), was dann der Fall ist, wenn die Entscheidung freiwillig, also ohne äußeren Zwang, zustande kommt. Die Bewertung der vorgenannten Fähigkeiten hat im Wege einer einzelfallbezogenen Gesamtschau zu erfolgen. Bei dieser Gesamtschau sind die konkreten Umstände der Erkrankung und ihrer Behandlungsmöglichkeiten ebenso zu berücksichtigen wie evtl. krankheits- und behandlungsspezifische Erfahrungen, über die der Patient bereits verfügt, was mitunter dazu führt, dass die Einwilligungsfähigkeit zwischen verschiedenen Situationen variieren kann. Die Einwilligungsfähigkeit trägt eine gewisse Entwicklungsoffenheit in sich: So, wie davon ausgegangen wird, dass „ein Minderjähriger im Verlauf einer schweren Erkrankung in die Einwilligungsfähigkeit hineinwachsen kann“[637], ist auch anzunehmen, dass die Selbstbestimmungskompetenz des minderjährigen Patienten mobilisiert und seine Einwilligungsfähigkeit durch die Aufklärung des Behandelnden hergestellt werden kann. Zu einer darüber hinausgehenden Konkretisierung der Einwilligungsfähigkeit ist die Rechtswissenschaft offensichtlich nicht in der Lage. Es bedarf insofern der Hinzuziehung der Verhaltenswissenschaften.[638] Anhaltspunkte oder gar Antworten zu der Frage, ab wann ein Kind über die notwendigen Kompetenzen verfügt, um wirksam in eine medizinische Behandlung einwilligen zu können sind von der Entwicklungspsychologie zu erwarten.

---

[637] *Deutsche Gesellschaft für Medizinrecht e. V.*, in: Dierks/Graf-Baumann/Lenard, Therapieverweigerung, S. 147 (148).

[638] So auch: *Meyer*, Genetische Untersuchungen, S. 67; *Rothärmel et al.*, Patientenaufklärung, S. 50; *Voll*, Einwilligung, S. 65.

§ 4 Entwicklungspsychologische Erkenntnisse

A. Gegenstand der Entwicklungspsychologie

Die Entwicklungspsychologie untersucht die Entwicklung der Menschen im Laufe ihres Lebens unter verschiedenen Gesichtspunkten wie Emotionen, Kognitionen (das Denken), Moral oder Intelligenz. Entwicklung wird dabei als die „intraindividuelle Veränderung des Erlebens und Verhaltens über die Zeit hinweg“[639] verstanden. Die einzelnen Veränderungs- oder Entwicklungsschritte sind dabei aufeinander bezogen. Dieser Entwicklungsbegriff dient der Abgrenzung der Entwicklung von nur vorübergehenden Befindlichkeitsstörungen und solchen Veränderungen, die durch abrupt eintretende äußere Ereignisse, wie etwa Unfälle, geschehen. Die Entwicklungspsychologie erforscht die intraindividuellen Veränderungen mit dem Ziel, sie zu beschreiben, zu verstehen, zu erklären, vorherzusagen oder auch zu verändern.[640] Dabei ist sie in der Lage, über Veränderungen des Erlebens und Verhaltens eines Menschen im Laufe der Zeit Auskunft zu geben und deren Ursachen zu identifizieren. Auf diese Weise kann sie „Invarianz und Variabilität, Stabilität und Veränderung von Verhaltensrepertoires im Lebensverlauf (...) erklären“[641]. Sie setzt sich darüber hinaus mit den im Entwicklungsverlauf eines Menschen von diesem zu lösenden Aufgaben auseinander.[642] Dabei untersucht sie die interindividuellen Unterschiede und setzt die Entwicklung eines Menschen in Relation zur Umwelt mit ihren vielfältigen Bezügen.[643] Die Entwicklungspsychologie liefert Erkenntnisse, die sozial-, wirtschafts-, bildungs- und rechtspolitische Entscheidungen begründen und beeinflussen können.[644]

B. Empirische Studien zur Einwilligungsfähigkeit

I. Studie von Lohaus/Albrecht/Seyberth

Während sich weite Teile der entwicklungspsychologischen Forschung recht allgemein mit der Frage der Entwicklung kindlicher Krankheits- bzw. Gesund-

---

[639] *Lohaus/Vierhaus*, Entwicklungspsychologie, S. 4.

[640] *Altenthan et al.*, Psychologie, S. 210–211.

[641] *Montada/Lindenberger/Schneider*, in: Schneider/Lindenberger, Entwicklungspsychologie, S. 27 (39).

[642] *Altenthan et al.*, Psychologie, S. 210.

[643] *Lohaus/Vierhaus*, Entwicklungspsychologie, S. 5.

[644] *Montada/Lindenberger/Schneider*, in: Schneider/Lindenberger, Entwicklungspsychologie, S. 27 (36 f.); *Siegler et al.*, in: Pauen, Entwicklungspsychologie, S. 1 (4).

heitskonzepte befassen,[645] legten *Lohaus*, *Albrecht* und *Seyberth* eine Studie vor, die explizit die Einwilligungsfähigkeit von Kindern aus entwicklungspsychologischer Sicht untersuchte.[646] Ausgangspunkt ihrer Arbeit war die Fragestellung, ab wann minderjährige Studienteilnehmende die nach § 40 Abs. 4 Nr. 3 Satz 4 AMG a. F. erforderliche Einwilligung in ihre Teilnahme an einer klinischen Arzneimittelprüfung erteilen können. An dem entwicklungspsychologischen Forschungsprojekt nahmen 140 Kinder der Klassenstufen drei bis acht aus Niedersachsen teil, die demnach zwischen acht und 14 Jahren alt waren. In den Klassen drei bis sechs partizipierten jeweils 20, in der siebten und achten Klasse jeweils 30 Kinder an der Studie. In den beiden höchsten Klassenstufen wurde nach Haupt-, Real- und Gymnasialschülern unterschieden, wobei jeweils zehn Schüler jedes Schultyps teilnahmen. Der Anteil von Jungen und Mädchen war mit 74 zu 66 etwa gleich.[647]

1. Relevanz von Krankheitsverständnis und Behaltensleistung

Im Rahmen der Studie wurden das Krankheitsverständnis der Kinder und ihre krankheitsbezogene „Behaltensleistung“[648] untersucht, da darin die notwendigen und hinreichenden Bedingungen des für die Einwilligungsfähigkeit erforderlichen umfassenden Verstehens der Situation gesehen wurden. Als Untersuchungsmethode wurden Interviews eingesetzt, denen ein im Vorfeld entwickelter Fragebogen zugrunde lag. Die Fragen wurden von dem Interviewenden ausschließlich in der vorab entwickelten Form gestellt.[649] Die Behaltensleistung wurde mit Fragen erforscht, die sich auf Informationen bezogen, die den Probanden zuvor etwa über Medikamente, Nebenwirkungen sowie die Vor- und Nachteile der Teilnahme an medizinischen Studien vermittelt wurden. Zur Erhebung des Krankheitsverständnisses wurde den Probanden von einem kranken Kind berichtet, dem in einer Klinik täglich zwei Spritzen von einer Krankenschwester verabreicht werden, die das Kind als sehr schmerzhaft empfindet. Das Kind mag die Schwester nicht, weil es der Auffassung ist, diese wolle es mit den Spritzen ärgern, obwohl die Schwester eigentlich freundlich ist. Die Probanden sollten angeben, ob das Kind der Krankenschwester zu Recht zuschreibt, es ärgern zu wollen. Die Arbeit offenbarte einen signifikanten Anstieg des Krankheitsverständnisses und der Behaltensleistung von der dritten zur vierten Klasse. Zwischen der vierten und allen nachfolgenden Klassenstufen

---

645 Vgl. u. a.: *Bibace/Walsh*, Pediatrics 1980, 912–917; *Brewster*, Pediatrics 1982, 355–362; *Lohaus*, in: Pinquart, Körperlich chronisch kranke Kinder, S. 17–32; *Perrin/Gerrity*, Pediatrics 1981, 841–849.

646 *Lohaus/Albrecht/Seyberth*, Monatsschrift Kinderheilkunde 2002, 1502–1507.

647 *Lohaus/Albrecht/Seyberth*, Monatsschrift Kinderheilkunde 2002, 1502 (1504).

648 *Lohaus/Albrecht/Seyberth*, Monatsschrift Kinderheilkunde 2002, 1502 (1505).

649 *Lohaus/Albrecht/Seyberth*, Monatsschrift Kinderheilkunde 2002, 1502 (1505 f.).

war hingegen kein nennenswerter Leistungsunterschied zu beobachten.[650] Somit kann als Ergebnis dieser Studie formuliert werden, dass spätestens mit dem Erreichen des vierten bis fünften Schuljahres Kinder über die ausreichenden Verständnis- und Gedächtnisleistungen verfügen, um die im Rahmen medizinischer Behandlungen oder Studienteilnahmen geforderte Einwilligung erteilen zu können. Voraussetzung ist allerdings, dass von ihnen Verständnisleistungen gefordert werden, die ihren kognitiven Fähigkeiten entsprechen.[651] Der Untersuchung von *Lohaus/Albrecht/Seyberth* lag eine Problemsituation zugrunde, die mit den kognitiven Fähigkeiten, die Kinder gemeinhin in der so genannten konkret-operationalen Phase nach *Piaget* – und damit im Alter zwischen 7 und 11 Jahren[652] – besitzen, erfasst werden konnten. Komplexere Problemsituationen erfordern von den Kindern unter Umständen höhere kognitive Fähigkeiten.[653]

2. Relevanz von Geschlecht, Schulzweig und Krankheitsvorerfahrung

Darüber hinaus wurden die Einflüsse des Geschlechts, des besuchten Schulzweigs und der Krankheitsvorerfahrung auf das Vorliegen der Einwilligungsfähigkeit untersucht. Nennenswerte Geschlechtsunterschiede konnten dabei nicht festgestellt werden.[654] Insoweit wurden Forschungsergebnisse bestätigt, die zur Krankheitskonzeptforschung bei Kindern bereits vorher existierten.[655] Hingegen wurde ein signifikanter Mittelwertunterschied bei den Verständnis- und Gedächtnisleistungen zwischen den Schulzweigen Haupt-, Realschule und Gymnasium beobachtet, der im Wesentlichen durch Unterschiede zwischen Hauptschülern und Gymnasiasten zustande kam.[656] Ebenfalls als von großem Einfluss auf die Einwilligungsfähigkeit erwiesen sich eigene Erfahrungen der Probanden mit schweren Erkrankungen, Krankenhausaufenthalten oder Operationen. Kinder, die solches erlebt hatten, wiesen signifikant höhere Werte im Krankheitsverständnis – nicht hingegen bei der Gedächtnisleistung – auf als Kinder ohne derartige Erfahrungen.[657] Dieser Verständniszuwachs zeigte sich nahezu ausschließlich in den Klassenstufen drei bis fünf, während er ab der siebten

---

[650] *Lohaus/Albrecht/Seyberth*, Monatsschrift Kinderheilkunde 2002, 1502 (1506).
[651] *Lohaus/Albrecht/Seyberth*, Monatsschrift Kinderheilkunde 2002, 1502 (1507).
[652] Siehe zum Stufenmodell der kognitiven Entwicklung nach *Piaget* unten C I.
[653] *Lohaus/Albrecht/Seyberth*, Monatsschrift Kinderheilkunde 2002, 1502 (1507); so auch: *Brewster*, Pediatrics 1982, 355 (361).
[654] *Lohaus/Albrecht/Seyberth*, Monatsschrift Kinderheilkunde 2002, 1502 (1506).
[655] Vgl.: *Brewster*, Pediatrics 1982, 355 (359); *Charman/Chandiramani*, Psychology & Health 1995, 145 (148); *Hansdottir/Malcarne*, Journal of Pediatric Psychology 1998, 187 (191); *Paterson/Moss-Morris/Butler*, Psychology & Health 1999, 117 (123).
[656] *Lohaus/Albrecht/Seyberth*, Monatsschrift Kinderheilkunde 2002, 1502 (1506).
[657] *Lohaus/Albrecht/Seyberth*, Monatsschrift Kinderheilkunde 2002, 1502 (1506).

Klassenstufe gar nicht mehr zu beobachten war.[658] Daraus kann geschlussfolgert werden, dass krankheitsvorerfahrene Kinder schon früher als andere über die notwendige Krankheitseinsicht und damit über die notwendige Einwilligungsfähigkeit verfügen. Diese Ergebnisse bestätigen die Resultate vorausgehender Studien, die übereinstimmend gezeigt haben, dass eine chronische Erkrankung zu einer besseren Konzeptbildung über diese Erkrankung führt.[659]

II. Studie von *Alderson*

Insbesondere die letztgenannte Erkenntnis deckt sich mit dem Forschungsergebnis der Soziologin *Priscilla Alderson*. Sie führte eine Studie mit einer Gruppe von 120 Patienten im Alter zwischen acht und 15 Jahren durch, die nicht-notfallmäßig chirurgisch behandelt wurden. Im Unterschied zu der Untersuchung von *Lohaus/Arnold/Seyberth* handelte es sich bei ihren Probanden um erkrankte Kinder, die allesamt bereits eine längere Zeit mit ihrer Krankheit lebten und im Durchschnitt bereits viermal operiert worden waren.[660] *Alderson* rekurriert auf das bei krankheitsvorerfahrenen Kindern bereits vorhandene Spezial- bzw. Expertenwissen im Sinne des informationsverarbeitungstheoretischen Ansatzes.[661] Dies ermögliche es den Kindern, ihre Lage und die Behandlungsmöglichkeiten konkret zu verstehen. „Ein Kind, das beispielsweise mehrere Operationen hinter sich hat, verfügt über ein Spezialwissen, das weit über das der meisten Erwachsenen hinausgeht."[662]

Im Unterschied zu *Lohaus/Albrecht/Seyberth* kommt sie zu dem Ergebnis, dass die Einwilligungsfähigkeit nicht von Faktoren wie Alter, Intelligenz oder Bildungsgrad des Kindes abhängig ist, sondern vielmehr „von jeweils eigenen Erfahrungen mit Krankheit und Behinderung sowie mit früheren Behandlungsmaßnahmen"[663]. Einige ihrer Probanden verfügten über Lernschwierigkeiten oder hatten mehrere Schulmonate verpasst. Sie zeigten nicht weniger Einsicht in ihre Krankheit als die übrigen Patienten.[664] Am Beispiel von an Diabetes erkrankten sehr kleinen Kindern weist sie auf das bei diesen Kindern schon vorhandene Krankheitsverständnis hin, das sich etwa dadurch ausdrückt, dass sie die von ihren Freunden angebotenen Süßigkeiten ablehnen und über das Wissen verfügen, „dass Insulin der ‚Schlüssel' ist, der Zucker in Energie

---

[658] *Lohaus/Albrecht/Seyberth*, Monatsschrift Kinderheilkunde 2002, 1502 (1506).
[659] Vgl. etwa: *Eiser/Patterson*, Child: Care, Health and Development 1983, 233 (236); so danach auch: *Kölch*, Drug Research 2004, 22 (23).
[660] *Alderson*, in: Wiesemann, Kind als Patient, S. 28 (28; 32).
[661] Vgl. zu diesem Ansatz unten C II; siehe zu diesem Befund auch: *Flick*, Psychomed 1998, 5 (8 f.); *Kölch*, Drug Research 2004, 22 (23); *Melton*, American Psychologist 1983, 99–103; *Tan/Fegert*, Health care analysis 2004, 285 (286).
[662] *Alderson*, in: Wiesemann, Kind als Patient, S. 28 (38).
[663] *Alderson*, in: Wiesemann, Kind als Patient, S. 28.
[664] *Alderson*, in: Wiesemann, Kind als Patient, S. 28 (28; 31).

verwandelt"[665]. Dieser signifikante Unterschied zu den Forschungsergebnissen von *Lohaus/Albrecht/Seyberth* vermag dadurch erklärt zu werden, dass *Alderson* ihre Versuche mit kranken Kindern durchführte, die – anders als die Studienteilnehmer *von Lohaus/Albrecht/Seyberth* – nicht abstrakt zum Thema Krankheit befragt wurden, sondern selbst und unmittelbar von ihrer Krankheit betroffen waren. Direkte persönliche Erfahrungen der mit ihrer Krankheit oder Behinderung monate- oder jahrelang vertrauten Kinder ermöglichen diesen ein Begreifen ihrer Lage, selbst wenn sie nicht über die kognitiven Fähigkeiten zum abstrakten Denken verfügten.[666] Als Schlüssel für die von *Alderson* bei krankheitsvorerfahrenen Kindern beobachtete Kompetenz sieht die Soziologin deren umfassende und altersgerechte Beteiligung im Vorfeld einer Behandlung.[667] Sie will die Einwilligung in die Heilbehandlung nicht als einen einmaligen Akt verstanden wissen, sondern als einen Prozess.[668] Dieser bestehe aus der Vermittlung, Aufnahme und Verarbeitung von Informationen, die im Lichte persönlicher Wertvorstellungen abgewogen werden.[669] Ein solcher Prozess setze voraus, dass die Behandelnden die Aufklärung nicht nur als eine einseitige und einmalige Vermittlung von Informationen begreifen, sondern ihrerseits auf die Präferenzen, Vorlieben und Ängste der kindlichen Patienten und ihrer Angehörigen hören[670] und Aufklärung als einen dynamischen Prozess gestalten.[671] Dies sieht sie durch ihre Studie belegt, wenn sie schreibt:

> „Viele der befragten Krankenhausmitarbeiter und Eltern neigten jedenfalls dazu, die Kinder bei der klinischen Entscheidungsfindung als wertvolle Quelle für entscheidende Informationen zu respektieren."[672]

Diesem Prozess traut sie zu, dass er sich kompetenzfördernd auf das Kind auswirkt,[673] wodurch evtl. vorhandene kognitive Beschränkungen des Kindes kompensiert werden können.[674]

---

[665] *Alderson*, in: Wiesemann, Kind als Patient, S. 28 (37).
[666] *Alderson*, in: Wiesemann, Kind als Patient, S. 28 (37); *Kölch*, Drug Research 2004, 22 (23).
[667] So auch: *Tan/Fegert*, Health care analysis 2004, 285 (286): "Training and teaching can also improve children`s capacity to make their own treatment decisions."
[668] So auch: *Schmidt/Krones*, Monatsschrift Kinderheilkunde 2016, 122 (126).
[669] *Alderson*, in: Wiesemann, Kind als Patient, S. 28 (29).
[670] *Alderson*, in: Wiesemann, Kind als Patient, S. 28 (31).
[671] *Alderson*, in: Wiesemann, Kind als Patient, S. 28 (42 f.).
[672] *Alderson*, in: Wiesemann, Kind als Patient, S. 28 (32).
[673] *Alderson*, in: Wiesemann, Kind als Patient, S. 28 (40); so auch: *Kölch*, Drug Research 2004, 22 (23).
[674] *Alderson*, in: Wiesemann, Kind als Patient, S. 28 (37).

III. Beobachtungen von *Diepold*

Bestätigung findet die These *Aldersons* in der Beschäftigung der Kinder- und Jugendpsychotherapeutin *Barbara Diepold* mit der Frage, ob und inwieweit ein Kind bereits die für eine Behandlung einer lebensbedrohlichen Krankheit erforderliche Einsicht besitzen kann.[675] Die Autorin hält dies für möglich und verweist insoweit auf einige Parameter, die das Verständnis von der eigenen Krankheit bei Kindern fördern können. Sie nennt die Qualität und den Umfang der Aufklärung und das damit einhergehende Verständnis des Kindes über das, was in der Behandlung passiert sowie die Qualität der emotionalen Unterstützung durch die Familie.[676] Weiter betont sie die Abhängigkeit der Einsichtsfähigkeit des Kindes von der sozialen Unterstützung, die den Eltern während der Behandlung durch Behandelnde und Pflegekräfte zuteil wird.[677] So kommt sie zu der These, dass die „Einsicht von Kindern, auch in unangenehme Sachverhalte, (…) weiter entwickelt [ist], als Erwachsene meinen“[678]:

> „Sie [*Anmerkung*: Die Einsicht von Kindern] hängt ab von einer einfühlsamen, dem jeweiligen Entwicklungsstand des Kindes angemessenen Aufklärung, sodaß eine Integration in das Selbstkonzept des Kindes möglich wird.“[679]

Die Relevanz, die der Krankheitsvorerfahrung für die Erlangung der Einsichtsfähigkeit offensichtlich zukommt, veranschaulicht sie an der bereits erwähnten[680] Fallschilderung eines neunjährigen Kindes, das an einem Hirntumor litt und nach zwei erfolgreichen Operationen eine neuerliche Operation und Strahlentherapie ablehnte, weil es offenbar ‚wusste‘, dass eine weitere Behandlung sinnlos wäre.[681] Im Ergebnis spricht *Diepold* sich dafür aus, die Entscheidung des Kindes innerhalb eines längere Zeit andauernden Krankheitsprozesses zu respektieren.[682]

IV. Fazit zur entwicklungspsychologischen Forschung

Die dargestellte entwicklungspsychologische Forschung gelangt zu unterschiedlichen Antworten auf die Frage, ab wann die Einwilligungsfähigkeit bei einem Kind vorliegen soll. Während eine Auffassung dies ab dem Alter von neun bis

---

[675] *Diepold*, in: Dierks/Graf-Baumann/Lenard, Therapieverweigerung, S. 39 (42–45).
[676] *Diepold*, in: Dierks/Graf-Baumann/Lenard, Therapieverweigerung, S. 39 (43).
[677] *Diepold*, in: Dierks/Graf-Baumann/Lenard, Therapieverweigerung, S. 39 (43).
[678] *Diepold*, in: Dierks/Graf-Baumann/Lenard, Therapieverweigerung, S. 39 (43).
[679] *Diepold*, in: Dierks/Graf-Baumann/Lenard, Therapieverweigerung, S. 39 (43).
[680] Vgl. 2. Kapitel § 5 C II 3 a).
[681] Vgl.: *Diepold*, in: Dierks/Graf-Baumann/Lenard, Therapieverweigerung, S. 39 (43 f.).
[682] *Diepold*, in: Dierks/Graf-Baumann/Lenard, Therapieverweigerung, S. 39 (45).

elf Jahren für geboten hält,[683] wird dies teilweise schon deutlich früher angenommen.[684] Über alle Differenzen hinweg haben die genannten Untersuchungen jedoch die Gemeinsamkeit, dass sie die Einwilligungsfähigkeit deutlich früher affirmieren, als dies in der Jurisprudenz gemeinhin getan wird. Weiter wird übereinstimmend, auch in Ergänzung durch andere Entwicklungspsychologen, die Relevanz der eigenen längerfristigen Krankheitsvorerfahrung genannt und dabei betont, dass diese sich förderlich auf das umfassende Verstehen des Kindes bzgl. der eigenen Erkrankung und der Folgen der verschiedenen Entscheidungsoptionen auswirken kann.[685] Divergierend sind die Auffassungen zu der Frage, welche Bedeutung den bei Kindern zu Behandlungsbeginn schon vorhandenen kognitiven Kompetenzen zugemessen wird. Die insoweit vertretenen unterschiedlichen Standpunkte stellen ein Abbild der Auseinandersetzungen im Bereich der entwicklungspsychologischen Grundlagentheorien zur kognitiven Entwicklung dar, die im Folgenden skizziert und diskutiert werden sollen.

C. Theorien der Denkentwicklung

I. Das Stufenmodell Jean Piagets

Lohaus/Albrecht/Seyberth folgen hinsichtlich der Erforschung der kindlichen Einwilligungsfähigkeit dem Stufenkonzept *Piagets*[686] und betrachten die Kompetenzen zum kindlichen Verständnis von Krankheit und Gesundheit im unmittelbaren Bezug zu der allgemeinen Denkentwicklung.[687] Die bereits in den 1960er Jahren von dem Schweizer Biologen und Entwicklungspsychologen *Jean Piaget* entwickelte Theorie der Denkentwicklung geht davon aus, dass Entwicklung sich in vier Entwicklungsstufen vollzieht, die Ausdruck eines diskontinuierlichen Entwicklungsverlaufs sind und damit eine qualitative

---

683 *Lohaus/Albrecht/Seyberth*, Monatsschrift Kinderheilkunde 2002, 1502 (1506).

684 *Alderson*, in: Wiesemann, Kind als Patient, S. 28–47.

685 *Alderson*, in: Wiesemann, Kind als Patient, S. 28 (28; 37; 38; 45-46); *Diepold*, in: Dierks/Graf-Baumann/Lenard, Therapieverweigerung, S. 39 (43 f.); *Eiser/Patterson*, Child: Care, Health and Development 1983, 233 (236); *Lohaus/Albrecht/Seyberth*, Monatsschrift Kinderheilkunde 2002, 1502 (1506); *Paterson/Moss-Morris/Butler*, Psychology & Health 1999, 117 (125); vgl. zum heterogenen Meinungsstand zur Relevanz der Krankheitserfahrung, die sich aus dem sozialen Umfeld bzw. aus eigener kurzfristiger Betroffenheit ergibt: *Ball*, Kindliche Krankheitskonzepte im Grundschulalter, S. 44–47.

686 *Lohaus/Albrecht/Seyberth*, Monatsschrift Kinderheilkunde 2002, 1502 (1506); so auch: *Bibace/Walsh*, Pediatrics 1980, 912–917; *Brewster*, Pediatrics 1982, 355–362; *Perrin/Gerrity*, Pediatrics 1981, 841–849.

687 *Lohaus/Albrecht/Seyberth*, Monatsschrift Kinderheilkunde 2002, 1502 f.; vgl. auch: *Lohaus*, in: Keller, Entwicklungspsychologie, S. 599 (601–606); *Lohaus*, in: Pinquart, Körperlich chronisch kranke Kinder, S. 17 (18–20).

Komponente von Entwicklung beschreiben.[688] Neuere Untersuchungen haben jedoch herausgefunden, dass das Denken variabler ist als *Piagets* Stufenmodell vermuten lässt.[689] Von dessen Beobachtungen divergierende Erkenntnisse wurden unter anderem hinsichtlich der Fähigkeit zur Perspektivübernahme offenbar. Nach dem Dafürhalten des Schweizer Biologen liegt diese Kompetenz erst in der konkret-operationalen Phase und damit nicht vor Abschluss des siebten Lebensjahres vor. Untersuchungen haben jedoch gezeigt, dass ein Kind schon im Alter von zwei bis drei Jahren in der Lage ist zu verstehen, dass eine andere Person etwas sehen kann, was es selbst nicht sieht und umgekehrt.[690] Hingegen verstehen erst Vierjährige, dass ein Objekt aus unterschiedlichen Perspektiven unterschiedlich aussehen kann.[691] Diese Erkenntnisse legen die Annahme nahe, dass die Entwicklung sich in den meisten Aspekten eher allmählich und nicht abrupt ereignet. Insbesondere die Tatsache, dass Kinder sich bei verschiedenen Aufgaben eines Entwicklungsaspekts sowohl in der einen als auch in der anderen Stufe befinden können, macht die Einordnung eines Kindes in eine bestimmte Stufe fragwürdig. Diese Variabilität wurde von *Piaget* zwar erkannt, ohne sie jedoch erklären zu können.[692]

Die Versuchsanordnungen *Piagets* gelten gemeinhin als relativ kompliziert.[693] Das hat dazu geführt, dass er die Kompetenzen von Kindern unterschätzt hat.[694] Nachfolgende Studien mit einfacheren Aufgabenstellungen und noch sorgfältigeren Beobachtungen des Entwicklungsgeschehens haben aufgezeigt, dass er die Altersangaben für die jeweiligen Kompetenzen zu hoch angesetzt hat.[695] *Piagets* Stärke der Fixierung auf das Kind führte dazu, dass er die Bedeutung der Umwelteinflüsse nicht ausreichend berücksichtigte.[696] Es wird davon ausgegangen, dass die Umweltfaktoren entscheidenden Einfluss auf die kognitive Entwicklung haben.[697] Zu den Umweltfaktoren sind auch die bisherigen Erfahrungen eines Kindes zu zählen. Zuletzt ist anzumerken, dass sich *Piagets* Theorie darauf beschränkt, die Inkompetenz des Kindes in dem jeweiligen Entwicklungsstadium zu beschreiben[698]. Sie bleibt im Blick auf die Mechanis-

---

[688] *Piaget/Inhelder*, Logik des Kindes, S. 233–241.

[689] *Fischer/Bidell*, in: Lerner/Damon, Models of human development, S. 313 (342).

[690] *Flavell et al.*, Developmental Psychology 1981, 99 (102).

[691] *Flavell et al.*, Developmental Psychology 1981, 99 (102); *Sodian*, in: Schneider/Lindenberger, Entwicklungspsychologie, S. 395 (402).

[692] *Siegler et al.*, in: Pauen, Entwicklungspsychologie, S. 117 (130).

[693] *Sodian*, in: Schneider/Lindenberger, Entwicklungspsychologie, S. 395 (403).

[694] *Lohaus/Vierhaus*, Entwicklungspsychologie, S. 34.

[695] *Lohaus/Vierhaus*, Entwicklungspsychologie, S. 34.

[696] *Siegler et al.*, in: Pauen, Entwicklungspsychologie, S. 117 (131).

[697] *Greve/Leipold*, in: Schneider/Lindenberger, Entwicklungspsychologie, S. 579 (587).

[698] *Rushforth*, Journal of Child Psychology and Psychiatry 1999, 683 (684).

men, die kognitives Wachstum hervorrufen, zu vage.[699] Keine Antwort kann sie auf die Frage geben, welche Prozesse das kindliche Denken beeinflussen, so dass es in dieser oder in jener Weise denkt. In der Tradition der Theorie der Denkentwicklung *Jean Piagets* fokussieren *Lohaus/Albrecht/Seyberth* bzgl. der Einwilligungsfähigkeit auf die Struktur des Denkens und auf diese Weise auf das Verstehen von Krankheits*ursachen*,[700] wohingegen andere Aspekte von Erkrankungen – wie Symptomatik, Krankheitsverlauf, kurz- und langfristige Konsequenzen, therapeutische Beeinflussungsmöglichkeiten – vernachlässigt werden.[701] Das ist als Schwäche dieses Ansatzes zu bezeichnen.

II. Theorien der Informationsverarbeitung

Demgegenüber rekurriert *Alderson* mit ihren Schlussfolgerungen auf den informationsverarbeitungstheoretischen Ansatz. Dieser geht davon aus, dass inhaltliches Vorwissen die Fähigkeit zur Aufnahme und Verarbeitung neuer Informationen verbessert.[702] Dieser Konzeptentwurf zur Erklärung der kognitiven Entwicklung stellt die Informationsverarbeitung in den Mittelpunkt der Betrachtungen und Untersuchungen. Auf diese Weise sollen die Struktur des kognitiven Systems und die geistigen Aktivitäten beschrieben werden, welche von Aufmerksamkeit und Gedächtnis zum Problemlösen genutzt werden.[703] Diese Theorien sind damit in der Lage, die von *Piaget* zwar beobachteten, aber nicht erklärten interpersonalen Differenzen in der Entwicklung zu erhellen. Darüber hinaus können sie Umstände benennen, die die kognitive Entwicklung von Kindern fördern und die bei diesen schon früh vorhandenen Kompetenzen mobilisieren.

1. Das Gerhirn als Informationsverarbeitungssystem

In einer Übertragung des Bildes der Informationsverarbeitung eines Computers wird davon ausgegangen, dass das menschliche Gedächtnis mit zunehmendem Alter immer größere Informationsmengen in immer kürzerer Zeit verarbeiten kann. Die Hardware wird dabei mit den physischen Bestandteilen eines Menschen – insbesondere mit seiner Gehirnkapazität – verglichen, während die dem Menschen zur Verfügung stehenden Strategien und Informationen in diesem

---

[699] *Siegler et al.*, in: Pauen, Entwicklungspsychologie, S. 117 (131); *Sodian*, in: Schneider/Lindenberger, Entwicklungspsychologie, S. 395 (400).

[700] *Lohaus*, in: Keller, Entwicklungspsychologie, S. 599 (605) - Hervorhebungen im Original.

[701] *Goldman et al.*, Journal of Pediatric Psychology 1991, 747 (749 f.).

[702] *Pressley/Hilden*, in: Kuhn/Siegler, Handbook of child psychology, S. 511 (523); *Lindberg*, Journal of Experimental Child Psychology 1980, 401 (408); in gleicher Weise wie Alderson: *Charman/Chandiramani*, Psychology & Health 1995, 145 (146); *Kölch*, Drug Research 2004, 22 (23).

[703] *Siegler et al.*, in: Pauen, Entwicklungspsychologie, S. 117 (132).

Bild als Software angesehen werden.[704] Zentrale Bedeutung hat bei den informationsverarbeitungstheoretischen Ansätzen das Gedächtnis. Es wird unterschieden zwischen dem Langzeitgedächtnis, das Informationen speichert, die dauerhaft erhalten bleiben und einem Arbeits- bzw. Kurzzeitgedächtnis, das Informationen aus dem Bereich der Wahrnehmung zwischenspeichert und mit Informationen verknüpft, die im Langzeitgedächtnis vorhanden sind.[705] Dabei wird postuliert, „dass für kognitive Prozesse im Arbeitsgedächtnis zu jedem gegebenen Zeitpunkt nur eine begrenzte Kapazität zur Verfügung steht“[706]. Diese Kapazitäten werden im Laufe der Entwicklung überwunden durch die Ausdehnung des Umfangs von Informationen, die gleichzeitig verarbeitet werden können sowie durch immer schnellere Ausführung der kognitiven Prozesse und durch die Aneignung neuer Strategien und neuen Wissens.

Während *Piaget* noch davon ausging, dass es ein Wachstum in qualitativen Stufen gibt,[707] nehmen viele Vertreter der Informationsverarbeitungstheorien an, dass sich die kognitive Entwicklung in gleichbleibenden Veränderungsschritten ereignet.[708] So konnte durch Studien belegt werden, dass der von *Piaget* als Qualitätsfortschritt bezeichnete Prozess des logischen Denkens (Wer ist größer? A oder C?) nicht an den diesbezüglichen Fähigkeiten der Kinder scheiterte, sondern bereits daran, dass die Kinder die notwendigen Prämisseinformationen (A ist größer als B und B ist größer als C) nicht behalten konnten,[709] was auf die begrenzten Kapazitäten des Arbeitsspeichers zurückgeführt wird.[710]

2. Die Bedeutung exekutiver Funktionen

Vertreter der informationsverarbeitenden Theorien zur kognitiven Entwicklung nehmen an, dass das menschliche Verhalten durch geistige Prozesse gesteuert wird, die in der Neurowissenschaft als ‚exekutive Funktionen‘ bezeichnet werden. Bei der Steuerung des menschlichen Verhaltens wird dem präfrontalen Cortex (Stirnhirn) zentrale Bedeutung beigemessen.[711] Der präfrontale Cortex reift in der Zeit zwischen der Geburt und dem Alter von zwei Jahren ebenso

---

[704] *Siegler et al.*, in: Pauen, Entwicklungspsychologie, S. 117 (132 f.); *Sodian*, in: Schneider/Lindenberger, Entwicklungspsychologie, S. 395 (403).
[705] *Lohaus/Vierhaus*, Entwicklungspsychologie, S. 35–38.
[706] *Sodian*, in: Schneider/Lindenberger, Entwicklungspsychologie, S. 395 (403).
[707] *Piaget/Inhelder*, Logik des Kindes, S. 238.
[708] *Sodian*, in: Schneider/Lindenberger, Entwicklungspsychologie, S. 395 (403 f.); anders die sog. neopiagetische Stadientheorie, vgl. z. B.: *Case*, in: Case/Okamoto/Griffin/McKeough/Bleiker/Henderson/Stephenson/Siegler/Keating, The role of central conceptual structures, S. 283.
[709] *Bryant/Trabasso*, Nature 1971, 456.
[710] *Sodian*, in: Schneider/Lindenberger, Entwicklungspsychologie, S. 395 (404).
[711] *Siegler et al.*, in: Pauen, Entwicklungspsychologie, S. 117 (134).

beschleunigt wie zwischen dem vierten und dem siebten Lebensjahr,[712] weshalb in diesen Phasen die exekutiven Funktionen besonders rasant zunehmen.

Als exekutive Funktion wird die Hemmung von Handlungsimpulsen, die Verbesserung des Arbeitsgedächtnisses und die kognitive Flexibilität bezeichnet.[713] Exekutive Funktionen integrieren die Informationen aus dem Arbeitsgedächtnis und dem Langzeitgedächtnis, um Ziele zu erreichen.[714] Beispielhaft wird hier auf das Spiel mit dem Titel ‚Kommando Pimperle' verwiesen, bei dem ein Spielleiter den Mitspielenden Kommandos gibt, die er selbst vormacht und die von diesen nachgemacht werden müssen.[715] Die Gruppe darf die Kommandos nur mit- bzw. nachmachen, wenn der Spielleiter zuvor das Wort ‚Kommando' gesagt hat. Studien, bei denen die Probanden die Aufgabe hatten, bei Vorliegen bestimmter Parameter einen Handlungsimpuls zu unterdrücken, so wie es bei diesem Spiel erforderlich ist, haben gezeigt, dass Kindergartenkinder große Schwierigkeiten mit dieser Aufgabe haben.[716] Signifikant häufiger als Grundschulkindern gelingt es ihnen bei ungültigen Kommandos nicht, den Impuls zu unterdrücken, das Kommando sofort auszuführen. Untersuchungen haben auch gezeigt, dass es möglich ist, mithilfe von Lernprogrammen zur Förderung exekutiver Funktionen diese zu mobilisieren. Die untersuchten Lernprogramme zur Förderung der Selbstkontrolle hatten dabei nachhaltige Wirkungen.[717] Aus diesen Beobachtungen lässt sich die Erkenntnis schlussfolgern, dass bei entsprechender Unterstützung die Entwicklung von Kindern gefördert werden kann und sie nachhaltig zu kognitiven Leistungen in der Lage sind, die ohne diese Unterstützung nicht möglich gewesen wären.

3. Möglichkeiten zur Ausweitung kognitiver Fähigkeiten

Ziel der Informationsverarbeitungstheorien ist, neben der Erklärung der Gedächtnisentwicklung, Umstände zu benennen, die zu einer Ausweitung der kognitiven Möglichkeiten von Kindern durch Unterstützung führen.[718] Dies zeigt sich exemplarisch bei der Encodierung. Als solche wird „der Prozess [benannt], bei dem eine Information im Gedächtnis repräsentiert wird, die Aufmerksamkeit auf sich zieht oder als wichtig erachtet wird"[719]. Beispielhaft

---

[712] *Sodian*, in: Schneider/Lindenberger, Entwicklungspsychologie, S. 395 (404).
[713] *Carlson/Mandell/Williams*, Developmental Psychology 2004, 1105.
[714] *Diamond*, Annu Rev Psychol 2013, 135 (136); *Miyake/Friedman*, Curr Dir Psychol Sci 2012, 8.
[715] *Siegler et al.*, in: Pauen, Entwicklungspsychologie, S. 117 (134).
[716] *Diamond/Kirkham/Amso*, Developmental Psychology 2002, 352 (357).
[717] *Raver et al.*, Child Development 2011, 362 (373).
[718] *Siegler et al.*, in: Pauen, Entwicklungspsychologie, S. 117 (135).
[719] *Siegler et al.*, in: Pauen, Entwicklungspsychologie, S. 117 (135).

sei auf einen Versuch mit einer so genannten Balkenwaage[720] hingewiesen: Diese verfügt über zwei ausladende Arme, auf denen sich Gewichte befinden. *Piagets* Untersuchungen haben gezeigt, dass fast alle Fünfjährigen vorhersagen, dass die Balkenwaage sich auf derjenigen Seite senken wird, auf der die Mehrzahl der Gewichte angebracht wird. Sie sind gleichwohl noch nicht in der Lage, die zweite wichtige Dimension der Balkenwaage, nämlich die Position der Gewichte auf den Armen der Waage, zu berücksichtigen.[721] Die Informationsverarbeitungstheoretiker gehen davon aus, dass Fünfjährige die Information über den Abstand vom Drehpunkt noch nicht encodieren können. Zwar sind sie in der Lage, die zunächst gezeigten Gewichtskonstellationen auf beiden Seiten zu memorieren und die Gewichte in einem zeitlichen Abstand auf der jeweils richtigen Seite zu platzieren. Doch übersehen sie dabei den richtigen Abstand zum Drehpunkt.[722] Wurden die Kinder jedoch auf die Bedeutung des Abstands der Gewichte zum Drehpunkt hingewiesen und darauf, auch diesen Abstand zu memorieren, so waren sie anschließend in der Lage, den Aufbau der Waage gänzlich korrekt zu reproduzieren.[723] Daraus wird die Schlussfolgerung gezogen, dass Kinder mit dem entsprechenden Hinweis in der Lage sind, „diffizile Waage-Regeln zu erlernen, mit denen Gleichaltrige, denen das Encodieren nicht beigebracht wurde, Schwierigkeiten haben“[724].

Darüber hinaus wird angenommen, dass inhaltliches Vorwissen die Fähigkeit zur Aufnahme und Verarbeitung neuer Informationen verbessert.[725] So fällt es bei Gedächtnistests Kindern, die das Schachspiel beherrschen, leichter, sich an die Positionen der Figuren zu erinnern, als erwachsenen Nicht-Schachspielern. Dies wird auf das Expertenwissen der Kinder zurückgeführt, das es ihnen ermöglicht, die Information auf unterschiedlichem Niveau gebündelt zu encodieren, indem sie sich die Spielstellung mehrerer Figuren in ihren Beziehungen zueinander einprägen, statt sich die Position jeder Figur einzeln zu merken.[726] Das bei Kindern, die an einer chronischen Erkrankung leiden, schon früh vorhandene Expertenwissen, das auf der Krankheitsvorerfahrung beruht, wird in der entwicklungspsychologischen und kinder- und jugendpsychiatrischen Literatur als Indikator für die bei diesen Kindern schon vorhandene Fähigkeit

---

[720] Vgl.: *Piaget/Inhelder*, Logik des Kindes, S. 159–174; *Siegler et al.*, in: Pauen, Entwicklungspsychologie, S. 117 (127).

[721] *Piaget/Inhelder*, Logik des Kindes, S. 162.

[722] *Siegler et al.*, in: Pauen, Entwicklungspsychologie, S. 117 (135).

[723] *Siegler/Chen*, Journal of Experimental Child Psychology 2002, 446 (447).

[724] *Siegler et al.*, in: Pauen, Entwicklungspsychologie, S. 117 (135).

[725] *Lindberg*, Journal of Experimental Child Psychology 1980, 401 (408); *Pressley/Hilden*, in: Kuhn/Siegler, Handbook of child psychology, S. 511 (523).

[726] *Chi/Ceci*, Advances in child development and behaviour 1987, 91 (114 f.).

angesehen, Wesen, Bedeutung und Tragweite einer medizinischen Maßnahme zu begreifen.[727]

4. Vorzug der Theorie der Informationsverarbeitung

Die Schwächen der kognitiven Entwicklungstheorie *Jean Piagets* wurden bereits genannt.[728] Hinsichtlich der hier zur Klärung anstehenden Frage der Einwilligungsfähigkeit von Minderjährigen fällt besonders ins Gewicht, dass die auf diesem Konzeptmodell basierenden Untersuchungen sich ausschließlich auf das Verständnis von Krankheits*ursachen* beschränken. Dagegen ist das Stufenmodell nicht in der Lage, einen konkreten Wissens*zuwachs* herbeizuführen bzw. dessen Ursachen zu erforschen und zu beschreiben.[729] Dabei ist zu konstatieren, dass dies nicht der Intention der kognitiven Entwicklungstheorie entspricht. So verwundert es nicht, dass sämtliche Untersuchungen, deren theoretische Grundlagen zur Krankheitskonzeptforschung auf diesem Modell beruhen, zu der Erkenntnis gelangen, dass Kinder in der präoperationalen Phase, also etwa im Alter zwischen zwei und sieben Jahren, ein irrationales, häufig sogar magisches Verständnis von den Ursachen einer Krankheit haben.[730] Daraus aber den Schluss zu ziehen, Kinder dieses Alters verfügten grundsätzlich nicht über die erforderlichen Kompetenzen, um wirksam in eine Heilbehandlung einwilligen zu können, erscheint verfehlt, da soziale und kulturelle Faktoren ebenso wenig berücksichtigt werden wie individuelle Krankheitsvorerfahrungen.[731] Denn durch entsprechende Unterstützung oder aufgrund eigener Vorerfahrungen mit dieser Krankheit können die bei Kindern grundsätzlich nur rudimentär vorhandenen und in der Regel fehlerhaften Vorstellungen von Krankheit[732] erweitert und korrigiert werden. Dieser in empirischen Studien[733] und nichtwissenschaftlichen Beobachtungen[734] getroffene Befund kann von den informationsverarbeitungstheoretischen Ansätzen erklärt werden, so dass diesen der Vorrang gebührt. Die Stärke dieser Vorgehensweise ist darin zu sehen, dass sie sich „um die Analyse des Wissensum-

---

727 *Kölch*, Drug Research 2004, 22 (23) siehe dazu auch 3. Kapitel § 2 B V.

728 Siehe oben A.

729 *Rushforth*, Journal of Child Psychology and Psychiatry 1999, 683 (684).

730 *Bibace/Walsh*, Pediatrics 1980, 912–917; *Brewster*, Pediatrics 1982, 355–362; *Lohaus*, in: Pinquart, Körperlich chronisch kranke Kinder, S. 17–32; *Perrin/Gerrity*, Pediatrics 1981, 841–849.

731 *Rothärmel et al.*, Patientenaufklärung, S. 102.

732 *Lohaus*, in: Pinquart, Körperlich chronisch kranke Kinder, S. 17 (18).

733 Vgl. etwa: *Charman/Chandiramani*, Psychology & Health 1995, 145 (146); *Lindberg*, Journal of Experimental Child Psychology 1980, 401 (408); *Pressley/Hilden*, in: Kuhn/Siegler, Handbook of child psychology, S. 511 (523).

734 Vgl.: *Niethammer*, in: Wiesemann, Kind als Patient, S. 92–115.

fangs und der spezifischen Wissensdefizite von Kindern bemüht“[735]. Die Ausdehnung des Wissensumfangs wird für möglich gehalten, indem die Wissensorganisation erleichtert wird.[736] Für den Bereich der medizinischen Behandlung kann aus diesen Erkenntnissen geschlussfolgert werden, dass durch die umfangreiche Aufklärung und Information des Kindes dessen Verständnis von seiner Erkrankung und von den in Frage kommenden Behandlungsvarianten erweitert werden kann.

III. Transaktionalistische Ansätze

Die Relevanz von Unterstützungshandlungen für die Entwicklung von Kindern – und damit auch für die Unterstützung des Kindes zu einem Verständnis seiner Erkrankung und der Therapiemöglichkeiten – betonen innerhalb der Entwicklungspsychologie auch die transaktionalistischen Ansätze. Diese gehen davon aus, dass Entwicklung sich nicht isoliert – auf ein Individuum bezogen – ereignet, sondern in der Interaktion mit der Umgebung. Insoweit wird von einem System gesprochen, das aus einer Vielzahl ineinander verschachtelter Strukturen besteht, die sich wechselseitig beeinflussen.[737] Dies führt zu einer Betrachtung von Entwicklung im Kontext des Gesamtsystems, wobei davon ausgegangen wird, dass das Gesamtsystem aus mehreren Teilsystemen besteht.[738] Mithilfe dieser Systemebenen sind die systemorientierten Ansätze in der Lage, über die individuelle Entwicklung des Kindes hinaus auch die damit einhergehende Entwicklung z. B. des Mikrosystems Familie oder auch der sozialen Netzwerke zu berücksichtigen.

---

[735] *Lohaus*, in: Keller, Entwicklungspsychologie, S. 599 (606).

[736] *Chi/Ceci*, Advances in child development and behaviour 1987, 91 (114 f.); *Lohaus*, in: Keller, Entwicklungspsychologie, S. 599 (607).

[737] *Lohaus/Vierhaus*, Entwicklungspsychologie, S. 42.

[738] *Bronfenbrenner*, Ecology of human development, S. 209–294.

Abbildung 1: Systemebenen nach der Konzeption von *Bronfenbrenner*[739]

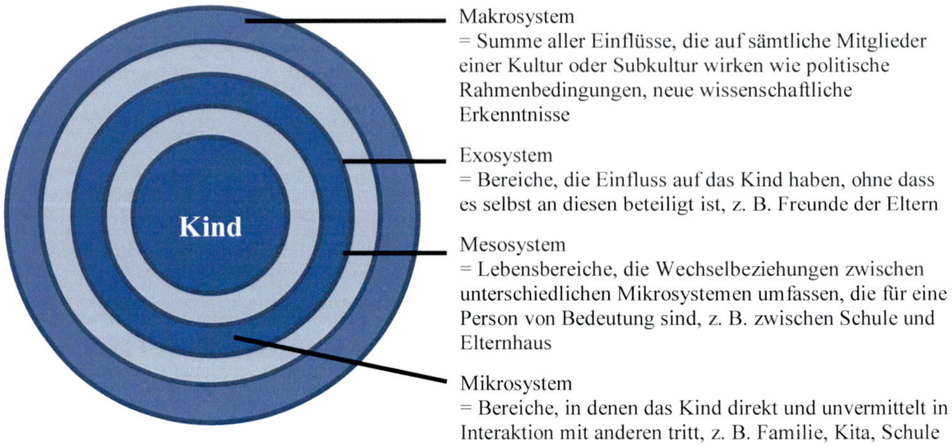

Von besonderem Interesse für die Entwicklungspsychologie ist dabei das Mikrosystem Familie.[740] Dieses wird dahingehend untersucht, wie es mit Krisen umgeht. Als Krisen werden einschneidende Veränderungen angesehen. Dies kann die Geburt oder der Tod eines Familienmitglieds ebenso sein wie der Eintritt des ersten Kindes in die Schule[741] oder die (schwere) Erkrankung eines Kindes.

1. Das Anforderungs-Bewältigungs-Modell in sozialen Systemen

Vertreter des transaktionalistischen Ansatzes übertragen das sogenannte ‚Anforderungs-Bewältigungs-Modell', das Krisen und Entwicklungsaufgaben als zu bewältigende Anforderungen betrachtet,[742] auf größere Systeme. Dabei wird angenommen, dass auch soziale Systeme, wie etwa eine Familie, gemeinsame Anforderungen zu bewältigen haben.[743] Diese Sichtweise legt den Fokus auf die gemeinsam zu erbringende Bewältigung, für die es ohne Relevanz ist, ob das stressauslösende Ereignis individueller (z. B. Stress am Arbeitsplatz, Krankheit

---

739 Abbildung in Anlehnung an die Grafik bei: *Lohaus/Vierhaus*, Entwicklungspsychologie, S. 43.

740 *Lohaus/Vierhaus*, Entwicklungspsychologie, S. 43–45.

741 *Lohaus/Vierhaus*, Entwicklungspsychologie, S. 43.

742 *Lazarus/Folkman*, Stress, S. 52–54; *Lazarus/Launier*, in: Nitsch, Stress, S. 213 (220).

743 *Bodenmann*, European journal of applied psychology 1997, 137 (138); *Wilz/Meichsner*, Bundesgesundheitsblatt 2012, 1125 (1126).

eines Familienmitglieds) oder gemeinschaftlicher (z. B. Geburt eines Kindes oder Suche nach einer Wohnung) Natur ist.[744]

2. Das Anforderungs-Bewältigungs-Modell im Detail

Im Anforderungs-Bewältigungs-Modell steht am Anfang eine (primäre) Bewertung der Ausgangssituation.[745] So führt beispielsweise die Diagnose der Krebserkrankung eines Kindes zu einer Bewertung – und zwar bei dem Kind, bei seinen Eltern und innerhalb des Systems Familie. Daran schließt sich eine (sekundäre) Bewertung mit Blick auf das individuell vorhandene Bewältigungspotenzial an.[746] Hier offenbart sich die Bedeutung der Unterstützung, derer das Kind bedarf, um das innerhalb der Familie vorhandene Bewältigungspotenzial realistisch einschätzen zu können.[747] Es erkennt in der Regel erst im Zusammenwirken mit seinen Eltern und unter der Hilfestellung der Behandelnden, welche Möglichkeiten es hat, gegen die Krankheit zu kämpfen oder mit dieser zu leben. Idealtypischer Weise finden Gespräche zwischen den Familienangehörigen statt, bei denen die verschiedenen Reaktionsmöglichkeiten auf die Krankheit besprochen werden. Das Kind ist in dieser Situation auf die Einschätzung des Bewältigungspotenzials der Eltern angewiesen, die ihm versichern werden, dass sie ihm jegliche Unterstützung zukommen lassen, die es benötigt. Eine entscheidende Rolle kommt in dieser Phase auch den Behandelnden zu, deren Interaktion mit dem Kind und dessen Familie auf der Ebene des Mesosystems geschieht. Aufgrund ihrer fachlichen Expertise sind sie sehr wichtige Ansprechpartner für das Kind und für seine Eltern. Die Bedeutung der Informationen, die das Kind durch die Behandelnden erfährt, wird umso größer, je weniger die Eltern bereit oder in der Lage sind, offen und ehrlich mit dem Kind zu kommunizieren und es so gewissermaßen mit seiner Diagnose alleine lassen.[748]

Die Bewertungs- und Bewältigungssequenz dieses Modells kann nach einem stressauslösenden Ereignis durchaus mehrfach durchlaufen werden. So erfolgt regelmäßig nach einer ersten Bewältigungsreaktion eine erneute (tertiäre) Bewertung der möglicherweise veränderten Situation.[749] Im Beispielsfall ist anzunehmen, dass nach einer ersten Diagnose weitere Untersuchungen erfolgen, die Aufschluss über die Art der Tumorerkrankung und über den Befall weiterer

---

744 *Bodenmann*, European journal of applied psychology 1997, 137 (138).
745 *Greve/Leipold*, in: Schneider/Lindenberger, Entwicklungspsychologie, S. 579 (585 f.).
746 *Greve/Leipold*, in: Schneider/Lindenberger, Entwicklungspsychologie, S. 579 (587).
747 *Wentura/Greve/Klauer*, in: Frey/Irle, Sozialpsychologie, S. 101 (112); *Wilz/Meichsner*, Bundesgesundheitsblatt 2012, 1125 (1126).
748 Vgl. dazu: *Niethammer*, in: Wiesemann, Kind als Patient, S. 92–105 (passim).
749 *Lohaus/Vierhaus*, Entwicklungspsychologie, S. 24.

Organe geben. Die dabei gewonnenen Erkenntnisse bedürfen einer neuen Bewertung. Auch hier ist das Kind auf die Unterstützung der Eltern und der Behandelnden angewiesen, die ihm auf kindgerechte Art und Weise erklären müssen, welche Behandlungsmöglichkeiten es gibt und mit welchen Heilungschancen, Risiken und Nebenwirkungen diese verbunden sind.[750]

3. Familienstress und die Bedeutung externer Unterstützung

Ob eine Krise innerhalb des Familiensystems für dieses als stresserzeugend angesehen wird, hängt einerseits von dem intrafamiliären Bewältigungspotenzial und andererseits von der extrafamiliären Unterstützung ab. Als intrafamiliäres Bewältigungspotenzial werden die sozialen Kompetenzen der Familienmitglieder und die Regeln des Zusammenlebens angesehen.[751] Extrafamiliär sind soziale, instrumentelle, aktive und materielle Unterstützungsleistungen.[752] Dabei wird darauf hingewiesen, dass die externe Unterstützung ambivalent empfunden werden kann.[753] Durchaus positiv sind die Unterstützungshandlungen im Sinne der effizienten Hilfestellung, wenn sie das Erreichen der individuellen Ziele des Betroffenen ermöglichen. Es kann jedoch auch das Gefühl von (z. B. wirtschaftlicher, emotionaler, wissensmäßiger) Abhängigkeit entstehen, was wiederum stresserzeugend wirkt: „Daher dürfte eine positive Wirkung sozialer Unterstützung vor allem dann eintreten, wenn sie dazu beiträgt, auch die individuellen Bewältigungsprozesse der jeweils betroffenen Person zu fördern."[754]

In der hier beschriebenen Spannung zwischen den unter Umständen begrenzten individuellen Möglichkeiten und der gegebenenfalls als Fremdbestimmung empfundenen externen Unterstützung dürften sich regelmäßig Kinder in der Patientenrolle empfinden. Die Erkenntnisse der Entwicklungspsychologie weisen den Weg aus dem Dilemma: Die soziale Unterstützung soll den individuellen Bewältigungsprozess der jeweils betroffenen Person fördern. Die transaktionalistische Sichtweise betont die Relevanz, die das unmittelbare Umfeld für das erkrankte Kind hat. Gleichwohl dürfen der Einsatz des vorhandenen familiären Bewältigungspotenzials bzw. der externen Unterstützung nicht unbedacht dazu führen, dass das Kind fremdbestimmt wird. Denn trotz der hier aufgezeigten Bedeutung des Systems sollte nicht übersehen werden, dass es sich bei dem Selbstbestimmungsrecht des Kindes um ein höchstpersönliches Recht handelt. Diesem durch Unterstützung zur Geltung zu verhelfen, weist die Entwicklungspsychologie den Weg.

---

[750] *Wentura/Greve/Klauer*, in: Frey/Irle, Sozialpsychologie, S. 101 (112).
[751] *Lohaus/Vierhaus*, Entwicklungspsychologie, S. 45.
[752] *Lohaus/Vierhaus*, Entwicklungspsychologie, S. 45.
[753] *Greve/Leipold*, in: Schneider/Lindenberger, Entwicklungspsychologie, S. 579 (588); *Wentura/Greve/Klauer*, in: Frey/Irle, Sozialpsychologie, S. 101 (112 f.).
[754] *Greve/Leipold*, in: Schneider/Lindenberger, Entwicklungspsychologie, S. 579 (588).

D. Fazit zur Einwilligungsfähigkeit aus entwicklungspsychologischer Perspektive

Die Entwicklungspsychologie nimmt die Einwilligungsfähigkeit bei minderjährigen Patienten deutlich früher an, als dies in der Rechtswissenschaft gemeinhin getan wird. Darüber hinaus ist die empirische Forschung in der Lage nachzuweisen, dass sich eigene Krankheitsvorerfahrungen förderlich auf das Krankheitsverständnis auswirken und dass auch schon bei jungen Kindern innerhalb der Behandler-Patienten-Beziehung eine Ausdehnung des Verstehens der mit der Erkrankung bzw. ihrer Behandlung verbundenen notwendigen Tatsachen und Kausalverläufe möglich ist. Außerdem weisen entwicklungspsychologische Erkenntnisse darauf hin, dass Aufklärung als ein Prozess verstanden werden sollte, in dem nicht nur dem minderjährigen Patienten die notwendigen Informationen bzgl. Diagnose und Therapiemöglichkeiten eröffnet werden, sondern auch auf die Präferenzen, Vorlieben und Ängste des Patienten gehört und darauf eingegangen wird. Zuletzt ist die Bedeutung der emotionalen Unterstützung des kindlichen Patienten durch seine Familie und die soziale Unterstützung der Familie während der Behandlung durch Behandelnde und Pflegekräfte als Faktoren zu benennen, die sich förderlich auf die Einsichts-, Urteils- und Steuerungsfähigkeit des Kindes auswirken.

Die Entwicklungspsychologie wurde bemüht, um Anhaltspunkte oder gar Antworten hinsichtlich der Frage zu liefern, ab wann ein Kind über die notwendigen Kompetenzen verfügt, um wirksam in eine medizinische Behandlung einwilligen zu können. Diesen Anspruch vermag die Verhaltenswissenschaft nicht zu erfüllen. Denn offenbar geworden ist im Rahmen der Untersuchung, dass mindestens in gleichem Umfang, wie es auf die kognitiven Kompetenzen des Kindes ankommt, die Einwilligungsfähigkeit von der Unterstützung abhängig ist, die das Kind erfährt. Daraus ist zu schlussfolgern: Das Kind sollte beim Erfassen der Umstände und Gründe seiner Erkrankung und der bestehenden Therapievarianten in bestmöglicher Weise gefördert und unterstützt werden.

4. Kapitel: Assistenzkonzept

Das Selbstbestimmungskonzept des Medizinrechts macht die Ausübung des medizinischen Selbstbestimmungsrechts vom Vorliegen der Einwilligungsfähigkeit abhängig. Überlegungen, dem Selbstbestimmungsrecht von Kindern unterhalb der Schwelle der Einwilligungsfähigkeit mittels eines Vetorechts Geltung zu verschaffen, können nicht überzeugen.[755] Es muss daher das Ziel sein, bei kindlichen und juvenilen Patienten die Selbstbestimmung in der Behandlung zu mobilisieren, um möglichst viele Minderjährige in den Stand der Einwilligungsfähigkeit zu heben. Die im dritten Kapitel dargelegten rechtswissenschaftlichen Erkenntnisse zur Einwilligungsfähigkeit legen es nahe, dieser eine gewisse Entwicklungsoffenheit zu attestieren.[756] So, wie davon auszugehen ist, dass „ein Minderjähriger im Verlauf einer schweren Erkrankung in die Einwilligungsfähigkeit hineinwachsen kann"[757], so kann auch angenommen werden, dass die Selbstbestimmungskompetenz des minderjährigen Patienten mobilisiert und seine Einwilligungsfähigkeit im Verlauf der Aufklärung befördert werden kann. Der Entwicklungspsychologie ist die Erkenntnis zu entnehmen, dass die bei Kindern evtl. vorhandenen kognitiven Beschränkungen durch die altersgerechte Vermittlung von Informationen und durch eine Gestaltung der Aufklärung, die am Verständnis- und Erfahrungshorizont der Kinder orientiert ist, kompensiert werden können. Der Aufklärung des Behandelnden und den Unterstützungshandlungen, die der minderjährige Patient durch seine Familie und durch das soziale Umfeld erfährt, sind die Chance zuzugestehen, sich kompetenzfördernd auf den Patienten auszuwirken, wodurch die anfänglich unter Umständen noch nicht vorhandene Einwilligungsfähigkeit des Kindes im Verlauf des Aufklärungs- und Informationsprozesses erreicht werden kann. Insofern ist von einer ‚Herstellung der Einwilligungsfähigkeit' zu sprechen. Das hier vorgestellte Assistenzkonzept soll gewährleisten, dass sich die Einwilligungsfähigkeit bei minderjährigen Patienten im besten Fall entwickelt. Das Konzept wird zunächst in seinen Grundzügen dargestellt (§ 1), bevor es sodann eine medizinethische und eine kinder- und jugendmedizinische Begründung erfährt (§ 2), woran sich eine Schilderung seiner Ausgestaltung anschließt (§ 3). Abschließend werden dessen Folgen beleuchtet (§ 4).

---

[755] Vgl. 2. Kapitel § 5 C II 3.
[756] Vgl. 3. Kapitel § 3.
[757] *Deutsche Gesellschaft für Medizinrecht e. V.*, in: Dierks/Graf-Baumann/Lenard, Therapieverweigerung, S. 147 (148).

§ 1 Grundzüge des Assistenzkonzepts

A. ‚Dynamischer' Aufklärungsprozess

Dem Assistenzkonzept zur Herstellung der Einwilligungsfähigkeit liegt die Annahme zugrunde, dass die Einwilligungsfähigkeit bei einem minderjährigen Patienten im Verlauf eines als ‚dynamisch' zu bezeichnenden Informations- und Aufklärungsgeschehens hergestellt werden kann. Darin wird ein potenzieller Autonomiegewinn für Minderjährige gesehen. Wenn von einem ‚dynamischen' Informations- und Aufklärungsgeschehen gesprochen wird, so zielt dies auf die Gestaltung der gesetzlich normierten Aufklärungs- und Informationspflicht des Behandelnden nach §§ 630c und 630e BGB. Die Aufklärung soll sich bei Kindern als Patienten – noch weniger als bei erwachsenen Patienten – nicht darauf beschränken, dass der Behandelnde dem Patienten einseitig die notwendigen Informationen vermittelt. Vielmehr wird in Anlehnung an *Alderson* davon ausgegangen, dass es die Aufgabe des Behandelnden ist, auf die kindlichen Präferenzen, Vorlieben und Ängste einzugehen.[758] Auf diese Weise entwickelt sich ein Dialog zwischen dem Kind und dem Behandelnden, der durch den minderjährigen Patienten, durch seine Fragen und Assoziationen geprägt wird. Es ist davon auszugehen, dass dieser Dialog sich in vielen Fällen – insbesondere bei operativen Eingriffen – nicht in einem einzigen Gespräch erschöpfen wird. Vielmehr ist zu konstatieren, dass das Kind Zeit benötigt, um die erhaltenen Informationen zu verarbeiten und das Bedürfnis haben wird, Rückfragen zu stellen. Dafür müssen Gelegenheiten geschaffen werden. Unterstützung erfahren pädiatrische Patienten dabei von den Gesundheitssorgeberechtigten. Diese informieren das Kind und geben ihm kognitive und emotionale Hilfestellung dabei, die eigene Krankheit und die sich ergebenden Behandlungsmöglichkeiten zu verstehen, um eine eigene Entscheidung treffen zu können. „Die rechtliche Grundlage für diese Unterstützung bildet die dem Patientenvertreter anvertraute Gesundheitssorge."[759] Letztere umfasst nicht ausschließlich die stellvertretende Einwilligung in eine Behandlungsmaßnahme nach § 630d Abs. 1 Satz 2 BGB, sondern gewährt auch und vor allem die Hilfe und Unterstützung des Patienten, solange dieser in der selbstständigen Wahrnehmung seines medizinischen Selbstbestimmungsrechts gehindert ist.[760]

Dynamisch ist die Aufklärung auch insofern, als dieser zugetraut wird, sich kompetenzfördernd auf das Kind auszuwirken. Bei der Einwilligungsfähigkeit handelt es sich nicht um einen statischen und ein für alle Mal feststehenden

[758] *Alderson*, in: Wiesemann, Kind als Patient, S. 28 (31).
[759] *Lipp*, MedR 2020, 259 (260).
[760] *Lipp*, MedR 2020, 259 (260).

Zustand von „Personen oder gar Populationen“[761]. So, wie ein volljähriger Patient, dem für den gesamten Bereich der Gesundheitsfürsorge ein Betreuer an die Seite gestellt wurde, über die im Einzelfall notwendige Einsichts-, Urteils- und Steuerungsfähigkeit verfügen kann,[762] so kann die Einwilligungsfähigkeit für eine konkrete Behandlung auch bei einem Minderjährigen vorliegen. Der Aufklärung ist das Potenzial zum Erkenntnis- und Verständniszuwachs beim minderjährigen Patienten immanent. Hinsichtlich der Behandlung von Kindern und Jugendlichen soll es nach hier vertretener Ansicht das Bestreben einer jeden Aufklärung sein, bestenfalls die Einwilligungsfähigkeit zu erreichen und so das Kind in die Lage zu versetzen, selbst zu entscheiden.

B. Schon vorhandene Kompetenzen der Kinder

Dabei ist nicht auf das bei Kindern vorhandene intellektuelle Defizit zu schauen. Vielmehr hat sich die Aufklärung in ihrer Art und in ihrem Umfang an den individuellen Möglichkeiten des minderjährigen Patienten zu orientieren, was sich de lege lata bereits aus § 630e Abs. 5 BGB ergibt. Insoweit ist davon auszugehen, dass die Schwere oder Komplexität der Erkrankung und des indizierten Eingriffs Auswirkungen hinsichtlich der vom Behandelnden vorzunehmenden Aufklärung entfalten. Diese ist umso umfangreicher und gründlicher vorzunehmen, je schwerer der Eingriff ist, denn die umfassende Information des Patienten ist erforderlich, damit dieser das ausreichende Verständnis von seiner Krankheit und der in Frage kommenden Behandlungsmöglichkeiten erlangt.[763] Gleichwohl dürfte zu konstatieren sein, dass das Vorhaben der Herstellung der Einwilligungsfähigkeit sich nicht in jedem Fall verwirklichen lassen wird.[764]

So, wie bei der Behandlung demenzieller Patienten das Leitbild besteht, die Selbstbestimmung durch Unterstützung und Mobilisierung *noch* vorhandener Fähigkeiten zu gewährleisten,[765] so verfolgt der hier vertretene Ansatz die Absicht, die bei Kindern *schon* vorhandenen Fähigkeiten zu diesem Zweck zu aktivieren. Dafür ist das Kind auf die Unterstützung oder Assistenz des Behandelnden und weiterer am Behandlungsgeschehen Beteiligter (Pflegepersonal, Eltern, evtl. Seelsorger oder andere Vertrauenspersonen) angewiesen, so dass insofern von einem ‚Assistenzkonzept zur Gewährleistung der Selbstbestimmung bei Kindern‘ gesprochen wird. Im Blick auf die zu treffende Entschei-

---

[761] *Damm*, MedR 2015, 775 (777).
[762] *Rothärmel*, Einwilligung, Veto, Mitbestimmung, S. 118.
[763] Siehe 3. Kapitel § 2 D I.
[764] Zur Gewährleistung der Selbstbestimmung bei nicht herzustellender Einwilligungsfähigkeit siehe unten § 4 B.
[765] *Birnbacher et al.*, DÄBl. 2015, A-514; *Damm*, MedR 2015, 775 (783); *Deutscher Ethikrat*, Demenz und Selbstbestimmung, S. 50; 53.

dung bzgl. der Heilbehandlung kann dies als „supported-decision-making“[766] bezeichnet werden. Das Kind trifft eine eigene Entscheidung, wobei es von seinem Umfeld unterstützt wird.

§ 2 Weitere Begründungen des Assistenzkonzepts

Ein Assistenzkonzept zur Gewährleistung der Selbstbestimmung erscheint sinnvoll und notwendig, um den Respekt vor der Selbstbestimmung des Kindes und dessen Schutzbedürfnis in einen angemessenen Ausgleich zu bringen. Zusätzlich zu den vorstehenden rechtlichen und entwicklungspsychologischen Erkenntnissen, sollen auch medizinethische und kinder- und jugendmedizinische Erwägungen zur Begründung bemüht werden.

A. Medizinethische Begründung des Assistenzkonzepts

I. Autonomie – eine Begriffsklärung

Der Begriff der Patientenautonomie prägt die medizinethische Literatur etwa seit der zweiten Hälfte des 20. Jahrhunderts.[767] Was genau unter Autonomie zu verstehen ist, ist dabei äußerst strittig.[768] Das dem menschenrechtlichen Anspruch auf Respekt und Selbstbestimmung zugrundeliegende Verständnis der Patientenautonomie schreibt jedem Menschen das Recht zu, selbst über sich und sein Leben zu entscheiden und begründet dies allein aus der Existenz des Individuums. So stellt Autonomie ein Recht im Sinne eines zuerkannten Status dar, den jemand zugewiesen bekommt.[769]

> „Autonomie als Rechtsanspruch ist ein Wert, der bei allen medizinischen Interventionen zu berücksichtigen ist, die nicht den Charakter einer Notfall- oder Krisenintervention haben. Diese Autonomie ist gemeint, wenn in der Medizinethik von ‚Patientenautonomie‘ die Rede ist. Als Recht ist diese Autonomie keine bestehende oder erwünschte Fähigkeit, sondern ein Anspruch. Autonomie in diesem Sinn bedeutet nicht, dass jemand selbstbestimmt *ist* oder *sein soll*, sondern dass er ein Recht auf Selbstbestimmung *hat*.“[770]

Von der so verstandenen Autonomie als Recht, die auch als „Fundamentalausstattung des Menschen“ bezeichnet wird,[771] ist die Frage zu unterscheiden, ob der Patient in seiner aktuellen Situation über die Fähigkeit verfügt, dieses Recht selbstständig wahrzunehmen oder ob er gegebenenfalls der Stellvertretung

---

[766] So auch für den Bereich der Teilhabe von Menschen mit Behinderung an sie betreffenden Heilbehandlungen: *Lipp*, FamRZ 2017, 4 (6).
[767] *Ach/Schöne-Seifert*, in: Wiesemann/Simon, Patientenautonomie, S. 42.
[768] *Wiesemann*, in: Wiesemann/Simon, Patientenautonomie, S. 13 (15).
[769] *Duttge*, Biomedical Law & Ethics 2011, 23 (36).
[770] *Birnbacher*, MedR 2012, 560 (563) - Hervorhebungen durch den Verfasser.
[771] *Beckmann*, in: Bartram, Humangenetische Diagnostik, S. 51 (134).

bedarf. Daher wird dieses Recht auch Personen(gruppen) zugesprochen, die – wie etwa kleinere Kinder – nicht in der Lage sind, ihren Willen zu artikulieren und umzusetzen.[772] Auf diesem Verständnis der Patientenautonomie fußt das verfassungsrechtlich gewährleistete medizinische Selbstbestimmungsrecht, wobei die Einwilligungsfähigkeit das Fähigkeitskriterium für dessen selbstständige Ausübung darstellt.

Demgegenüber verwendet die angloamerikanisch geprägte Medizinethik den Begriff der Patientenautonomie zumeist im Sinne einer gratulierbaren Befähigung bzw. Eigenschaft eines Menschen, die – sofern sie (noch) nicht oder (noch) nicht sonderlich ausgeprägt vorhanden ist – gesteigert werden kann. Nicht nur die selbstständige Ausübung der Patientenautonomie, sondern deren Existenz wird nach dieser Auffassung vom Vorliegen bestimmter Fähigkeiten abhängig gemacht. In einem graduellen Verständnis von Autonomie soll diese nicht in einem maximalen, sondern lediglich in einem hinreichenden Grad vorhanden sein.[773] So verlangen *Faden et al.*, dass eine Patientenentscheidung (1.) absichtlich, (2.) mit Verständnis und (3.) frei vom kontrollierenden Einfluss anderer erfolgen muss.[774] Diese Voraussetzungen für das Vorhandensein der Autonomiefähigkeit bei medizinischen Entscheidungen entsprechen dem, was im Medizinrecht für das Vorliegen der Einwilligungsfähigkeit verlangt wird.[775] Mit anderen Worten: Das ‚Gewährleistungskriterium' der Patientenautonomie im Sinne des medizinethischen Verständnisses der Patientenautonomie als steigerbare Eigenschaft entspricht dem ‚Ausübungskriterium' der Einwilligungsfähigkeit im Sinne des kategorialen Verständnisses der Patientenautonomie als Statuszuschreibung. Nicht unproblematisch erscheint bei diesem Verständnis der Autonomie, dass es den Eindruck erweckt, Menschen könnten ‚mehr' oder ‚weniger' autonom sein. Dieses Empfinden ist mit der sich aus Art. 1 GG ergebenden Würdegarantie des Menschen nicht kompatibel, weshalb dem kategorialen Autonomieverständnis der Vorrang gebührt. Auch wenn das medizinethische Autonomieverständnis diametral von der favorisierten kategorialen Interpretation der Patientenautonomie abweicht, soll aufgrund der weitgehenden inhaltlichen Entsprechung der Begriffe der *Autonomiefähigkeit* und der *Einwilligungsfähigkeit*[776] die in der Medizinethik geführte Debatte für die vorliegende Arbeit fruchtbar gemacht werden.

---

[772] *Birnbacher*, MedR 2012, 560 (563); *Rehbock*, Personsein in Grenzsituationen, S. 317–321; *Steinfath*, in: Steinfath/Wiesemann, Autonomie und Vertrauen, S. 11 (16).

[773] *Faden/King/Beauchamp*, informed consent, S. 237–240.

[774] *Faden/King/Beauchamp*, informed consent, S. 238, 241 - 262.

[775] Vgl: 3. Kapitel § 3.

[776] Vgl. dazu: *Birnbacher*, MedR 2012, 560 (562).

II. Die sogenannte ‚Autonomiefähigkeit'

Für die notwendige Handlungs- und Entscheidungsautonomie wird im medizinethischen Schrifttum vorausgesetzt, dass der Patient in der konkreten Situation über die vorgenannten Fähigkeiten verfügt. Dabei werden die Anforderungen an die Patientenautonomie relativ gering gehalten.[777] Dafür sprechen einerseits pragmatische Gründe, weil das einfache Überprüfungsverfahren durch den Behandelnden eine gewisse Rechtssicherheit bietet.[778] Andererseits sind es normative Erwägungen, die ein solches Vorgehen nahelegen: Niemand soll ungerechtfertigt in seinen Freiheitsrechten beschränkt[779] bzw. als „Person zweiter Klasse (oder gar als Nicht-Person)" herabgewürdigt werden.[780]

1. Freiheit zur Unvernunft versus fürsorglicher Paternalismus

Nicht verlangt wird, dass es sich um eine vernünftige Entscheidung handelt. Konstitutiv für das Vorliegen eines autonomen Patientenhandelns ist das ‚Wie' im Sinne des Zustandekommens der Entscheidung und nicht das ‚Was' in Bezug auf die Wünsche des Patienten.[781] Die Medizinethikerin *Claudia Wiesemann* bringt dies mit ihrer Aussage auf den Punkt: „Unsere Vorlieben sind womöglich nicht vernünftig, aber sie sind uns lieb und teuer."[782] Dies gilt jedenfalls so lange, wie es sich um erwachsene Personen handelt, denen grundsätzlich die so verstandene Autonomie zuerkannt wird. Diametral anders sieht es hingegen bei Kindern als Patienten aus:

> „Während bei Erwachsenen dafür plädiert wird, die Kriterien für moralische Autonomie nicht zu hoch anzusetzen, um ein alltagstaugliches Konzept zu erhalten, das möglichst viele Personen in den Genuss von Freiheitsrechten kommen lässt, wird bei Kindern und Jugendlichen der Maßstab für Selbstbestimmungsfähigkeit – aus einem gewissen Schutzbedürfnis heraus – sehr hoch angesetzt. Mit anderen Worten: Während ein Erwachsener sich auch offenkundig vernunftwidrig, ja sogar selbstschädigend verhalten darf, ohne als selbstbestimmungsunfähig angesehen zu werden, wird ein solches Verhalten bei Kindern und Jugendlichen in der Regel als ein Zeichen für mangelnde Selbstbestimmungsfähigkeit interpretiert."[783]

Insoweit wird angenommen, dass das Autonomieprinzip vom Fürsorgeprinzip verdrängt wird. In Fällen, in denen der Patient lediglich eingeschränkt autono-

---

[777] *Faden/King/Beauchamp*, informed consent, S. 262–269.

[778] *Steinfath*, in: Steinfath/Wiesemann, Autonomie und Vertrauen, S. 11 (23).

[779] *Steinfath/Pindur*, in: Wiesemann/Simon, Patientenautonomie, S. 27 (29); *Wiesemann*, in: Wiesemann/Simon, Patientenautonomie, S. 13 (14).

[780] *Steinfath*, in: Steinfath/Wiesemann, Autonomie und Vertrauen, S. 11 (23).

[781] *Steinfath/Pindur*, in: Wiesemann/Simon, Patientenautonomie, S. 27 (33).

[782] *Wiesemann*, in: Wiesemann/Simon, Patientenautonomie, S. 13 (14).

[783] *Wiesemann*, in: Wiesemann/Simon, Patientenautonomie, S. 13 (20 f.).

miefähig ist, wird dies als ‚schwacher Paternalismus'[784] bezeichnet, der für zulässig gehalten wird.[785]

2. Kritik an der Zulässigkeit des ‚schwachen' Paternalismus

Diese generelle Ungleichbehandlung von Kindern gegenüber Erwachsenen ist ethisch nicht zu legitimieren.[786] Die Rechtfertigung des paternalistischen Handelns, bei dem der Wille des Kindes „durchkreuzt"[787] und unterbunden wird, stellt keine zufriedenstellende Lösung für einsichtsunfähige Kinder dar. Die Philosophin *Theda Rehbock* weist darauf hin, dass die medizinethische Paternalismusproblematik, die von einigen Vertretern mit der Unterscheidung zwischen unzulässigem ‚starken' und zulässigem ‚schwachen' Paternalismus gelöst zu sein glaubt,

> „sich gerade dann am stärksten und brennendsten stellt, wenn ein Mensch nicht in der Lage ist, sich über seine Situation klar zu werden, seinen Willen zu artikulieren, eigenständige Entscheidungen zu fällen, für seine Interessen einzutreten, usw."[788]

Wie, so ist zu fragen, kann in diesen Situationen die Patientenautonomie am besten gewährleistet werden? Zu Recht wird angenommen, dass die hinsichtlich der Behandlung von Kindern offenbar werdende Lücke im medizinethischen Autonomiekonzept – anders als im Erwachsenenschutzrecht – nicht lediglich durch Stellvertreter-Konstrukte oder durch Modelle antizipierter Partizipation geschlossen werden kann.[789]

3. Autonomie durch Fürsorge

a) Die Bedeutung sozialer Beziehungen im Behandlungsgeschehen

Es sind die Überlegungen, denen ein relationales Verständnis von Autonomie zugrunde liegt, die hier einen Ausweg weisen. Hingewiesen wird in der medizinethischen Literatur auf das Eingebundensein des Patienten in soziale Bezie-

---

[784] Zur Unterscheidung zwischen 'starkem' und 'schwachem' Paternalismus siehe: *Feinberg*, Canadian Journal of Philosophy 1971, 105–124; ihm folgend: *Beauchamp*, in: Reich, Encyclopedia of bioethics, S. 1914–1920.

[785] *Beauchamp/Childress*, Biomedical Ethics, S. 217; *Hermann/Trachsel/Biller-Andorno*, Ethik in der Medizin 2015, 1 (4) Fn. 4; *Neuner*, JZ 2020, 269 (270); *Patzig*, Gesammelte Schriften, S. 78; *Schickhardt*, Kinderethik, S. 217; *Schöne-Seifert*, Grundlagen der Medizinethik, S. 50–51; *Vollmann*, Nervenarzt 2000, 709 (710).

[786] *Steinfath*, in: Steinfath/Wiesemann, Autonomie und Vertrauen, S. 11 (33); *Steinfath/Pindur*, in: Wiesemann/Simon, Patientenautonomie, S. 27 (29); *Wiesemann*, in: Steinfath/Wiesemann, Autonomie und Vertrauen, S. 69 (89).

[787] Vgl. zu dieser Terminologie: *Schöne-Seifert*, Grundlagen der Medizinethik, S. 50.

[788] *Rehbock*, Personsein in Grenzsituationen, S. 314.

[789] *Wiesemann*, in: Wiesemann/Simon, Patientenautonomie, S. 13 (21) dort Fn. 10.

hungen und darauf, dass dessen Werte und Überzeugungen in der Auseinandersetzung mit anderen Menschen erworben und geprägt wurden.[790] So wird das „interdependente anstelle eines autonomen Selbst“[791] betont und auf das Missverständnis von Autonomie hingewiesen, das in der Annahme besteht, der autonome Patient treffe seine Entscheidung einsam und allein und damit frei und unabhängig von intersubjektiven Einflüssen.[792] Auch von denjenigen Autoren, die einem individualistischen Autonomieverständnis gegenüber einem relationalen Konzept der Patientenautonomie den Vorrang gewähren, werden die große Bedeutung der sozialen Einbettung von Patienten und die prägende Wirkung sozialer Interaktionen nicht bestritten.[793] Autonomie kann „nur im Kontext entgegenkommender sozialer Verhältnisse und Beziehungen entfaltet werden“[794]. Verwiesen wird dabei auf die Tragweite der Themen, die schwer erkrankte Patienten zu bewegen haben und darauf, dass sie in diesen Situationen auf das Gespräch mit anderen angewiesen sind, aus dem sich ihr Wille häufig erst bildet.[795]

> „Ist der Wille auch am Ende sein eigener, so ist der Willensbildungsprozess doch oft sinnvoll als ein genuin gemeinsamer zu begreifen, dessen Gelingen von intakten sozialen Beziehungen zwischen dem Patienten, den ihm Nahestehenden und den behandelnden Personen abhängt.“[796]

b) Die Ausübung der Patientenautonomie erfordert Fürsorge

In dieselbe Richtung weisen die Gedanken von *Theda Rehbock*. Sie merkt an, dass auch der „im normalen Sinn entscheidungsfähige Patient (…) auf Fürsorge in Form adäquater Aufklärung und Beratung, aber auch in Form persönlicher Anteilnahme und einfühlsamer Begleitung“ angewiesen ist, um eine selbstbestimmte Entscheidung treffen zu können.[797] Der Mensch ist zugleich „vernünf-

---

[790] *Anderson/Honneth*, in: Christman, Autonomy challenges to liberalism, S. 127 (129); *Anselm/Butz*, in: Steinfath/Wiesemann, Autonomie und Vertrauen, S. 133 (134); *Lipp/Brauer*, in: Steinfath/Wiesemann, Autonomie und Vertrauen, S. 201 (202); *Mackenzie/Stoljar*, in: Mackenzie/Stoljar, Relational Autonomy, S. 3 (4); *Wapler*, Kinderrechte und Kindeswohl, S. 337.

[791] *Geisler*, DMW 2004, 453 (454).

[792] *Rehbock*, Personsein in Grenzsituationen, S. 323.

[793] *Ach/Schöne-Seifert*, in: Wiesemann/Simon, Patientenautonomie, S. 42 (49); *Steinfath*, in: Steinfath/Wiesemann, Autonomie und Vertrauen, S. 11 (35, 39); Vgl. zum 'relationalen Autonomieverständnis' die Darstellung bei: *Ach/Schöne-Seifert*, in: Wiesemann/Simon, Patientenautonomie, S. 42 (48–56).

[794] *Steinfath*, in: Steinfath/Wiesemann, Autonomie und Vertrauen, S. 11 (39).

[795] *Steinfath/Pindur*, in: Wiesemann/Simon, Patientenautonomie, S. 27 (36).

[796] *Steinfath/Pindur*, in: Wiesemann/Simon, Patientenautonomie, S. 27 (36); in diesem Sinne auch: *Lipp/Brauer*, in: Steinfath/Wiesemann, Autonomie und Vertrauen, S. 201 (202).

[797] *Rehbock*, Personsein in Grenzsituationen, S. 321.

tiges und autonomes Subjekt“ und „bedürftiges, verletzliches und sterbliches Wesen“[798]. In seiner autonomen Existenz ist er auf die Fürsorge anderer angewiesen. Daraus ergibt sich, dass Fürsorge und Autonomie nicht in einem sich gegenseitig ausschließenden Verhältnis alternativloser Alternativität zu begreifen sind, sondern einander vielmehr bedingen.[799] Sie sind „keine autarken Inseln“[800]: „Achtung der Autonomie und Fürsorge sind gleichermaßen unbedingt gültige moralische Grundforderungen, die sich wechselseitig bedingen und fordern.“[801] Das selbstbestimmte Leben des Menschen wird durch die Fürsorge nicht bedroht, sondern vielmehr erst ermöglicht.

So verstandene Fürsorge wird nicht als Kompensation fehlender Autonomie angesehen, die per se paternalistische Tendenzen in sich trägt, sondern im Gegenteil als Antwort des Behandelnden auf die Hilfsbedürftigkeit des Patienten. Fürsorge wirkt sich mithin autonomiebefähigend aus.[802] So kann es als medizinethisches Ziel bezeichnet werden, Patienten durch den Aufklärungsprozess in der Weise zu aktivieren, dass sie dadurch in die Lage versetzt werden, eine substanzielle autonome Entscheidung über die medizinische Intervention zu treffen.[803] Dabei ist *Christoph Schickhardt* zuzustimmen, der davon ausgeht, dass die Ausübung der Autonomie bei Kindern der dynamischen Entwicklung zugänglich ist und der fordert, „dass Kinder im Sinne dieser Entwicklung von Autonomie aufzuklären, zu bilden und zu befähigen sind.“[804]

III. Schlussfolgerung

Unterstellt man – wie es im vorliegenden Abschnitt hilfsweise getan wurde –, dass es sich bei der Patientenautonomie um eine steigerbare Eigenschaft eines Menschen handelt, so fördert das hier vertretene Assistenzkonzept die Autonomie von Kindern als Patienten in eben der zuvor beschriebenen Weise. Wichtig erscheint in diesem Zusammenhang der Hinweis darauf, dass in diesem Modell die Entscheidung über die vorzunehmende Behandlung grundsätzlich bei dem Patienten liegt. Eine Ausnahme kann nur dann gelten, wenn dieser sich ‚blind vertrauend‘ in die Hände des Behandelnden begibt. Damit unterscheidet sich das Assistenzkonzept zur Gewährleistung der Selbstbestimmung von dem Modell des ‚shared-decision-making‘[805] in einem entscheidenden Punkt: Während im ‚shared-decision-making‘-Modell die Entscheidung zwischen

---

[798] *Rehbock*, Personsein in Grenzsituationen, S. 324.
[799] *Geisler*, DMW 2004, 453 (456).
[800] *Duttge*, MedR 2017, 361 (363).
[801] *Rehbock*, Personsein in Grenzsituationen, S. 321.
[802] *Wiesemann*, in: Wiesemann/Simon, Patientenautonomie, S. 13 (19).
[803] *Faden/King/Beauchamp*, informed consent, S. 237.
[804] *Schickhardt*, Kinderethik, S. 217.
[805] Siehe dazu: *Isfort et al.*, DMW 2002, 2021 (2022).

Patient und Behandelndem in nicht näher bezeichneter Weise ‚geteilt' wird[806], räumt das hier vertretene Modell der Herstellung der Einwilligungsfähigkeit dem im Wege der Assistenz zur Einwilligungsfähigkeit verholfenen Kind und seiner insoweit selbstbestimmt getroffenen Entscheidung den höchsten Rang ein. Aus den vorstehenden Überlegungen ergibt sich, dass auch in Fällen, in denen das Ziel der Herstellung der Einwilligungsfähigkeit des Kindes nicht erreicht wird, aus medizinethischen Gründen nicht ohne weiteres der kindliche Wille durchkreuzt und unterbunden werden sollte.[807]

B. Kinder- und jugendmedizinische Begründung des Assistenzkonzepts

I. Patientenautonomie in der pädiatrischen Praxis

Vor dem Hintergrund der vorstehenden Erkenntnisse überrascht es, dass sich in der täglichen Praxis in Notfallambulanzen, Arztpraxen und anderen Einrichtungen der Gesundheitsversorgung immer noch und immer wieder Behandlungssituationen ereignen, in denen „Kinder ohne jede Vorankündigung oder Erklärung und gegen ihren Willen untersucht und behandelt werden“[808]. Der Umgang der Behandelnden mit den jungen Patienten wird trotz der schon seit langem virulenten Debatte um die Selbstbestimmung der Patienten als „traditionell“ und „hierarchisch“ bezeichnet.[809] Handelt es sich insoweit lediglich um Einzelfälle, aus denen kein Rückschluss auf die Kinder- und Jugendmedizin als Ganze gefolgert werden kann oder ist der gesellschaftliche und rechtliche Anspruch auf eine verstärkte Selbstbestimmung des Kindes noch nicht in der pädiatrischen Alltagspraxis angekommen?

1. Fehlende Einbeziehung minderjähriger Patienten

Untersuchungen zur Gesprächsführung in der Triade zwischen Behandelndem, minderjährigem Patient und dessen Eltern zeigen, dass Kinder zwar untersucht und befragt werden, ihnen aber eine gleichberechtigte Einbeziehung in die Gesprächsführung vorenthalten wird.[810] In zwei Dritteln der untersuchten Gespräche richteten die Behandelnden sich an die Eltern und nicht an das erkrankte Kind.[811] Nur ca. 10% der gesamten Interaktion wird von den Kindern

---

[806] Mit der Folge, dass am Ende nicht klar ist, wer die Entscheidung getroffen hat.

[807] Hinsichtlich der Bedeutung, die ein der Behandlung entgegenstehender sogenannter ‚natürlicher Wille' des nicht einwilligungsfähigen Kindes haben kann, sei auf das nachfolgende fünfte Kapitel dieser Arbeit verwiesen.

[808] *Damm/Leiss*, in: Damm/Leiss/Habeler/Habeler, Ärztliche Kommunikation mit Kindern, S. 43.

[809] *Damm et al.*, Paediatr. Paedolog. Austria 2014 (Sonderheft 1), 36 (39).

[810] *Damm/Leiss*, in: Damm/Leiss/Habeler/Habeler, Ärztliche Kommunikation mit Kindern, S. 43 (44); *Kölch*, in: Wiesemann, Kind als Patient, S. 59 (64 f.).

[811] *Tates et al.*, Patient Educ Couns 48 (2002), 5 (8).

beigesteuert.[812] Weiter konnte aufgezeigt werden, dass eine Einbeziehung der Kinder signifikant häufiger in der Phase der Informationsgewinnung – also vor der Untersuchung – als bei der Übermittlung der Diagnose und der Planung der Therapie erfolgte.[813] Kommt es im Gespräch zwischen Behandelndem und Kind zu einer Einmischung der Eltern – etwa weil diese auf eine an das Kind adressierte Frage antworten – ‚so führt dies in der Regel im weiteren Verlauf zu einer reinen Erwachsenenkommunikation, von der das Kind ausgeschlossen ist.[814] Die österreichischen Kinder- und Jugendmedizinerinnen *Ulrike Habeler* und *Lilly Damm* sowie die Gesundheitspsychologin *Ulrike Leiss* vermuten als Grund für die Einmischung der Eltern die von diesen empfundene Verpflichtung gegenüber der Erwartungshaltung des Behandelnden, der durch sein Expertenwissen zur Diagnose beiträgt.[815] In nur 13% der untersuchten Gespräche zeigten Behandelnde und Eltern dem Kind gegenüber eine Haltung, die als Unterstützung für dessen Beteiligung am Gespräch zu deuten ist.[816] Dies überrascht vor dem Hintergrund, dass die unterstützende Haltung des Behandelnden als ein Erfolgsfaktor für den Aufbau einer Behandler-Patienten-Beziehung gilt,[817] die wiederum positive Auswirkungen auf den Behandlungserfolg erwarten lässt.[818]

2. Analyse der pädiatrischen Literatur zur Einbeziehung der Kinder

Bestätigung erfahren die empirischen Studien durch eine Analyse der pädiatrischen Literatur zur Gestaltung des Kommunikationsprozesses in der Behandler-Patient-Eltern-Triade. Ernsthafte und umfangreiche Bemühungen zur „professionellen ärztlichen Kommunikation in der Kinder- und Jugendmedizin“[819], welche die Relevanz der Kommunikation in der Pädiatrie betonen, fokussieren ganz überwiegend auf das zwischen Behandelndem und den Eltern stattfindende Gespräch. Auch wenn davon auszugehen ist, dass die insoweit extrahierten Gelingensbedingungen auf das Gespräch mit dem juvenilen Patienten übertragen werden können, stellt sich gleichwohl die Frage, warum die „herausragende

---

812 *Nova/Vegni/Moja*, Patient Educ Couns 58 (2005), 327.

813 *Gabe/Olumide/Bury*, Social science & medicine 2004, 1071 (1074); *Nova/Vegni/Moja*, Patient Educ Couns 58 (2005), 327.

814 *Cahill/Papageorgiou*, British Journal of General Practice 2007, 904 (909).

815 *Habeler/Damm/Leiss*, in: Damm/Leiss/Habeler/Habeler, Ärztliche Kommunikation mit Kindern, S. 15 (23).

816 *Tates et al.*, Patient Educ Couns 48 (2002), 5 (9).

817 *Kamper*, Monatsschrift Kinderheilkunde 2015, 900 (905).

818 *Alderson*, in: Wiesemann, Kind als Patient, S. 28 (46); *Dörries*, in: Wiesemann, Kind als Patient, S. 180 (185); *Popow*, Paediatr. Paedolog. Austria 2014 (Sonderheft 1), 62 (63).

819 So der Titel des Aufsatzes von: *Kölfen*, Monatsschrift Kinderheilkunde 2016, 574–582; vgl. auch: *Kölfen*, Monatsschrift Kinderheilkunde 2015, 583–589; *Kölfen*, Ärztliche Gespräche (passim).

Bedeutung der kommunikativen Kompetenz des Arztes"[820] nahezu ausschließlich im Hinblick auf die Gesprächsführung zwischen Behandelndem und den Eltern des Patienten dargestellt und untersucht wird und die Kommunikation mit dem Kind gar nicht[821] bzw. nur beiläufig[822] erwähnt wird? Dass es sehr wohl in der Kinder- und Jugendmedizin Überlegungen gibt, wie die aufkommende Autonomie des Kindes in der Kommunikations-Triade Gestalt gewinnen kann, zeigt sich bei der Hinzuziehung der internationalen Literatur.[823] Insgesamt dürfte für die Situation in Deutschland der Befund des Kinder- und Jugendarztes *Stephan Nolte* zutreffend sein, der davon ausgeht, dass die Konsequenzen aus dem Selbstbestimmungsrecht des Kindes für die Medizin noch weitgehend ungeklärt sind und hier ein gewisser Nachholbedarf der Medizin besteht.[824]

3. Der Wunsch nach mehr Beteiligung

Kinder und Jugendliche wünschen sich eine stärkere Einbeziehung in die Gespräche über Behandlungsmaßnahmen als dies gegenwärtig häufig der Fall ist.[825] Im Ergebnis sind es damit die Eltern und Behandelnden, die die kindliche Fähigkeit, die eigene Sichtweise einzubringen, unterschätzen und das Kind damit in eine passive Rolle drängen:[826] „Das Ergebnis ist, dass über Kinder geredet wird, statt mit ihnen."[827] Kinder werden auf diese Weise zu Objekten der Behandlung.

II. Kein ‚therapeutisches Privileg' bei der Behandlung von Kindern

Als Grund für diesen Befund und als Erklärung für ihre Vorgehensweise wird von Eltern und Behandelnden häufig angegeben, das Kind vor der unangeneh-

---

[820] So: *Kölfen*, Monatsschrift Kinderheilkunde 2016, 574.
[821] *Kölfen*, Monatsschrift Kinderheilkunde 2016, 574.
[822] *Kölfen*, Monatsschrift Kinderheilkunde 2015, 583.
[823] Vgl. insoweit: *Damm/Leiss*, in: Damm/Leiss/Habeler/Habeler, Ärztliche Kommunikation mit Kindern, S. 43–60; *Gabe/Olumide/Bury*, Social science & medicine 2004, 1071–1079; *Habeler/Damm/Leiss*, in: Damm/Leiss/Habeler/Habeler, Ärztliche Kommunikation mit Kindern, S. 15–26; *Lourdes-Levy/Larcher/Kurz*, European Journal of pediatrics 2003, 629–633; *Mårtenson/Fägerskiöld*, J Clin Nurs 2008, 3131–3141; *Tates et al.*, Patient Educ Couns 48 (2002), 5–14.
[824] *Nolte*, Kinderärztliche Praxis 2017, 51 (53).
[825] *Damm et al.*, Paediatr. Paedolog. Austria 2014 (Sonderheft 1), 36 (39); *Dörries*, in: Wiesemann, Kind als Patient, S. 180 (184); *Kölch*, in: Wiesemann, Kind als Patient, S. 59 (65); für die Kinder- und Jugendpsychiatrie: *Rothärmel et al.*, Patientenaufklärung, S. 252–253.
[826] *Habeler/Damm/Leiss*, in: Damm/Leiss/Habeler/Habeler, Ärztliche Kommunikation mit Kindern, S. 15 (23); *Michel*, Rechte von Kindern in Heilbehandlungen, S. 194.
[827] *Damm et al.*, Paediatr. Paedolog. Austria 2014 (Sonderheft 1), 36 (38).

men Wahrheit ‚schützen' zu wollen.[828] Sie wollen dem Kind die Tragweite seiner Erkrankung nicht mitteilen, um es nicht unnötig zu beunruhigen. So äußerte in einer nicht repräsentativen Studie zu Aufklärungsgesprächen bei Routineeingriffen in der Pädiatrie eine Mehrzahl der Eltern den Wunsch, das Kind weniger über die Risiken aufzuklären.[829] Dabei wird insbesondere bei sehr jungen Kindern häufig davon ausgegangen, dass sie die Ernsthaftigkeit der Situation nicht erfassen können. Zutreffend dürfte das Gegenteil sein.[830] Kinder sind mit einer natürlichen Begierde nach Wissen ausgestattet. Dieses Bedürfnis stillen sie mit Fragen.[831] Dabei spielt es keine Rolle, ob sie selbst erkrankt sind. Sie wollen wissen, wie die Welt funktioniert, und ihre Fragen machen auch vor schwierigen Themen wie dem Tod nicht Halt.[832] Dies gilt zumindest solange, wie sie den Eindruck haben, dass es legitim ist, diese Fragen zu stellen und ihre Umgebung damit gut umgehen kann.[833] Realisieren sie jedoch, dass sie ihre Gesprächspartner mit ihren Fragen traurig machen, unangenehm berühren oder dass sie keine adäquaten Antworten erhalten, so hören sie aus Rücksicht auf diese auf zu fragen.[834] Daraus darf aber keineswegs geschlussfolgert werden, sie hätten keine Fragen mehr. Vielmehr behalten sie ihre Fragen für sich und ziehen sich zurück.[835] Erwachsene, die unangenehme Themen wie die ernsthafte Erkrankung eines Kindes bagatellisieren oder hinweg reden, lassen „das Kind mit seinen Sorgen und Ängsten allein zurück"[836]. Regelmäßig dürften es bei schweren Erkrankungen die Eltern sein, die den Gedanken an die Folgen und Auswirkungen der Krankheit nicht wahrhaben wollen.[837] Kinder spüren dies. Sie wollen ihre Eltern nicht verunsichern und stellen keine weiteren Fragen. Untersuchungen und Erfahrungen zeigen, dass Kinder in der Lage sind, ihr Leiden und auch ihre Schmerzen mit großer Tapferkeit zu ertragen, um ihre Eltern nicht zu beunruhigen.[838] Aus alledem ergeben sich keine Gründe, be-

---

[828] Vgl.: *Schmidt/Krones*, Monatsschrift Kinderheilkunde 2016, 122 (126); *Gabe/Olumide/Bury*, Social science & medicine 2004, 1071 (1074) mit Verweis auf Vertreter in der englischsprachigen Literatur.

[829] *Schmidt/Krones*, Monatsschrift Kinderheilkunde 2016, 122 (125) Tabelle 5.

[830] *Damm et al.*, Paediatr. Paedolog. Austria 2014 (Sonderheft 1), 36 (39); am Beispiel eines vierjährigen sterbenden Mädchens veranschaulichend: *Niethammer*, in: Wiesemann, Kind als Patient, S. 92 (100).

[831] *Krenz*, Kinderfragen, S. 144; *Rauschenberg*, Zeitschrift für Pädagogik 1985, 759.

[832] *Niethammer*, in: Wiesemann, Kind als Patient, S. 92 (101).

[833] *Damm et al.*, Paediatr. Paedolog. Austria 2014 (Sonderheft 1), 36 (39).

[834] *Niethammer*, in: Wiesemann, Kind als Patient, S. 92 (102).

[835] *Niethammer*, in: Wiesemann, Kind als Patient, S. 92 (101).

[836] *Damm et al.*, Paediatr. Paedolog. Austria 2014 (Sonderheft 1), 36 (39).

[837] *Niethammer*, in: Wiesemann, Kind als Patient, S. 92 (101).

[838] *Alderson*, in: Wiesemann, Kind als Patient, S. 28 (32); *Niethammer*, in: Wiesemann, Kind als Patient, S. 92 (103).

troffenen Kindern die Ernsthaftigkeit ihrer Erkrankung vorzuenthalten und sie auf diese Weise zum Objekt der Behandlung zu degradieren. Im Gegenteil: Kinder sind als Subjekte des Behandlungsgeschehens ernst zu nehmen. Sie sind in altersgerechter Weise über ihre Erkrankung zu informieren und hinsichtlich der medizinisch gebotenen Therapie aufzuklären.

III. Patientenzentrierung in der Medizin

Die *Weltgesundheitsorganisation (WHO)* forderte in ihrem Bericht im Jahr 2008 im dritten Kapitel unter dem Titel „putting people first" eine patientenzentrierte Kommunikation bzw. Haltung in der Medizin.[839] Es müsse dem Wesen jeder Behandlung entsprechen, zunächst den Patienten und dann erst seine Erkrankung zu verstehen.[840] Sie betont den Wunsch der Patienten, angehört, verstanden und respektiert zu werden[841] und kritisiert die Tatsache, dass nur jeder zweite Patient vor der Behandlung nach seiner Meinung gefragt wird.[842] Die Medizin habe dem Patientenwunsch nach Information und Respekt des Patientenwillens durch eine patientenzentrierte Kommunikation Rechnung zu tragen.[843] Nur so könnten die im Patienten vorhandenen Potenziale zur Selbsthilfe im Umgang mit der Krankheit genutzt und aktiviert werden.[844]

1. Patientenzentrierte Kommunikation

Eine patientenzentrierte Kommunikation zeichnet sich dadurch aus, dass Patienten bei Entscheidungen, die ihre Gesundheit betreffen, einbezogen werden.[845] Die Aufklärung des Patienten wird dabei nicht als ein einseitiger Akt verstanden, den der Behandelnde an den Patienten richtet, sondern als „Prozess des wechselseitigen Informationsaustauschs"[846]. Voraussetzung dafür ist eine „patientenzentrierte, partnerschaftliche Beziehung zwischen Patient und Arzt"[847], die dadurch erreicht wird, dass der Behandelnde seinen Fokus nicht

---

839 *WHO*, World Health Report (2008), S. 40–60.
840 *WHO*, World Health Report (2008), S. 42.
841 *WHO*, World Health Report (2008), S. 42; so auch: *Faller*, Bundesgesundheitsblatt 2012, 1106 (1107); *Farin*, Rehabilitation 2010, 277 (280); *O'Leary et al.*, Patient Educ Couns 69 (2007), 5 (10).
842 *WHO*, World Health Report (2008), S. 45.
843 *WHO*, World Health Report (2008), S. 43.
844 *WHO*, World Health Report (2008), S. 47.
845 *Berger et al.*, BMJ 359; j4218 (2017), 1; *Engelhardt*, Verlorene Patienten, S. 27–28; *Kreß*, Medizinische Ethik, S. 25–26; *Langewitz*, Bundesgesundheitsblatt 2012, 1176 (1177).
846 *Faller*, Bundesgesundheitsblatt 2012, 1106 (1109); *Brewster*, Pediatrics 1982, 355 (362) hält das, was der Patient sagt, sogar für Entscheidender als das, was der Behandelnde sagt.
847 *Faller*, Bundesgesundheitsblatt 2012, 1106 (1109 f.).

ausschließlich auf die Erkrankung des Patienten richtet, sondern diesen als individuelle Person wahrnimmt.[848] Dazu bedarf es neben einer Haltung des Respekts gegenüber dem Patienten auch der Bereitschaft und Fähigkeit, den Patienten zum Einbringen seiner eigenen Sichtweise und zum Artikulieren individueller Ängste und Wertvorstellungen zu ermutigen und das Gespräch als Dialog auf der Grundlage der so erhaltenen Informationen fortzuführen.[849] Dies kann auch die Bereitschaft zur psychosozialen Beratung bzw. die Vermittlung in diese beinhalten[850] und erfordert zudem Zeit.[851] In der Literatur wird darauf hingewiesen, dass Zeitmangel „keine Entschuldigung für bevormundendes Verhalten“ sein kann[852] und es mehr als auf die zeitlichen Ressourcen auf die Haltung des Behandelnden ankommt.[853] Mit vielen Medizinern und unter Verweis auf im *WHO*-Bericht genannte Studien geht die *Weltgesundheitsorganisation* davon aus, dass durch eine stärkere Einbeziehung des Patienten der Behandlungserfolg verbessert werden kann.[854] Heute wird die patientenzentrierte Kommunikation jungen Medizinern als Standard im Rahmen der medizinischen Ausbildung vermittelt.[855]

2. Empowerment

Vertreter der patientenzentrierten Kommunikation sehen in einem solchen Modell die Chance,

> „Patienten zu befähigen, auch bei komplexen Gesundheitsproblemen und in Anbetracht komplizierter medizinischer Sachverhalte (…) zu abgewogenen und eigenverantwortlichen Entscheidungen zu gelangen.“[856]

Sie verwenden hierfür den Begriff des „Empowerments“[857], der ansonsten vor allem in der Sozialen Arbeit, in der Gemeindepsychologie und in der Arbeits-

---

[848] *Kreß*, Bundesgesundheitsblatt 2012, 1085 (1091).
[849] *Towle et al.*, BMJ 319; 7212 (1999), 766.
[850] *Kreß*, Bundesgesundheitsblatt 2012, 1085 (1091).
[851] *Damm et al.*, Paediatr. Paedolog. Austria 2014 (Sonderheft 1), 36 (37).
[852] *Popow*, Paediatr. Paedolog. Austria 2014 (Sonderheft 1), 62 (64).
[853] *Grieser/Eiholzer Urs*, in: Stier/Weissenrieder, Jugendmedizin, S. 125 (130 f.).
[854] *WHO*, World Health Report (2008), S. 47; so auch z. B.: *Kölfen*, Monatsschrift Kinderheilkunde 2015, 583 (588); *Popow*, Paediatr. Paedolog. Austria 2014 (Sonderheft 1), 62 (63); *Sieber*, Paediatr. Paedolog. Austria 2014 (Sonderheft 1), 25 (28); *Zolnierek/Dimatteo*, Med Care 2009, 826 (828); zumindest deutliche Hinweise sehend: *Faller*, Bundesgesundheitsblatt 2012, 1106 (1110); von einem "Placebo-Effekt" sprechend: *Kreß*, Bundesgesundheitsblatt 2012, 1085 (1088); *Wissenschaftlicher Beirat der Bundesärztekammer*, Placebo in der Medizin, S. 157–176.
[855] *Habeler/Damm/Leiss*, in: Damm/Leiss/Habeler/Habeler, Ärztliche Kommunikation mit Kindern, S. 15.
[856] *Kreß*, Bundesgesundheitsblatt 2012, 1085 (1091).

und Organisationspsychologie Erwähnung findet.[858] Empowerment wird als ein Prozess verstanden, der auf der Grundlage von „Achtung und Fürsorge" sowie „kritischer Reflexion und Bewußtwerdung" der handelnden Akteure dazu beiträgt, dass Personen, die nur einen unzureichenden Zugang zu sozialen Ressourcen haben, Teilhabe ermöglicht wird.[859] Das Ziel von Empowerment ist die Stärkung und das Sichtbarmachen individueller Ressourcen.[860] So soll es dem Einzelnen ermöglicht werden, Belastungen aus eigener Kraft zu bewältigen. Auf diese Weise gewinnen benachteiligte Menschen Selbstbestimmungsfähigkeiten und Kompetenzen, mit denen sie eigene Lebensumstände bestimmen können.[861] Dabei werden bestehende Rollen- und Hierarchiekonzepte, etwa die zwischen ‚Laien' und ‚Professionellen' in Frage gestellt. Stattdessen wird von einer Gleichwertigkeit der Rollen ausgegangen.[862] Der Empowerment-Ansatz fragt nach den Bedingungen, unter denen es Menschen gelingt, „sich aus einer machtlosen und demoralisierenden Situation heraus zu entwickeln" und zu Akteuren ihres eigenen Lebens zu werden.[863]

a) Empowerment in der Medizin

Im Kontext der Heilbehandlung will Empowerment Patienten dazu befähigen, sich bei medizinischen Entscheidungen als gleichberechtigte Partner aktiv zu beteiligen.[864] Angestrebt wird ein Prozess, in dem ein kranker Mensch soziale Unterstützung erhält, die in ihm Kompetenzen (Wissen, Motivation, Selbstwirksamkeit, Fertigkeiten) entstehen lässt, die eine selbstbestimmte Entscheidung möglich machen.[865] In eben dieser Weise ist die Stellungnahme des *Deutschen Ethikrats* zur Frage der Selbstbestimmung bei Patienten, die an einer Demenz leiden, zu verstehen. Das Ziel besteht darin, die Selbstbestimmung des Patienten so lange wie möglich zu erhalten.[866] Dies soll durch Unterstützung des Behandelnden und anderer Personen aus dem sozialen Umfeld des Erkrankten ge-

---

857 *Chu et al.*, BMJ 354; i3883 (2016), 1 (2); *Faller*, Bundesgesundheitsblatt 2012, 1106 (1109); *WHO*, World Health Report (2008), S. 48.

858 *Aujoulat/d'Hoore/Deccache*, Patient Educ Couns 66 (2007), 13 (14); *Herriger*, Empowerment, S. 15, 17; *Pankofer*, in: Miller/Pankofer, Empowerment konkret, S. 7; *Stark*, Thema Jugend 2002, 11.

859 *Stark*, Empowerment, S. 16–17.

860 *Herriger*, Empowerment, S. 19; *Stark*, Empowerment, S. 17.

861 *Theunissen/Plaute*, Empowerment und Heilpädagogik, S. 11–12.

862 *Stark*, Empowerment, S. 17.

863 *Pankofer*, in: Miller/Pankofer, Empowerment konkret, S. 7 (8).

864 *Faller*, Bundesgesundheitsblatt 2012, 1106 (1109).

865 *Aujoulat/d'Hoore/Deccache*, Patient Educ Couns 66 (2007), 13 (18); *Faller*, Bundesgesundheitsblatt 2012, 1106 (1109).

866 *Deutscher Ethikrat*, Demenz und Selbstbestimmung, S. 50, 53.

schehen.[867] In der juristischen Literatur wird dies als „Assistenz zur Herstellung der Einwilligungsfähigkeit" bezeichnet.[868]

b) Empowerment in der Kinder- und Jugendmedizin

Auch wenn die wissenschaftliche Forschung zur Anwendung des Empowerment-Ansatzes für Kinder bzgl. der sie betreffenden Heilbehandlungen noch als dürftig zu bezeichnen ist, so bietet dieses Modell doch Anknüpfungspunkte, um minderjährige Patienten stärker in Entscheidungsprozesse einzubeziehen. Denn es gilt als gesicherte Erkenntnis, dass auch deren subjektives Verständnis von Gesundheit bzw. von gesundheitsbezogener Lebensqualität Beachtung und Respekt verdient.[869] Eine ressourcenorientierte Sicht auf Kinder als Patienten fokussiert den Blick nicht auf die Krankheit des Kindes oder auf seine vermeintliche Inkompetenz, sondern auf „das Kind selbst – mit seiner unantastbaren Würde"[870]. Unerlässliche Bedingung für die Teilhabe von minderjährigen Patienten in ihrer Gesundheitsversorgung ist eine Beziehung zwischen dem Kind und dem Behandelnden, die nur durch Kommunikation entstehen kann.[871] Es sind die im Kind schon vorhandenen Ressourcen, die gestärkt und freigesetzt werden sollen, damit die minderjährigen Patienten die anstehenden Alltagsanforderungen, wozu auch der Umgang mit einer Krankheit gehört, bewältigen können.[872]

Dies soll zum einen erreicht werden durch eine Stärkung der personalen Ressourcen, wozu die allgemeine Selbstwirksamkeit ebenso gehört wie das Bewältigungspotenzial im Hinblick auf eine konkrete Aufgabe. Zum anderen bedarf es der Stärkung familiärer und sozialer Ressourcen, also des Zusammenhalts innerhalb der Familie und der Gestaltung eines positiven Familienklimas sowie der Unterstützung durch Gleichaltrige und außerhalb der Familie stehende Erwachsene.[873] Dies erinnert an das erwähnte[874] Anforderungs-Bewältigungs-Modell und betrifft die Ebenen des ‚Mikrosystems' und des ‚Mesosystems'.[875] Ohne den Begriff des Empowerments zu verwenden, beschreiben *Tates et al.* ein prototypisches unterstützendes Verhalten in der Triade zwischen Behandelnden, minderjährigen Patienten und deren Eltern. Nach ihrem Dafürhalten

---

[867] *Deutscher Ethikrat*, Demenz und Selbstbestimmung, S. 53–54.
[868] Vgl.: *Damm*, MedR 2015, 775 (782–784).
[869] *Erhart/Wille/Ravens-Sieberer*, Gesundheitswesen 2008, 721 (722).
[870] *Habeler/Damm/Leiss*, in: Damm/Leiss/Habeler/Habeler, Ärztliche Kommunikation mit Kindern, S. 15.
[871] *Damm/Leiss*, in: Damm/Leiss/Habeler/Habeler, Ärztliche Kommunikation mit Kindern, S. 43 (44).
[872] *Erhart/Wille/Ravens-Sieberer*, Gesundheitswesen 2008, 721 (722).
[873] *Erhart/Wille/Ravens-Sieberer*, Gesundheitswesen 2008, 721 (722 f.).
[874] Vgl. 3. Kapitel § 4 C III.
[875] *Miller*, in: Miller/Pankofer, Empowerment konkret, S. 23 (31).

kommt Eltern und Behandelnden die Aufgabe zu, das Kind zur Einnahme einer aktiven Rolle bei der Behandlung zu ermutigen.[876] Beispielhaft werden für die Person des Behandelnden genannt: Einladung des Kindes, das Problem bzw. die Beschwerden zu beschreiben, indem es direkt gefragt wird, sowie Einbeziehung des Kindes in die Diskussion über die Diagnose und die sich daraus ergebenden Therapiemöglichkeiten.[877] Eltern können das Kind unterstützen, indem sie es verbal und nonverbal ermutigen, eine aktive Rolle einzunehmen und ihrerseits im Hintergrund verbleiben. So gewähren sie dem Kind ausreichend Raum, um die Fragen des Behandelnden zu beantworten. Dabei sollen Eltern als Übersetzer fungieren, um dem Kind Informationen zur Verfügung zu stellen oder um Missverständnisse aufzuklären, die sich unter Umständen durch das falsche Verständnis einer Frage durch das Kind ergeben haben können.[878]

Das Kind, das durch die Assistenz von Behandelnden und Eltern unterstützt wird, die Verantwortung für die eigene Gesundung wahrzunehmen, wird dadurch zum aktiv beteiligten Partner und damit vom Objekt der Behandlung zum Subjekt: „Diese Erfahrung führt zu Empowerment und einer verbesserten Ausgangsbasis für eine mögliche weitere Herausforderung.“[879] Durch Empowerment können Kinder in bestmöglicher Art und Weise an sie betreffenden Heilbehandlungen beteiligt werden. Die aus der Beschäftigung mit der Kinder- und Jugendmedizin gewonnenen Erkenntnisse fließen in die näher zu beschreibende Ausgestaltung des Assistenzkonzepts ein.

§ 3 Ausgestaltung des Assistenzkonzepts

A. Subjektorientierung in der Pädiatrie

Behandelnde sind zum Respekt vor dem Leben und der Würde des Kindes als Rechtspersönlichkeit verpflichtet, und zwar unabhängig von den derzeitigen Lebensumständen des kindlichen oder juvenilen Patienten.[880] Es gilt, das Kind mit seinen Rechten, Wünschen, Vorstellungen, seinem kulturellen Hintergrund und seiner Behandlungsgeschichte zu achten und anzunehmen.[881] Die Behandlungsrealität, nach der Kinder ohne Vorwarnung und oftmals auch gegen ihren

---

[876] *Tates et al.*, Patient Educ Couns 48 (2002), 5 (6).
[877] *Tates et al.*, Patient Educ Couns 48 (2002), 5 (6).
[878] *Tates et al.*, Patient Educ Couns 48 (2002), 5 (6).
[879] *Damm/Leiss*, in: Damm/Leiss/Habeler/Habeler, Ärztliche Kommunikation mit Kindern, S. 43 (47).
[880] *Lourdes-Levy/Larcher/Kurz*, European Journal of pediatrics 2003, 629 (630); *Sieber*, Paediatr. Paedolog. Austria 2014 (Sonderheft 1), 25 (29).
[881] *Baumgartner/Wösner*, in: Damm/Leiss/Habeler/Habeler, Ärztliche Kommunikation mit Kindern, S. 117 (123); *Kamper*, Monatsschrift Kinderheilkunde 2015, 900 (905); *Mårtenson/Fägerskiöld*, J Clin Nurs 2008, 3131 (3137).

Willen behandelt werden, ist zu kritisieren. Hierzu gehört auch die Achtung des Rechts des Kindes auf Nichtwissen[882] bzw. des „Nicht-informiert-werden-wollens“[883]. Bringt ein Kind zum Ausdruck, dass es nicht oder jedenfalls nicht im Detail informiert werden möchte, so ist dies zu respektieren, vgl. §§ 630e Abs. 3 und 630e Abs. 5 BGB.[884] Ferner setzt die Haltung der Behandelnden Aufmerksamkeit mit dem Kind voraus. Es bedarf der Demut, in die Welt des Kindes einzutauchen,[885] ihm „respektvoll, flexibel, durchschaubar, empfindsam, vertraut, bejahend und klar“ zu begegnen.[886] Dazu gehört die Bereitschaft, sich auf die kindliche Perspektive von Krankheit und die damit verbundenen Ängste und Sorgen einzulassen[887] und der kindlichen Realität mit Offenheit und Achtung zu begegnen.[888] Weiterhin drückt sich die Subjektorientierung des Behandelnden darin aus, dass er Zutrauen in die Kompetenzen des Kindes hat.[889] Entscheidend ist, dass Kinder spüren, dass ihnen von Erwachsenenseite aus zugetraut wird, eine eigene Meinung zu bilden. Nur so sind sie in der Lage, sich mit dieser auch einzubringen.[890]

B. Kindzentrierte Gestaltung der Kommunikation

Neben der Haltung des Behandelnden kommt es bei der Herstellung der Einwilligungsfähigkeit entscheidend auf dessen Fähigkeiten zur Kommunikation mit dem jungen Patienten an.[891] Kinder sind in der Lage, ihre Sicht der Dinge auszudrücken. Sie pflegen dies jedoch manchmal auf andere Art und Weise zu tun, als es für Erwachsene typisch ist. Um Kinder verstehen zu können, bedarf es des Aufbaus einer vertrauensvollen Beziehung zu ihnen.[892] In der Literatur wird für die gelingende Kommunikation zwischen Arzt und Patient darüber hinaus das Beherrschen von Techniken der Gesprächsführung aus der Kommu-

---

[882] Vgl. dazu: 2. Kapitel § 1 B II 5.

[883] *Taupitz*, in: Hanau/Wiese, FS Wiese, S. 583 (592).

[884] So auch: *Levetown*, Pediatrics 2008, 1441 (1446).

[885] *Habeler/Damm/Leiss*, in: Damm/Leiss/Habeler/Habeler, Ärztliche Kommunikation mit Kindern, S. 15 (16).

[886] *Dedding/Willekens/Schalkers*, Mitwirkung von Kindern im Krankenhaus, S. 15.

[887] *Webster/Skeen*, in: Martin/Weyl Ben Arush/Kreitler, Pediatric psycho-oncology, S. 71 (76).

[888] *Habeler/Damm/Leiss*, in: Damm/Leiss/Habeler/Habeler, Ärztliche Kommunikation mit Kindern, S. 15 (16).

[889] *Rushforth*, Journal of Child Psychology and Psychiatry 1999, 683 (686).

[890] *Michel*, Rechte von Kindern in Heilbehandlungen, S. 193.

[891] *Kölfen*, in: Stier/Weissenrieder/Schwab, Jugendmedizin, S. 73 (74).

[892] *Damm et al.*, Paediatr. Paedolog. Austria 2014 (Sonderheft 1), 36 (40); *Kamper*, Monatsschrift Kinderheilkunde 2015, 900 (909); *Popow*, Paediatr. Paedolog. Austria 2014 (Sonderheft 1), 62 (64).

nikationswissenschaft für hilfreich gehalten.[893] Inhalte, die vom Behandelnden präsentiert werden, sind in einzelne Teile zu zerlegen.[894] Der Realität der kürzeren Aufmerksamkeitsspanne und des geringeren kindlichen Arbeitsspeichers im Gehirn[895] ist Rechnung zu tragen, indem dem Kind nicht alle Informationen auf einmal, sondern in wohl dosierten Teilen und Schritten vermittelt werden. In diesem Zusammenhang ist darüber hinaus die Verwendung einer Schmerzskala zu nennen,[896] die es dem jungen Patienten ermöglicht, eine realistische Einschätzung des mit der Behandlung verbundenen Schmerzes – etwa bei Zahnbehandlungen – zu antizipieren bzw. der Intensität des von ihm empfundenen Schmerzes Ausdruck zu verleihen.[897] In der medizinischen Literatur wird erwähnt, dass Patientengespräche von Seiten des Behandelnden gut zu strukturieren sind.[898] Diese Hinweise gelten erst Recht für das Gespräch mit minderjährigen Patienten. Im Einzelnen ist auf die folgende Darstellung zu verweisen, die sich bei *Habeler/Damm/Leiss* findet:[899]

---

[893] *Kölfen*, in: Stier/Weissenrieder/Schwab, Jugendmedizin, S. 73 (77 f.).

[894] *Haberstroh/Oswald*, Informationsdienst Altersfragen 2014, 16 (22) für die Aufklärung von Menschen, die an einer Demenz leiden; so auch: *Eyler/Jeste*, Behav Sci Law 2006, 553 (561) für Menschen, die nicht einwilligungsfähig sind.

[895] *Sodian*, in: Schneider/Lindenberger, Entwicklungspsychologie, S. 395 (404); siehe oben 3. Kapitel § 4 C II 1.

[896] *Kölfen*, in: Stier/Weissenrieder/Schwab, Jugendmedizin, S. 73 (76).

[897] *Bächle-Helde*, JuKiP 2013, 164–166.

[898] Vgl. etwa: *Kölfen*, Monatsschrift Kinderheilkunde 2016, 574 (575–578); *Langewitz*, Bundesgesundheitsblatt 2012, 1176 (1178 f.); *Mehnert/Lehmann/Koch*, Bundesgesundheitsblatt 2012, 1134 (1139).

[899] Siehe: *Habeler/Damm/Leiss*, in: Damm/Leiss/Habeler/Habeler, Ärztliche Kommunikation mit Kindern, S. 15 (21) Tabelle 5.

Gesprächselemente	**konkrete Umsetzung**
Aufbau von Beziehung	durch non-verbale Signale wie: direkter Blickkontakt ohne Ablenkungen, herzliche Begrüßung, zugewandte interessierte Haltung, frühe aktive Einbindung des Kindes
Beginn des Gesprächs	mit Vorstellung, Rollenklärung, Klärung der Gründe für das Gespräch und Benennen von möglichen anderen Problemen und Erstellung einer Agenda.
Informationsaustausch	mit angemessenen Fragen, aufmerksamem Zuhören, unterstützenden Bemerkungen, kleinen Wiederholungen, Erkunden der elterlichen und kindlichen Vorstellungen, Gefühle, Ideen und Sorgen und Erwartungen
online commentary während der körperlichen Untersuchung	Den Kindern jedes Handeln ankündigen und durch erklärendes Reden begleiten, dem Kind besonders alle positiven Ergebnisse berichten (z. B. *Ich möchte jetzt Dein Herz abhören, damit wir herausfinden können, warum ... Das Herz hört sich kräftig und regelmäßig an, das ist gut und klingt ganz gesund ...u. s. w.*)
Erklären und Planen	angemessene Menge und Art der Information für Kind und Eltern, Rückfragen unterstützen, Nachfragen, ob die Informationen verstanden wurden, Zeichnen, Perspektive des Kindes in die Erklärung einbeziehen, Eltern und Kind in die Entscheidungsfindung einbeziehen
Abschluss	die nächsten Schritte sowohl Eltern als auch Kindern erklären, Eventualitäten einplanen, Erreichbarkeit für Notfall klären, Termine vereinbaren, schriftliche Notizen mitgeben, sich bei Eltern und dem [sic] Kindern für die Mitarbeit bedanken, eventuell kleine Belohnung.

Abbildung 2: Anregung zur Strukturierung eines Gesprächsverlaufs

C. Rahmenbedingungen des Assistenzkonzepts

Im Schrifttum wird ein unmittelbarer Zusammenhang zwischen der Art und Weise der altersadäquaten Vermittlung der Inhalte – um nicht von der Qualität der Aufklärung zu sprechen – und der Einwilligungsfähigkeit des Kindes behauptet.[900] Verlangt wird, dass Behandelnde neben der Haltung des Respekts und der Fähigkeit, angemessen und kindzentriert zu kommunizieren, auch über Kenntnisse der entwicklungspsychologischen Besonderheiten der jeweiligen Lebensphase des Kindes verfügen sollen.[901] Beachtenswert erscheint in diesem Zusammenhang, dass für die Arzneimittelforschung de lege lata verlangt wird, dass die Aufklärung des Kindes durch einen im Umgang mit Minderjährigen erfahrenen Prüfer erfolgen soll, Art. 32 Abs. 1 lit b VO (EU) Nr. 536/2014. Darüber hinaus sollen Behandelnde in der Lage sein, auf Seiten des Kindes bestehende Missverständnisse oder falsche Vorstellungen anzusprechen und diese zu beseitigen.[902] Auf diese Weise kann bei dem Kind die richtige Vorstellung von den Behandlungsmöglichkeiten erzielt werden. Instruktiv ist in diesem Zusammenhang das von *Petermann* und *Wiedebusch* geschilderte Beispiel eines zehnjährigen, an Polyarthritis erkrankten Jungen, der die von ihm häuslich vorzunehmenden physiotherapeutischen Übungen nicht durchführte und sich stattdessen auf die Kältetherapie konzentrierte, bei der die betroffenen Gelenke mit Eis gekühlt werden. Dem Therapieverhalten des Jungen lag dessen subjektive Annahme zugrunde, dass das im Rahmen der Kältetherapie verwendete Eis der ‚Todfeind' der Gelenkentzündung ist. So schrieb er dieser Therapieform die bisher erfahrene Schmerzlinderung zu. Es war die Aufgabe des Behandelnden, dem Jungen zu helfen, sein Behandlungskonzept umzustrukturieren, indem die Metapher des ‚Todfeindes' aufgegriffen wurde und neben dem ‚Todfeind Eis' zwei weitere Metaphern, nämlich der ‚Todfeind Medikamente' und der ‚Todfeind Physiotherapie' etabliert wurden.[903]

Neben den in der Person des Behandelnden liegenden Faktoren sind es auch Rahmenbedingungen im Bereich der Organisation personeller Ressourcen, die Einfluss auf das Gelingen des Empowerments von Kindern haben. Teilweise wird verlangt, dass in der Kinder- und Jugendmedizin nur speziell ausgebildete Ärzte[904] bzw. anderes Fachpersonal die Aufklärungsgespräche führen sollen.[905] Zuzugestehen ist dieser Forderung, dass bedauerlicherweise nicht davon auszugehen ist, dass ein fachlich kompetenter pädiatrischer Behandler notwendigerweise auch Experte hinsichtlich der Kommunikation mit Kindern ist. Eine

---

[900] Vgl.: *Alderson*, in: Wiesemann, Kind als Patient, S. 28 (33); *Damm/Leiss*, in: Damm/Leiss/Habeler/Habeler, Ärztliche Kommunikation mit Kindern, S. 43 (51); *Hein et al.*, BMC Med Ethics 2015: 1, 1 (4).

[901] *Damm et al.*, Paediatr. Paedolog. Austria 2014 (Sonderheft 1), 36 (37); *Rushforth*, Journal of Child Psychology and Psychiatry 1999, 683 (686).

[902] *Alderson*, in: Wiesemann, Kind als Patient, S. 28 (33); *Petermann/Wiedebusch*, Kindheit und Entwicklung 2001, 13.

[903] *Petermann/Wiedebusch*, Kindheit und Entwicklung 2001, 13.

[904] So die befragten Ärzte in der Studie von: *Schmidt/Krones*, Monatsschrift Kinderheilkunde 2016, 122 (126).

[905] *Kölch*, in: Wiesemann, Kind als Patient, S. 59 (63).

Aufgabenverteilung innerhalb des Behandelnden-Teams würde vermutlich zu besseren Ergebnissen im Sinne des hier verfolgten Ziels der Herstellung der Einwilligungsfähigkeit führen, wenn es einer auf die Aufklärung von Kindern spezialisierten Person gelingt, einen Zugang zum Kind zu finden, zu ihm eine vertrauensvolle Beziehung aufzubauen und so mit ihm zu kommunizieren, dass es sich verstanden fühlt und auf diese Weise das Verständnis seiner Krankheit und der Behandlungsmöglichkeiten zunimmt.[906] Realisieren ließe sich ein solches Vorhaben jedoch nur in größeren Organisationseinheiten wie Kliniken. Ein großer Teil der pädiatrischen Behandlungen dürfte aber außerhalb von Kliniken, nämlich ambulant in Praxen, stattfinden, in denen nicht selten nur ein einziger Behandelnder tätig ist. Darüber hinaus bestehen Bedenken dahingehend, dass in der Medizin, und insbesondere in der Kinder- und Jugendmedizin, eine stärkere Patientenzentrierung für notwendig erachtet wird.[907] Die Herausforderung, in einem vorgenanannten Setting ein vertrauensvolles Verhältnis zwischen Behandelnden und Patienten aufzubauen, erscheint ungleich größer als bei einer Konsistenz der handelnden Person auf Behandlerseite. Diese Einschätzung findet Bestätigung in der von der Soziologin *Tanya Stivers* durchgeführten Untersuchung zur Interaktion zwischen Medizinern und Kindern: Danach reduziert sich die aktive Beteiligung von Kindern nach einem Personenwechsel in einem multidisziplinären Team auf die Hälfte.[908] Forderungen nach dem Einsatz von ‚Aufklärungsexperten' können im Ergebnis nicht überzeugen. Schlussfolgernd ergibt sich aus diesen Überlegungen die Notwendigkeit von Rahmenbedingungen, die für den minderjährigen Patienten eine Konsistenz in der Person des Behandelnden gewährleisten.

Förderlich für die Herstellung der Einwilligungsfähigkeit wirkt sich fernerhin der Einsatz von Hilfsmitteln wie Stofftieren, Handpuppen, Videos und Bilderbüchern aus.[909] In diesem Zusammenhang ist auch auf die Erstellung kindgerechter Aufklärungsbögen hinzuweisen.[910] Der Kinder- und Jugendpsychiater *Michael Kölch* wirbt darüber hinaus für eine Liste, in der häufig auftretende Fragen nebst Antworten für die juvenilen Patienten zusammengestellt werden (FAQ-Liste), da er davon ausgeht, dass minderjährige Patienten (in seinem Fall Studienteilnehmende) nicht von vornherein wissen, welche Fragen im Rahmen

---

[906] Zu diesen Voraussetzungen: *Kölfen*, in: Stier/Weissenrieder/Schwab, Jugendmedizin, S. 73 (74).

[907] Siehe § 2 B III.

[908] *Stivers*, Patient Educ Couns 87 (2012), 3 (7).

[909] *Damm/Leiss*, in: Damm/Leiss/Habeler/Habeler, Ärztliche Kommunikation mit Kindern, S. 43 (48); *Michel*, Rechte von Kindern in Heilbehandlungen, S. 205; *Schmidt/Krones*, Monatsschrift Kinderheilkunde 2016, 122 (126).

[910] *Damm/Leiss*, in: Damm/Leiss/Habeler/Habeler, Ärztliche Kommunikation mit Kindern, S. 43 (54).

einer Studie für sie wichtig sein könnten.[911] Diese für medizinische Studien mit Kindern erhobene Forderung ist auf die Heilbehandlung zu übertragen, insbesondere wenn es sich um komplexe Therapien handelt. Da es Kindern, z. B. hinsichtlich einer onkologischen Erkrankung, häufig an Lebens- und Krankheitserfahrung fehlt, ist in der FAQ-Liste ein wirksames Instrument zu sehen, das die Herstellung der Einwilligungsfähigkeit fördern wird.

Abschließend sei auf die Notwendigkeit der Bereitstellung der für das Empowerment notwendigen zeitlichen Ressourcen verwiesen.[912] Es lässt sich kaum bestreiten, dass das hier dargestellte Assistenzkonzept sich nicht in der von *Tates et al.* in der Triade zwischen Behandelndem, Kind und Eltern ermittelten durchschnittlichen Gesprächsdauer von sieben Minuten[913] realisieren lässt. Darin ist vor dem Hintergrund des zunehmenden ökonomischen Drucks, unter dem Behandelnde allenthalben stehen,[914] eine Herausforderung zu sehen. Mit guten Gründen wird darauf hingewiesen, dass die unangemessene Bezahlung für die zur Aufklärung und zum Empowerment aufgewendete Zeit die Bereitschaft von Studierenden, Mentoren und praktizierenden Ärzten zum Erlernen der kindzentrierten Kommunikation nicht gerade steigert.[915] Insgesamt ist es als eine Aufgabe des Gesundheitssystems anzusehen, die im Assistenzkonzept zur Gewährleistung der Selbstbestimmung bei Kindern benannten personellen, sachlichen und organisatorischen Rahmenbedingungen im Behandlungsalltag zu gewährleisten, ihre Einhaltung zu überprüfen und die Wirksamkeit dessen in einem regelmäßig stattfindenden Prozess zu evaluieren.

§ 4 Konsequenzen des Assistenzkonzepts

A. Herstellung der Einsichts-, Urteils- und Steuerungsfähigkeit

Im Folgenden sollen die mit dem Assistenzkonzept zur Gewährleistung der Selbstbestimmung bei Kindern verbundenen juristischen Rahmenbedingungen und Konsequenzen eingehender untersucht werden. Primär wird mit dem Assistenzkonzept das Ziel verfolgt, die Einwilligungsfähigkeit des kindlichen Patienten in der konkreten Behandlungssituation herzustellen. Dort, wo es gelingt, dem minderjährigen Patienten durch Information und Aufklärung ein Verständnis von seiner Krankheit und von den Behandlungsmöglichkeiten nebst

---

[911] *Kölch*, in: Wiesemann, Kind als Patient, S. 59 (67).

[912] *Baumgartner/Wösner*, in: Damm/Leiss/Habeler/Habeler, Ärztliche Kommunikation mit Kindern, S. 117 (125); *Levetown*, Pediatrics 2008, 1441 (1443).

[913] *Tates et al.*, Psychology & Health 2002, 281 (290).

[914] Siehe dazu: *Maio*, Geschäftsmodell Gesundheit (passim); *Miranowicz*, MedR 2018, 131 (134).; *Siegrist*, Bundesgesundheitsblatt 2012, 1100 (1102).

[915] *Levetown*, Pediatrics 2008, 1441 (1443).

Chancen, Risiken und Nebenwirkungen zu vermitteln, ist von der Einsichtsfähigkeit des jungen Menschen auszugehen. Ist der minderjährige Patient darüber hinaus in der Lage, auf der Grundlage der gewonnenen Erkenntnis und vor dem Hintergrund seines subjektiven Wertehorizonts eine Entscheidung für bzw. gegen eine Behandlung zu treffen, so ist auch seine Urteilsfähigkeit anzunehmen. Auch Kindern und Jugendlichen ist die ‚Freiheit zur Unvernunft' zuzugestehen.[916] Zum Schutz der minderjährigen Patienten bedarf es in Fällen objektiv unvernünftiger Entscheidungen einer besonders sorgfältigen Prüfung der Stabilität und Belastbarkeit des Wertesystems des Patienten.[917] Hier können zwischen unterschiedlichen Patienten gleichen Alters erhebliche Differenzen bestehen, die vor allem darauf zurückgeführt werden können, dass die bisherige Beschäftigung der Patienten mit ihrer Krankheit und den damit verbundenen Konsequenzen unterschiedlich intensiv war. Hinsichtlich der Entwicklung und Ausgestaltung des subjektiven Wertesystems erweist sich das Assistenzkonzept als nützlich. Es gibt dem Kind Gelegenheit, seine Ängste und Sorgen, aber auch seine Überzeugungen und Werte zu äußern und im Licht der erlangten Informationen mit der Unterstützung durch Eltern und Behandelnde zu reflektieren. So assistiert kann es auf eine Ebene gelangen, die den juristischen Anforderungen an die Urteilsfähigkeit genügt. Ebenso hilfreich erweist sich das Assistenzkonzept hinsichtlich der Überwindung eines die Steuerungsfähigkeit regelmäßig ausschließenden Defekts in der Person des Entscheidenden, der es diesem unmöglich macht, die gewonnene Erkenntnis in ein Handeln umzusetzen. Die bei Kindern – wie übrigens auch bei Erwachsenen – evtl. vorhandenen Defekte zwischen der Einsicht in das Sinnvolle und der getroffenen Entscheidung können durch die Unterstützung erkannt und benannt werden. So assistiert ist das Kind in der Lage, diese Defekte zu überwinden und mithin die Steuerungsfähigkeit zu erreichen.

I. Einwilligungsfähigkeit führt zur Einwilligungskompetenz

Das Kind, dessen Einwilligungsfähigkeit im Wege der Assistenz hergestellt wurde, ist in Anwendung der dargestellten Rechtsauffassung zur Einwilligungskompetenz in der Folge zur selbstständigen und alleinigen Entscheidung über die Behandlung berufen.[918] Die Regelung des § 630d Abs. 1 Satz 1 BGB gewährt dem als einwilligungsfähig anzusehenden Kind die Kompetenz, alleine und selbstständig über medizinische Angelegenheiten zu entscheiden. Mit dem Kriterium der Einwilligungsfähigkeit, die bezogen auf den je vorzunehmenden

---

[916] Vgl. 3. Kapitel § 2 B III.

[917] BayObLG, Beschluss v. 07.09.1998 – 5 St RR 153-98, NJW 1999, 372; *Götz*, in: Hilbig-Lugani/Coester-Waltjen, FS Coester-Waltjen, S. 89 (96); *Roxin*, Strafrecht AT/1 § 13 Rn. 85; *Ulsenheimer*, in: Dierks/Graf-Baumann/Lenard, Therapieverweigerung, S. 65 (77).

[918] 2. Kapitel § 5 A I 1 – auch zur Gegenauffassung.

konkreten Eingriff vorliegen soll,[919] eröffnet der Gesetzgeber eine differenzierte und einzelfallbezogene Beurteilung der konkreten Einsichts-, Urteils- und Steuerungsfähigkeit. Er gewichtet damit die höchstpersönlichen Selbstbestimmungsinteressen des Kindes höher als den Schutz der Verkehrsinteressen nach Rechtssicherheit, die mit einer Koppelung der Einwilligungsfähigkeit an die Geschäftsfähigkeit oder mit festen Altersgrenzen priorisiert werden könnten. Das Erziehungsrecht der Sorgeberechtigten tritt hinter das Selbstbestimmungsrecht des einwilligungsfähigen Kindes zurück. Dies gilt sowohl hinsichtlich der Auswahl einer von mehreren möglichen Behandlungsvarianten als auch hinsichtlich der Ablehnung einer als indiziert angezeigten Behandlung durch das Kind. Die Entscheidung des einwilligungsfähigen Kindes ist seitens des Behandelnden unbedingt zu beachten. Gegen dessen Willen darf der Behandelnde nach hier vertretener Auffassung nicht handeln – auch dann nicht, wenn die Eltern dies wünschen.[920]

Die Herstellung der Einwilligungsfähigkeit führt dazu, dass auch jungen Kindern, die gemeinhin als einwilligungsunfähig angesehen werden, zukünftig die erforderliche Einsichts-, Urteils- und Steuerungsfähigkeit zuerkannt werden kann, wenn sie in ihrem Verstehen, Urteilen und Steuern in der Weise unterstützt und gefördert wurden, dass sie als einwilligungsfähig anzusehen sind. Dadurch wird sich die Anzahl der Minderjährigen, die bei Anwendung des Assistenzkonzepts im Stadium der Einwilligungsunfähigkeit verbleiben, gegenüber dem derzeitigen Stand deutlich reduzieren. Damit wird die ‚Lücke der Selbstbestimmung' zwischen einwilligungsfähigen und nicht einwilligungsfähigen Minderjährigen zwar noch nicht gänzlich geschlossen, es reduziert sich aber jedenfalls der Personenkreis der nicht einwilligungsfähigen Minderjährigen um exakt den Anteil, um den der Kreis der Einwilligungsfähigen zunimmt. Für diejenigen Personen, deren selbstständige Wahrnehmung ihres medizinischen Selbstbestimmungsrechts auf diese Weise gefördert wird, stellt die hierdurch ermöglichte eigenständige Entscheidung einen Gewinn an Selbstbestimmung dar.[921]

---

[919] BT-Drs. 17/10488 S. 23; *Damm*, MedR 2015, 775 (777); so auch schon: RG, Urt. v. 03.07.1908 – V 420/08, RGSt 41, 392 (394); und: BGH, Urt. v. 05.12.1958 – VI ZR 266/57, BGHZ 29, 33 (36).

[920] *DIJuF-Rechtsgutachten*, JAmt 2010, 239; *Götz*, in: Coester-Waltjen/Lipp/Schumann/Veit, Zwangsbehandlung, S. 65 (75); *Hoffmann*, NZFam 2015, 985 (986); *Veit*, in: Beck-OK, BGB § 1631b Rn. 29.

[921] Zu den mit dem Assistenzkonzept verbundenen Konsequenzen für diejenigen Minderjährigen, deren Einwilligungsfähigkeit nicht hergestellt werden konnte, siehe sogleich unten B.

II. Einwilligungskompetenz und Elterninformation

Fraglich erscheint, ob die mit der Einwilligungsfähigkeit des Kindes einhergehende Alleinentscheidungsbefugnis auch die Konsequenz mit sich bringt, dass der Behandelnde eine Information der Eltern in jedem Fall zu unterlassen hat. Ein Blick auf das Schweigegebot des Behandelnden legt dies nahe. Diese auf den Eid des Hippokrates zurückgehende Verpflichtung, die ihre verfassungsrechtliche Garantie im Recht auf informationelle Selbstbestimmung des Art. 2 Abs. 1 i. V. m. Art. 1 Abs. 1 GG hat, ist in § 9 MBO-Ä verankert und wird durch § 203 StGB strafrechtlich abgesichert.[922] Mit dem Erreichen der medizinrechtlichen Handlungsfähigkeit hat der minderjährige Patient selbst zu entscheiden, „welche Inhalte seiner Intim- und Privatsphäre den Sorgeberechtigten offenbart werden sollen und welche nicht“[923]. So wäre ein Geheimnisschutz des Minderjährigen gegenüber seinen Sorgeberechtigten nur folgerichtig. Gleichwohl sprechen sich einige Vertreter im Schrifttum unter Hinweis auf das Erziehungsrecht für eine Informationspflicht des Behandelnden gegenüber den Eltern aus. Das elterliche Erziehungsrecht bleibe auch bei einer Alleinentscheidungsbefugnis des Minderjährigen nicht ohne Bedeutung und entfalte in diesen Fällen seine modifizierte Wirkung, indem es den um ihr Entscheidungsrecht entledigten Personensorgeberechtigten zumindest ein Informationsrecht gewähre.[924] Die elterliche Information sei regelmäßig auch erforderlich, „um die Beratung und den Beistand für den Minderjährigen zu ermöglichen“[925]. So wird die Verpflichtung des Behandelnden begründet, die Eltern des einwilligungsfähigen minderjährigen Patienten über die Untersuchungsergebnisse und vorgesehenen Behandlungen zu informieren. Davon sei nur dann abzuweichen, wenn dies aus Schutzgründen für den Minderjährigen zwingend erforderlich erscheint.[926] Exemplarisch wird insoweit auf Gewaltanwendungen der Personensorgeberechtigten oder auf sonstige sich aus dem Allgemeinen Persönlichkeitsrecht ergebende Schutzgründe des Kindes verwiesen.[927] Vor dem Hintergrund des hier vertretenen Assistenzkonzepts erscheint die Informationspflicht des Behandelnden auf den ersten Blick sinnvoll, wird den Eltern darin doch das Potenzial zugedacht, das Kind bei dessen Erreichen der Einwilligungsfähigkeit zu unterstützen. Dieses Ziel dürfte ohne eine Information der Eltern nicht oder

---

[922] *Ludyga*, NZFam 2017, 1121 f.; *Weber/Duttge/Höger*, MedR 2014, 777 (778).

[923] *Weber/Duttge/Höger*, MedR 2014, 777 (779).

[924] *Baston-Vogt*, Schutzbereich des zivilrechtlichen Persönlichkeitsrechts, S. 232 - dort auch Fn. 108; *Belling/Eberl/Michlik*, Selbstbestimmungsrecht Minderjähriger, S. 137; *Wölk*, MedR 2001, 80 (84).

[925] *Wölk*, MedR 2001, 80 (84); in diesem Sinne auch: *Kohte*, AcP 185 (1985), 105 (149); *Rouka*, Selbstbestimmungsrecht des Minderjährigen, S. 154–155.

[926] *Kohte*, AcP 185 (1985), 105 (149).

[927] Vgl.: *Wölk*, MedR 2001, 80 (84).

jedenfalls deutlich schwieriger zu erreichen sein. Dabei ist jedoch zu bedenken, dass die Assistenz zur Gewährleistung der Selbstbestimmung nur in den Fällen benötigt wird, in denen das Kind im Vorfeld der Behandlung noch nicht über die notwendige Einsichts-, Urteils- und Steuerungsfähigkeit verfügt. Liegt die Einwilligungsfähigkeit des minderjährigen Patienten hingegen schon zum Zeitpunkt des Aufklärungsbeginns vor bzw. wird diese im Verlauf der Aufklärung des Kindes hergestellt, so hat sich das Kind ab diesem Moment der elterlichen Stellvertretung entledigt und bedarf der Information der Gesundheitssorgeberechtigten nicht mehr. In der Konsequenz der mit der Herstellung der Einwilligungsfähigkeit verbundenen Verdrängung des Elternrechts durch das medizinische Selbstbestimmungsrecht des Minderjährigen hat dann der Behandelnden auch gegenüber den Sorgeberechtigten die Schweigepflicht zu wahren.[928] Die medizinische Selbstbestimmung und das Recht auf informationelle Selbstbestimmung hinsichtlich des ermittelten Befunds werden fortan ausschließlich durch den Minderjährigen selbst ausgeübt.[929] Selbstredend kann das einwilligungsfähige Kind den Behandelnden von dessen Verschwiegenheitspflicht gegenüber den Eltern befreien. Für eine von der Befreiung der Verschwiegenheitspflicht unabhängige Berechtigung zur Weitergabe von Informationen verbleibt jedoch kein Raum mehr, da die Rechtsordnung den Eltern in diesen Fällen keinerlei Interventionsbefugnis mehr gewährt.[930]

B. Das Assistenzkonzept bei nicht herzustellender Einwilligungsfähigkeit

Auch wenn davon auszugehen ist, dass der Anteil der Minderjährigen, die mittels der im Assistenzkonzept gewährten Unterstützung in der Lage sind, hinsichtlich einer sie betreffenden Heilbehandlung selbstständig zu entscheiden, zunehmen wird, verbleiben gleichwohl Anwendungsfälle, in denen bei einem pädiatrischen Patienten – trotz allergrößter Bemühungen – die notwendige Einwilligungsfähigkeit nicht hergestellt werden kann. In diesem Zusammenhang ist auch an kinder- und jugendpsychiatrisch behandelte Minderjährige zu denken, wenngleich durch die Zusammenfassung dieser Patienten zu einer Gruppe nicht apostrophiert werden soll, dass sich bei ihnen die Einwilligungsfähigkeit generell nicht herstellen lässt. Vielmehr gilt auch insoweit die notwendige Beurteilung der Einwilligungsfähigkeit in der konkreten Situation. In der Konsequenz der nicht herzustellenden Einwilligungsfähigkeit sind die

---

[928] *Duttge*, in: Wiesemann/Simon, Patientenautonomie, S. 77 (80); *Gaidzik*, in: NK, MedR, § 203 StGB Rn. 10; *Katzenmeier*, in: Laufs/Katzenmeier/Lipp, Arztrecht, Kap. IX Rn. 20; *Weber/Duttge/Höger*, MedR 2014, 777 (779); a. A.: *Rouka*, Selbstbestimmungsrecht des Minderjährigen, S. 154.

[929] *Ludyga*, NZFam 2017, 1121 (1122 f.).

[930] *Duttge*, in: Breitsameter, Autonomie und Stellvertretung, S. 34 (50 f.); auf Ausnahmen von diesem Grundsatz hinweisend: *Ludyga*, NZFam 2017, 1121 (1123–1125).

Personensorgeberechtigten zu einer stellvertretenden Entscheidung berufen, § 630d Abs. 1 Satz 2 BGB. Dies führt zu dem beschriebenen Dilemma, dass jede Stellvertretung in der Selbstbestimmung letztlich als eine Form der Fremdbestimmung anzusehen ist. Wie sich im Verlauf der vorliegenden Arbeit gezeigt hat, steht die Rechtsordnung hinsichtlich der einfachgesetzlichen Umsetzung der sich aus dem medizinischen Selbstbestimmungsrecht ergebenden staatlichen Schutzpflicht in Fällen des Nichtvorliegens der Einwilligungsfähigkeit vor einer besonderen Herausforderung: Da die Einwilligungsfähigkeit als gate-keeper des medizinischen Selbstbestimmungsrechts fungiert und Vetorechte nicht geeignet sind, die medizinische Selbstbestimmung unterhalb der Schwelle der Einwilligungsfähigkeit zu gewährleisten, liegt die Annahme nahe, dass hier nur ‚alles oder nichts' möglich ist. Dieser Vermutung soll mit der folgenden Darstellung entgegengetreten werden. Es wird aufgezeigt, dass mit dem Assistenzkonzept auch für nicht einwilligungsfähige Minderjährige ein Gewinn an Selbstbestimmung verbunden ist.

I. Möglichkeit zur Mitsprache: Partizipation

Ein Ausweg wird in der Partizipation von nicht einwilligungsfähigen Kindern an sie betreffenden Entscheidungen gesehen.[931] Unter Partizipation wird in diesem Zusammenhang die Teilhabe an Entscheidungsfindungsprozessen verstanden. Damit soll erreicht werden, dass Kindern bei sie betreffenden Entscheidungen eine Stimme gegeben wird.[932] Normiert ist die Partizipation von Kindern in § 630e Abs. 5 BGB und in Art. 12 UN-Kinderrechtskonvention (KRK).[933] Der mit der Einführung der Vorschrift des § 630e Abs. 5 BGB

---

[931] *Alderson*, in: Wiesemann, Kind als Patient, S. 28 (36 f.); *Damm*, MedR 2015, 775 (777); *Michel*, Rechte von Kindern in Heilbehandlungen, S. 188–205; *Rothärmel et al.*, Patientenaufklärung, S. 267–270; sich ebenfalls für die Beteiligung einwilligungsunfähiger Patienten aussprechend: *Wölk*, MedR 2001, 80 (88).

[932] *Schmahl*, KRK Art. 12 Rn. 2; *van Bueren*, Rights of the Child, S. 131.

[933] Die KRK stellt einen völkerrechtlichen Vertrag dar, der sich gemäß Art. 59 Abs. 2 Satz 1 GG auf einen Gegenstand der Bundesgesetzgebung bezieht. Sie hat den Rang eines einfachen Bundesgesetzes und bindet somit alle staatliche Gewalt, vgl. Art. 20 Abs. 3 GG. Die KRK entfaltet, so wie die übrigen Menschenrechtskonventionen auch, ihre Wirkung unter anderem bei der Bestimmung von Inhalten und Reichweiten von Grundrechten und rechtsstaatlichen Grundsätzen des Grundgesetzes. Darüber hinaus verpflichten die Regelungen der KRK die Vertragsstaaten dazu, die in dem Übereinkommen normierten Rechte des Kindes sicherzustellen und geeignete Maßnahmen für deren Realisierung zu ergreifen - *Dölitzsch*, Vom Kindesschutz zu Kindesrechten, S. 301; *Salgo*, Kind-Prax 1999, 179; *Cremer*, Die UN-Kinderrechtskonvention, S. 5.

herbeigeführte Gewinn an Selbstbestimmung wurde bereits erwähnt.[934] Art. 12 KRK verpflichtet die Vertragsstaaten dazu, das insoweit normierte Anhörungs-, Mitsprache- und Beteiligungsrecht des Kindes unmittelbar zu garantieren oder es in Form von Gesetzen zu gewährleisten.[935] Dabei liegt Art. 12 KRK die Annahme zugrunde, dass es Situationen gibt, in denen Kinder noch nicht über die volle Autonomie eines Erwachsenen verfügen.[936] Sie gleichwohl an sie betreffenden Entscheidungsprozessen zu beteiligen, ist das Ziel dieser Norm. Diese Form der Beteiligung wird mit Partizipation bezeichnet.[937] Es geht um einen Dialog zwischen Kindern und Erwachsenen, in dem die Kinder erfahren, wie ihre Ansichten und jene der Erwachsenen Berücksichtigung finden.[938] Dabei wird die Partizipation als ein Zwischenstadium auf dem Weg von der Fürsorge zur Autonomie angesehen. „Partizipationsrechte erlauben einen bedürfnisgerechten und begleiteten Übergang von fürsorglicher Fremdbestimmung zu Selbstbestimmung."[939]

Art. 12 KRK sichert dem Kind, das fähig ist, sich eine Meinung zu bilden, das Recht zu, diese Meinung in allen das Kind berührenden Angelegenheiten frei zu äußern und berücksichtigt zu werden. Davon erfasst wird auch die individuelle Entscheidung über medizinische Behandlungen.[940] Der *Kinderrechtsausschuss der Vereinten Nationen (UN-KRA)* legt diesbezüglich nahe, dass „Kinder, einschließlich junger Kinder (...) in einer Weise in Entscheidungen einbezogen werden [sollten], die ihren sich entwickelnden Fähigkeiten entspricht"[941]. Damit Kinder ihre Meinung äußern können, müssen sie zunächst informiert werden. Im Rahmen der medizinischen Behandlung sind ihnen die Informationen über die vorgesehene Therapie nebst deren Wirkungen sowie die Ergebnisse vorausgehender Untersuchungen und erhobene Befunde zukommen zu lassen.[942] Es ist davon auszugehen, dass Partizipationsrechte für das Kind einen Gewinn an

---

[934] 2. Kapitel § 5 B III; siehe dort auch zur Kritik an der Ausgestaltung der Norm als bloße ‚Soll-Vorschrift', deren Nichtbeachtung ohne Auswirkungen auf die Wirksamkeit der Einwilligung des Berechtigten bleibt.

[935] *Schmahl*, KRK Art. 12 Rn. 1.

[936] *UN-KRA*, General Comment No. 12 (2009), Rn. 1.

[937] *Liebel*, Kinderrechte, S. 43; *Michel*, Rechte von Kindern in Heilbehandlungen, S. 58; *UN-KRA*, General Comment No. 12 (2009), Rn. 3; *Finger*, FuR 2020, 97 f. sieht die durch die Bundesrepublik Deutschland einzulösenden Vorgaben zur Anhörung des Kindes nicht oder nicht immer als erfüllt an.

[938] *Salgo*, Kind-Prax 1999, 179 (181); *UN-KRA*, General Comment No. 12 (2009), Rn. 3.

[939] *Michel*, Rechte von Kindern in Heilbehandlungen, S. 203; in diesem Sinne auch: *Maywald*, FPR 2003, 299 (307).

[940] *UN-KRA*, General Comment No. 12 (2009), Rn. 98.

[941] *UN-KRA*, General Comment No. 12 (2009), Rn. 100.

[942] *UN-KRA*, General Comment No. 12 (2009), Rn. 100.

Selbstbestimmung mit sich bringen. Dieser ergibt sich aus der Verpflichtung, die Meinung des Kindes zu hören und bei der stellvertretenden Entscheidung zu berücksichtigen.[943] So erhält die in der stellvertretenden Entscheidung zu sehende Fremdbestimmung mit der Partizipation des Kindes ein Einfallstor zur Berücksichtigung der Wünsche und Vorstellungen des Minderjährigen. Sie gewährleistet damit den erwähnten „bedürfnisgerechten und begleiteten Übergang von fürsorglicher Fremdbestimmung zur Selbstbestimmung“[944].

II. Partizipation von Kindern in Behandlungssituationen

Die Soziologin *Priscilla Alderson* zeigt den Übergang von fürsorglicher Fremdbestimmung zur Selbstbestimmung bei Heilbehandlungen anhand eines vierstufigen Beteiligungsschemas auf. Danach ist Partizipation in verschiedener Intensität denkbar, und zwar:

> „1. aufgeklärt werden, 2. seine Meinung äußern, 3. eine Entscheidung beeinflussen, 4. der wichtigste Entscheider über eine vorgeschlagene pflegerische oder medizinische Maßnahme sein“[945].

Die vierte Stufe der Beteiligung steht nach § 630d Abs. 1 Satz 1 BGB nur solchen Minderjährigen zu, die über die notwendige Einsichts-, Urteils- und Steuerungsfähigkeit verfügen. Demgegenüber „können und sollen die ersten drei Formen der Partizipation allen Kindern und Jugendlichen unabhängig von ihrer Einwilligungsfähigkeit zugestanden werden“[946]. Die Verpflichtung zur Aufklärung des nicht einwilligungsfähigen Kindes, die von *Alderson* auf der ersten Beteiligungsstufe angesiedelt wird, ergibt sich de lege lata aus § 630e Abs. 5 BGB, während die auf der zweiten und dritten Stufe erfolgende Partizipation Ausdruck des Anhörungsrechts des Kindes aus Art. 12 KRK ist.

Auch hinsichtlich zu treffender Behandlungsentscheidungen von volljährigen Patienten, die etwa aufgrund einer Demenz nicht einwilligungsfähig sind, wird die Partizipation als probates Mittel der Gewährleistung von Selbstbestimmung angesehen.[947] So kommt dem eigenen Willen des nicht einwilligungsfähigen Patienten, „auch wenn er ihn nur unvollkommen bilden und äußern kann (...), auch in der Abwägung mit seinen Interessen, wie andere sie sehen, eine herausragende Bedeutung zu“[948].

---

[943] *Rothärmel et al.*, Patientenaufklärung, S. 269.

[944] *Michel*, Rechte von Kindern in Heilbehandlungen, S. 203; in diesem Sinn auch: *Maywald*, FPR 2003, 299 (307).

[945] *Alderson*, in: Wiesemann, Kind als Patient, S. 28 (36).

[946] *Michel*, Rechte von Kindern in Heilbehandlungen, S. 189–190.

[947] *Damm*, MedR 2013, 201 (214); *Damm*, MedR 2015, 775 (777); *Deutscher Ethikrat*, Demenz und Selbstbestimmung, S. 74.

[948] *Deutscher Ethikrat*, Demenz und Selbstbestimmung, S. 74; so auch: *Damm*, MedR 2013, 201 (214).

Es ist davon auszugehen, dass die Beteiligung von Kindern und Jugendlichen dazu führt, dass diese sich aktiv mit ihrer Krankheit und den in Frage kommenden Behandlungsmöglichkeiten auseinandersetzen, wodurch letztlich auch ihre Mitwirkung gefördert wird.[949] Darüber hinaus erfahren sie durch die Beteiligung an Entscheidungen über Arztwahl und Therapien eine Anerkennung ihrer Person und Achtung ihrer Würde,[950] so dass der behauptete Gewinn an Selbstbestimmung nicht zu leugnen ist. Die Partizipation ermöglicht darüber hinaus ein „behutsames Heranführen" des Kindes an „eigenverantwortliche Entscheidungen"[951], da das Kind seine Wünsche, Überzeugungen, Ängste und Nöte mit seinen Eltern teilt, die im Optimalfall ihrerseits dem Kind durch Offenlegung der Wege der Entscheidungsgewinnung Lernerfahrungen ermöglichen.

III. Partizipation durch Assistenz

Dass Partizipation sich nicht aus dem Nichts heraus ereignet, sondern dass diese eine gezielte Unterstützung des Kindes voraussetzt, erscheint offensichtlich. Als Ermöglichungsbedingungen von Partizipation im Kontext der Heilbehandlung von Kindern werden unter anderem genannt: Signalisieren von Zeit und Interesse an der Meinung des Kindes, Informationsvermittlung in kindgerechter Sprache, Bereitschaft zur wiederholten Informationsvermittlung, Einbeziehung der Eltern, Information der Kinder über ihre Rechte, Weiterbildung von Behandelnden.[952] Erinnern diese Kriterien nicht allesamt an die im Assistenzkonzept zur Gewährleistung der Selbstbestimmung bei Kindern genannten Gelingensbedingungen und Merkmale der Assistenz?

Hier offenbart sich die im Assistenzkonzept liegende Chance für den Gewinn an Selbstbestimmung: Das Assistenzkonzept ist nicht nur in der Lage, die Einwilligungsfähigkeit in einer Vielzahl von Behandlungssituationen *herzustellen* – und damit eine Beteiligung auf der vierten und damit höchsten Stufe zu ermöglichen –, sondern bewirkt in jedem Fall – gewissermaßen als ein sich unabhängig vom Erfolgseintritt mitverwirklichendes Moment – die *Beteiligung* auf den ersten drei Stufen. Mit anderen Worten: Selbst wenn das Ziel der Herstellung der Einwilligungsfähigkeit nicht erreicht wird, stellt das Assistenzkonzept doch jedenfalls die Partizipation des Kindes sicher, indem es garantiert, dass in jedem Behandlungsfall mit dem Kind gesprochen wird, diesem auf kindgerechte Weise die notwendigen Informationen vermittelt werden und dessen Vorstellungen und Wünsche angehört werden. Die dargestellte Unterstützung[953] soll

---

[949] *Alderson*, in: Wiesemann, Kind als Patient, S. 28 (46); *Dörries*, in: Wiesemann, Kind als Patient, S. 180 (186).
[950] *Rothärmel et al.*, Patientenaufklärung, S. 269.
[951] *Michel*, Rechte von Kindern in Heilbehandlungen, S. 204.
[952] *Michel*, Rechte von Kindern in Heilbehandlungen, S. 204–205.
[953] § 3.

nach hier vertretener Ansicht unabhängig vom prognostizierten Ergebnis auch in solchen Fällen gewährt werden, in denen die Einwilligungsfähigkeit offensichtlich nicht hergestellt werden kann. So gewährleistet das Assistenzkonzept einen stufengerechten Übergang zwischen fürsorglicher Fremdbestimmung und Selbstbestimmung. Es sorgt dafür, dass einwilligungsfähige Kinder und Jugendliche nicht als Objekte der Behandlung angesehen werden, über die – bzw. über deren Köpfe hinweg – entschieden wird, sondern garantiert vielmehr ihre Wahrnehmung als Subjekte. Als Ziel kann für die Assistenz bei der Behandlung nicht einwilligungsfähiger Kinder daher formuliert werden: Im Rahmen der durch die Sorgeberechtigten zu treffenden stellvertretenden Entscheidung soll durch die Assistenz eine möglichst große Übereinstimmung mit dem Willen des Kindes herbeigeführt werden. Auf diese Weise ist im Assistenzkonzept ein Instrument zu sehen, mit dem das vom BVerfG geforderte Abwägen zwischen Erziehungsbedürftigkeit und Selbstbestimmungsfähigkeit gewährleistet werden kann.

IV. Grenzen der Partizipation

Nicht übersehen werden soll jedoch, dass Partizipationsrechte sich als wenig nützlich erweisen, wenn die Eltern sich über den geäußerten Willen des Kindes hinwegsetzen und sie die in Art. 12 KRK normierte Berücksichtigungspflicht nicht einhalten wollen oder können. An ein subjektives Unvermögen ist in Situationen zu denken, in denen dem Kind bei der Berücksichtigung seines Willens ein erheblicher Schaden droht, den die Eltern unbedingt vom Kind abwenden wollen. Nicht auszuschließen ist, dass es bei der Behandlung von Kindern dazu kommt, dass Eltern eine bestimmte Behandlung(-svariante) für sinnvoll erachten, die das nicht einwilligungsfähige Kind aber ablehnt. Aufgrund der nicht vorliegenden Einwilligungsfähigkeit des Kindes fällt den Gesundheitssorgeberechtigten in diesem Fall die Einwilligungskompetenz zu, vgl. § 630d Abs. 1 Satz 2 BGB. Eine von der Einwilligungskompetenz zu unterscheidende Fragestellung ist in solchen Fällen, ob die Behandlung auch gegen den Willen des Kindes durchgesetzt werden kann und wenn ja, unter welchen Bedingungen.[954] Diese Fragen weisen den Weg zur Thematik der Zwangsbehandlung von Kindern, die im folgenden Kapitel eine Erörterung erfahren soll.

---

[954] *DIJuF-Rechtsgutachten*, JAmt 2010, 239; *Hoffmann*, Personensorge § 10 Rn. 21; zur Zwangsbehandlung im Betreuungsrecht: BGH, Beschluss v. 01.02.2006 – XII ZB 236/05, BGHZ 166, 141 (150).

5. Kapitel: Die zwangsweise Durchsetzung der Behandlung von Kindern

Die wenige im Schrifttum vorhandene Literatur zur Zwangsbehandlung von Kindern geht davon aus, dass die Definition der kindschaftsrechtlichen Zwangsbehandlung der des Betreuungsrechts entspricht.[955] Die Legaldefinition des § 1832 Abs. 1 BGB bezeichnet eine Untersuchung des Gesundheitszustands, eine Heilbehandlung oder einen ärztlichen Eingriff dann als zwangsweise Behandlung, wenn diese dem natürlichen Willen des Betroffenen widerspricht. Dieser Definition liegt ein weites Verständnis der ärztlichen Zwangsmaßnahmen zugrunde, so dass darunter nicht nur unmittelbarer Zwang verstanden wird, sondern jede Behandlung, zu der der Betroffene mittelbar durch Drohung bestimmt wird[956] und bei der die Handlungen des Arztes oder der Pflegekräfte „über das bloße Zu- oder Überreden hinausgehen"[957]. Daher ist physischer Widerstand des Betroffenen nicht erforderlich, um der Maßnahme einen Zwangscharakter zu verleihen.[958] Auch die heimliche Gabe von Medikamenten ist bei Vorliegen der übrigen Voraussetzungen als Zwangsmaßnahme anzusehen.[959] In der Literatur wird darauf hingewiesen, dass durch die Normierung der ärztlichen Zwangsmaßnahme im BGB mit Wirkung zum 26.2.2013[960] die Terminologie der ‚ärztlichen Zwangsmaßnahme' die der ‚medizinischen Zwangsbehandlung' abgelöst hat.[961] Als Folge dessen gilt die seitherige Terminologie als überholt.[962] In der vorliegenden Arbeit wird dieser Ansicht nicht gefolgt, da auch Nicht-Ärzte Kinder zwangsweise behandeln können – etwa bei der Verabreichung von Medikamenten – und, wie noch zu zeigen sein wird, die betreuungsrechtlichen Vorschriften hinsichtlich der zwangsweisen Behandlung von Kindern nicht zur Anwendung kommen.[963] Für das Kindschaftsrecht kann daher formuliert werden: Eine Behandlung wird dann zur Zwangsbehandlung, „wenn das Kind oder der Jugendliche die Behandlung mit natürlichem Willen

---

955 *Götz*, in: Coester-Waltjen/Lipp/Schumann/Veit, Zwangsbehandlung, S. 65 (74); *Hoffmann*, NZFam 2015, 985.

956 *Ludyga*, FPR 2007, 104.

957 *Dodegge*, NJW 2006, 1627.

958 BVerfG, Beschluss v. 23.03.2011 – 2 BvR 882/09, NJW 2011, 2113 (2114); Beschluss v. 19.07.2017 – 2 BvR 2001/14, NJW 2017, 2982; *Schneider*, in: MüKo, BGB § 1906a Rn. 10.

959 AG Ratzeburg, Beschluss v. 10.12.2013 – 2 XVII W 1876/2003, BtPrax 2014, 93 (94); *Schneider*, in: MüKo, BGB § 1906a Rn. 10; *Weber/Leeb*, BtPrax 2014, 119 (120).

960 Durch das Gesetz zur Regelung der betreuungsrechtlichen Einwilligung in eine ärztliche Zwangsmaßnahme vom 18.02.2013 (BGBl. I S. 266).

961 *Weber/Leeb*, BtPrax 2014, 119 Fn. 4.

962 *Brilla*, in: Beck-OGK, BGB § 1906a Rn. 9.

963 Siehe unten § 2 C.

ablehnt und sie daher nur unter Anwendung von Gewalt"[964] bzw. durch Drohung mit Einsatz dieser durchgeführt werden kann. Insoweit wird dem unterhalb der Einwilligungsfähigkeit angesiedelten natürlichen Willen eine rechtliche Relevanz zuerkannt.

§ 1 Der natürliche Wille des Kindes

Konstitutiv ist damit für die Zwangsbehandlung von Kindern – wie auch für die von einwilligungsunfähigen Betreuten – das Vorhandensein eines ablehnenden natürlichen Willens. Der Begriff des natürlichen Willens ist allerdings bisher noch wenig geklärt.[965]

A. Der natürliche Wille als Normbegriff im Betreuungsrecht

Die Terminologie des natürlichen Willens wurde erstmals im Jahr 2013 positivrechtlich normiert. Mit der Regelung des § 1906 Abs. 3 BGB [966] schuf der Gesetzgeber erstmals eine gesetzliche Grundlage für die ärztliche Zwangsmaßnahme im Betreuungsrecht, die zwischenzeitlich in § 1906a Abs. 1 BGB a. F. ihren Platz im Erwachsenenschutzrecht gefunden hatte und die nunmehr in § 1832 Abs. 1 BGB normiert ist. [967]. Der Gesetzgeber musste tätig werden, da der BGH in mehreren Entscheidungen – unter Aufgabe seiner als gesichert zu bezeichnenden Rechtsprechungspraxis – für die Zwangsbehandlung eine eigenständige Rechtsgrundlage verlangte.[968] Bis dato hatte der BGH die Zwangsbehandlung von untergebrachten Betreuten auf die Norm des § 1906 Abs. 1 Nr. 2, Abs. 4 BGB a. F. gestützt,[969] die jedoch von ihrem Wortlaut her nur die freiheitsentziehende Unterbringung zum Zweck der Durchführung einer medizinischen Maßnahme eines Betreuten regelte. Der Familiensenat gab seine seitherige Judikatur vor dem Hintergrund der Entscheidung des BVerfG zur

---

[964] *Götz*, in: Coester-Waltjen/Lipp/Schumann/Veit, Zwangsbehandlung, S. 65 (74).

[965] *Deutsch/Spickhoff*, Medizinrecht, Rn. 1212; *Steenbreker*, NJW 2012, 3207 (3208).

[966] Eingefügt durch das Gesetz zur Regelung der betreuungsrechtlichen Einwilligung in eine ärztliche Zwangsmaßnahme vom 18.2.2013 (BGBl. I S. 266).

[967] Gesetz zur Änderung der materiellen Zulässigkeitsvoraussetzungen von ärztlichen Zwangsmaßnahmen und zur Stärkung des Selbstbestimmungsrechts von Betreuten vom 17.7.2017 (BGBl. I S. 2426) sowie das Gesetz zur Reform des Vormundschafts- und Betreuungsrechts vom 4.5.2021 (BGBl. I S. 882).

[968] BGH, v. 20.06.2012 – XII ZB 99/12, NJW 2012, 2967–2972; Beschluss v. 20.06.2012 – XII ZB 130/12, BeckRS 2012, 15563; Beschluss v. 08.08.2012 – XII ZB 671/11, NJW 2012, 3234 f.

[969] BGH, Beschluss v. 01.02.2006 – XII ZB 236/05, BGHZ 166, 141 (151 f.); Beschluss v. 23.01.2008 – XII ZB 185/07, FamRZ 2008, 866 (867); Beschluss v. 22.09.2010 – XII ZB 135/10, NJW 2010, 3718.

Zwangsbehandlung von im Maßregelvollzug untergebrachten Betreuten[970] auf.[971]

Der zweite Senat des Verfassungsgerichts betonte in diesem Beschluss die Bedeutung des natürlichen Willens, den er in Übereinstimmung mit der damaligen und gegenwärtigen Rechtsprechung des BGH als unterhalb der Einwilligungsfähigkeit liegenden Willen qualifizierte.[972] Das Gericht forderte für die Zwangsbehandlung von im Maßregelvollzug untergebrachten Betreuten formell ein hinreichend klares und bestimmtes Gesetz,[973] das den Eingriff in das Recht auf körperliche Unversehrtheit und in das Recht auf medizinische Selbstbestimmung ermöglicht.[974] Der BGH übertrug die vom BVerfG genannten verfassungsrechtlichen Anforderungen zur Zwangsbehandlung im Maßregelvollzug im Wesentlichen auf die im Rahmen einer betreuungsrechtlichen Unterbringung erfolgende Zwangsbehandlung und stellte fest, dass die damals existierenden Vorschriften des Betreuungsrechts den vom BVerfG hinsichtlich der Zwangsbehandlung aufgestellten Anforderungen nicht entsprachen.[975]

Bei der Schaffung der für die ärztliche Zwangsmaßnahme notwendigen Rechtsgrundlage in § 1906 Abs. 3 BGB a. F. hat der Gesetzgeber den in der Rechtsprechung zum Betreuungsrecht damals bereits etablierten Terminus des natürlichen Willens erstmals einer gesetzlichen Regelung zugeführt. Dabei hat er deutlich gemacht, dass es sich bei dem natürlichen Willen um einen im betreuungsrechtlichen Sinn unfreien Willen handelt.[976] Dass der natürliche Wille bei medizinrechtlicher Betrachtung unterhalb des Willens anzusiedeln ist, der für das Vorhandensein der Einwilligungsfähigkeit notwendig ist, bringt die Begründung des Gesetzgebers zum Ausdruck, in der es heißt: „Einen natürlichen Willen kann auch der einwilligungsunfähige Betreute bilden."[977]

---

[970] BVerfG, Beschluss v. 23.03.2011 – 2 BvR 882/09, NJW 2011, 2113; siehe dazu 2. Kapitel § 2 B II.

[971] BGH, v. 20.06.2012 – XII ZB 99/12, NJW 2012, 2967 (2969 f.).

[972] BVerfG, Beschluss v. 23.03.2011 – 2 BvR 882/09, NJW 2011, 2113 (2114 f.); BGH, Beschluss v. 23.01.2008 – XII ZB 185/07, FamRZ 2008, 866 (867); Beschluss v. 18.10.2017 – XII ZB 195/17, NJW-RR 2018, 1 (2).

[973] BVerfG, Beschluss v. 23.03.2011 – 2 BvR 882/09, NJW 2011, 2113 (2114).

[974] BVerfG, Beschluss v. 23.03.2011 – 2 BvR 882/09, NJW 2011, 2113 (2115).

[975] BGH, v. 20.06.2012 – XII ZB 99/12, NJW 2012, 2967 (2970).

[976] BT-Drs. 17/11513 S. 5; so auch: BVerfG, Beschluss v. 26.07.2016 – 1 BvL 8/15, NJW 2017, 53 (56).

[977] BT-Drs. 17/11513 S. 7; so auch bereits: BT-Drs. 11/4528 S. 143 zum Verbot der Zwangssterilisation.

B. Kritik am Begriff des natürlichen Willens

I. Nicht konsistente Begriffsverwendung

Die Normierung des Begriffs des natürlichen Willens ist im juristischen Schrifttum nicht ohne Kritik geblieben. Diese richtet sich vor allem gegen die nicht konsistente Verwendung dieses unbestimmten Rechtsbegriffs auf der Anwendungs- und Auslegungsebene innerhalb der Rechtsordnung.[978] Beispielhaft wird die Verwendung des Rechtsbegriffs des natürlichen Willens bei der Besitzerlangung[979] oder bei der Fremdgeschäftsführungsabsicht im Rahmen der Geschäftsführung ohne Auftrag[980] genannt. In beiden Fällen findet eine Abgrenzung zum rechtsgeschäftlichen Willen im Zivilrecht statt.[981] Auch im Strafrecht findet der Terminus des natürlichen Willens Verwendung: Hinsichtlich des für die Strafschärfung beim Schwangerschaftsabbruch notwendigen entgegenstehenden Willens im Sinne des § 218 Abs. 2 Nr. 1 StGB wird auf den natürlichen Willen rekurriert.[982] Daran, dass innerhalb der strafrechtlichen Kommentierungen zu § 218 StGB die Beachtlichkeit eines entgegenstehenden natürlichen Willens dann verneint wird, wenn die Schwangere nicht einwilligungsfähig ist,[983] zeigt sich, dass dort die Terminologie des natürlichen Willens nicht auf einen unterhalb der Schwelle der Einwilligungsfähigkeit liegenden Willen abzielt, sondern vielmehr gerade der die Einwilligungsfähigkeit bildende Wille gemeint ist. Dieser erfährt in den genannten Kommentierungen lediglich eine Abgrenzung zur rechtsgeschäftlichen Willensfähigkeit.[984] Der Befund der Disparität ist offensichtlich,[985] so dass die Kritik durchaus berechtigt erscheint.

II. Einwand: Rechtssetzungsprärogative des Gesetzgebers

Dem ist jedoch entgegenzuhalten, dass der Gesetzgeber hinsichtlich der gesetzlichen Ausgestaltung der medizinischen Zwangsbehandlung den zuvor von der Rechtsprechung zum Betreuungsrecht bereits verwendeten Terminus übernom-

---

[978] *Beckmann*, JZ 2013, 604 (605 f.); *Schmidt-Recla*, in: Moos/Rehmann-Sutter/Schües, Randzonen des Willens, S. 147 (159).

[979] Vgl.: *Götz*, in: Beck-OGK, BGB § 854 Rn. 82; *Gutzeit*, in: Staudinger [2018], BGB § 854 Rn. 17; *Schäfer*, in: MüKo, BGB § 854 Rn. 27.

[980] *Schmidt-Recla*, MedR 2013, 567 (569); Vgl.: *Bergmann*, in: Staudinger [2015], BGB vor §§ 677 Rn. 46; *Schäfer*, in: MüKo, BGB § 677 Rn. 14.

[981] *Schmidt-Recla*, in: Moos/Rehmann-Sutter/Schües, Randzonen des Willens, S. 147 (159 f.).

[982] *Eser/Weißer*, in: Schönke/Schröder, StGB § 218 Rn. 58; *Gropp*, in: MüKo, StGB § 218 Rn. 63.

[983] Vgl.: *Eser/Weißer*, in: Schönke/Schröder, StGB § 218 Rn. 58; *Gropp*, in: MüKo, StGB § 218 Rn. 63.

[984] In diesem Sinne auch: BGH, Urt. v. 13.05.1969 – 2 StR 616/68, BGHSt 23, 1 (3).

[985] Weitere Beispiele bei: *Schmidt-Recla*, MedR 2013, 567 (569).

men hat und so Unsicherheiten für die Rechtsanwendung bei Zwangsbehandlungen vermieden hat. Auch gilt es zu bedenken, dass die an anderen Stellen gebräuchliche Verwendung lediglich auf der Anwendungs- und Auslegungsebene geschieht, so dass der Rechtssetzungsprärogative des Gesetzgebers folgend[986] die im Betreuungsrecht vorgenommene gesetzliche Normierung des natürlichen Willens Initiativkraft für die anderen Kontexte haben kann, auf alternative Terminologien auszuweichen.[987]

III. Etablierung des natürlichen Willens im Medizinrecht

Der Begriff des natürlichen Willens hat sich zwischenzeitlich auch in dem mit dem Betreuungsrecht – gerade bei medizinischen Zwangsbehandlungen – eng verknüpften Rechtsgebiet des Medizinrechts etabliert.[988] Am Auffälligsten erscheint dies bei der Diskussion um die Patientenverfügung (§ 1827 BGB). Zu diesem Themenkreis an der Schnittstelle zwischen Betreuungsrecht und Medizinrecht wird eine lebhafte Diskussion über die Frage geführt, ob eine im Zustand der Einwilligungsfähigkeit erteilte Patientenverfügung später im Zustand der Einwilligungsunfähigkeit mit natürlichen Willen widerrufen werden kann.[989] Insoweit wird konsistent von einem natürlichen Willen gesprochen, mit dem eine Willensqualität gemeint ist, die unterhalb der für die Annahme der Einwilligungsfähigkeit notwendigen Einsichts-, Urteils- und Steuerungsfähigkeit anzusiedeln ist.[990] Auch das Patientenrechtegesetz etablierte den natürlichen Willen auf dieser Ebene. Zwar hat die Verwendung des Begriffs der „natülichen Willensfähigkeit“ [991] in der Begründung zu § 630d BGB für Irritationen gesorgt,[992] aber die „natürliche Willensfähigkeit“ meinte am angegebenen Ort nichts anderes als die Einwilligungsfähigkeit und diente insoweit zur Erklärung dieses Terminus. Dem Gesetzgeber dürfte dabei die Notwendigkeit der Unterscheidung zwischen der Geschäftsfähigkeit im Sinne der §§ 104 ff. BGB und der medizinrechtlichen Einwilligungsfähigkeit vor Augen gestanden haben. Er rekurrierte damit auf zwei Entscheidungen des dritten Zivilsenats des BGH aus den 1960er Jahren, in denen dieser den Begriff der „natürlichen Einsichtsfähigkeit und Urteilskraft“ als Umschreibung für die Einwilligungsfä-

---

[986] Siehe zur Rechtssetzungsprärogative des Gesetzgebers: *Kriele*, ZRP 2008, 51 (52); *Säcker*, in: MüKo, BGB Einleitung Rn. 79; *Voßkuhle/Wischmeyer*, JuS 2015, 311.

[987] So im Ergebnis auch: *Beckmann*, JZ 2013, 604 (608).

[988] Vgl. zu dessen Verwendung dort: *Deutsch/Spickhoff*, Medizinrecht, Rn. 1212; *DIJuF-Rechtsgutachten*, JAmt 2015, 565; *Duttge*, in: Wiesemann/Simon, Patientenautonomie, S. 77 (89); *Kreße*, MedR 2015, 91 (94).

[989] Siehe dazu mit weiteren Nachweisen: *Steenbreker*, NJW 2012, 3207–3211.

[990] *Brilla*, in: Beck-OGK, BGB § 1906a Rn. 17; *Deutsch/Spickhoff*, Medizinrecht, Rn. 1212; *Schneider*, in: MüKo, BGB § 1901a Rn. 38.

[991] Siehe: BT-Drs. 17/10488 S. 23.

[992] Siehe dazu: *Beckmann*, JZ 2013, 604 (606); *Katzenmeier*, MedR 2012, 576 (581).

higkeit geprägt hat.[993] Schon zum Zeitpunkt der Beratungen des Patientenrechtsgesetzes im Jahr 2012 entsprach es der gesicherten Rechtslage, dass die Einwilligungsfähigkeit darüber entscheidet, ob ein Patient selbst in eine ihn betreffende Heilbehandlung einwilligen darf, oder ob er einer stellvertretenden Entscheidung bedarf.[994] Diese gesicherte Rechtslage sollte mit dem Patientenrechtegesetz lediglich einer gesetzlichen Regelung zugeführt werden,[995] so dass in der im Gesetzgebungsverfahren erfolgten Verwendung des Begriffs der „natürlichen Willensfähigkeit" kein von der betreuungsrechtlichen Bedeutung abweichender medizinrechtlicher Gebrauch des Begriffs des natürlichen Willens zu sehen ist.[996]

Als Zwischenfazit ist festzuhalten: Der Begriff des natürlichen Willens bezeichnet im Medizin- und Betreuungsrecht einen Willen, der hinter dem für die Einwilligungsfähigkeit erforderlichen freien Willen, der seinerseits die Grundlage für die insoweit notwendige Einsichts-, Urteils- und Steuerungsfähigkeit bildet, zurückbleibt.[997] Unter Verweis auf seine Verwendung in der Normsetzung kann und soll der Begriff des natürlichen Willens nicht negiert werden. Er wird im weiteren Verlauf der vorliegenden Arbeit im vorgenannten Sinn verwendet.

C. Problem der Bestimmung des natürlichen Willens

Auch wenn mit der erfolgten Normsetzung der Terminus des natürlichen Willens etabliert wurde, so treten mit diesem unbestimmten Rechtsbegriff doch eine ganze Reihe von Fragen in den Fokus: Was ist unter dem natürlichen Willen zu verstehen? Welche Handlungen können auf einen natürlichen Willen zurückgeführt werden und welche nicht? Gibt es Mindestanforderungen, die an einen natürlichen Willen gestellt werden, damit dieser eine normative Kraft entfalten kann?

---

993 Vgl.: BGH, Urt. v. 24.04.1961 – III ZR 45/60, VersR 1961, 632 (633); und wortgleich: Urt. v. 02.12.1963 – III ZR 222/62, NJW 1964, 1177 (1178).

994 BVerfG, Beschluss v. 25.07.1979 – 2 BvR 878/74, BVerfGE 52, 131 (168); Beschluss v. 23.03.2011 – 2 BvR 882/09, NJW 2011, 2113 (2114); BGH, Urt. v. 28.11.1957 – 4 StR 525/57, BGHSt 11, 111 (113); Urt. v. 09.12.1958 – VI ZR 203/57, BGHZ 29, 46 (49); Beschluss v. 01.02.2006 – XII ZB 236/05, BGHZ 166, 141 (150); Urt. v. 22.12.2010 – 3 StR 239/10, MedR 2011, 809 (810); abweichend: Urt. v. 10.10.2006 – VI ZR 74/05, FamRZ 2007, 130 (nur Vetorecht des einwilligungsfähigen Minderjährigen).

995 BT-Drs. 17/10488 S. 9; *Thole*, MedR 2013, 145 (147).

996 a. A.: *Beckmann*, JZ 2013, 604 (606).

997 *Brilla*, in: Beck-OGK, BGB § 1906a Rn. 17; *Deutsch/Spickhoff*, Medizinrecht, Rn. 1212; *DIJuF-Rechtsgutachten*, JAmt 2015, 565; *Kreße*, MedR 2015, 91 (94); *Lipp*, FamRZ 2013, 913 (920).

I. Nonverbale Äußerungen des natürlichen Willens

Einigkeit besteht insoweit, als dass eine verbale Äußerung des Willens nicht verlangt wird.[998] Vielmehr soll auch „die Artikulation von Gebärden, Gesten, Gefühlsäußerungen und körperlichem Widerstand“ möglich sein.[999] Dadurch wird gewährleistet, dass auch nicht sprachfähige Menschen nicht zum Objekt ihrer Behandlung werden. Vielmehr wird damit der degenerierenden bzw. erwachenden Selbstbestimmungsfähigkeit auf vielfältige Weise Geltung verschafft.

II. Natürlicher Wille und Therapieentscheidungen

Der Medizinethiker *Ralf Jox* weist auf das Fehlen einer einheitlichen Definition des natürlichen Willens hin und darauf, dass es unterhalb der Schwelle der Einwilligungsfähigkeit „verschiedenste Formen von Äußerungen geben“ kann, die im „Spektrum zwischen expliziten sprachlichen Willensäußerungen und einem basalen motorischen Verhalten“ liegen können.[1000] Er schildert Situationen, in denen Eltern schon bei Säuglingen Reaktionen als natürlichen Willen deuten, „von dem sie die Entscheidung über lebenserhaltende Therapiemaßnahmen abhängig machen“[1001]. Teilweise gilt dies sogar für die bloß objektive Veränderung des kindlichen Gesundheitszustands, etwa wenn Eltern Veränderungen im Gesundheitszustand im Sinne eines noch oder nicht mehr vorhandenen kindlichen Lebenswillens deuten.[1002] *Jox* folgert aus diesen Beobachtungen, dass nicht jedes Verhalten, das ein nicht einwilligungsfähiges Kind zeigt, als Ausdruck des natürlichen Willens angesehen werden kann. Vielmehr sei das Verhalten häufig Ausdruck einer bloßen Wohlergehensäußerung.[1003] Diese Schlussfolgerung übersieht jedoch, dass es zu differenzieren gilt zwischen der Frage, ob erstens eine Reaktion eines Säuglings überhaupt als Ausdruck des natürlichen Willens angesehen werden kann und zweitens, ob bzw. wie dieser Wille im Rahmen von Therapieentscheidungen zu beachten ist.[1004]

1. Bestimmung des natürlichen Willens

Das rechtswissenschaftliche Schrifttum geht hinsichtlich der Bestimmung des natürlichen Willens davon aus, dass insoweit „jeder bewusste und erkennbare

---

998 *Brilla*, in: Beck-OGK, BGB § 1906a Rn. 19; *Deutsch/Spickhoff*, Medizinrecht, Rn. 1212; *Dodegge*, NJW 2013, 1265 (1266); *Heide*, Medizinische Zwangsbehandlung, S. 145.

999 *Heide*, Medizinische Zwangsbehandlung, S. 145.

1000 *Jox*, in: Wiesemann/Simon, Patientenautonomie, S. 329 (331).

1001 *Jox*, in: Wiesemann/Simon, Patientenautonomie, S. 329 (332, 334).

1002 *Jox*, in: Wiesemann/Simon, Patientenautonomie, S. 329 (333).

1003 *Jox*, in: Wiesemann/Simon, Patientenautonomie, S. 329 (337).

1004 *Rehbock*, in: Moos/Rehmann-Sutter/Schües, Randzonen des Willens, S. 306.

Widerspruch“ genügt.[1005] Bloß reflexartige Widerstände, die auf einem natürlichen Abwehrbedürfnis beruhen, das dadurch ausgelöst wird, „wenn etwas sticht oder schmerzt“, werden nicht als auf dem natürlichen Willen beruhende Abwehräußerungen angesehen.[1006] Die Rechtswissenschaftlerin *Friederike Wapler* weist darauf hin, dass „sehr kleine Kinder“ Bedürfnisse äußern, „aber noch keinen Willen, da ihr Ich-Bewusstsein für eine intentionale Beeinflussung der Welt noch nicht hinreichend ausgebildet ist“[1007]. Das philosophische und pädagogische Schrifttum zeigt sich weniger zurückhaltend mit der Annahme eines natürlichen Willens. So gehen Pädagogen davon aus, dass bereits Säuglinge und Kleinstkinder ihre Ablehnung gegenüber einem von einer Bezugsperson intendierten Verhalten ausdrücken können.[1008] Exemplarisch wird auf Wickelkinder im ersten Lebensjahr verwiesen, die im Spiel vertieft sind und die der geäußerten Aufforderung: „Komm, ich mache dir jetzt eine frische Windel!“ mit Ablehnung dergestalt begegnen, dass sie sich abwenden oder davon krabbeln.[1009] Die Philosophin *Theda Rehbock* versteht das Wollen eines Kindes unter Verweis auf die ethische Problematik der Selbstbestimmung in einem weiten Sinn. Sie geht davon aus, dass Kinder dadurch, dass sie „schreien, nach etwas greifen oder auf etwas zulaufen“, klar zu erkennen geben, was sie wollen, so dass ihrem Verhalten durchaus eine Intentionalität innewohnt und es sich insoweit eben nicht nur um die Beschreibung ihres Wohlergehens handelt.[1010] Im Gegensatz zur im juristischen Schrifttum vertretenen Auffassung sieht *Rehbock* nicht nur in dem bewussten, rationalen Wollen, sondern auch in dem „in der leiblichen Verfassung fundierte[n] vorbewusste[n] oder präreflexive[n] Empfinden und Fühlen“ eine Intentionalität, da auch das gemeinhin als unbewusst bezeichnete Verhalten „sich in strukturierter Weise auf die Dinge richtet“[1011].

2. Normative Kraft des natürlichen Wi*l*lens

Zu bedenken ist, dass diese Überlegungen lediglich die Frage betreffen, ob ein kindliches Verhalten als dessen natürlicher Wille interpretiert werden kann. Keine Aussagekraft entfalten sie jedoch hinsichtlich der Frage, ob der so

---

[1005] *Lipp*, FamRZ 2013, 913 (920 f.); so auch unter Verweis auf Lipp: *DIJuF-Rechtsgutachten*, JAmt 2015, 565; *Hoffmann*, NZFam 2015, 985 (986).

[1006] *Götz*, in: Coester-Waltjen/Lipp/Schumann/Veit, Zwangsbehandlung, S. 65 (74 f.); so auch: *Heide*, Medizinische Zwangsbehandlung, S. 146.

[1007] *Wapler*, Kinderrechte und Kindeswohl, S. 437.

[1008] *Gonzalez-Mena/Widmeyer-Eyer*, Säuglinge, Kleinkinder: Betreuung, Erziehung, Pflege, S. 33–34; *Hansen/Knauer/Sturzenhecker*, Partizipation in Kindertageseinrichtungen, S. 80.

[1009] *Hansen/Knauer/Sturzenhecker*, Partizipation in Kindertageseinrichtungen, S. 206.

[1010] *Rehbock*, in: Moos/Rehmann-Sutter/Schües, Randzonen des Willens, S. 306.

[1011] *Rehbock*, in: Moos/Rehmann-Sutter/Schües, Randzonen des Willens, S. 306.

identifizierte kindliche Wille eine – und wenn ja: wie ‚starke' – normative Kraft für mögliche Behandlungsentscheidungen entfaltet. Um aus dem – wie auch immer – artikulierten Willen Rückschlüsse auf Behandlungswünsche des Kindes ziehen zu können, sind die möglichen Gründe für das Verhalten des Kindes „sorgfältig und mit großer Sensibilität abzuklären, um herauszufinden, was die Patientin will oder nicht will"[1012]. Festzuhalten ist damit, dass eine medizinische Maßnahme gegen den natürlichen Willen des Kindes nur dann als Zwangsbehandlung anzusehen ist, wenn der Wille des Kindes sich gegen die konkret angedachte Behandlung bzw. Behandlungsvariante richtet.

3. Schlussfolgerungen

Die Konsequenzen der hier vertretenen Sichtweise für die Qualifikation einer Behandlung als Zwangsbehandlung sollen an folgenden Beispielen illustriert werden: Bei der Verabreichung eines Hustensafts an ein schreiendes Baby ist regelmäßig nicht festzustellen, ob der Grund für das Schreien in der Ablehnung der Behandlung besteht oder ob das Schreien seine Ursache in dem Bedürfnis des Säuglings nach Essen, Trinken, Hygiene, Nähe zur Mutter oder Sonstigem hat, so dass die zwangsweise Durchsetzung des elterlichen Behandlungswunschs dann nicht als Zwangsbehandlung zu qualifizieren ist. Der natürliche Wille des Kindes richtet sich nicht in nachvollziehbarer Weise gegen die Behandlung. Auch hinsichtlich der Behandlungsverweigerung älterer Kinder, die noch nicht einwilligungsfähig sind, lassen sich Lebenssituationen ersinnen, in denen die hier vorgenommene Präzisierung des beachtlichen natürlichen Willens den Schutzpflichtcharakter des medizinischen Selbstbestimmungsrechts zu Tage treten lässt. Zu denken ist etwa an einen dreijährigen Jungen, der mit anderen Kindern im Garten spielt, während seine Mutter auf der Terrasse sitzt. Die Mutter ruft ihn zu sich und bittet ihn um die Einnahme des Hustensafts, mit dem seine abklingende akute Bronchitis behandelt wird. Er verweigert sich jedoch mit dem Hinweis, jetzt das Spiel nicht unterbrechen zu wollen. Da sein natürlicher Wille sich nicht gegen die konkret angedachte Behandlung richtet, sondern gegen die Unterbrechung des Spiels, wäre eine zwangsweise Durchsetzung des Behandlungswunschs durch die Mutter zwar pädagogisch fragwürdig, stellte aber keine Zwangsbehandlung dar. Das Grundrecht auf medizinische Selbstbestimmung entfaltet hier keine Schutzpflicht, weil die Freiheit zur medizinischen Selbstbestimmung nicht betroffen ist. Verweigerte derselbe Junge am Abend jedoch die Einnahme des Hustensafts, weil er der Meinung ist, diesen aufgrund der bereits eingetretenen Besserung nicht mehr zu benötigen und weiß die Mutter sich nicht anders als mit der zwangsweisen Durchsetzung ihres Behandlungswunschs zu helfen, dann handelt es sich um eine Zwangsbehandlung, da der natürliche Wille des Kindes sich gegen die konkret angedachte

[1012] *Rehbock*, in: Moos/Rehmann-Sutter/Schües, Randzonen des Willens, S. 306 (307).

Behandlung richtet. Der Schutzpflichtcharakter des medizinischen Selbstbestimmungsrechts entfaltet hier seine Wirkung.

§ 2 Die Zwangsbehandlung von Kindern de lege lata

Anders als im Erwachsenenschutzrecht existiert im Kindschaftsrecht keine Regelung zur Zwangsbehandlung. Fraglich erscheint, ob das Fehlen einer gesetzlichen Grundlage zur Zwangsbehandlung von Kindern dazu führt, dass die Gesundheitssorgeberechtigten befugt sind, den entgegenstehenden natürlichen Willen des nicht einwilligungsfähigen Kindes zurück zu weisen[1013] und ob dafür formell- und materiellrechtliche Voraussetzungen[1014] zu beachten sind.

A. Befugnis der Gesundheitssorgeberechtigten zur zwangsweisen Durchsetzung einer Behandlung

Nach allgemeiner Auffassung im Schrifttum wird davon ausgegangen, dass die einen Teilbereich der Personensorge des § 1631 Abs. 1 BGB darstellende Gesundheitssorgeberechtigung de lege lata das Recht zur zwangsweisen Durchsetzung einer Behandlung gewährt, ohne dass es dazu einer ausdrücklichen gesetzlichen Ermächtigung bedarf.[1015] Zur Begründung dieser vom Betreuungsrecht in erheblichem Umfang abweichenden Rechtslage wird darauf verwiesen, dass es sich bei der Personensorge des § 1631 Abs. 1 BGB um einen Teilbereich der elterlichen Sorge des § 1626 BGB handelt, die wiederum als „einfachrechtliches Pendant“[1016] das Elterngrundrecht des Art. 6 Abs. 2 Satz 1 GG abbildet.[1017] Der den Eltern im Rahmen der zivilrechtlichen Personensorge gewährte weite Einschätzungs- und Entscheidungsspielraum spiegelt die Reichweite des Elterngrundrechts des Art. 6 Abs. 2 Satz 1 GG wider.[1018] Bis zur Grenze einer ihnen zurechenbaren Kindeswohlgefährdung dürfen allein die Eltern selbst entscheiden, welche Erziehungsinhalte und -methoden sie anwen-

---

[1013] Im Folgenden unter A.

[1014] Im Folgenden unter B und C.

[1015] *DIJuF-Rechtsgutachten*, JAmt 2010, 239; *Klinkhardt*, in: Oberloskamp, Vormundschaft [2. Auflage], § 7 Rn. 19; *Lorenz*, NZFam 2017, 782 (783); *Veit*, in: Beck-OK, BGB § 1631b Rn. 30; a. A. unter Verweis auf die Zirkumzisionsdebatte und die als Konsequenz daraus erfolgte Normierung des § 1631d BGB: *Grotkopp*, BtPrax 2013, 83 (86).

[1016] *Heiß*, NZFam 2015, 491 (492).

[1017] *Götz*, in: Coester-Waltjen/Lipp/Schumann/Veit, Zwangsbehandlung, S. 65 (67–69); *Hoffmann*, Recht & Psychiatrie 2007, 173 (175); *Klinkhardt*, in: Oberloskamp, Vormundschaft [2. Auflage], § 7 Rn. 19; mittlerweile kritischer: *Hoffmann*, ZRP 2016, 242 (243); *Hoffmann*, NZFam 2015, 985 (988).

[1018] *Götz*, in: Coester-Waltjen/Lipp/Schumann/Veit, Zwangsbehandlung, S. 65 (68).

den.[1019] Der weite Beurteilungs- und Ermessensspielraum der Eltern erstreckt sich freilich auch auf die Gesundheitssorge.[1020] Soweit die Eltern aufgrund nicht vorliegender und nicht herzustellender Einwilligungsfähigkeit ihres Kindes als Berechtigte im Sinne des § 630d Abs. 1 Satz 2 BGB zur Entscheidung berufen sind, können sie frei entscheiden, wie sie die Gesundheitssorge wahrnehmen, etwa ob sie dem Kind eine schul- oder alternativmedizinische Versorgung zukommen lassen.[1021] Dabei sind sie auch zum Schutz ihres Kindes verpflichtet. Gefahren, zu denen auch Krankheiten gehören, müssen sie von ihrem Kind abwehren. Es wurde bereits dargestellt, dass den Eltern für den Fall, dass sie dieser Verpflichtung nicht nachkommen, die Gesundheitssorge entzogen werden kann oder ihre notwendig zu erteilende Einwilligung – etwa in eine Bluttransfusion bei einem Kind, dessen Eltern den ‚Zeugen Jehovas' angehören – durch einen richterlichen Beschluss ersetzt werden kann.[1022] Bei der hier gegenständlichen Fragestellung einer Zwangsbehandlung handelt es sich in gewisser Weise um den ‚Komplementärfall' dazu: Die Eltern begehren – so wird hier unterstellt –aus Fürsorge und mit objektiv guten oder zumindest nachvollziehbaren Gründen eine bestimmte Heilbehandlung für ihr Kind, die dieses aber ablehnt. An der Befugnis zur zwangsweisen Durchsetzung der Behandlung eines Kindes soll sich auch dann nichts ändern, wenn die Gesundheitssorge durch einen gerichtlich bestellten Vertreter, also einen Vormund (§§ 1789, 1795 BGB) oder Pfleger (§§ 1809, 1813 BGB), wahrgenommen wird,[1023] deren Handeln – anders als das der Eltern – nicht dem Schutzbereich des Art. 6 Abs. 2 Satz 1 GG unterfällt.[1024]

B. Genehmigungsvorbehalt für die Zwangsbehandlung von Kindern

Mangels gesetzlicher Regelung ist davon auszugehen, dass die durch das Elternrecht gedeckte Zwangsbehandlung eines Minderjährigen keiner gerichtlichen Genehmigung bedarf. Selbst wenn die Gesundheitssorgeberechtigten eine

---

[1019] *Bichler*, GesR 2014, 1 (5); *Lorenz*, NZFam 2017, 782 (783); *Taupitz*, Gutachten A, S. 74; siehe oben 2. Kapitel § 5 B I.

[1020] *Taupitz*, in: Götz/Brudermüller, FS Brudermüller, S. 813 (815).

[1021] *Götz*, in: Coester-Waltjen/Lipp/Schumann/Veit, Zwangsbehandlung, S. 65 (68).

[1022] Siehe oben 2. Kapitel § 5 B III.

[1023] *DIJuF-Rechtsgutachten*, JAmt 2010, 239 (240); *Hoffmann*, Recht & Psychiatrie 2007, 173 (175); *Klinkhardt*, in: Oberloskamp, Vormundschaft [2. Auflage], § 7 Rn. 19; kritisch dazu: *Götz*, in: Coester-Waltjen/Lipp/Schumann/Veit, Zwangsbehandlung, S. 65 (81); mittlerweile ebenfalls kritisch: *Hoffmann*, NZFam 2015, 985 (986).

[1024] BVerfG, Beschluss v. 10.02.1960 – 1 BvR 526/53, 29/58, BVerfGE 10, 302 (328); *Coelln*, in: Sachs, GG Art. 6 Rn. 54; *Coester-Waltjen*, in: Münch/Kunig, GG Art. 6 Rn. 70.

gerichtliche Genehmigung ihres Handelns wünschen, ist dies de lege lata nicht möglich.[1025]

I. Zwangsbehandlung im Rahmen freiheitsentziehender Unterbringung

Etwas anderes soll nach einer Meinung dann gelten, wenn eine freiheitsentziehende Unterbringung gerade zur Vornahme einer Zwangsbehandlung erforderlich ist, um auf diese Weise eine Selbst- oder Fremdgefährdung abzuwenden.[1026] Dann soll mit der Genehmigung der freiheitsentziehenden Unterbringung mittelbar auch eine Genehmigung der Zwangsbehandlung verbunden sein.[1027] Dies hätte zur Konsequenz, dass die Gesundheitssorge einer umfassenden gerichtlichen Überprüfung unterzogen würde, wozu § 1631b BGB jedoch nicht ermächtigt.[1028] Diese Norm schränkt lediglich das Aufenthaltsbestimmungsrecht ein, nicht aber das durch die Zwangsbehandlung betroffene Gesundheitssorgebestimmungsrecht.[1029] So überprüft das Gericht bei einer freiheitsentziehenden Unterbringung, die gerade zum Zweck der Vornahme einer Zwangsbehandlung erfolgt, lediglich, ob die Unterbringung zur Abwendung einer Selbst- bzw. Fremdgefährdung des Kindes erforderlich ist. Hinsichtlich der im Rahmen der Unterbringung vorzunehmenden Zwangsbehandlung entscheiden die Eltern jedoch autonom.[1030] Im Übrigen führte ein Genehmigungserfordernis für die im Rahmen der freiheitsentziehenden Unterbringung vorzunehmende Zwangsbehandlung dazu, dass damit eine Ungleichbehandlung zur ambulanten Zwangsbehandlung hergestellt würde, die de lege lata nur bei Kindeswohlgefährdung im Sinne des § 1666 BGB unterbunden werden darf.[1031]

Diese Bedenken gegen die Annahme einer mittelbaren Genehmigung der Zwangsbehandlung im Wege der Genehmigung der Unterbringung verdichten sich bei einem Blick auf den bei einer unterstellten gerichtlichen Genehmigung anzuwendenden Prüfungsmaßstab. Befürworter verlangen die Prüfung der materiellrechtlichen Voraussetzungen der Zwangsbehandlung, insbesondere der

---

[1025] OLG Brandenburg, Beschluss v. 17.02.2000 – 10 UF 45/99, FamRZ 2000, 1033 (1034 f.); OLG Karlsruhe, Beschluss v. 11.01.2002 – 20 WF 112/01, NJW-RR 2002, 725 f.; *Götz*, in: Coester-Waltjen/Lipp/Schumann/Veit, Zwangsbehandlung, S. 65 (72); vgl. hinsichtlich der freiheitsentziehenden Maßnahmen vor der Normierung des § 1631b Abs. 2 BGB: BGH, Beschluss v. 07.08.2013 – XII ZB 559/11, FamRZ 2013, 1646.

[1026] *Hoffmann*, NZFam 2015, 985 (987).

[1027] *Hoffmann*, ZRP 2016, 242 (243).

[1028] *Veit*, in: Beck-OK, BGB § 1631b Rn. 31.

[1029] *Götz*, in: Coester-Waltjen/Lipp/Schumann/Veit, Zwangsbehandlung, S. 65 (71).

[1030] *Veit*, in: Beck-OK, BGB § 1631b Rn. 31.

[1031] *Götz*, in: Coester-Waltjen/Lipp/Schumann/Veit, Zwangsbehandlung, S. 65 (72).

Verhältnismäßigkeit.[1032] Sie begründen dies damit, dass ohne deren Vorliegen auch die materiellrechtlichen Voraussetzungen der freiheitsentziehenden Unterbringung zur Zwangsbehandlung nicht vorliegen könnten.[1033] Vom Wortsinn des § 1631b Abs. 1 BGB ist dieser weite Prüfungsumfang jedoch nicht gedeckt. Die in dieser Vorschrift normierte Verhältnismäßigkeitsprüfung bezieht sich ausschließlich auf die freiheitsentziehende Unterbringung und nicht auf die zu diesem Zweck erfolgende Zwangsbehandlung.[1034] Zur Zwangsbehandlung schweigt das Gesetz.

> „Die inzidente Prüfung des Vorliegens der (im Übrigen nicht kodifizierten) Voraussetzungen einer Zwangsbehandlung des Kindes im Rahmen der Unterbringung liefe deshalb auf eine unzulässige Ausübungskontrolle der elterlichen Sorge hinaus."[1035]

Für die Ausübungskontrolle der elterlichen Sorge bedarf es einer gesetzlichen Ermächtigungsgrundlage,[1036] die aber gerade nicht existiert. Die im Rahmen der freiheitsentziehenden Unterbringung erfolgende richterliche Überprüfung hat sich hinsichtlich der Zwangsbehandlung daher am Prüfungsmaßstab der Kindeswohlgefährdung des § 1666 BGB zu orientieren.[1037] Für eine darüber hinausgehende Prüfung am Maßstab der Verhältnismäßigkeit fehlt es an der gesetzlichen Grundlage. „Die unter der Schwelle der Kindeswohlgefährdung liegende Frage der Kindeswohldienlichkeit der Zwangsbehandlung entscheiden die Eltern (...) autonom."[1038]

II. Zwangsbehandlung kein genehmigungspflichtiges Rechtsgeschäft

Eine Genehmigungspflicht durch das Familiengericht ergibt sich auch nicht durch eine Ausdehnung des in § 1643 BGB geregelten Erlaubnisvorbehalts über die dort und in §§ 1799, 1848-1854, 1809, 1813 BGB geregelten Fälle hinaus auf die medizinische Zwangsbehandlung. Die Aufzählung der genehmigungsbedürftigen Geschäfte ist als abschließend anzusehen,[1039] da nur so die im Interesse der Rechtssicherheit notwendige eindeutige Abgrenzung zwischen den

---

[1032] *DIJuF-Rechtsgutachten*, JAmt 2010, 239 f.; *DIJuF-Rechtsgutachten*, JAmt 2015, 565 (567); *Hoffmann*, NZFam 2015, 985 (987).

[1033] *Hoffmann*, NZFam 2015, 985 (987).

[1034] *Götz*, in: Coester-Waltjen/Lipp/Schumann/Veit, Zwangsbehandlung, S. 65 (71).

[1035] *Götz*, in: Coester-Waltjen/Lipp/Schumann/Veit, Zwangsbehandlung, S. 65 (72).

[1036] Vgl. Art. 6 Abs. 2 Satz 2 GG. Ausführlich dazu unten III 3.

[1037] *Veit*, in: Beck-OK, BGB § 1631b Rn. 31; siehe dazu unten C III.

[1038] *Götz*, in: Coester-Waltjen/Lipp/Schumann/Veit, Zwangsbehandlung, S. 65 (72).

[1039] OLG Karlsruhe, Beschluss v. 11.01.2002 – 20 WF 112/01, NJW-RR 2002, 725 (726); *Götz*, in: Coester-Waltjen/Lipp/Schumann/Veit, Zwangsbehandlung, S. 65 (72).

genehmigungsfreien und den genehmigungspflichtigen Geschäften möglich ist.[1040]

III. Keine Analogie zur betreuungsrechtlichen Zwangsbehandlung

Ein Genehmigungserfordernis der Zwangsbehandlung von Kindern ließe sich noch über eine analoge Anwendung der betreuungsrechtlichen Vorschriften zur Zwangsbehandlung erreichen. Der Streit über die Frage der analogen Anwendbarkeit der betreuungsrechtlichen Regelungen zu Zwangsmaßnahmen auf Zwangsmaßnahmen gegenüber Kindern[1041] kann mit der Entscheidung des BGH vom 7.8.2013[1042] als erledigt angesehen werden. Der zwölfte Zivilsenat entschied in dem Verfahren über die Frage, ob die Einwilligung der personensorgeberechtigten Eltern in eine Fixierung, die als unterbringungsähnliche oder freiheitsentziehende Maßnahme anzusehen ist, einer Genehmigung durch das Familiengericht bedurfte. Mangels einer – nach damaliger Rechtslage noch nicht vorliegenden – gesetzlichen Regelung im Kindschaftsrecht[1043] prüfte das Gericht eine analoge Anwendung der betreuungsrechtlichen Vorschriften und verneinte sie.

1. Nichtvergleichbarkeit von Minderjährigen und Betreuten

Der BGH hielt die Situation des Minderjährigen im Kindschaftsrecht mit der des Betroffenen im Betreuungsrecht bereits nicht für vergleichbar.[1044] Während im Kindschaftsrecht von einem grundsätzlichen und vollumfänglichen Pflegebedürfnis des Kindes auszugehen ist, dem die Eltern gerecht werden, ist das Betreuungsverhältnis davon geprägt, dass der Betreuer die rechtliche Verantwortung für den Betreuten wahrnimmt und im Rahmen dessen nur die grundsätzliche Eigenverantwortung des Betroffenen ergänzt, indem er dem Willen des Betreuten so weit wie möglich zur Geltung verhilft.[1045]

[1040] BGH, Urt. v. 27.10.1982 – V ZR 177/81, NJW 1983, 1780 (1781).

[1041] Ablehnend für die Zwangsbehandlung: OLG Karlsruhe, Beschluss v. 11.01.2002 – 20 WF 112/01, NJW-RR 2002, 725 f.; OLG Brandenburg, Beschluss v. 17.02.2000 – 10 UF 45/99, FamRZ 2000, 1033 (1034 f.); *Götz*, in: Coester-Waltjen/Lipp/Schumann/Veit, Zwangsbehandlung, S. 65 (73 f.); *Hoffmann*, NZFam 2015, 985 (987); für eine analoge Anwendung der betreuungsrechtlichen Regelung bzgl. der freiheitsentziehenden Maßnahmen vor der Normierung des § 1631b Abs. 2 BGB: *Dodegge*, FamRZ 1993, 1348 f.; *Huber*, in: MüKo, BGB (6. Auflage) § 1631b Rn. 8; *Salgo*, in: Staudinger [2007], BGB § 1631b Rn. 14 f.; *Wille*, ZfJ 2002, 85 (88).

[1042] BGH, Beschluss v. 07.08.2013 – XII ZB 559/11, FamRZ 2013, 1646.

[1043] Siehe zur heutigen Rechtslage: § 1631b Abs. 2 BGB.

[1044] BGH, Beschluss v. 07.08.2013 – XII ZB 559/11, FamRZ 2013, 1646 (1647).

[1045] BGH, Beschluss v. 07.08.2013 – XII ZB 559/11, FamRZ 2013, 1646 (1647 f.).

2. Fehlende planwidrige Regelungslücke im Kindschaftsrecht

Darüber hinaus verneinte der Familiensenat die Planwidrigkeit der Regelungslücke im Kindschaftsrecht.[1046] Im Rahmen des Gesetzgebungsverfahrens zu § 1906 Abs. 4 BGB hatte der Gesetzgeber die Intention geäußert, dass durch die Regelung zu den freiheitsentziehenden Maßnahmen im Betreuungsrecht die bestehende Rechtslage im Kindschaftsrecht nicht verändert werde.[1047] Die Unterbringung von Kindern sah der Gesetzgeber seinerzeit bereits durch die elterliche Sorge als gedeckt an. Einer gerichtlichen Prüfung sollte auch nach der Einführung des Betreuungsrechts nur die Frage zugänglich sein, ob die elterliche Sorge zum Wohl des Kindes ausgeübt werde.[1048] Gleiches gelte, so der BGH, „für die weiteren Genehmigungserfordernisse im Betreuungsrecht wie etwa §§ 1904 und 1907 BGB, die dem Kindschaftsrecht fremd sind"[1049]. Der Gesetzgeber hatte deutlich gemacht, dass mit den Neuregelungen zum Betreuungsrecht die bestehenden Vorschriften über die elterliche Sorge, die Vormundschaft und Pflegschaft über Minderjährige nicht verändert werden sollten.[1050]

3. Fehlende gesetzliche Grundlage für einen Eingriff in Art. 6 Abs. 2 GG

Schließlich führte der BGH zur Begründung noch das Elterngrundrecht (Art. 6 Abs. 2 Satz 1 GG) ins Feld.[1051] Staatliche Eingriffe in das Elterngrundrecht sind nur in Ausübung des staatlichen Wächteramtes aus Art. 6 Abs. 2 Satz 2 GG zulässig, wofür eine gesetzliche Grundlage erforderlich ist, die hinreichend bestimmt sein muss.[1052] Diesem Erfordernis genügt eine analoge Anwendung der betreuungsrechtlichen Vorschriften im Kindschaftsrecht nicht, so dass eine entsprechende Anwendung dieser Regelungen nicht zulässig ist.[1053] Wenngleich die Ausführungen des BGH in dieser Entscheidung nicht unmittelbar die Zwangsbehandlung von Kindern betreffen, sondern Zwangsmaßnahmen, die mit Freiheitsentzug verbunden sind, so ist die Ausgangslage zur Zwangsbehandlung von Kindern de lege lata mit der zum Zeitpunkt der Entscheidung des BGH vorliegenden Situation zu freiheitsentziehenden Maßnahmen bei Kindern vergleichbar: So, wie sich nach damals geltender Rechtslage im Kindschaftsrecht keine Regelung zu den freiheitsentziehenden Maßnahmen fand, findet sich heute im Kindschaftsrecht keine Regelung zur Zwangsbehandlung – beide Fälle

---

[1046] BGH, Beschluss v. 07.08.2013 – XII ZB 559/11, FamRZ 2013, 1646 (1647).
[1047] BT-Drs. 11/4528 S. 82 f.
[1048] BT-Drs. 11/4528 S. 82 f.
[1049] BGH, Beschluss v. 07.08.2013 – XII ZB 559/11, FamRZ 2013, 1646 (1647).
[1050] BT-Drs. 11/4528 S. 72.
[1051] BGH, Beschluss v. 07.08.2013 – XII ZB 559/11, FamRZ 2013, 1646 (1648).
[1052] BGH, Beschluss v. 07.08.2013 – XII ZB 559/11, FamRZ 2013, 1646 (1648); BVerfG, Urt. v. 16.01.2003 – 2 BvR 716/01, BVerfGE 107, 104 (120).
[1053] BGH, Beschluss v. 07.08.2013 – XII ZB 559/11, FamRZ 2013, 1646 (1648); so auch: *Hoffmann*, NZFam 2015, 985 (987).

sind aber im Betreuungsrecht ausdrücklich geregelt. Aus diesem Grund entfaltet die Rechtsprechung des BGH zu freiheitsentziehenden Maßnahmen für die hier gegenständliche Frage nach dem Genehmigungserfordernis der Zwangsbehandlung Wirkung und eine analoge Anwendung der betreuungsrechtlichen Vorschriften scheidet aus.

C. Beschränkungen der Zwangsbehandlung von Kindern

I. Keine Grenze der Verhältnismäßigkeit

Obschon die betreuungsrechtlichen Vorschriften zur Zwangsbehandlung nicht analog auf die Zwangsbehandlung von Kindern anzuwenden sind, geht eine im Schrifttum vertretene Auffassung davon aus, dass die Zwangsbehandlung von Kindern dem Verhältnismäßigkeitsgrundsatz entsprechen muss.[1054] Sie hält die Zwangsbehandlung von Kindern nur dann für zulässig, wenn sie dem Prüfungsmaßstab des § 1906 Abs. 3 Nr. 3-5 BGB a. F.[1055] genügt.[1056] Das kindschaftsrechtliche Äquivalent zu dem Überzeugungsversuch, der in § 1832 Abs. 1 Satz 1 Nr. 4 BGB als Erfordernis für die betreuungsrechtliche Zwangsbehandlung genannt wird, sei in der Vorschrift des § 1626 Abs. 2 BGB zu sehen, aus der sich im Rahmen der Zwangsbehandlung eine Besprechungspflicht ergebe.[1057] Der Sache nach ist die Forderung einer Verhältnismäßigkeitsprüfung bei der Zwangsbehandlung von Kindern zu begrüßen: Nur auf diese Weise können das Elterngrundrecht des Art. 6 Abs. 2 Satz 1 GG und das sich aus diesem ergebende Fürsorgeprinzip mit dem Grundrecht auf medizinische Selbstbestimmung des nicht einwilligungsfähigen Kindes in Einklang gebracht werden. Bedauerlich ist jedoch, dass die genannten Voraussetzungen sich nicht aus einem für die Zwangsbehandlung von Kindern anwendbaren Gesetz ergeben. Dies wäre aber unbedingt erforderlich, da durch die genannten materiellrechtlichen Voraussetzungen der Verhältnismäßigkeit in das Elterngrundrecht des Art. 6 Abs. 2 Satz 1 GG eingegriffen wird. Eingriffe in Art. 6 Abs. 2 GG bedürfen einer gesetzlichen Grundlage. Ein hinreichend bestimmtes Gesetz wird vom BVerfG ausdrücklich auch für Schranken des Elternrechts gefordert, „die sich aus dessen verfassungsimmanenter Begrenzung ergeben"[1058]. So kann das Erfordernis eines formellen Gesetzes nicht mit dem Hinweis auf den treuhänderischen Charakter des Elternrechts, dem eine Beschränkung bereits immanent

---

[1054] *DIJuF-Rechtsgutachten*, JAmt 2010, 239 f.; *DIJuF-Rechtsgutachten*, JAmt 2015, 565 (567); *Hoffmann*, Personensorge § 10 Rn. 61; *Hoffmann*, NZFam 2015, 985 (986).

[1055] Heute: § 1832 Abs. 1 Satz 1 Nr. 1-7 BGB.

[1056] *Hoffmann*, NZFam 2015, 985 (986).

[1057] *Hoffmann*, Personensorge § 10 Rn. 68; *Hoffmann*, NZFam 2015, 985 (987).

[1058] BVerfG, Urt. v. 16.01.2003 – 2 BvR 716/01, BVerfGE 107, 104 (120).

sei, umgangen werden. Da ein formelles Gesetz gerade nicht existiert, kann es sich nach hier vertretener Auffassung bei der Prüfung der Erforderlichkeit und der Verhältnismäßigkeit der Zwangsbehandlung von Kindern weniger um eine rechtsdogmatische Tatsache handeln, als vielmehr um eine rechtspolitische Forderung.[1059]

II. Grenze des Verbots entwürdigender Erziehungsmaßnahmen

In seiner Entscheidung vom 7.8.2013[1060] wies der BGH zur Gewährleistung des Schutzes minderjähriger Kinder vor gegen sie gerichteten, nicht gesetzlich normierten, Zwangsmaßnahmen auf das in § 1631 Abs. 2 BGB bestimmte Verbot entwürdigender Erziehungsmaßnahmen hin.[1061] Es ist allerdings zu bezweifeln, ob über diese Regelung ein effektiver Schutz der Kinder vor unberechtigten Zwangsbehandlungen erzielt werden kann.[1062] Bedenken bestehen bereits dagegen, die Zwangsbehandlung als eine Erziehungsmaßnahme im Sinne des § 1631 Abs. 2 BGB anzusehen, da diese regelmäßig nicht als Erziehungsmittel eingesetzt werden dürfte, sondern als Schutzmittel für das Kind. Bestätigend kann auf die Gesetzesbegründung zu § 1631d BGB[1063] verwiesen werden: Der Gesetzgeber äußert dort die Ansicht, dass § 1631 Abs. 2 BGB der Regelung zur Beschneidung eines nicht einwilligungsfähigen Kindes aus religiösen Motiven nicht entgegensteht, weil es sich bei der Beschneidung nicht um eine verbotene Erziehungsmaßnahme als Sanktion für ein Fehlverhalten des Kindes handelt.[1064] Ebenso wie der Beschneidung dürfte auch der Zwangsbehandlung der sanktionierende Charakter fehlen. Darüber hinaus werden vom Verbot entwürdigender Erziehungsmaßnahmen diejenigen körperlichen Einwirkungen auf das Kind nicht erfasst, die mit dem Ziel vorgenommen werden, es vor Schäden zu bewahren.[1065] Gerade dies ist aber die Intention der Zwangsbehandlung. Eine effektive Grenze für die Zwangsbehandlung von Kindern ist dem Verbot entwürdigender Erziehungsmaßnahmen im Ergebnis nicht zu entnehmen.

[1059] Siehe dazu: § 4 A IV; so auch: *Götz*, in: Coester-Waltjen/Lipp/Schumann/Veit, Zwangsbehandlung, S. 65 (83 f.); ebenfalls eine gesetzliche Regelung verlangend: *Hoffmann*, ZRP 2016, 242 (243).

[1060] BGH, Beschluss v. 07.08.2013 – XII ZB 559/11, FamRZ 2013, 1646.

[1061] BGH, Beschluss v. 07.08.2013 – XII ZB 559/11, FamRZ 2013, 1646 (1648); so auch: *Hoffmann*, Recht & Psychiatrie 2007, 173 (175).

[1062] *Götz*, in: Coester-Waltjen/Lipp/Schumann/Veit, Zwangsbehandlung, S. 65 (80).

[1063] Eingeführt durch das Gesetz über den Umfang der Personensorge bei einer Beschneidung des männlichen Kindes vom 20.12.2012 (BGBl. I S. 2749).

[1064] BT-Drs. 17/11295 S. 16.

[1065] *Burschel*, in: Oberloskamp, Vormundschaft, § 8 Rn. 10; *Coester*, in: Staudinger [2015], BGB § 1666 Rn. 97; *Gernhuber/Coester-Waltjen*, Familienrecht, § 57 Rn. 91; *Huber*, in: MüKo, BGB § 1631 Rn. 18; *Peschel-Gutzeit*, FPR 2012, 195 (196).

III. Grenze der Kindeswohlgefährdung

Eine Beschränkung erfährt die Zwangsbehandlung von Kindern durch die Gesundheitssorgeberechtigten damit allein durch die Grenze der Kindeswohlgefährdung des § 1666 BGB. Grundsätzlich haben die Gesundheitssorgeberechtigten die Interpretationshoheit über das Kindeswohl.[1066] Eine gewisse Objektivierung erfährt das Kindeswohl im medizinischen Bereich. Der Indiziertheit einer Behandlung wird eine nicht unerhebliche Indizwirkung für die Bestimmung des Kindeswohls zugesprochen.[1067] In der zwangsweisen Durchsetzung einer medizinisch indizierten Behandlung wird daher keine Gefährdung des Kindeswohls gesehen. Dies hat zur Konsequenz, dass eine medizinisch indizierte Behandlung auch gegen den Willen des Kindes und notfalls unter Einsatz von Zwang durchgesetzt werden kann, ohne dass es zu einer formell- oder materiellrechtlichen Kontrolle durch ein Gericht käme. Die Entscheidung über die Kindeswohldienlichkeit einer Zwangsbehandlung liegt unterhalb der Schwelle der Kindeswohlgefährdung allein bei den Eltern.

D. Ergebnis zur Zwangsbehandlung de lege lata

Nach derzeit geltender Rechtslage ist die zwangsweise Durchsetzung der Behandlung durch die Gesundheitssorgeberechtigten zulässig und zwar unabhängig davon, ob sie im häuslichen Bereich, ambulant, stationär oder im Rahmen einer freiheitsentziehenden Unterbringung erfolgt. Auch hängt die Zulässigkeit nicht davon ab, wer die Zwangsbehandlung vornimmt, also ob diese durch einen Arzt, einen anderen Behandelnden oder durch die Eltern selbst erfolgt. Das Kind, das nicht bereits einwilligungsfähig ist, darf aufgrund der alleinigen Entscheidung seiner Gesundheitssorgeberechtigten gegen seinen natürlichen Willen und notfalls unter Anwendung von Zwang behandelt werden. Eine gerichtliche Überprüfung des Handelns der Sorgeberechtigten ist nicht vorgesehen. Sofern zum Zweck der Durchführung der Zwangsbehandlung eine freiheitsentziehende Unterbringung nach § 1631b Abs. 1 BGB bzw. eine freiheitsentziehende Maßnahme nach § 1631b Abs. 2 BGB notwendig ist, erlangt das Familiengericht ausnahmsweise Kenntnis von der angedachten Zwangsbehandlung, die sodann eine inzidente Prüfung erfährt. Prüfungsmaßstab ist dabei allerdings nicht das Verhältnismäßigkeitsprinzip, sondern die Kindeswohlgefährdung im Sinne des § 1666 BGB. Eine andere Grenze als die des § 1666 BGB kennt die Zwangsbehandlung von Kindern de lege lata nicht.

[1066] Siehe oben 2. Kapitel § 3 A.

[1067] *Gleixner-Eberle*, Einwilligung Minderjähriger, S. 310; *Kern*, FamRZ 1981, 738 (739); *Lipp*, in: Laufs/Katzenmeier/Lipp, Arztrecht, Kap. VI Rn. 181; *Rixen*, MedR 1997, 351 (353).

§ 3 Kritische Stellungnahme zur geltenden Rechtslage

Dieses Ergebnis, das von der Rechtslage im Betreuungsrecht erheblich abweicht, ist zu kritisieren. Es ist mit dem aus Art. 2 Abs. 1 i. V. m. Art. 1 Abs. 1 GG geschützten medizinischen Selbstbestimmungsrecht des Kindes nicht vereinbar. Die auf der Ebene des Privatrechts hergestellte Konkordanz zwischen den unterschiedlichen staatlichen Schutzpflichten ist zu kritisieren. Der Ausgleich zwischen den verfassungsrechtlich geschützten Positionen der Selbstbestimmung des Kindes und der Fürsorge der Eltern wird mit der nahezu unbeschränkt möglichen Zwangsbehandlung des nicht einwilligungsfähigen Kindes einseitig zugunsten der Position der Fürsorge gelöst.

A. Fehlende Verhältnismäßigkeit

In Fällen, in denen das Kind nicht einwilligungsfähig ist, verfügt es nicht über die Möglichkeit, seine Belange in Bezug auf seine Erkrankung, seine Behandlungsbedürftigkeit und die Behandlungsvarianten zu erkennen und dieser Einsicht gemäß zu handeln. Es ist auf Schutz vor sich selbst, auf Hilfe und Fürsorge angewiesen. In der Konsequenz ist ihm eine Behandlung(-svariante) trotz seines dagegen gerichteten Widerstands nicht vorzuenthalten.[1068] Gleichwohl kann ein nicht einwilligungsfähiges Kind die gleichen achtenswerten Gründe wie eine einwilligungsfähige erwachsene Person haben, mit denen es sich gegen eine bestimmte Behandlung(-svariante) wehrt. Das unabhängig vom Vorliegen der Einwilligungsfähigkeit bestehende medizinische Selbstbestimmungsrecht schützt auch objektiv unvernünftige Entscheidungen und impliziert das Recht zur Krankheit.[1069] Auf der Grundlage dieser Überlegungen führte das BVerfG in der als ‚Meilenstein für die Gewährleistung der Selbstbestimmung nichteinwilligungsfähiger Personen' zu bezeichnenden Entscheidung vom 23.3.2011 aus, dass die sich aus dem Fürsorgeprinzip ergebende Befugnis, den Einzelnen vor sich selbst zu schützen, gerade keine Vernunfthoheit Dritter über den einwilligungsunfähigen Grundrechtsträger dergestalt eröffnen soll, „dass dessen Wille allein deshalb beiseitegesetzt werden dürfte, weil er von durchschnittlichen Präferenzen abweicht oder aus der Außensicht unvernünftig erscheint"[1070].

[1068] *Meyer*, Genetische Untersuchungen, S. 74; allgemein für hilfsbedürftige Menschen: *Kuhlmann*, Einwilligung in die Heilbehandlung, S. 131; *Rönnau*, Willensmängel bei der Einwilligung, S. 216.

[1069] Siehe oben 2. Kapitel § 1 B II1 und 3. Kapitel § 2 B III; BVerfG, Beschluss v. 26.07.2016 – 1 BvL 8/15, NJW 2017, 53 (56); Beschluss v. 23.03.2011 – 2 BvR 882/09, NJW 2011, 2113 (2115); Beschluss v. 07.10.1981 – 2 BvR 1194/80, BVerfGE 58, 208 (226).

[1070] BVerfG, Beschluss v. 23.03.2011 – 2 BvR 882/09, NJW 2011, 2113 (2116).

Das Fürsorgeprinzip sollte das Autonomieprinzip daher nur dann verdrängen, wenn mit dem Übergehen des natürlichen Willens des Kindes der Schutz höherrangiger Rechtspositionen verbunden ist.[1071] Eine zwangsweise Durchsetzung einer Behandlung(-svariante) durch die Eltern muss deshalb die Ultima Ratio sein, die nur dann gerechtfertigt sein kann, wenn dadurch gewichtige Güter geschützt werden.[1072] Aufgrund der Eingriffsintensität, die mit einer Zwangsbehandlung verbunden ist, kann dies nicht schon bei jeder medizinischen Indiziertheit einer Behandlung angenommen werden.[1073] Vielmehr sind dringend indizierte medizinische Maßnahmen zu verlangen, also solche, die zu einem späteren Zeitpunkt nicht mehr vorgenommen werden könnten bzw. die dann nicht mehr die gleiche Effektivität hätten und durch die mindestens der Gefahr eines erheblichen Gesundheitsschadens begegnet wird, die auch nicht durch andere zumutbare Maßnahmen abgewendet werden könnte.[1074] Erinnert sei in diesem Zusammenhang an das Beispiel eines Mädchens, das an einer Skoliose leidet und dessen Eltern nach bisher erfolgloser konservativer Behandlung die Einwilligung in eine Operation gaben, während das Kind die Operation mit seinem natürlichen Willen ablehnte. Nach der geltenden Rechtslage im Kindschaftsrecht wäre eine zwangsweise Durchsetzung der Operation durch die Eltern bei nicht vorliegender Einwilligungsfähigkeit des Mädchens möglich. Der entgegenstehende Wille des Kindes fände ebenso wenig Berücksichtigung wie das mit dem Eingriff verbundene – nicht unerhebliche – Risiko einer Querschnittslähmung, solange nicht die Grenze des § 1666 BGB überschritten wäre. Würde für die zwangsweise Durchsetzung einer Behandlung eines Kindes hingegen die Beachtung des Verhältnismäßigkeitsgrundsatzes gelten, so müsste eine solche Operation wohl in den allermeisten Fällen unterbleiben, da der durch diese abzuwendende Gesundheitsschaden nur in den wenigsten Fällen als so hoch und irreversibel anzusehen wäre, als dass eine so risikoreiche Operation gegen den Willen des Kindes gerechtfertigt erschien. Als milderes Mittel käme eine konservative Weiterbehandlung in Frage.

B. Fehlende ‚Zustimmungswerbung'

Weiterhin ist zu kritisieren, dass es de lege lata nicht erforderlich ist, um die Zustimmung des minderjährigen Patienten zu werben. Das BVerfG entwickelte

---

[1071] *Marschner*, Recht & Psychiatrie 2011, 160 (163); *Schmidt-Recla/Diener*, MedR 2013, 6 (11).

[1072] *Götz*, in: Coester-Waltjen/Lipp/Schumann/Veit, Zwangsbehandlung, S. 65 (82); *Meyer*, Genetische Untersuchungen, S. 75.

[1073] *DIJuF-Rechtsgutachten*, JAmt 2015, 565 (567); *Götz*, in: Coester-Waltjen/Lipp/Schumann/Veit, Zwangsbehandlung, S. 65 (77); *Hoffmann*, Personensorge § 10 Rn. 75.

[1074] *Hoffmann*, Personensorge § 10 Rn. 75; *Meyer*, Genetische Untersuchungen, S. 75.

in seiner Entscheidung vom 23.3.2011 den Begriff der „aufklärenden Zustimmungswerbung“[1075]. Mit dieser Terminologie erfasste der Senat sowohl das Erfordernis der Aufklärung des nichteinwilligungsfähigen Patienten[1076] als auch den notwendigen Versuch, diesen von der Nützlichkeit der Behandlung zu überzeugen. Damit soll eine Änderung des natürlichen Willens des Patienten erreicht werden, so dass dieser nicht mehr gegen die Maßnahme gerichtet ist, sondern der Patient der Therapie zustimmt.[1077] Dieses Erfordernis hat zwischenzeitlich Eingang in die gesetzliche Regelung zur Zwangsbehandlung im Betreuungsrecht gefunden, vgl. § 1906a Abs. 1 Satz 1 Nr. 4 BGB a.F. (§1832 Abs. 1 Satz 1 Nr. 4 BGB n. F.).[1078] Dabei ist die Zulässigkeit der Zwangsbehandlung nicht davon abhängig, dass der Überzeugungsversuch erfolgreich war.[1079] Es genügt vielmehr das ernsthafte Bemühen um die Zustimmung des Patienten.[1080] Dass der Überzeugungsversuch im Betreuungsrecht eine nicht unerhebliche materiellrechtliche Hürde für die Zulässigkeit der Zwangsbehandlung darstellt, zeigt sich an der im Schrifttum vertretenen Auffassung, die den Überzeugungsversuch dann in zeitlicher Hinsicht für angemessen hält, wenn dieser über einen Zeitraum von etwa zehn bis 14 Tagen unternommen wurde.[1081] Es wird insoweit auch von einem „Überzeugungszeitraum“ gesprochen.[1082] Der Grund für diesen intensiven Überzeugungsversuch ist darin zu sehen, dass ein Vertrauensverhältnis zwischen Patient und Arzt zunächst erst entstehen muss und dass mancher Betroffene eine Medikation erst nach einer gewissen Zeit annimmt, nachdem der Leidensdruck weiter angestiegen ist.[1083]

Hier offenbart sich eine Gefahr, die mit der gegenwärtigen Rechtslage verbunden ist: Der Behandlungsalltag in Praxen und Krankenhäusern folgt ökonomischen Notwendigkeiten. Die niedergelassenen Behandelnden bzw. Kranken-

---

[1075] Vgl.: BVerfG, Beschluss v. 23.03.2011 – 2 BvR 882/09, NJW 2011, 2113 (2117).
[1076] BVerfG, Beschluss v. 23.03.2011 – 2 BvR 882/09, NJW 2011, 2113 (2116).
[1077] BVerfG, Beschluss v. 23.03.2011 – 2 BvR 882/09, NJW 2011, 2113 (2117).
[1078] BT-Drs. 17/12086 S. 11; *Müller-Engels*, in: Beck-OK, BGB § 1906a Rn. 14.
[1079] *Schneider*, in: MüKo, BGB § 1906a Rn. 21.
[1080] Vgl. zur Konkretisierung des Überzeugungsversuchs: BGH, Beschluss v. 04.06.2014 – XII ZB 121714, NJW 2014, 2497 (2498); Beschluss v. 30.07.2014 – XII ZB 169/14, NJW 2014, 3301 (3302); Beschluss v. 02.09.2015 – XII ZB 226/15, FamRZ 2015, 2050 (2051 f.); Beschluss v. 13.09.2017 – XII ZB 185/17, NJW 2017, 3714; BVerfG, Beschluss v. 14.07.2015 – 2 BvR 1549/14, 2 BvR 1550/14, FamRZ 2015, 1589 (1591); kritisch zu dem Begriff der Ernsthaftigkeit: *Zimmermann*, NJW 2014, 2479 (2480).
[1081] *Dodegge*, NJW 2013, 1265 (1267).
[1082] *Brilla*, in: Beck-OGK, BGB § 1906a Rn. 34; kritisch dazu: *Schwab*, in: MüKo, BGB (7. Auflage) § 1906 Rn. 54, der von einem singulären Überzeugungsversuch auszugehen scheint.
[1083] *Brilla*, in: Beck-OGK, BGB § 1906a Rn. 34.

hausträger erhalten Vergütungspauschalen für die erbrachten Leistungen, deren Höhe häufig unabhängig von der Dauer der Behandlung ausfällt. Damit einher gehen Bonuszahlungen an angestellte Ärzte für durchgeführte Behandlungen.[1084] Eine zeitintensive Information des kindlichen Patienten und die über einen längeren Überzeugungszeitraum sich wiederholenden Treffen ‚lohnen' sich für den Behandelnden – jedenfalls unter monetären Gesichtspunkten – nicht.[1085] Zeigt das Kind keine Adhärenz und ist der Behandlungserfolg im Wege der Überwindung des kindlichen Willens schnell und zielsicher zu erreichen, so ist davon auszugehen, dass Eltern dem geäußerten Anliegen des Mediziners zur zwangsweisen Durchsetzung der Behandlung zustimmen werden,[1086] zumal angenommen wird, dass sie eine Verpflichtung gegenüber der Erwartungshaltung des Behandelnden empfinden.[1087] Folglich ist zu befürchten, dass es in der Praxis oftmals nicht zu dem für die Gewährleistung des Selbstbestimmungsrechts so wichtigen Überzeugungsversuch kommt, sondern dass der ‚schnelle Erfolg' in der Gestalt der zwangsweisen Behandlung gesucht wird, um das ‚Problem' zu lösen.[1088] Eine Kinder- und Jugendzahnärztin, die Kinder nicht gegen deren natürlichen Willen behandelt, berichtete dem Verfasser, dass Eltern von ihr regelmäßig die zwangsweise Durchsetzung indizierter Behandlungen verlangen. Zur Begründung verweisen Eltern auf beschränkte zeitliche Ressourcen, die es ihnen notwendig erscheinen lassen, dass die angedachte Behandlung – für die möglicherweise mehrere Wochen auf einen Termin gewartet wurde – nunmehr erfolgt. Viele Eltern zeigten sich nicht erfreut über die Aussicht, mit dem Kind möglicherweise mehrmals in die Praxis kommen zu müssen, bevor dieses sich behandlungsbereit zeigt.

Vertreter des Schrifttums, die bereits de lege lata das Erfordernis einer Verhältnismäßigkeitsprüfung für die Zwangsbehandlung von Kindern annehmen,[1089] sehen in der Vorschrift des § 1626 Abs. 2 BGB eine Besprechungspflicht und damit das Erfordernis eines Überzeugungsversuchs.[1090] Dem kann jedoch nicht gefolgt werden. Zwar strebt die Regelung des § 1626 Abs. 2 BGB eine einvernehmliche Lösung zwischen Eltern und Kind an, sie stellt aber nicht mehr als ein Leitbild[1091] und Interpretationsleitlinien der elterlichen Sorge dar.[1092] Ihr ist

---

[1084] Kritisch dazu: *Maio*, Geschäftsmodell Gesundheit, S. 120–130.

[1085] *Miranowicz*, MedR 2018, 131 (134).

[1086] BT-Drs. 18/11278 S. 15; *Veit*, in: Beck-OK, BGB § 1631b Rn. 3 - für die vergleichbare Situation bei freiheitsentziehenden Maßnahmen, die von Einrichtungen empfohlen werden, in denen das Kind lebt.

[1087] *Gabe/Olumide/Bury*, Social science & medicine 2004, 1071 (1074); *Nova/Vegni/Moja*, Patient Educ Couns 58 (2005), 327.

[1088] *Götz*, in: Coester-Waltjen/Lipp/Schumann/Veit, Zwangsbehandlung, S. 65 (82).

[1089] Siehe oben § 2 C I.

[1090] *Hoffmann*, Personensorge § 10 Rn. 68; *Hoffmann*, NZFam 2015, 985 (987).

[1091] *Veit*, in: Beck-OK, BGB § 1626 Rn. 73; BT-Drs. 7/2060 S. 16 f.

keine materiellrechtliche Regelung zur Zwangsbehandlung zu entnehmen. Anders als die Norm des § 1832 Abs. 1 Satz 1 Nr. 4 BGB gibt diese Vorschrift dem Kind auch nicht die Möglichkeit, die Besprechungspflicht gerichtlich geltend zu machen.[1093] Dies wäre aber notwendig, um einen angemessenen Ausgleich zwischen dem Selbstbestimmungsrecht des Kindes und dem Elternrecht der Personensorgeberechtigten zu erreichen.

C. Fehlender Genehmigungsvorbehalt

I. Vernachlässigung des Minderjährigenschutzes

Bedenken bestehen gegen die geltende Rechtslage zuletzt dahingehend, dass die Entscheidung der Gesundheitssorgeberechtigten keine rechtsstaatliche Kontrolle erfährt.[1094] Darin ist eine Vernachlässigung des Minderjährigenschutzes gegenüber dem Erwachsenenschutz zu sehen.[1095] Das BVerfG wollte mit der aufklärenden Zustimmungswerbung sichergestellt wissen, dass der Patient die Möglichkeit erlangt, eine gerichtliche Überprüfung herbeizuführen, sofern die Zustimmungswerbung erfolglos bleibt.[1096] De lege lata besteht diese Möglichkeit nur bei der betreuungsrechtlichen Zwangsbehandlung. Im Kindschaftsrecht hat der Betroffene einzig die Möglichkeit, ein Verfahren wegen Kindeswohlgefährdung zu initiieren, das von seinem Prüfungsmaßstab her aber nicht geeignet erscheint.[1097] So wird kritisiert, dass

> „ein noch in der Entwicklung befindliches Kind (…) massiven (…) und sehr einschneidenden Grundrechtseingriffen ausgesetzt sein [darf], ohne dass irgendeine unabhängige Instanz hiervon Kenntnis erlangt und die Rechtfertigung dieser Maßnahme überprüft“[1098].

[1092] *Huber*, in: MüKo, BGB § 1626 Rn. 28.

[1093] *Huber*, in: MüKo, BGB § 1626 Rn. 28; *Veit*, in: Beck-OK, BGB § 1626 Rn. 78.

[1094] *Götz*, in: Coester-Waltjen/Lipp/Schumann/Veit, Zwangsbehandlung, S. 65 (83); *Salgo*, FamRZ 2013, 1719.

[1095] *Hoffmann*, ZRP 2016, 242 (243); *Ziegler*, in: Weinreich/Klein, Fachanwaltskommentar Familienrecht (5. Auflage), § 1631b BGB Rn. 2.

[1096] BVerfG, Beschluss v. 23.03.2011 – 2 BvR 882/09, NJW 2011, 2113 (2117).

[1097] Siehe oben § 2 C III.

[1098] *Salgo*, FamRZ 2013, 1719 zu den freiheitsentziehenden Maßnahmen vor der Normierung des § 1631b Abs. 2 BGB; für die Zwangsbehandlung: *Götz*, in: Coester-Waltjen/Lipp/Schumann/Veit, Zwangsbehandlung, S. 65 (83).

Regelmäßig wünschen sich auch die Gesundheitssorgeberechtigten eine gerichtliche Überprügung ihrer Entscheidung.[1099] Für sie handelt es sich bei der Überwindung des kindlichen Willens mitunter um eine nur schwer zu ertragende Situation, in der sie durch eine familiengerichtliche Entscheidung entlastet würden.[1100]

II. Keine geringere Eingriffsintensität

Diese Ungleichbehandlung zwischen dem Kindschaftsrecht und dem Betreuungsrecht lässt sich auch nicht mit einer unterschiedlichen Intensität der Eingriffe rechtfertigen. Die Beeinträchtigung der körperlichen Unversehrtheit und des medizinischen Selbstbestimmungsrechts trifft ein Kind grundsätzlich mindestens in gleicher Art und Intensität, wie einen betreuten Erwachsenen.[1101] Vermutlich empfindet ein Kind die von den eigenen Eltern betriebene Zwangsbehandlung sogar noch verletzender, wird dadurch doch das bestehende Vertrauensverhältnis zwischen Kind und Eltern erheblich belastet.[1102] Der Gesetzgeber des Sorgerechtsgesetzes sah in der durch Eltern veranlassten freiheitsentziehenden Unterbringung einen besonders schweren Eingriff in die Rechte des Minderjährigen,[1103] als er im Jahr 1979 die bis dato genehmigungsfreie elterliche Entscheidung über eine freiheitsentziehende Unterbringung einer gerichtlichen Prüfung unterstellte.[1104] Bereits 1960 hatte das BVerfG eine gesetzliche Grundlage für die durch einen Vormund bzw. Pfleger begehrte freiheitsentziehende Unterbringung eines (volljährigen oder minderjährigen) Mündels verlangt.[1105] Mit dem Familienrechtsänderungsgesetz vom 11.8.1961[1106] schuf der Gesetzgeber mit § 1800 Abs. 2 BGB a. F. erstmals einen solchen Genehmi-

---

[1099] OLG Brandenburg, Beschluss v. 17.02.2000 – 10 UF 45/99, FamRZ 2000, 1033 - dieser Entscheidung lag die Beschwerde der Mutter eines betroffenen Kindes zugrunde, die eine gerichtliche Genehmigung der Einstellung der lebenserhaltenden Maßnahmen bei ihrem Kind begehrte; *DIJuF-Rechtsgutachten*, JAmt 2015, 565 - dem die Anfrage eines Vormunds zugrunde lag, der über die zwangsweise Durchsetzung einer Behandlung eines Mündels zu entscheiden hatte; *DIJuF-Rechtsgutachten*, JAmt 2010, 239 - Anfrage eines Pflegers; *Götz*, in: Coester-Waltjen/Lipp/Schumann/Veit, Zwangsbehandlung, S. 65 (82).

[1100] *Götz*, in: Coester-Waltjen/Lipp/Schumann/Veit, Zwangsbehandlung, S. 65 (82); für die freiheitsentziehenden Maßnahmen: *Salgo*, FamRZ 2013, 1719; *Veit*, in: Beck-OK, BGB § 1631b Rn. 3; BT-Drs. 18/12278 S. 15.

[1101] *Huber*, in: MüKo, BGB (7. Auflage) § 1631b Rn. 8.

[1102] *Götz*, in: Coester-Waltjen/Lipp/Schumann/Veit, Zwangsbehandlung, S. 65 (82).

[1103] *Vogel*, familiengerichtliche Genehmigung der Unterbringung nach § 1631b BGB, S. 23.

[1104] Mit Wirkung zum 1.1.1980 durch das Gesetz zur Neuregelung der elterlichen Sorge vom 18.7.1979 (BGBl. I S. 1061); BT-Drs. 8/2788 S. 50 f.

[1105] BVerfG, Beschluss v. 10.02.1960 – 1 BvR 526/53, 29/58, BVerfGE 10, 302 (323).

[1106] BGBl. I S. 1221.

gungstatbestand. Die Regelung beschränkte sich darauf, die Entscheidung des BVerfG umzusetzen, die sich explizit nicht mit den Eltern befasst hatte. In der Folge bestand das Genehmigungserfordernis nicht für Kinder, deren Personensorge[1107] von den Eltern wahrgenommen wurde. Es dauerte bis zum 1.1.1980, bis die Privilegierung von Eltern gegenüber gerichtlich bestellten Vertretern aufgehoben wurde.[1108]

Darüber hinaus ist davon auszugehen, dass die zwangsweise Behandlung oftmals subjektiv einschneidender bewertet werden dürfte, als die genehmigungspflichtigen Zwangsmaßnahmen des § 1631b BGB.[1109] Das gilt erst recht, wenn die Zwangsbehandlung in einer weitläufigen Einrichtung erfolgt, die dem Minderjährigen nicht das Gefühl vermittelt, mit Zwang in seiner Bewegungsfreiheit eingeschränkt zu sein. Während jene einer Genehmigungspflicht unterliegt, ist für die Zwangsbehandlung keine gerichtliche Überprüfung vorgesehen. Das ist nicht nachzuvollziehen, stehen dem im Interesse des Kindes auszuübenden Elterngrundrecht doch auf Seiten des Kindes mit den Grundrechten auf körperliche Unversehrtheit und dem medizinischen Selbstbestimmungsrecht Rechtsgüter gegenüber, die so schwerwiegend sind, „als dass – wie beim Freiheitsentzug – ein Eingriff in diese Rechte durch eine Zwangsbehandlung nicht ohne richterliche Kontrolle erfolgen sollte“[1110].

III. Gefährdung der Persönlichkeitsentwicklung des Kindes

Es ist zu befürchten, dass sich das fehlende Genehmigungserfordernis kontraproduktiv auf die Stärkung der Persönlichkeitsentwicklung des Kindes auswirkt, die aber gerade vom Schutzauftrag des Elternrechts und von der Personensorge umfasst ist. Das Kind, das nicht die Möglichkeit hat, eine unabhängige Instanz anzurufen und seine Bedenken gegen die konkrete Behandlung(-svariante) mitzuteilen, muss sich seinem Schicksal beugen. In der Zurückweisung des kindlichen Willens durch die Verbindung von Behandelnden und Gesundheitssorgeberechtigten ist eine für das Kind unüberwindbare Allianz zu sehen. So kann bei ihm der Eindruck entstehen, dass sich Behandelnde und Gesundheitssorgeberechtigte ‚gegen es verbünden‘, was insbesondere bei der im kinder- und jugendpsychiatrischen Kontext erfolgenden Zwangsbehandlung als problematisch anzusehen ist.[1111]

[1107] Die damals noch als elterliche „Gewalt“ bezeichnet wurde.

[1108] Durch das Gesetz zur Neuregelung des Rechts der elterlichen Sorge vom 18.7.1979 (BGBl. I S. 1061).

[1109] BVerfG, Beschluss v. 23.03.2011 – 2 BvR 882/09, NJW 2011, 2113 (2114); *Götz*, FamRZ 2017, 1289 (1294 f.); *Götz*, in: Coester-Waltjen/Lipp/Schumann/Veit, Zwangsbehandlung, S. 65 (80).

[1110] *Götz*, in: Coester-Waltjen/Lipp/Schumann/Veit, Zwangsbehandlung, S. 65 (80).

[1111] *Götz*, in: Coester-Waltjen/Lipp/Schumann/Veit, Zwangsbehandlung, S. 65 (82).

Bedenken bestehen gegen die Genehmigungsfreiheit auch und gerade vor dem Hintergrund des Kinderschutzes. Kinder werden heute ermutigt, den eigenen Gefühlen zu vertrauen. Das gilt als Präventon vor sexuellem Missbrauch. Sexuelle Übergriffe von Erwachsenen lösen einen natürlichen Abwehrreflex des Kindes aus. Kinder werden ermutigt, im Fall sexuell übergriffigen Verhaltens ihrem intrinsischen Unbehagen Ausdruck zu verleihen und sich an Vertrauenspersonen zu wenden. Das kindliche Vertrauen in den eigenen Körper und in die eigenen Abwehrreflexe wird gefährdet, wenn das Kind bei einschneidenden Eingriffen in die körperliche Unversehrtheit und in die damit verbundene Selbstbestimmung keine Beschwerdeinstanz erreichen kann und sich seinem Schicksal fügen muss.

§ 4 Die Zwangsbehandlung von Kindern de lege ferenda

A. Inhalt einer Regelung zur Zwangsbehandlung

Die vorstehend genannten Kritikpunkte legen nahe, den Nebel über der Zwangsbehandlung von Kindern zu lichten und durch eine gesetzliche Regelung Klarheit und damit Rechtssicherheit Einzug in dieses grundrechtssensible Feld zu gewähren. Dies soll nach hier vertretener Auffassung durch die gesetzliche Normierung der folgenden Punkte erreicht werden. Dabei wird eine medizinische Maßnahme, die dem natürlichen Willen des Kindes widerspricht, nur dann als Zwangsbehandlung angesehen, wenn der Wille des Kindes sich gegen die konkret angedachte Behandlung bzw. die konkret angedachte Behandlungsvariante richtet.[1112]

I. Implementierung eines Genehmigungsvorbehalts

Entsprechend der im Kindschaftsrecht in § 1631b BGB normierten Zwangsmaßnahmen sowie der Zwangsbehandlung von betreuten Patienten, bedarf es auch bei der Zwangsbehandlung von Kindern einer familiengerichtlichen Genehmigung. Dadurch wird die bestehende Ungleichbehandlung von nicht einwilligungsfähigen Minderjährigen und nicht einwilligungsfähigen Volljährigen, die sich aufgrund ihrer Abhängigkeit und Vulnerabilität durchaus in vergleichbaren Lebenssituationen befinden,[1113] überwunden. Die Frage der Kindeswohldienlichkeit einer zwangsweisen Durchsetzung der von Behandelnden empfohlenen und von Eltern gebilligten Behandlung (-svariante) sollte nicht ausschließlich dem Beurteilungsspielraum der betroffenen Eltern bzw. gerichtlich bestellten Vertreter des Kindes überlassen werden. Im Familiengericht wird eine neutrale Instanz gesehen, die in der Lage ist, die

[1112] Siehe § 1 C II.
[1113] *Duttge*, in: Wiesemann/Simon, Patientenautonomie, S. 77 (88).

Rechte des Kindes zu sichern. Das Familiengericht gewährleistet, dass ein Eingriff in diese Rechte nur unter Einhaltung der materiellrechtlichen Voraussetzungen erfolgt und nicht etwa mit dem Ziel der Erleichterung der Pflege.[1114]

II. Implementierung des Überzeugungsversuchs

Weiter ist die Zulässigkeit der Zwangsbehandlung von Kindern davon abhängig zu machen, dass dieser der ernsthafte, mit dem nötigen Zeitaufwand und ohne Ausübung unzulässigen Drucks unternommene Versuch vorauszugehen hat, das Kind von der Notwendigkeit der Behandlung zu überzeugen. Die Behandlungseinsicht eines Kindes kann sich im Verlauf einer Erkrankung durchaus verändern, etwa wenn die Krankheit weiter fortgeschritten und die erhoffte Selbstheilung ausgeblieben ist oder wenn das Vertrauen in den Behandelnden gewachsen ist und das Kind sich in der Lage sieht, diesem nunmehr zu vertrauen.

III. Implementierung des Verhältnismäßigkeitsgrundsatzes

Des Weiteren sollte eine Zwangsbehandlung von Kindern nur als Ultima Ratio möglich sein, da das Fürsorgeprinzip das Autonomieprinzip nur dann verdrängen soll, wenn mit dem Übergehen des natürlichen Willens des Kindes der Schutz höherrangiger Rechtspositionen verbunden ist. So ist vorzuschlagen, dass durch die zum Wohl des Kindes notwendige Zwangsbehandlung mindestens die Gefahr eines erheblichen Gesundheitsschadens abgewendet wird. Dies entspricht den Kriterien der Geeignetheit und der Erforderlichkeit im Sinne der Verhältnismäßigkeitsdoktrin und setzt die Folgen der Behandlung bzw. der Nichtbehandlung in Verhältnis zum Eingriff. Nur solche Behandlungen sollen zwangsweise durchgesetzt werden können, die dem Schutz des Lebens oder der Abwendung eines erheblichen Gesundheitsschadens des Kindes dienen. Hingegen sind Behandlungen, die für das Kind bloß ‚nützlich' oder gar ‚nicht schädlich' sind, nicht geeignet, einen so erheblichen Eingriff in das Selbstbestimmungsrecht des Kindes und in dessen Recht auf körperliche Unversehrtheit zu rechtfertigen. Weiter dürfte die Abwendung der Gefahr nicht auch durch andere, weniger einschneidende Mittel erreicht werden. Zu denken ist hier etwa an andere Behandlungsvarianten, mit denen das Kind sich einverstanden zeigt oder an das Aufsuchen eines mit der Behandlung von Kindern besonders erfahrenen und versierten Behandelnden.

Schließlich muss der Nutzen der medizinischen Zwangsbehandlung deren Nachteile wesentlich überwiegen, worin das Erfordernis der Angemessenheit zu sehen ist. Zu beachten ist das besondere Vertrauensverhältnis, welches die Eltern-Kind-Beziehung prägt. Da dieses die Grundlage für die positive Ent-

---

[1114] *Götz*, in: Coester-Waltjen/Lipp/Schumann/Veit, Zwangsbehandlung, S. 65 (83).

wicklung des Kindes darstellt,[1115] soll die mit einer Zwangsbehandlung verbundene erhebliche Gefährdung dieses Vertrauensverhältnisses gegen den Nutzen der Behandlung sehr genau abgewogen werden. Die an die Erheblichkeit der Gesundheitsschädigung zu richtenden Anforderungen müssen umso höher sein, je näher sich das Kind an der Schwelle der Einwilligungsfähigkeit befindet. Anders als bei einer Vielzahl betreuter Patienten handelt es sich bei Kindern um Individuen einer Personengruppe, die in absehbarer Zeit die für die selbstständige Wahrnehmung ihres medizinischen Selbstbestimmungsrechts erforderliche Einwilligungsfähigkeit erreichen werden. Dies gilt umso mehr vor dem Hintergrund des in der vorliegenden Arbeit vertretenen Assistenzkonzepts mit dem dynamischen Verständnis der Einwilligungsfähigkeit. Da der einwilligungsfähige Minderjährige selbst zur Entscheidung über seinen Körper und seine Gesundheit berufen ist,[1116] verbieten sich zum Zeitpunkt der noch nicht vorliegenden Einwilligungsfähigkeit solche Eingriffe, deren Ergebnis später auch noch erreicht werden kann.[1117]

IV. Erfassen der Maßnahmenart

Im Betreuungsrecht sind Zwangsbehandlungen nur im Rahmen eines stationären Aufenthalts in einem Krankenhaus zulässig, § 1832 Abs. 1 Satz 1 Nr. 7 BGB. Auf diese Einschränkung ist hinsichtlich der Zwangsbehandlung von Kindern zu verzichten.

1. Ambulante Zwangsbehandlungen

Der Gesetzgeber hat sich bei der Reform der betreuungsrechtlichen Zwangsbehandlung,[1118] die durch die Entscheidung des BVerfG vom 26.7.2016[1119] notwendig geworden war, ausdrücklich gegen die Regelung einer ambulanten Zwangsbehandlung im Erwachsenenschutzrecht entschieden.[1120] Zur Begründung verweist er auf den Ultima Ratio-Charakter der Zwangsbehandlung, mit dem die ambulante Zwangsbehandlung für nicht vereinbar gehalten wird. Der Ultima Ratio-Charakter mache es vielmehr erforderlich, dass die Zwangsbehandlung im Rahmen eines stationären Aufenthalts erfolge.[1121] Ambulante

---

[1115] BVerfG, Urt. v. 03.11.1982 – 1 BvL 25/80, 1 BvL 38/80, 1 BvL 40/80, 1 BvL 12/81, NJW 1983, 101.

[1116] Siehe oben 2. Kapitel § 5 A I 1.

[1117] *Biermann*, in: Ulsenheimer, Arztstrafrecht, Rn. 425; *Rothärmel*, Einwilligung, Veto, Mitbestimmung, S. 178.

[1118] Durch das Gesetz zur Änderung der materiellen Zulässigkeitsvoraussetzungen von ärztlichen Zwangsmaßnahmen und zur Stärkung des Selbstbestimmungsrechts von Betreuten vom 17.7.2017 (BGBl. I S. 2426).

[1119] BVerfG, Beschluss v. 26.07.2016 – 1 BvL 8/15, NJW 2017, 53.

[1120] BT-Drs. 18/11240 S. 2, 15, 20.

[1121] BT-Drs. 18/11240 S. 20.

Zwangsbehandlungen würden das „Ziel, Zwang im psychischen Hilfesystem soweit wie möglich zu vermeiden, konterkarieren“[1122]. Weiter sieht die Gesetzesbegründung bei der ambulanten Zwangsbehandlung die Gefahr, das Vertrauensverhältnis und die Kooperationsbereitschaft von Patienten im heimischen Umfeld zu zerstören.[1123] Offensichtlich sah der Gesetzgeber für den Fall der Ermöglichung von ambulanten Zwangsbehandlungen die Gefahr, dass dieses Instrument von der Praxis missbraucht, jedenfalls aber extensiv angewendet würde und so der ‚Damm des Selbstbestimmungsrechts‘ der betreuten Volljährigen brechen könnte.

Diese Motivation des Gesetzgebers zur Nichtregulierung der ambulanten Zwangsbehandlung im Betreuungsrecht vermag hinsichtlich der hier gegenständlichen Frage jedoch keine Aussagekraft zu entfalten, da die Ausgangslage im Kindschaftsrecht sich wesentlich von der des Betreuungsrechts unterscheidet: Während die ambulante Zwangsbehandlung im Betreuungsrecht ohne gesetzliche Grundlage niemals möglich ist, ist sie im Kindschaftsrecht ohne gesetzliche Grundlage stets und vor allem nahezu unbeschränkt möglich.[1124] Mit anderen Worten: Während eine Regelung zur ambulanten Zwangsbehandlung im Betreuungsrecht in das Grundrecht auf medizinische Selbstbestimmung der betreuten Volljährigen eingreifen würde,[1125] wäre die Regelung zur ambulanten Zwangsbehandlung im Kindschaftsrecht gerade Ausdruck des Grundrechts auf medizinische Selbstbestimmung der Kinder und stellte eine einfachgesetzliche Gewährleistung dessen dar. Da mit der vorliegenden Arbeit das Anliegen verfolgt wird, das Selbstbestimmungsrecht von Kindern im Rahmen der Heilbehandlung zu gewährleisten, sollte die kindschaftsrechtliche Regelung zur Zwangsbehandlung sich auf die ambulante Zwangsbehandlung erstrecken.

2. Unmittelbare Zwangsbehandlungen durch Eltern

Im häuslichen Kontext sind es regelmäßig die Eltern, die ihren Kindern Medikamente verabreichen. Fraglich erscheint daher, ob nicht nur die durch Eltern erbetenen Behandlungen von Ärzten der kindschaftsrechtlichen Regelung zur Zwangsbehandlung unterfallen sollen, sondern auch die unmittelbar von Eltern selbst durchgeführten Zwangsbehandlungen. Vor dem Hintergrund, dass es „gerade im Elternhaus“ und insbesondere bei psychisch kranken Kindern „bisweilen sehr kritische Situationen“ geben kann,[1126] geht die Familienrechtle-

---

1122 BT-Drs. 18/11240 S. 15.

1123 BT-Drs. 18/11240 S. 15; kritisch zu dieser Vorgehensweise und zu ihrer Begründung: *Brilla*, in: Beck-OGK, BGB § 1906a Rn. 14; *Spickhoff*, FamRZ 2017, 1633 (1638).

1124 Vgl. § 2 C.; zur Kritik daran § 3.

1125 BGH, Beschluss v. 11.10.2000 – XII ZB 69/00, NJW 2001, 888 (891).

1126 *Götz*, in: Coester-Waltjen/Lipp/Schumann/Veit, Zwangsbehandlung, S. 65 (85).

rin *Isabell Götz* unter Aufgabe ihrer früher vertretenen Position nunmehr davon aus, dass auch für die unmittelbar durch Eltern vorgenommene Zwangsbehandlung eine gerichtliche Genehmigung und die Einhaltung der materiellrechtlichen Voraussetzungen notwendig sein soll.[1127] Für diese Auffassung spricht, dass es hinsichtlich der mit der gegenwärtigen Rechtslage verbundenen abstrakt-generellen Gefahr[1128] keinen Unterschied macht, ob die konkrete Behandlung von einem Arzt oder von den Eltern selbst durchgesetzt wird. Es dürften wohl praktische Einwände sein, die gegen eine Ausdehnung des Genehmigungserfordernisses auf die im häuslichen Kontext von den Eltern durchgeführte Zwangsbehandlung sprechen. Etliche Fälle würden im Verborgenen bleiben und nicht zur Kenntnis der Gerichte gelangen. Andererseits trägt eine Normierung stets auch zur Sensibilisierung des Rechtsverkehrs bei, wie sich am Beispiel des Gewaltverbots des § 1631 Abs. 2 BGB zeigt. Im Übrigen ist noch einmal darauf hinzuweisen, dass es immer wieder Eltern sind, die sich hinsichtlich der für sie mit schweren inneren Kämpfen verbundenen Entscheidung für eine Zwangsbehandlung ihrer Kinder eine Entscheidung einer unabhängigen Instanz wünschen,[1129] deren emotional entlastende Wirkung nicht zu unterschätzen ist. Naheliegend erscheint, dass das Bedürfnis an einer gerichtlichen Klärung noch größer ist, wenn die Eltern im Alltag allein mit ihrem Kind sind und sie selbst die Zwangsbehandlung durchführen. Im Ergebnis sollen nach hier vertretener Auffassung auch die unmittelbar von Eltern vorgenommenen Zwangsbehandlungen dem Genehmigungsvorbehalt unterfallen.

B. Verfassungsmäßigkeit einer Regelung zur Zwangsbehandlung von Kindern

Sofern die Gesundheitssorge von Eltern wahrgenommen wird, stellt eine kindschaftsrechtliche Regelung zur Zwangsbehandlung unter den skizzierten Voraussetzungen einen Eingriff in die Entscheidungsverantwortung und damit in das durch Art. 6 Abs. 2 Satz 1 GG geschützte Sorgerecht der Eltern dar. Eltern könnten eine Zwangsbehandlung ihres Kindes dann nicht mehr ohne eine familiengerichtliche Genehmigung anordnen. Ihre Entscheidung würde einer vorausgehenden Kontrolle unterworfen. Darüber hinaus würde die erforderliche Genehmigung nur erteilt werden, wenn die genannten materiellrechtlichen Voraussetzungen erfüllt wären. Ein solcher Eingriff in das Elternrecht des Art. 6 Abs. 2 Satz 1 GG müsste zulässig, erforderlich und angemessen sein.

[1127] *Götz*, in: Coester-Waltjen/Lipp/Schumann/Veit, Zwangsbehandlung, S. 65 (85).

[1128] Die darin gesehen wird, dass Eltern ohne gerichtliche Kontrolle jederzeit und unbeschränkt die Möglichkeit haben, auch gegen den natürlichen Willen des Kindes, eine Behandlung durchzusetzen. Ausführlich dazu unten B I.

[1129] Siehe oben § 3 C I.

I. Zulässigkeit einer Regelung zur Zwangsbehandlung

Der in Art. 6 Abs. 2 Satz 2 GG normierte qualifizierte Gesetzesvorbehalt[1130] erfordert ein formelles Gesetz, durch das der Gesetzgeber sein staatliches Wächteramt über die elterliche Erziehung wahrnimmt.[1131] Dieses berechtigt den Staat nicht generell, sondern nur bei Ausfall oder Missbrauch der elterlichen Sorgefunktionen zum Eingriff in die Erziehung.[1132] Ein Ausfall oder Missbrauch der elterlichen Sorge wird angenommen, wenn das Kind aufgrund des elterlichen Handelns in eine konkrete Gefahrensituation für sein Wohl gerät.[1133] Mit der den Eltern unbeschränkt zuerkannten Möglichkeit, eine Zwangsbehandlung bei ihrem Kind vorzunehmen oder diese anzuordnen, ist allerdings nur eine abstrakt-generelle Gefährdung des Kindeswohls zu sehen. Diese Gefahr besteht darin, dass Eltern ohne gerichtliche Kontrolle jederzeit die Möglichkeit haben, eine von ihnen gewünschte, von dem Kind aber mit natürlichem Willen abgelehnte, indizierte Behandlung(-svariante) durchzusetzen – und zwar ohne Rücksicht darauf, ob die vorgesehene Behandlung und ihre zwangsweise Durchsetzung in der konkreten Situation erforderlich und verhältnismäßig sind und ob zuvor versucht wurde, die Zustimmung des Kindes zu erlangen. Dass es sich insoweit gleichwohl um einen Ausdruck des staatlichen Wächteramtes handelt, zeigen die ebenfalls für zulässig erachteten Regelungen der §§ 1631c und 1631b BGB,[1134] denen auch lediglich eine abstrakt-generelle Gefahrenlage zugrunde liegt.[1135] Eine kindschaftsrechtliche Regelung im hier genannten Sinne wäre ein formelles Gesetz, welches das Elterngrundrecht auch nicht in seinem Bestand angreift, so dass von dessen Zulässigkeit auszugehen ist.

[1130] *Coelln*, in: Sachs, GG Art. 6 Rn. 78.

[1131] BVerfG, Beschluss v. 29.07.1968 – 1 BvL 20/63, 31/66 und 5/67, BVerfGE 24, 119 (144); Urt. v. 16.01.2003 – 2 BvR 716/01, BVerfGE 107, 104 (120).

[1132] BVerfG, Beschluss v. 17.02.1982 – 1 BvR 188/80, NJW 1982, 1379; Urt. v. 16.01.2003 – 2 BvR 716/01, BVerfGE 107, 104 (117 f.); *Coelln*, in: Sachs, GG Art. 6 Rn. 77.

[1133] *Heiß*, NZFam 2015, 491 (493); *Uhle*, in: Beck-OK, GG Art 6 Rn. 61.

[1134] *Gernhuber/Coester-Waltjen*, Familienrecht, § 62 Rn. 20 - dort in Fn. 34; *Vogel*, FamRZ 2015, 1.

[1135] Die im Gesetzgebungsverfahren zum Sorgerechtsgesetz im Rechtsausschuss vertretene Mindermeinung, nach der die Regelung des § 1631b a. F. verfassungsrechtlich bedenklich sei, - vgl. insoweit: BT-Drs. 8/2788 S. 51 - wird heute nicht mehr vertreten. Bedenken bzgl. der Unbestimmtheit dieser Regelung sind mit dem durch das Gesetz zur Erleichterung familiengerichtlicher Maßnahmen bei Gefährdung des Kindeswohls vom 4.7.2008 (BGBl. I S. 1188) mit Wirkung zum 12.7.2008 neu gefassten § 1631b BGB a. F., der im Wesentlichen der Regelung des § 1631b Abs. 1 BGB n. F. entspricht, als erledigt anzusehen. *Vogel*, familiengerichtliche Genehmigung der Unterbringung nach § 1631b BGB, S. 35.

II. Erforderlichkeit einer Regelung zur Zwangsbehandlung

Hinsichtlich der Erforderlichkeit einer kindschaftsrechtlichen Regelung zur Zwangsbehandlung ist auf die vorstehend genannte Kritik zur geltenden Rechtslage zu verweisen.[1136] Die Belange der Selbstbestimmung von Kindern würden durch die Schaffung einer entsprechenden Rechtsgrundlage, die die genannten Voraussetzungen benennt, erheblich besser geschützt werden als es derzeit der Fall ist. Ein geordnetes Verfahren würde die Subjektstellung des Kindes im Rahmen der Behandlung positiv gewichten und dem gewandelten Bild der Arzt-Patienten-Beziehung für die Behandlung von Kindern eine Entsprechung geben.

1. Gesundheitssorgeberechtigte Pfleger und Vormünder

Soweit die Personensorge für das Kind durch einen Vormund oder Pfleger nach §§ 1809, 1813, 1789, 1795 BGB wahrgenommen wird, wird eine über § 1631 Abs. 1 BGB hinausgehende Rechtsgrundlage für die Zwangsbehandlung von Kindern unbedingt für notwendig gehalten. Denn wenn hinsichtlich der Befugnis der Gesundheitssorgeberechtigten zur Veranlassung der Zwangsbehandlung auf das hinter §§ 1631 Abs. 1, 1626 BGB liegende Elternrecht aus Art. 6 Abs. 2 Satz 1 GG rekurriert wird,[1137] vermag diese Begründung auf einen Vormund oder Pfleger nicht zuzutreffen,[1138] denn diese sind nicht Grundrechtsträger des Art. 6 Abs. 2 Satz 1 GG.[1139] Der BGH stellte in seiner Entscheidung vom 20.6.2012 unter Berufung auf die Rechtsprechung des BVerfG zur Zwangsbehandlung im Maßregelvollzug fest, dass die durch einen Betreuer veranlasste Zwangsbehandlung einer ausdrücklichen gesetzlichen Ermächtigungsgrundlage bedarf.[1140] Da sich das Rechtsverhältnis zwischen Betreuer und Betreutem hinsichtlich der wahrzunehmenden Rechte und Pflichten nicht von dem zwischen Vormund bzw. Pfleger und Minderjährigem unterscheidet[1141] und beide aufgrund staatlicher Bestellung handeln,[1142] müssen die vom BGH entwickelten Grundsätze zur Notwendigkeit einer gesetzlich normierten Befugnisnorm auch

---

[1136] Siehe oben § 3.

[1137] *DIJuF-Rechtsgutachten*, JAmt 2010, 239; *Klinkhardt*, in: Oberloskamp, Vormundschaft [2. Auflage], § 7 Rn. 19; *Lorenz*, NZFam 2017, 782 (783); *Veit*, in: Beck-OK, BGB § 1631b Rn. 31.

[1138] *Hoffmann*, NZFam 2015, 985 (988); *Taupitz*, Gutachten A, S. 94.

[1139] BVerfG, Beschluss v. 10.02.1960 – 1 BvR 526/53, 29/58, BVerfGE 10, 302 (328); *Coelln*, in: Sachs, GG Art. 6 Rn. 54; *Coester-Waltjen*, in: Münch/Kunig, GG Art. 6 Rn. 70.

[1140] BGH, v. 20.06.2012 – XII ZB 99/12, NJW 2012, 2967 (2970).

[1141] BT-Drs. 18/11278 S. 11.

[1142] BT-Drs. 18/11278 S. 15.

für Vormünder und Pfleger im Kindschaftsrecht gelten, so dass jedenfalls insoweit eine gesetzliche Regelung erforderlich ist.[1143]

2. Gesundheitssorgeberechtigte Eltern

Wird mit dem hier vertretenen Ergebnis für die von einem Vormund bzw. Pfleger angeordnete Zwangsbehandlung eine formellrechtliche und materiellrechtliche Voraussetzungen definierende gesetzliche Grundlage für erforderlich gehalten, für die von Eltern veranlasste Zwangsbehandlung hingegen nicht, so würde eine Situation geschaffen, die dem BGB zwar nicht fremd ist, die aber mittlerweile als überwunden gilt.

a) Gesetzgebungsgeschichte des § 1631b BGB

In den Jahren zwischen 1961 und 1980 war die durch einen Vormund oder Pfleger veranlasste freiheitsentziehende Unterbringung nach § 1800 Abs. 2 BGB a. F. genehmigungspflichtig, die von Eltern veranlasste gleiche freiheitsentziehende Unterbringung hingegen nicht.[1144] Zunehmende Sensibilität für die Rechte der Kinder und für mögliche Interessenkonflikte zwischen Eltern und Kindern[1145] führten den Gesetzgeber zu der Erkenntnis, dass es für den Minderjährigen keinen Unterschied darstellt, ob die Zwangsmaßnahme durch einen Vormund bzw. Pfleger oder durch die eigenen Eltern veranlasst wird.[1146] Folgerichtig wurde zum 1.1.1980[1147] auch eine Genehmigungspflicht für die von Eltern veranlasste freiheitsentziehende Unterbringung eingeführt. Auch der[1148] neu geschaffene § 1631b Abs. 2 BGB differenziert in seinem Wortlaut nicht zwischen gerichtlich bestellten Vertretern und Eltern. Ein Verzicht auf diese Unterscheidung entspricht dem ausdrücklichen Willen des Gesetzgebers,[1149] weshalb eine kindschaftsrechtliche Regelung zur Zwangsbehandlung nicht nur für Vormünder und Pfleger, sondern auch für Eltern erforderlich erscheint.[1150]

1143 Zur hier nicht gegenständlichen Frage der Geltung der Grundrechte im Verhältnis zwischen dem gerichtlich bestellten Vertreter und dem Mündel siehe: *Hoffmann*, NZFam 2015, 985 (987 f.).

1144 Siehe oben § 3 C II.

1145 *Götz*, in: Coester-Waltjen/Lipp/Schumann/Veit, Zwangsbehandlung, S. 65 (81).

1146 BT-Drs. 8/2788 S. 50 f.

1147 Durch das Gesetz zur Neuregelung der elterlichen Sorge vom 18.7.1979 (BGBl. I S. 1061).

1148 Mit dem Gesetz zur Einführung eines familienrechtlichen Genehmigungsvorbehaltes für freiheitsentziehende Maßnahmen bei Kindern vom 17.7.2017 (BGBl. I S. 2424).

1149 Vgl.: BT-Drs. 18/11278 S. 15.

1150 *Götz*, in: Coester-Waltjen/Lipp/Schumann/Veit, Zwangsbehandlung, S. 65 (85); *Hoffmann*, NZFam 2015, 985 (989).

b) Eingriffsintensität der Zwangsbehandlung

Die fortschreitende Achtsamkeit für die Belange von Kindern, wozu auch die ihnen bereits innewohnende Selbstbestimmung gehört, hat dazu geführt, dass seit dem 1.10.2017 freiheitsentziehende Maßnahmen an Kindern einer gerichtlichen Genehmigung bedürfen, vgl. § 1631b Abs. 2 BGB. In der Gesetzesbegründung wird auf die „erhebliche Grundrechtsrelevanz" eines solchen Eingriffs verwiesen, die eine Genehmigungsfreiheit freiheitsentziehender Maßnahmen bei Kindern und Jugendlichen als nicht hinnehmbar erscheinen lassen.[1151] Dies muss erst recht für die Zwangsbehandlung von Kindern gelten, da die damit einhergehende Rechtsverletzung für die Minderjährigen noch größer und das subjektive Bedrohungsempfinden noch intensiver sind.[1152] Auch ist davon auszugehen, dass der Eingriff von einem Kind nicht als weniger intensiv empfunden wird, wenn es die eigenen Eltern sind, die die Zwangsbehandlung veranlassen, als wenn dies durch einen bestellten Vertreter erfolgt. Vielmehr dürfte genau das Gegenteil der Fall sein, da das Kind sich in solchen Situationen einer Allianz aus Behandelnden und Eltern gegenüber sieht. Dies gilt vor allem für Zwangsbehandlungen im Bereich der Kinder- und Jugendpsychiatrie.[1153] Auch aus diesen Gründen wird daher für die von den Eltern angeordnete bzw. durchgeführte Zwangsbehandlung eine gerichtliche Genehmigung für erforderlich gehalten.[1154]

3. Gleichlauf der Zwangsmaßnahmen im Kindschaftsrecht

Die mit der Regelung des § 1631b Abs. 2 BGB verbundenen Errungenschaften der Schaffung eines Gleichlaufs von Minderjährigenschutz und Erwachsenenschutz und die Herstellung von Rechtssicherheit für die Beteiligten[1155] sind für die Zwangsbehandlung von Kindern nicht weniger erforderlich. Mit einer solchen Normierung würde der vom Gesetzgeber mit dem Gesetz zur Einführung eines familiengerichtlichen Genehmigungsvorbehaltes für freiheitsentziehende Maßnahmen bei Kindern vom 17.07.2017[1156] beschrittene Weg seine logische Fortsetzung und zugleich seinen Abschluss finden.[1157]

[1151] BT-Drs. 18/11278 S. 15; so auch: *Salgo*, FamRZ 2013, 1719; *Veit*, in: Beck-OK, BGB § 1631b Rn. 1.

[1152] Siehe oben § 3 C II; *Götz*, FamRZ 2017, 1289 (1294 f.).

[1153] *Götz*, in: Coester-Waltjen/Lipp/Schumann/Veit, Zwangsbehandlung, S. 65 (82).

[1154] *Götz*, in: Coester-Waltjen/Lipp/Schumann/Veit, Zwangsbehandlung, S. 65 (81–85); *Hoffmann*, NZFam 2015, 985 (989).

[1155] BT-Drs. 18/11278 S. 10; *Götz*, FamRZ 2017, 1289 (1290).

[1156] BGBl. I S. 2424.

[1157] *Götz*, FamRZ 2017, 1289 (1294 f.).

III. Angemessenheit einer Regelung zur Zwangsbehandlung

1. Ausgleich zwischen grundrechtlich geschützten Rechtsgütern

Zuletzt müsste die angeregete Regelung, durch die der Schutz des Selbstbestimmungsrechts des Kindes gewährleistet werden soll, das Elterngrundrecht des Art. 6 Abs. 2 Satz 1 GG in angemessener Weise beschränken. Mit dem Regelungsvorschlag wird der besonderen Schutzbedürftigkeit des Kindes im Hinblick auf das medizinische Selbstbestimmungsrecht und auf das Recht auf körperliche Unversehrtheit Rechnung getragen. Maßstab für die familiengerichtliche Genehmigung soll – wie im Übrigen auch bei § 1631b BGB – die Kindeswohldienlichkeit sein. Nur wenn die Zwangsbehandlung nicht dem Wohl des Kindes dient, soll das Familiengericht eine Genehmigung ablehnen können. In allen anderen Fällen hat das Familiengericht dem Elternwunsch zu entsprechen. So werden durch den familiengerichtlichen Genehmigungsvorbehalt die Befugnisse der Eltern zur Zwangsbehandlung ihres Kindes nicht beschnitten. Im Übrigen sollen sozialadäquate Schutz- und Fürsorgemaßnahmen nicht vom Tatbestand der Zwangsbehandlung erfasst werden.[1158]

Mehr als mit den verfahrensrechtlichen Bedingungen ist mit den materiellrechtlichen Voraussetzungen der empfohlenen Regelung eine Beschränkung des Elternrechts verbunden. Eltern können die ihnen Kraft des ‚natürlichen Rechts' zugeschriebene elterliche Sorge in Gesundheitsangelegenheiten nicht mehr frei und unabhängig wahrnehmen. Sie sind hinsichtlich der zwangsweisen Durchsetzung von Behandlungen vielmehr auf den engen Rahmen der Regelung zur Zwangsbehandlung verwiesen. Zu bedenken ist jedoch, dass es sich bei dem Elterngrundrecht des Art. 6 Abs. 2 Satz 1 GG um ein pflichtgebundenes Recht handelt,[1159] das die Eltern in erster Linie zum Schutz des Kindes verpflichtet,[1160] soweit das Kind noch nicht in der Lage ist, sich selbst um seine Belange zu kümmern.[1161] Damit hat das Elternrecht einen „treuhänderischen" Charakter[1162] und wird auch als fremdnütziges – oder konkreter – als „kindesnütziges"

[1158] Siehe unten C.

[1159] BVerfG, Beschluss v. 29.07.1968 – 1 BvL 20/63, 31/66 und 5/67, BVerfGE 24, 119 (143).

[1160] BVerfG, Urt. v. 03.11.1982 – 1 BvL 25/80, 1 BvL 38/80, 1 BvL 40/80, 1 BvL 12/81, NJW 1983, 101; Beschluss v. 13.05.1986 – 1 BvR 1542/84, NJW 1986, 1859 (1860).

[1161] BVerfG, Urt. v. 09.02.1982 – 1 BvR 845/79, BVerfGE 59, 360 (387 f.).

[1162] BVerfG, Urt. v. 09.02.1982 – 1 BvR 845/79, BVerfGE 59, 360 (377); Urt. v. 16.01.2003 – 2 BvR 716/01, BVerfGE 107, 104 (121); *Böckenförde*, in: Essener Gespräche, S. 54 (64).

Recht[1163] bezeichnet, das damit gerade nicht Ausdruck eines ungebundenen Machtanspruchs der Eltern gegenüber dem Kind sein soll.[1164] Ein absolutes Elternrecht, das sich in jedem Fall und unter Missachtung von höchstpersönlichen Rechtspositionen des Kindes bis zum Eintritt der Volljährigkeit gegen diese Rechte durchsetzt, steht nicht im Einklang mit dem grundrechtlich gewährleisteten Erziehungsauftrag, der fordert, dass die Kinder zu eigenständigen und selbstverantwortlichen Personen erzogen werden.[1165] Hier sind es die höchstpersönlichen Rechte des Kindes auf körperliche Unversehrtheit und das medizinische Selbstbestimmungsrecht, denen mit der vorgeschlagenen Regelung zur Zwangsbehandlung von Kindern Geltung verschafft werden soll. Jedes für sich wiegt schwer genug, so dass ein Eingriff in diese durch die Zwangsbehandlung nur in besonders schweren Ausnahmefällen erfolgen sollte.

2. Nichtvorliegen eines ebenso geeigneten milderen Mittels

Als gegenüber dem Genehmigungsvorbehalt milderes Mittel kommt ein Anzeigevorbehalt in Betracht. Damit könnten die Eltern verpflichtet werden, dem Jugendamt oder dem Familiengericht gegenüber die angedachte Zwangsbehandlung anzuzeigen. Auf diese Weise würde sichergestellt werden, dass die Behörden Kenntnis von der Zwangsbehandlung erhalten, wodurch einem wesentlichen Kritikpunkt der geltenden Rechtslage[1166] abgeholfen würde. Durch eine Anzeigepflicht gegenüber dem Jugendamt würden die mit dieser Thematik betroffenen grundrechtssensiblen Fragestellungen jedoch keine entsprechende Würdigung erfahren, da eine solche nur durch ein Gericht vorgenommen werden kann. In der Anzeigepflicht gegenüber dem Jugendamt ist damit kein ebenso geeignetes Mittel zu sehen. Eine Verpflichtung zur Anzeige der Zwangsbehandlung gegenüber dem Familiengericht stellt hingegen kein milderes Mittel gegenüber der familiengerichtlichen Genehmigung dar. Denn das Familiengericht hat kein allgemeines Recht zur Aufsicht über die Wahrnehmung der elterlichen Sorge. Sein Einschreiten setzt vielmehr einen bereits hinreichend konkreten Gefährdungsverdacht voraus, aus dem sich weitere Ermittlungen rechtfertigen lassen, die dann möglicherweise in einer familiengerichtlichen Entscheidung münden.[1167] Wollte man Ermittlungen des Familiengerichts bereits unterhalb der Schwelle des konkreten Gefährdungsverdachts zulassen, so ergäbe sich insoweit kein Unterschied zu dem hier geforderten

---

[1163] *Götz*, in: Coester-Waltjen/Lipp/Schumann/Veit, Zwangsbehandlung, S. 65 (80); der Sache nach ebenso: BVerfG, Urt. v. 08.11.2000 – 1 BvR 12/92, BVerfGE 103, 89 (107).

[1164] BVerfG, Beschluss v. 13.05.1986 – 1 BvR 1542/84, NJW 1986, 1859 (1860).

[1165] *Bleckmann*, StaatsR II, § 27 Rn. 32; *Zacher*, in: Isensee/Kirchhof, HStR VI [2. Auflage], § 134 Rn. 69.

[1166] Siehe oben § 3 C.

[1167] *Götz*, in: Coester-Waltjen/Lipp/Schumann/Veit, Zwangsbehandlung, S. 65 (85).

Genehmigungserfordernis. Im Ergebnis hält die vorgeschlagene Regelung zur Zwangsbehandlung von Kindern den Anforderungen der Angemessenheitsprüfung am Maßstab des Grundrechts des Art. 6 Abs. 2 Satz 1 GG stand.

C. Keine sonstigen Einwände gegen die Regelung zur Zwangsbehandlung von Kindern

Gegen die angeregten verfahrensrechtlichen Anforderungen könnte eingewendet werden, dass danach auch allgemeine und unvermeidliche erzieherische Maßnahmen genehmigungspflichtig würden. Diese Sorge ist als unbegründet zurückzuweisen.[1168] Nach hier vertretener Ansicht fällt die Medikamentengabe an Babys und Kleinstkinder regelmäßig schon nicht unter den Tatbestand der Zwangsbehandlung, da sich insoweit nicht ermitteln lässt, ob der ablehnende natürliche Wille sich konkret gegen die angedachte Behandlung richtet.[1169] Darüber hinaus sollen nach dem Vorbild des § 1631b BGB sozialadäquate Schutz- und Fürsorgemaßnahmen, wie Schutzimpfungen oder U-Untersuchungen nicht unter den Genehmigungsvorbehalt fallen. Für nicht überzeugend wird der mögliche Einwand erachtet, dass mit dem Genehmigungserfordernis für die Zwangsbehandlung eine Überlastung der Familiengerichte einhergehen könnte. Auch wenn an dieser Stelle keine seriöse Prognose hinsichtlich der Anzahl der zu erwartenden Verfahren getroffen werden kann, so soll doch die Erwartung an die Rechtspflege zum Ausdruck kommen, die gegebenenfalls erforderlichen Kapazitäten zur Verfügung zu stellen. In einem so sensiblen Bereich wie der Zwangsbehandlung von Kindern soll ein effektiver Grundrechtsschutz nicht mit einem Hinweis auf die begrenzten Kapazitäten der Gerichte verhindert werden.

§ 5 Zwischenfazit

Die zwangsweise Durchsetzung der Behandlung von Kindern durch die Gesundheitssorgeberechtigen wird de lege lata für zulässig gehalten und bedarf keiner gerichtlichen Überprüfung. Dieses Ergebnis, das von der Rechtslage zur Zwangsbehandlung im Betreuungsrecht erheblich abweicht, ist zu kritisieren. Es ist mit dem aus Art. 2 Abs. 1 i. V. m. Art. 1 Abs. 1 GG geschützten medizinischen Selbstbestimmungsrecht des Kindes nicht vereinbar. Das Grundrecht des Kindes auf körperliche Unversehrtheit und das ebenfalls grundrechtlich geschützte medizinische Selbstbestimmungsrecht verlangen nach Schutz, wenn Gesundheitssorgeberechtigte eine Behandlung des nicht einwilligungsfähigen Kindes gegen dessen natürlichen Willen durchsetzen wollen. Der Gesetzgeber hat als Ausfluss der sich aus den genannten Grundrechten ergebenden staatli-

[1168] *Götz*, in: Coester-Waltjen/Lipp/Schumann/Veit, Zwangsbehandlung, S. 65 (84).
[1169] Siehe oben A.

chen Schutzpflicht die Aufgabe, verfahrensrechtliche und materiellrechtliche Voraussetzungen zu definieren, denen jede Zwangsbehandlung zu genügen hat. De lege ferenda soll die Zwangsbehandlung von Kindern nur als Ultima Ratio möglich sein.Dies gilt unabhängig davon, ob sie stationär, ambulant oder im häuslichen Kontext durchgeführt wird. Auf diese Weise werden die Belange der medizinischen Selbstbestimmung von Kindern bereits unterhalb der Schwelle der Einwilligungsfähigkeit effektiv geschützt.

Der mit der Schaffung von normierten Voraussetzungen für die Zwangsbehandlung von Kindern verbundene Eingriff in das Grundrecht des Art. 6 Abs. 2 Satz 1 GG der gesundheitssorgeberechtigten Eltern ist Ausdruck des staatlichen Wächteramtes aus Art. 6 Abs. 2 Satz 2 GG. Insbesondere aufgrund der mit der Zwangsbehandlung von Kindern verbundenen hohen Eingriffsintensität in die höchstpersönlichen Rechtsgüter der Kinder wird dieser Eingriff für erforderlich gehalten. Die Erforderlichkeit ergibt sich auch durch einen Vergleich zu den in § 1631b BGB bereits de lege lata normierten Zwangsmaßnahmen, deren Eingriffe in ihrer Intensität hinter dem der Zwangsbehandlung zurückbleiben können.

Als verfahrensrechtliche Voraussetzung wird ein familiengerichtlicher Genehmigungsvorbehalt für angemessen erachtet, da in einem bloßen Anzeigevorbehalt gegenüber dem Jugendamt schon kein ebenso geeignetes Mittel gesehen wird und ein Anzeigevorbehalt gegenüber dem Familiengericht kein milderes Mittel darstellt. Materiellrechtlich sichern die Verhältnismäßigkeitsprüfung und das Erfordernis des Überzeugungsversuchs das medizinische Selbstbestimmungsrecht und das Recht auf körperliche Unversehrtheit ab, wobei die Zwangsbehandlung nur zulässig sein soll, wenn durch sie mindestens die Gefahr eines erheblichen Gesundheitsschadens abgewendet wird.

6. Kapitel: Gesamtergebnis und Empfehlungen

§ 1 Gesamtergebnis

Im Verlauf der Darstellung sind hinsichtlich der Gewährleistung des medizinischen Selbstbestimmungsrechts bei Heilbehandlungen von Kindern zwei Dilemmata offenbar geworden: Das eine besteht darin, dass die selbstständige Ausübung des medizinischen Selbstbestimmungsrechts nach der gegenwärtigen Rechtslage davon abhängig ist, dass der minderjährige Patient einwilligungsfähig ist – gate-keeper-Funktion der Einwilligungsfähigkeit:[1170] Der Einwilligungsfähige kann das ihm grundrechtlich zugesicherte medizinische Selbstbestimmungsrecht[1171] selbstständig ausüben. Der Einwilligungsunfähige kann es nicht und bedarf daher der Stellvertretung. Mit der folgerichtigen Konsequenz, dass bei nicht vorliegender Einwilligungsfähigkeit des Kindes oder Jugendlichen dessen Personensorgeberechtigten zur stellvertretenden Entscheidung über die Behandlung berufen sind, tritt das weitere Dilemma zu Tage: Jede Stellvertretung in der Selbstbestimmung – und ist sie noch so gut gemeint – bedeutet letztlich Fremdbestimmung.[1172] Die Tatsache, dass die Stellvertretungskompetenz der Gesundheitssorgeberechtigten de lege lata ihre Grenze erst und ausschließlich in der Kindeswohlgefährdung des § 1666 BGB findet,[1173] führt zu der pointierten Feststellung, dass die deutsche Rechtsordnung das Vermögen des Kindes besser vor Fremdbestimmung schützt, als dessen körperliche Unversehrtheit:[1174] Während der Minderjährige durch § 1629a BGB davor bewahrt wird, bei Eintritt in die Volljährigkeit sein weiteres Leben mit finanziellen Belastungen gestalten zu müssen, die er nicht zu verantworten hat, wird er bei Erreichen der Einwilligungsfähigkeit nicht vor ungewollten körperlichen oder gesundheitlichen Belastungen bewahrt, für die seine Gesundheitssorgeberechtigten verantwortlich zeichnen. Der in dieser Arbeit entwickelte Vorschlag eines Assistenzkonzepts zur Gewährleistung der Selbstbestimmung bei Kindern[1175] ist i. V. m. der ebenfalls geforderten kindschaftsrechtlichen Regelung zur Zwangsbehandlung[1176] in der Lage, diesen Dilemmata abzuhelfen und das medizinische Selbstbestimmungsrecht von Kindern im Rahmen der Heilbehandlung zu gewährleisten. So besteht eine erste Konsequenz des Assistenzkonzepts darin, dass die Gruppe derjenigen Kinder, die nicht selbst über ihre Heilbehand-

[1170] 2. Kapitel § 2 B I.
[1171] Siehe dazu: 2. Kapitel § 1 und § 2.
[1172] 2. Kapitel § 2 B I.
[1173] 2. Kapitel § 5 B II 2 und 6. Kapitel § 2 D III.
[1174] 2. Kapitel § 6 vor A.
[1175] Siehe dazu: 4. Kapitel.
[1176] Siehe dazu: 5. Kapitel § 4.

lung entscheiden dürfen, verringert wird.[1177] Dies wird dadurch erreicht, dass minderjährige Patienten bei der Herstellung der Einwilligungsfähigkeit unterstützt werden. Soweit sich dieses Ziel nicht erreichen lässt, hat die in Anwendung des Assistenzkonzepts in jedem Fall vorzunehmende kindgerechte Aufklärung und Information die positive Nebenfolge, dass die Kinder an den sie betreffenden Gesundheitsfragen beteiligt worden sind. Sie partizipieren auf diese Weise an der stellvertretenden Entscheidung ihrer Eltern bzw. Vormünder oder Pfleger.[1178] Die hier geforderte kindschaftsrechtliche Regelung zur Zwangsbehandlung[1179] führt dazu, dass sich bei einem Dissens zwischen Kindeswillen und Elternwillen über eine Behandlung nicht stets und automatisch der Elternwille durchsetzt. Der Elternwille soll nur obsiegen, wenn materielle Anforderungen erfüllt werden, über deren Einhaltung die Familiengerichte wachen. Diese Erkenntnisse führen zu den nunmehr darzustellenden Empfehlungen.

§ 2 Empfehlungen

A. Reformvorschläge

I. Behandlungsvertragsrecht

1. § 630d BGB-Entwurf

Ausgangspunkt für normative Reformen im Behandlungsvertragsrecht ist zunächst die Regelung des § 630d BGB. Hier soll in einem einzufügenden Absatz 1a die Einwilligungsfähigkeit legaldefiniert werden. Darüber hinaus soll durch die Veränderung des Absatzes 2 erreicht werden, dass die ohne Aufklärung des Kindes erteilte stellvertretende Einwilligung des Berechtigten unwirksam ist. Außerdem wird mit dieser Regelung die Aufklärung der einwilligungsunfähigen Patienten sichergestellt, die konstitutives Element des Assistenzkonzepts ist. Daraus ergibt sich folgender Vorschlag des § 630d BGB-Entwurf:[1180]

(1) Vor Durchführung einer medizinischen Maßnahme, insbesondere eines Eingriffs in den Körper oder die Gesundheit, ist der Behandelnde verpflichtet, die Einwilligung des Patienten einzuholen. Ist der Patient einwilligungsunfähig, ist die Einwilligung eines hierzu Berechtigten einzuholen, soweit nicht eine Patientenverfügung nach § 1827 Absatz 1 Satz 1 die Maßnahme gestattet oder untersagt. Weitergehende Anforderungen an die Einwilligung aus anderen Vorschriften bleiben unberührt. Kann eine Einwilligung für eine unaufschieb-

[1177] 4. Kapitel § 4 A.
[1178] 4. Kapitel § 4 B.
[1179] 5. Kapitel § 4.
[1180] Unterstreichungen stellen Ergänzungen zur bestehenden Rechtslage dar.

bare Maßnahme nicht rechtzeitig eingeholt werden, darf sie ohne Einwilligung durchgeführt werden, wenn sie dem mutmaßlichen Willen des Patienten entspricht.

(1a) [1]Einwilligungsfähig ist der Patient, wenn er die für die Behandlung erforderliche Einsichts- und Urteilsfähigkeit besitzt und seine Entscheidung ohne äußeren Zwang zustande kommt. [2]Einsichtsfähig ist der Patient, wenn er in der Lage ist,

1. die seine Behandlungssituation begründenden Tatsachen und Kausalverläufe zu erfassen, was die Fähigkeit voraussetzt, die individuellen Wissensbestände und das im Rahmen der Information nach § 630c BGB und der Aufklärung nach § 630e BGB vermittelte Wissen zu verknüpfen und auf die Behandlungssituation anzuwenden und

2. die mit der medizinischen Maßnahme verbundenen Folgen abzuschätzen.

[3]Urteilsfähig ist der Patient, wenn er in der Lage ist, auf der Grundlage der gewonnenen Erkenntnisse und vor dem Hintergrund seines subjektiven Wertehorizonts eine Entscheidung über die Behandlung zu treffen.

(2) Die Wirksamkeit der Einwilligung setzt voraus, dass der Patient ~~oder~~ und im Fall des Absatzes 1 Satz 2 zusätzlich der zur Einwilligung Berechtigte vor der Einwilligung nach Maßgabe von § 630e Absatz 1 bis 4 aufgeklärt worden ist.

(3) Die Einwilligung kann jederzeit und ohne Angabe von Gründen formlos widerrufen werden.

2. § 630e BGB-Entwurf

Zu reformieren ist darüber hinaus die zentrale Aufklärungsvorschrift des § 630e BGB. Das mit dem Assistenzkonzept verfolgte Ziel der Herstellung der Einwilligungsfähigkeit minderjähriger Patienten wird an den Anfang des Absatzes 2 gestellt. Somit wird deutlich, dass die Aufklärung als ein dynamischer Prozess zu verstehen ist. Konstitutiv ist für das Assistenzkonzept die Aufklärung jedes Patienten. Die de lege lata in Absatz 5 normierte ‚Erläuterungspflicht' erstarkt daher zu einer echten Aufklärungspflicht. Dass die Aufklärung in jedem Fall an den minderjährigen Patienten zu adressieren ist, macht die Änderung des Absatzes 4 deutlich, wenn im Entwurf verlangt wird, dass *auch* der Berechtigte aufzuklären ist. Die bisher in Absatz 5 normierte Grenze des Patientenwohls findet im reformierten Absatz 2 in Satz 3 Berücksichtigung. Zuletzt findet sich in Absatz 2 Satz 2 Nr. 1 am Ende eine Öffnung hin zu weiteren Medien, womit der Erkenntnis Rechnung getragen wird, dass minderjährigen Patienten die medizinischen Maßnahmen nicht ausschließlich durch Unterlagen in Textform vermittelt werden. Daraus ergibt sich folgender Vorschlag des § 630e BGB-Entwurf:[1181]

(1) Der Behandelnde ist verpflichtet, den Patienten über sämtliche für die Einwilligung wesentlichen Umstände aufzuklären. Dazu gehören insbesondere Art, Umfang, Durchführung, zu erwartende Folgen und Risiken der Maßnahme sowie ihre Notwendigkeit, Dringlichkeit, Eignung und Erfolgsaussichten im Hinblick auf die Diagnose oder die Therapie. Bei der Aufklärung ist auch auf Alternativen zur Maßnahme hinzuweisen, wenn mehrere medizinisch gleichermaßen indizierte und übliche Methoden zu wesentlich unterschiedlichen Belastungen, Risiken oder Heilungschancen führen können.

(2) [1]Die Aufklärung hat die Erlangung der Einwilligungsfähigkeit zum Ziel. [2]Sie muss

1. mündlich durch den Behandelnden oder durch eine Person erfolgen, die über die zur Durchführung der Maßnahme notwendige Ausbildung verfügt, der zur Unterstützung auf weitere am Behandlungsgeschehen beteiligte Fachkräfte zurückgreifen kann; ergänzend kann auch auf Unterlagen oder andere visuelle Unterstützungsmittel Bezug genommen werden, die der Patient ~~in Textform~~ erhält,

2. so rechtzeitig erfolgen, dass der Patient seine Entscheidung über die Einwilligung wohlüberlegt treffen kann,

3. für den Patienten verständlich sein.

[3]Die Grenze bildet das Wohl der Betroffenen. [4]Dem Patienten sind Abschriften von Unterlagen, die er im Zusammenhang mit der Aufklärung oder Einwilligung unterschrieben hat, auszuhändigen.

(3) Der Aufklärung des Patienten bedarf es nicht, soweit diese ausnahmsweise aufgrund besonderer Umstände entbehrlich ist, insbesondere wenn die Maßnahme unaufschiebbar ist oder der Patient auf die Aufklärung ausdrücklich verzichtet hat.

(4) Ist nach § 630d Absatz 1 Satz 2 die Einwilligung eines hierzu Berechtigten einzuholen, ist auch dieser nach Maßgabe der Absätze 1-3 aufzuklären.

~~(5) Im Fall des § 630d Absatz 1 Satz 2 sind die wesentlichen Umstände nach Absatz 1 auch dem Patienten entsprechend seinem Verständnis zu erläutern, soweit dieser aufgrund seines Entwicklungsstandes und seiner Verständnismöglichkeiten in der Lage ist, die Erläuterung aufzunehmen, und soweit dies seinem Wohl nicht zuwiderläuft. Absatz 3 gilt entsprechend.~~

[1181] Unterstreichungen stellen Ergänzungen zur bestehenden Rechtslage dar.

II. Familienrecht

1. § 1631f Absatz 1 und 2 BGB-Entwurf

Im Recht der elterlichen Sorge, §§ 1626 ff. BGB, soll eine Vorschrift eingefügt werden, durch welche die Einwilligungskompetenz des einwilligungsfähigen minderjährigen Patienten gesetzlich geregelt wird. Damit wird Rechtsklarheit für die Behandelnden geschaffen. In Absatz 2 wird das Assistenzkonzept normiert. Das in § 630d Absatz 2 Satz 1 BGB-Entwurf bestimmte Ziel der Erlangung der Einwilligungsfähigkeit des Patienten wird an dieser Stelle für den kindlichen Patienten präzisiert und die Behandelnden zur Unterstützung bei diesem Prozess verpflichtet. Insbesondere im klinischen Kontext ist davon auszugehen, dass Pflegekräfte und Therapeuten häufig eine engere Beziehung zum minderjährigen Patienten haben als die Ärzteschaft, da sie mehr Zeit mit dem Kind verbringen. Deshalb sieht der Entwurf in Absatz 2 Satz 1 2. Halbsatz vor, dass *weitere am Behandlungsgeschehen Beteiligte* den zur Aufklärung befugten Behandelnden unterstützen können. Es bleibt allerdings bei der in § 630e Absatz 2 Satz 1 Nr. 1 BGB geforderten notwendigen fachlichen Expertise des Aufklärenden. Soweit es nach den Umständen möglich ist, beraten Kinder sich regelmäßig im Vorfeld einer Behandlung mit ihren Eltern oder mit anderen Vertrauenspersonen. Letztgenannte nehmen eine wichtige Rolle im Prozess der Vermittlung der für die Einsicht in die Behandlungssituation erforderlichen Tatsachen und Kausalverläufe wahr. Die ihnen faktisch zukommende Bedeutung findet in Absatz 2 Satz 2 ihren gesetzlichen Ausdruck. Daraus ergibt sich folgender Vorschlag des § 1631f Absatz 1 und 2 BGB-Entwurf:

(1) Einwilligungen in medizinische Maßnahmen i. S. d. § 630d Abs. 1 Satz 1 kann das einwilligungsfähige Kind nur selbst erteilen.

(2) [1]Das Kind ist bei der Erlangung der Einwilligungsfähigkeit durch die seinem Alter und Entwicklungsstand entsprechende Aufklärung (§ 630e) und Information (§ 630c) der Behandelnden und der weiteren am Behandlungsgeschehen beteiligten Fachkräfte zu unterstützen. [2]Die Gesundheitssorgeberechtigten und weitere dem Kind nahestehende Personen können das medizinische Fachpersonal unterstützen.

2. § 1631f Absatz 3 bis 5 BGB-Entwurf

Mit der Vorschrift des § 1631f Absatz 3 bis 5 BGB-Entwurf wird eine gesetzliche Grundlage für die Zwangsbehandlung von einwilligungsunfähigen Kindern geschaffen. Dabei wird eine medizinische Maßnahme, die dem natürlichen Willen des Kindes widerspricht, nur dann als Zwangsbehandlung angesehen, wenn der Wille des Kindes sich gegen die konkret vorzunehmende Behandlung richtet, Absatz 3 Satz 2. Sozialadäquate Schutz- und Fürsorgemaßnahmen – gedacht wird an Schutzimpfungen oder U-Untersuchungen – werden nicht vom Tatbestand der Zwangsbehandlung erfasst. Im Gegensatz zur Zwangsbehandlung von Betreuten sollen nicht nur ärztliche Maßnahmen, sondern alle *medizinischen Maßnahmen* erfasst werden, also auch die von Eltern zwangsweise durchgesetzte Medikamentengabe. Absatz 3 Satz 1 normiert das formellrechtliche Erfordernis der familiengerichtlichen Genehmigung. Sobald die Voraussetzungen der Zwangsbehandlung weggefallen sind, etwa weil das Kind zwischenzeitlich einwilligungsfähig geworden ist, sollen die Gesundheitssorgeberechtigten verpflichtet sein, die Einwilligung zu widerrufen und den Widerruf dem Familiengericht unverzüglich anzuzeigen, Absatz 5. Denn mit dem Erlangen der Einwilligungsfähigkeit ist der minderjährige Patient berufen, selbst zu entscheiden; seine Entscheidung verdrängt die gerichtlich genehmigte Einwilligung der Gesundheitssorgeberechtigten. Hinsichtlich der materiellrechtlichen Anforderungen ist der Entwurf dem § 1832 BGB nachempfunden – mit dem Unterschied, dass nicht nur stationäre, sondern auch ambulante Zwangsbehandlungen vom Regelungsumfang erfasst sind. Daraus ergibt sich folgender Vorschlag des § 1631f Absatz 3-5 BGB-Entwurf:

(3) [1]Die Zwangsbehandlung eines Kindes bedarf der Genehmigung des Familiengerichts. [2]Eine medizinische Maßnahme, die dem natürlichen Willen des Kindes widerspricht, stellt eine Zwangsbehandlung dar, wenn der Wille des Kindes sich gegen die konkret vorzunehmende Behandlung richtet und es sich nicht um eine sozialadäquate Schutz- und Fürsorgemaßnahme handelt.

(4) Die Zwangsbehandlung ist zulässig, wenn

1. sie zum Wohl des Kindes notwendig ist, um einen drohenden erheblichen Schaden abzuwenden,

2. das Kind aufgrund seines Entwicklungsstands oder einer psychischen Krankheit oder einer geistigen oder seelischen Behinderung die Notwendigkeit der Behandlung nicht erkennen oder nicht nach dieser Einsicht handeln kann,

3. zuvor ernsthaft, mit dem nötigen Zeitaufwand und ohne Ausübung unzulässigen Drucks versucht wurde, das Kind durch für sein Alter und seinen Entwicklungsstand verständliche Erklärungen von der Notwendigkeit der Behandlung zu überzeugen,

4. der drohende erhebliche gesundheitliche Schaden durch keine andere das Kind weniger belastende Maßnahme abgewendet werden kann und
5. der zu erwartende Nutzen der Behandlung die zu erwartenden Beeinträchtigungen deutlich überwiegt.

(5) [1]Die zur Gesundheitssorge Berechtigten haben die Einwilligung in die Zwangsbehandlung zu widerrufen, wenn ihre Voraussetzungen weggefallen sind. [2]Sie haben den Widerruf dem Familiengericht unverzüglich anzuzeigen.

III. Verfahrensrecht – FamFG

Im Gesetz über das Verfahren in Familiensachen und in Angelegenheiten der Freiwilligen Gerichtsbarkeit (FamFG) hat eine Zuweisung der gerichtlichen

Entscheidung an das Familiengericht zu erfolgen. Hierfür soll in § 151 Nr. 6 FamFG die Zwangsbehandlung des Kindes aufgenommen werden. § 151 Nr. 6 FamFG-Entwurf lautet sodann:[1182]

Kindschaftssachen sind die dem Familiengericht zugewiesenen Verfahren, die

1. – 5. (...)

6. die Genehmigung von freiheitsentziehender Unterbringung und freiheitsentziehenden Maßnahmen nach § 1631b und der kindlichen Zwangsbehandlung nach § 1631f des Bürgerlichen Gesetzbuchs, auch in Verbindung mit § 1795 Absatz 1 Satz 3 und § 1813 Absatz 1 des Bürgerlichen Gesetzbuchs,

7.-8. (...)

betreffen.

[1182] Unterstreichungen stellen Ergänzungen zur bestehenden Rechtslage dar.

B. Weitere Empfehlungen

Darüber hinaus sind weitere Parameter zu benennen, die die Gewährleistung des medizinischen Selbstbestimmungsrechts von Kindern im Rahmen der Heilbehandlung fördern:

I. Für die Ausbildung von Medizinern und anderen Behandelnden im Sinne der §§ 630a BGB wird empfohlen, die Bedeutung des medizinischen Selbstbestimmungsrechts von Kindern und die durch die Behandelnden bestehende Verpflichtung, das Kind in der selbstständigen Wahrnehmung dessen zu unterstützen, zum Ausbildungsgegenstand zu machen. Diese Empfehlung trifft insbesondere die Facharztausbildung zum Kinder- und Jugendmediziner.

II. Insoweit sollte auch das ‚Wie' der Gewährleistung der Selbstbestimmung bei Kindern vermittelt werden. Hier sind zu nennen: Die Kommunikation mit Kindern und das Krankheitsverständnis von Kindern. Es sollte zum Ziel dieser Ausbildungen erhoben werden, den Behandelnden eine Haltung der Grundannahme des Kindes zu vermitteln.

III. Die Fachgesellschaften der diversen Disziplinen sollten Leitlinien erstellen, die die Teilhabe von Kindern an sie betreffenden Heilbehandlungen sicherstellen.

IV. Ärztekammern und Fachverbände sollten Fortbildungen anbieten, in denen die für die Facharztausbildung bereits genannten Inhalte bzgl. der Gewährleistung der Selbstbestimmung bei Kindern vermittelt werden.

V. Sie sollten Materialien erstellen, die den Behandelnden die patientenzentrierte Kommunikation mit dem Ziel der Gewährleistung der Selbstbestimmung bei Kindern vermitteln.

VI. Selbstständige Behandelnde und Träger von Kliniken und medizinischen Zentren sollten die im Assistenzkonzept geforderten personellen, sachlichen und organisatorischen Rahmenbedingungen schaffen, um auf allen Ebenen im Behandlungsgeschehen die Prinzipien der Selbstbestimmung von Kindern zu berücksichtigen und zu gewährleisten.

§ 3 Exemplarische Darstellung eines gelingenden Informations- und Aufklärungsprozesses am Beispiel der zahnärztlichen Behandlung eines Kindes

Abschließend wird exemplarisch ein gelingender Aufklärungs- und Informationsprozess dargestellt. Dies erfolgt am Beispiel einer zahnärztlichen Behandlung eines sechsjährigen Kindes, das die auf Kinder- und Jugendzahnheilkunde spezialisierte Zahnarztpraxis zum ersten Mal aufsucht.

A. Eintritt in die Praxis

Bei Eintritt in die Praxis wird den Eltern und dem Kind ein Informationsblatt zu den Kinderrechten im Kontext der medizinischen Behandlung übergeben, das die Informationen für das Kind in leichter Sprache und illustriert darstellt. Auf dem von den Eltern auszufüllenden Fragebogen erklären diese mit ihrer Unterschrift, dem Kind die Informationen über die Kinderrechte im Kontext der zahnärztlichen Behandlung erläutert zu haben. Hier soll von einer Praxisorganisation ausgegangen werden, in der die Patienten in eines der Behandlungszimmer gebeten werden und dort auf den Zahnarzt warten.

B. Der Behandlungsraum

Der Behandlungsraum ist kinderfreundlich gestaltet. An den Wänden hängen Bilder und Motive, die dazu beitragen, dass Kinder sich wohlfühlen. Neben dem Behandlungsstuhl befindet sich eine Spielecke mit Bilderbüchern und medizinischen Geräten, die zum Spiel genutzt werden können. Optimaler Weise ist die Spielecke als Empore ausgestaltet, die dem Kind bei Eintritt des Behandelnden eine Begegnung auf Augenhöhe mit diesem ermöglicht.

C. Kontaktaufnahme mit dem Kind

Der Behandelnde begrüßt bei Eintritt in den Behandlungsraum zunächst die Eltern. Durch deren Reaktion auf den Behandelnden erfährt das Kind eine Hilfestellung bei der Frage, wie es sich selbst diesem gegenüber verhalten soll. Sodann begrüßt der Behandelnde das Kind mit dessen Vornamen und stellt sich dem Kind vor.

D. Rollen- und Auftragsklärung

Noch im Bereich der Spielecke klärt der Behandelnde die Rollen und weist den Eltern eine unterstützende Funktion und dem Kind eine entscheidende zu. Dann wendet er sich dem Kind zu und fragt nach den Gründen für seinen Besuch beim Zahnarzt. Im Verlauf dieses Gesprächs zeigt der Arzt Interesse an dem Kind und an dessen Schilderungen, indem er aktiv zuhört. Er teilt dem Kind in diesem Gespräch mit, dass er es untersuchen muss, um eine Aussage zum Zustand der Zähne des Kindes treffen zu können. Zu diesem Zweck lädt er das Kind ein, auf dem Behandlungsstuhl Platz zu nehmen. Wenn es dies ablehnt, fragt der Behandelnde, ob er auf dem derzeitigen Platz des Kindes einmal in dessen Mund schauen darf. Eine kleine Taschenlampe und eine geschickte Assistentin ermöglichen ihm, sich auch an diesem Platz ein Bild vom Zustand der Zähne zu verschaffen. Während der Untersuchung kommentiert der Arzt, was er macht und was er sieht.

E. Behandlungsverweigerung des Kindes

Ist das Kind nicht bereit, eine Untersuchung vornehmen zu lassen, so exploriert der Zahnarzt die Gründe dafür. Kindlichen Ängsten vor Schmerzen begegnet er mit dem Versprechen, dass die erste Untersuchung keine Schmerzen – bzw. keine stärkeren als die gegenwärtigen Schmerzen – verursachen wird. Der Behandelnde verleiht seinem Versprechen dadurch zusätzliches Gewicht, dass er einen Einsatz benennt, den er bereit ist, dem Kind zu überlassen, falls sein Versprechen nicht zutrifft. Der Einsatz soll für das Kind eine gewisse Attraktivität darstellen und die Ernsthaftigkeit der ärztlichen Zusage unterstreichen. Wichtig erscheint hier, dass der Arzt sich nicht hilfesuchend an die Eltern wendet, sondern auf das Kind fokussiert bleibt. Der Zahnarzt ist sich des Rechts des Kindes auf medizinische Selbstbestimmung bewusst und geht davon aus, dass das Kind Gründe für seine Verweigerung hat, die es zu respektieren gilt. Eine Nichtbehandlung des Kindes an diesem Tag stellt für den Zahnarzt keine ‚Niederlage' dar. Über eine Einschaltung der Eltern entscheidet das Kind. So schlägt der Behandelnde dem Kind vor, sich mit den Eltern zu besprechen, wenn er Verunsicherungen bei dem Kind wahrnimmt und weist es auf die Unterstützungsmöglichkeit durch die Eltern hin. Dabei achtet er darauf, das Kind nicht unter Druck zu setzen. Bleibt es bei der Behandlungsverweigerung des Kindes, so verabschiedet der Arzt das Kind und die Eltern freundlich und wertschätzend und vereinbart einen neuen Termin. Dabei gibt der Arzt den Eltern Hinweise auf Kinderliteratur, die das Thema Zahnbehandlung zum Inhalt hat. Eltern erhalten ausdrücklich die Gelegenheit, Rückfragen zu stellen. Auf die Bedeutung der kindlichen Selbstbestimmung weist der Mediziner in diesem Zusammenhang hin. Möglicherweise wiederholt sich dieses Szenario mehrfach, bevor das Kind erstmals bereit ist, dem Zahnarzt Einblick in seinen Mund zu gewähren. Für die aufklärende Zustimmungswerbung des Kindes nutzt der Arzt verschiedene Hilfsmittel, wie etwa ein Mustergebiss oder eine Handpuppe.

F. Mitteilung der Diagnose und Verabredung der Therapie

Nach Abschluss der Untersuchung teilt der Kinder- und Jugendzahnarzt dem Kind die Diagnose mit. Dabei setzt er ein Modell von einem Zahn ein. So kann das Kind – im hier angenommenen Kasus eines Kariesbefalls eines Zahns– nachvollziehen, dass vorhandener Karies den Zahn zerstört. In diesem Zusammenhang erläutert der Arzt auch in leichter Sprache die Therapiemöglichkeiten. Das Zahn-Modell illustriert, dass der Zahn bei fortschreitendem Karies immer weiter zerstört wird, wenn er nicht behandelt wird. An dem Modell verdeutlicht der Behandelnde die Möglichkeiten, Karies zu entfernen. In diesem Zusammenhang erklärt der Arzt die bei der Behandlung zum Einsatz kommenden Instrumente und lässt das Kind diese außerhalb des eigenen Mundes ausprobieren. Der Arzt gewährt dem Kind die Möglichkeit für Rückfragen und klärt am Ende des Gesprächs, ob das Kind die Dinge richtig verstanden hat, indem er dieses bittet, seinen Eltern alles zu erklären. Offen und ehrlich spricht der Mediziner über die zu erwartenden Schmerzen. Er setzt eine Schmerzskala ein und findet im Gespräch das Schmerzempfinden des Kindes heraus. Dabei drückt er den Arm oder die Schulter des Kindes und bittet das Kind, den jeweiligen Schmerz auf der Skala anzusiedeln. Dann teilt er dem Kind die Intensität des zu erwartenden Schmerzes mit. Um dem Kind eine Möglichkeit zu verschaffen, in jeder Lage selbstbestimmt handeln zu können, überreicht der Behandelnde diesem eine Polizeikelle und versichert, sofort mit der Behandlung aufzuhören, wenn das Kind die Kelle während der Behandlung hebt. Stimmt das Kind der Behandlung zu, erklärt der Arzt das konkrete Vorgehen in einfacher Sprache und legt dem Kind dar, welche Schritte notwendig sind. Während der Behandlung nimmt er darauf Bezug und macht dem Kind so deutlich, an welcher Stelle es sich im Behandlungsverlauf befindet. Vor dem Behandlungsbeginn gibt der Arzt dem Kind erneut die Möglichkeit für Rückfragen. Unmittelbar nach Beginn der Behandlung bittet er das Kind, die Funktionstüchtigkeit der Polizeikelle einmal zu überprüfen.

G. Nach der Behandlung

Im Anschluss an die Behandlung bringt der Behandelnde seinen Respekt für das Verhalten des Kindes zum Ausdruck. Er gibt Hinweise zur Zahnhygiene und überreicht dem Kind illustrierte Notizen dazu. Sofern erforderlich bittet er um die Verabredung weiterer Termine. Eine freundliche und wertschätzende Verabschiedung von Kind und Eltern bildet den Abschluss.

7. Kapitel: Zusammenfassung

Das im Grundrechtsrang stehende medizinische Selbstbestimmungsrecht gewährleistet die Freiheit des Einzelnen, selbst über seinen Körper und seine Gesundheit zu verfügen. Die Grundlage für eine selbstbestimmte Entscheidung ist die umfassende und verständliche Aufklärung des Patienten über die Diagnose, die möglichen Therapieformen und die mit ihnen verbundenen Heilungschancen und Risiken.[1183] Das medizinische Selbstbestimmungsrecht steht Kindern ab ihrer Geburt zu.[1184] Die sich aus diesem Grundrecht ergebende Schutzpflicht bestimmt den Gesetzgeber dazu, auf einfachgesetzlicher Ebene den Schutz der Selbstbestimmung in körperlichen Angelegenheiten des minderjährigen Patienten zu sichern. Aus der Art. 6 Abs. 2 GG zu entnehmenden Schutzpflicht hat er dabei Rahmenbedingungen zu gewährleisten, die dem Kind eine Entwicklung zu einer selbstständigen und eigenverantwortlichen Persönlichkeit ermöglichen, bei der den Eltern nach der Wertung des Grundgesetzes eine exponierte Rolle zukommen soll.[1185]

Die insoweit kollidierenden Grundrechtspositionen der Eltern und des Kindes hat der Bundesgesetzgeber mit den Vorschriften der §§ 630d und 630e BGB für den Bereich der Heilbehandlung in Ausgleich zu bringen versucht und mit § 630d Abs. 1 Satz 1 BGB eine Teilmündigkeitsregelung geschaffen, die nicht an ein bestimmtes Alter, sondern an die Einwilligungsfähigkeit anknüpft.[1186] Das führt zu einem Dilemma: Der einwilligungsfähige Minderjährige kann sein medizinisches Selbstbestimmungsrecht selbst ausüben. Der Einwilligungsunfähige kann es nicht und bedarf der Stellvertretung. Der Gesetzgeber gewährleistet das medizinische Selbstbestimmungsrecht einwilligungsunfähiger Minderjähriger dadurch, dass diesen vor einer medizinischen Maßnahme die Behandlung in wesentlichen Zügen erläutert werden soll (§ 630e Abs. 5 BGB). Auf die Wirksamkeit der Einwilligung des zur Stellvertretung berufenen Berechtigten hat diese Aufklärung bzw. ihr Unterlassen jedoch keine Auswirkung.[1187] Einwilligungsunfähige Minderjährige sind in dem höchstpersönlichen Bereich der den eigenen Körper betreffenden Heilbehandlung auf eine Stellvertretung angewiesen, die sich im Konfliktfall – ungeachtet der Bindung an das ‚Wohl' – gegen den Minderjährigen durchzusetzen vermag. Dagegen ergeben sich mit Blick auf die verfassungsrechtlich geschützte Position des Minderjährigen Bedenken.[1188]

[1183] 2. Kapitel § 1 B II.
[1184] 2. Kapitel § 2 A.
[1185] 2. Kapitel § 4 C.
[1186] 2. Kapitel § 5 A I.
[1187] 2. Kapitel § 5 A II.
[1188] 2. Kapitel § 5 B III.

Das in medizinischen Spezialgesetzen begegnende Vetomodell wird von einigen Vertretern im Schrifttum auf die Heilbehandlung übertragen. Sie sehen darin ein geeignetes Mittel, das bereits Kindern zustehende medizinische Selbstbestimmungsrecht unterhalb der Schwelle der Einwilligungsfähigkeit zu gewährleisten.[1189] Dieses soll zur Folge haben, dass die Vornahme einer Behandlung – trotz vorliegender Einwilligung des Gesundheitssorgeberechtigten – nicht gerechtfertigt ist und daher zu unterbleiben hat.[1190] Ein so verstandenes Vetorecht ist aber abzulehnen. Neben Unschärfen, die bzgl. der Voraussetzungen und der Ausgestaltung eines solchen Rechts bestehen,[1191] werden dadurch die Belange von Selbstbestimmung und Fürsorge nicht in einen angemessenen Ausgleich gebracht.[1192] Die Lösung für die Gewährleistung des Selbstbestimmungsrechts von Kindern im Rahmen der Heilbehandlung hat über die Kategorie der Einwilligungsfähigkeit zu erfolgen.

Bei der Einwilligung in eine Behandlung bzw. in einen Eingriff handelt es sich um die Gestattung eines tatsächlichen Handelns und nicht um eine rechtsgeschäftliche Willenserklärung. Die Beurteilung der insoweit notwendigen Einwilligungsfähigkeit erfolgt unabhängig vom Vorliegen der Geschäftsfähigkeit des Minderjährigen.[1193] Außerhalb von medizinischen Spezialgesetzen hat der Gesetzgeber auf eine Legaldefinition verzichtet und stattdessen im Gesetzgebungsverfahren zum Patientenrechtegesetz hinsichtlich der Bestimmung der Einwilligungsfähigkeit auf die von der Rechtsprechung entwickelten Grundsätze verwiesen. Die höchstrichterliche Rechtsprechung zur Einwilligungsfähigkeit lässt hinsichtlich der Begriffsbestimmung der Einwilligungsfähigkeit, ihrer Bestimmungsfaktoren und der Annahme der Einwilligungsfähigkeit keine einheitliche Linie erkennen. Die Urteile sind in ihrer Gesamtschau nicht frei von Widersprüchen.[1194] Indem die Rechtsprechung darauf verzichtet hat, normative Kriterien aufzustellen, nach denen eine Bewertung der Einwilligungsfähigkeit erfolgen könnte, bietet sie mit den dargebotenen Merkmalen ein Einfallstor für sachfremde Entscheidungsgründe und für Billigkeitserwägungen, die keinen Bezug zu den tatsächlichen Fähigkeiten der Person haben. Die Vielfalt der von der höchstrichterlichen Rechtsprechung verwendeten Umschreibungen der Einwilligungsfähigkeit ergibt für den Rechtsanwender ein unklares Bild davon, wie diese bei minderjährigen Patienten zu bestimmen ist.[1195] Das juristische Schrifttum hat es sich zur Aufgabe gemacht, den Begriff

[1189] 2. Kapitel § 5 C II.
[1190] 2. Kapitel § 5 C II.
[1191] 2. Kapitel § 5 C II 2 a).
[1192] 2. Kapitel § 5 C II 3.
[1193] 3. Kapitel § 1.
[1194] 3. Kapitel § 2 A.
[1195] 3. Kapitel § 2 A III.

der Einwilligungsfähigkeit zu präzisieren. Als Bestimmungsfaktoren der Einwilligungsfähigkeit finden die Kriterien der Schwere, Dringlichkeit und Vernünftigkeit des Eingriffs ebenso Erwähnung wie die Berücksichtigung bereits vorhandener Krankheitsvorerfahrungen des minderjährigen Patienten. Teilweise wird auch auf das Alter des Minderjährigen abgestellt. Mit Ausnahme der Berücksichtigung von Krankheitsvorerfahrungen des Kindes vermögen sämtliche Kriterien nicht zu überzeugen.[1196]

Der grundlegenden Arbeit zur Einwilligungsfähigkeit von *Amelung* folgend setzt die Einwilligungsfähigkeit voraus, dass der Patient intellektuell in der Lage ist, die für eine konkrete Behandlung erforderlichen Tatsachen und Kausalverläufe zu erkennen und zu verstehen (Einsichtsfähigkeit). Dazu gehören auch Prognosen über den möglichen Krankheits- und Genesungsverlauf sowie über verschiedene Behandlungsalternativen und die mit diesen verbundenen Risiken und Nebenwirkungen.[1197] Ferner bedarf es der Fähigkeit, auf der Grundlage der gewonnenen Erkenntnis und vor dem Hintergrund des subjektiven Wertehorizonts eine Entscheidung über die Behandlung zu treffen (Urteilsfähigkeit), was unter Umständen eine eingehende Beschäftigung mit dem Wertesystem des Minderjährigen erforderlich macht. Darüber hinaus muss es dem Patienten grundsätzlich möglich sein, sein Verhalten gemäß der eigenen Einsichten und Werturteile zu steuern (Steuerungsfähigkeit).[1198]Die Bewertung der vorgenannten Fähigkeiten hat im Wege einer einzelfallbezogenen Gesamtschau zu erfolgen. Bei dieser Gesamtschau sind die konkreten Umstände der Erkrankung und ihrer Behandlungsmöglichkeiten ebenso zu berücksichtigen wie evtl. Erfahrungen, über die der Patient bereits verfügt, was dazu führen kann, dass die Einwilligungsfähigkeit zwischen verschiedenen Situationen variieren kann.[1199] Hinsichtlich des Vorliegens der Einwilligungsfähigkeit ist auf den Zeitpunkt der Einwilligungsentscheidung und nicht bereits auf den Beginn des Aufklärungsgesprächs abzustellen. Damit ist der Einwilligungsfähigkeit eine gewisse Entwicklungsoffenheit immanent. Es ist davon auszugehen, dass ein anfänglich noch nicht einwilligungsfähiges Kind im Verlauf einer Krankheit in die Einwilligungsfähigkeit hineinwachsen kann. Auch ist von der Möglichkeit zur Mobilisierung der Einwilligungsfähigkeit auszugehen. Dabei kommt der Aufklärung des Kindes eine zentrale Rolle zu.[1200]

Diese Erkenntnis findet Bestätigung in entwicklungspsychologischen Forschungen, die in der Lage sind nachzuweisen, dass sich eigene Krankheitsvorerfahrungen von Kindern förderlich auf ihr Krankheitsverständnis auswirken.

[1196] 3. Kapitel § 2 B.
[1197] 3. Kapitel § 2 D und § 3.
[1198] 3. Kapitel § 2 D und § 3.
[1199] 3. Kapitel § 2E.
[1200] 3. Kapitel § 2 E und § 3.

Schon bei jungen Kindern ist eine Ausdehnung des Verstehens der mit der Erkrankung bzw. ihrer Behandlung verbundenen notwendigen Tatsachen und Kausalverläufe möglich.[1201] Kinder verfügen durchaus schon über die Fähigkeit zum logischen Denken, wobei die Begrenzung ihres Arbeitsspeichers es ihnen nur bedingt möglich macht, einzelne Prämisseinformationen zu repräsentieren.[1202] Exekutive Funktionen, die insbesondere für die Steuerung des eigenen Handelns benötigt werden, sind einerseits abhängig von der biologischen Entwicklung des präfrontalen Cortexes. Andererseits können sie durch entsprechende Förderung auch mobilisiert und unterstützt werden, so dass sie nachhaltig erhalten bleiben.[1203] Kinder, die über ein inhaltliches Vorwissen verfügen, können kognitive Aufgaben besser lösen als Erwachsene, die über ein solches Wissen nicht verfügen.[1204] Dem diese Erkenntnisse liefernden informationsverarbeitungstheoretischen Ansatz ist der Vorzug vor dem Stufenmodell der kognitiven Entwicklung nach *Jean Piaget* zu geben.[1205] Die Relevanz von Unterstützungshandlungen für die Entwicklung von Kindern – und damit auch für die Unterstützung des Kindes zu einem Verständnis von seiner Erkrankung und der Therapiemöglichkeiten – betonen innerhalb der Entwicklungspsychologie auch die transaktionalistischen Ansätze.[1206] Diese Erkenntnisse weisen darauf hin, dass Aufklärung als ein dynamischer Prozess verstanden werden sollte, in dem nicht nur dem minderjährigen Patienten die notwendigen Informationen bzgl. Diagnose und Therapiemöglichkeiten eröffnet werden, sondern auch auf die Präferenzen, Vorlieben und Ängste des Kindes gehört und darauf eingegangen wird.[1207]

Da das Selbstbestimmungskonzept des Medizinrechts die Ausübung des medizinischen Selbstbestimmungsrechts vom Vorliegen der Einwilligungsfähigkeit abhängig macht, muss es das Ziel sein, bei kindlichen und juvenilen Patienten die Selbstbestimmung in der Behandlung zu mobilisieren, um möglichst viele Minderjährige in den Stand der Einwilligungsfähigkeit zu ‚heben'. Dies soll durch das Assistenzkonzept zur Gewährleistung der Selbstbestimmung bei Kindern erreicht werden. Diesem Konzept liegt die Annahme zugrunde, dass die Einwilligungsfähigkeit bei einem minderjährigen Patienten im Verlauf eines als ‚dynamisch' zu bezeichnenden Informations- und Aufklärungsgeschehens *hergestellt* werden kann.[1208] Dafür ist das Kind auf die Unterstützung bzw.

[1201] 3. Kapitel § 4 B II und IV.
[1202] 3. Kapitel § 4 C II 1.
[1203] 3. Kapitel § 4 C II 2.
[1204] 3. Kapitel § 4 C II 3.
[1205] 3. Kapitel § 4 C II 4.
[1206] 3. Kapitel § 4 C III.
[1207] 3. Kapitel § 4 D.
[1208] 4. Kapitel § 1.

Assistenz des Behandelnden und weiterer am Behandlungsgeschehen Beteiligter (Pflegepersonal, Eltern, evtl. Seelsorger oder anderer Vertrauenspersonen) angewiesen. Im Blick auf die zu treffende Entscheidung bzgl. der Heilbehandlung ist dies als „supported-decision-making“ zu bezeichnen.[1209] Die Begründung für das Assistenzkonzept zur Gewährleistung der Selbstbestimmung bei Kindern ergibt sich nicht nur aus rechtlichen und entwicklungspsychologischen Erwägungen. Auch in der Medizinethik und in der Kinder- und Jugendmedizin finden sich insoweit Begründungsansätze.[1210] Dem Assistenzkonzept zur Gewährleistung der Selbstbestimmung bei Kindern liegt der aus der Sozialen Arbeit und der Psychosoziologie bekannte und bewährte Empowerment-Ansatz zugrunde. Danach sind Kinder nicht mit ihren Defiziten, sondern mit ihren schon vorhandenen Ressourcen zu betrachten. Diese wollen unterstützt, gestärkt und gefördert werden, um dem Kind eine selbstbestimmte Teilhabe als Subjekt am Behandlungsgeschehen zu ermöglichen. Ausdruck findet das Assistenzkonzept zum einen in der Subjektorientierung in der Pädiatrie. Von den Behandelnden sowie dem gesamten medizinischen und therapeutischen Team wird erwartet, dass sie das Kind in seiner Individualität unter Anerkennung seiner Kompetenz annehmen. Dies drückt sich aus in Respekt vor dem Kind, Aufmerksamkeit mit dem Kind, sich einlassen auf die kindliche Perspektive von Krankheit und Zutrauen in die Kompetenzen des Kindes.[1211] Zum anderen findet das Assistenzkonzept Ausdruck in der kindzentrierten Gestaltung der Kommunikation durch die Behandelnden. Diese konkretisiert sich in dem Aufbau einer vertrauensvollen Beziehung zum Kind, in der Beherrschung von Techniken der Gesprächsführung und in der Strukturierung eines Gesprächs. Auf diese Weise soll erreicht werden, dass der Behandelnde das Vertrauen des Kindes gewinnt und dessen Vorlieben und Präferenzen versteht.[1212] Zuletzt sind im klinischen und außerklinischen Alltag Voraussetzungen in der Versorgungsstruktur zu schaffen, die sich positiv auf die Herstellung der Einwilligungsfähigkeit auswirken. Insoweit ist zwischen personellen, organisatorischen und sachlichen Rahmenbedingungen zu differenzieren.[1213]

Das Kind, dessen Einwilligungsfähigkeit im Wege der Assistenz hergestellt wurde, ist zur selbstständigen und alleinigen Entscheidung über die Behandlung berufen. Das Erziehungsrecht der Personensorgeberechtigten tritt hinter das Selbstbestimmungsrecht des einwilligungsfähigen Kindes zurück. Es erlischt in dem Maße, wie das Kind selbst einwilligungskompetent ist. Aus dem insoweit erloschenen Erziehungsrecht lässt sich auch kein Informationsrecht der Eltern

[1209] 4. Kapitel § 1 B.
[1210] 4. Kapitel § 2.
[1211] 4. Kapitel § 3 A.
[1212] 4. Kapitel § 3 B.
[1213] 4. Kapitel § 3 C.

ableiten.[1214] Der Anteil der Minderjährigen, die mittels der im Assistenzkonzept gewährten Unterstützung in der Lage sind, hinsichtlich einer sie betreffenden Heilbehandlung selbstständig zu entscheiden, wird zunehmen. Gleichwohl werden Anwendungsfälle verbleiben, in denen bei einem juvenilen Patienten die notwendige Einwilligungsfähigkeit nicht hergestellt werden kann. In diesen Fällen sind die Personensorgeberechtigten zu einer stellvertretenden Entscheidung berufen.[1215] Das Selbstbestimmungsrecht nicht einwilligungsfähiger Kinder wird durch ihre Beteiligung an sie betreffenden Entscheidungen gewährleistet. Diese Partizipation hat ihre gesetzliche Grundlage in § 630e Abs. 5 BGB und in Art. 12 KRK. Sie bietet die Chance zur Berücksichtigung der Wünsche und Vorstellungen des Kindes im Rahmen der als Fremdbestimmung anzusehenden stellvertretenden Entscheidung. Darin ist ein bedürfnisgerechter Übergang von fürsorglicher Fremdbestimmung zur Selbstbestimmung zu sehen.[1216] Partizipation setzt die gezielte Unterstützung des Kindes voraus. Diese wird dem Kind durch das Assistenzkonzept zur Gewährleistung der Selbstbestimmung bei Kindern gewährt. Dieses ist nicht nur in der Lage, die Einwilligungsfähigkeit in einer Vielzahl von Behandlungssituationen *herzustellen*, sondern bewirkt in jedem Fall – gewissermaßen als ein sich unabhängig vom Erfolgseintritt mitverwirklichendes Moment – die Partizipation.[1217]

Im Rahmen der durch die Sorgeberechtigten zu treffenden stellvertretenden Entscheidung soll so eine möglichst große Übereinstimmung mit dem Willen des Kindes herbeigeführt werden. Lässt sich diese Übereinstimmung mit dem natürlichen Willen des Kindes nicht herstellen, handelt es sich um eine Zwangsbehandlung.[1218] Diese ist im Kindschaftsrecht nicht geregelt. Von ihrer Zulässigkeit wird unter Berufung auf das sich aus dem Elterngrundrecht des Art. 6 Abs. 2 Satz 1 GG ableitende elterliche Sorgerecht der §§ 1626, 1631 Abs. 1 BGB ausgegangen. Dies gilt unabhängig davon, ob sie im häuslichen Bereich, ambulant, stationär oder im Rahmen einer freiheitsentziehenden Unterbringung erfolgt.[1219] Eine gerichtliche Überprüfung des Handelns der Sorgeberechtigten findet de lege lata ebenso wenig statt wie materiellrechtliche Vorgaben beachtet werden müssen. Die einzige Zulässigkeitsgrenze stellt die Kindeswohlgefährdung des § 1666 BGB dar.[1220]

Diese Rechtslage ist zu kritisieren: Das Grundrecht des Kindes auf körperliche Unversehrtheit und das ebenfalls grundrechtlich geschützte medizinische

---

[1214] 4. Kapitel § 4 A.
[1215] 4. Kapitel § 4 B.
[1216] 4. Kapitel § 4 B.
[1217] 4. Kapitel § 4 B III.
[1218] 4. Kapitel § 4 B IV.
[1219] 5. Kapitel § 2 A.
[1220] 5. Kapitel § 2 B und C.

Selbstbestimmungsrecht verlangen nach Schutz, wenn Gesundheitssorgeberechtigte eine Behandlung des nicht einwilligungsfähigen Kindes gegen dessen natürlichen Willen durchsetzen wollen.[1221] Diese elterliche Maßnahme soll nur als Ultima Ratio möglich sein. Der Gesetzgeber hat als Ausfluss der sich aus den genannten Grundrechten ergebenden staatlichen Schutzpflicht die Aufgabe, materiellrechtliche Voraussetzungen zu definieren, denen jede Zwangsbehandlung zu genügen hat. Hier ist neben der Implementierung einer Verhältnismäßigkeitsprüfung die Notwendigkeit eines Überzeugungsversuchs zu nennen. Verfahrensrechtlich ist ein familiengerichtlicher Genehmigungsvorbehalt zu fordern.[1222] Die Zulässigkeit einer solchen Regelung, die einen Eingriff in das Elterngrundrecht des Art. 6 Abs. 2 Satz 1 GG darstellt, ergibt sich aus dem staatlichen Wächteramt des Art. 6 Abs. 2 Satz 2 GG. Insbesondere aufgrund der mit der Zwangsbehandlung von Kindern verbundenen hohen Eingriffsintensität in die höchstpersönlichen Rechtsgüter der Kinder wird dieser Eingriff für erforderlich gehalten. Die Erforderlichkeit ergibt sich auch durch einen Vergleich zu den in § 1631b BGB bereits de lege lata normierten Zwangsmaßnahmen, deren Eingriffe in ihrer Intensität hinter dem der Zwangsbehandlung zurückbleiben können.[1223] Mit einer gesetzlichen Regelung zur Zwangsbehandlung von Kindern würde der vom Gesetzgeber mit dem Gesetz zur Einführung eines familiengerichtlichen Genehmigungsvorbehaltes für freiheitsentziehende Maßnahmen bei Kindern vom 17.07.2017[1224] beschrittene Weg seine logische Fortsetzung und zugleich seinen Abschluss finden.[1225]

[1221] 5. Kapitel § 3.
[1222] 5. Kapitel § 4 A.
[1223] 5. Kapitel § 4 B.
[1224] BGBl. I S. 2424.
[1225] 5. Kapitel § 4 B II 3.

Literaturverzeichnis

Ach, Johann S./Schöne-Seifert, Bettina: "Relationale Autonomie" Eine kritische Analyse, in: Claudia Wiesemann/Alfred Simon (Hrsg.), Patientenautonomie. Theoretische Grundlagen, praktische Anwendungen, Münster 2013, S. 42–60.

Alderson, Priscilla: Die Autonomie des Kindes - über die Selbstbestimmungsfähigkeit von Kindern in der Medizin, in: Claudia Wiesemann (Hrsg.), Das Kind als Patient. Ethische Konflikte zwischen Kindeswohl und Kindeswille, Frankfurt am Main 2003, S. 28–47.

Altenthan, Sophia/Betscher-Ott, Sylvia/Gotthardt, Wilfried/Hobmair, Hermann/Höhlein, Reiner/Ott, Wilhelm/Pöll, Rosmaria: Psychologie. 4. Aufl. Troisdorf 2008 [zitiert als: Altenthan et al., Psychologie].

Amelung, Knut: Über die Einwilligungsfähigkeit (Teil I), ZStW 104 (1992), S. 525–558.

ders.: Über die Einwilligungsfähigkeit (Teil II), ZStW 104 (1992), S. 821–833.

ders.: Vetorechte beschränkt Einwilligungsfähiger in Grenzbereichen medizinischer Intervention. Berlin [u.a.] 1995 [zitiert als: *Amelung*, Vetorechte beschränkt Einwilligungsfähiger].

ders.: Einwilligungsfähigkeit und Rationalität, JR 1999, S. 45–47.

Anderson, Joel/Honneth, Axel: Autonomy, Vulnerability, Recognition, and Justice, in: John Christman (Hrsg.), Autonomy and the challenges to liberalism. New essays, Cambridge u.a. 2009, S. 127–149.

Anselm, Reiner/Butz, Ulrike: Vertrauen in die Organisation Krankenhaus - wie lässt sich das Nicht-Organisierbare organisieren?, in: Holmer Steinfath/Claudia Wiesemann (Hrsg.), Autonomie und Vertrauen. Schlüsselbegriffe der modernen Medizin, Wiesbaden 2016, S. 133–162.

Aujoulat, Isabelle/d'Hoore, William/Deccache, Alain: Patient empowerment in theory and practice. Polysemy or cacophony?, Patient Educ Couns 66 (2007), S. 13–20.

Bächle-Helde, Bernadette: Wie weh tut es?, JuKiP 2013, S. 164–167.

Ball, Juliane: Untersuchung und Erfassung von kindlichen Krankheitskonzepten im Grundschulalter. Marburg 2004 [zitiert als: *Ball*, Kindliche Krankheitskonzepte im Grundschulalter].

Bar, Carl Ludwig v.: Zur Frage der strafrechtlichen Verantwortlichkeit des Arztes, GerS 60 (1902), S. 81–112.

Baston-Vogt, Marion: Der sachliche Schutzbereich des zivilrechtlichen allgemeinen Persönlichkeitsrechts. Tübingen 1997 [zitiert als: *Baston-Vogt*, Schutzbereich des zivilrechtlichen Persönlichkeitsrechts].

Baumgartner, Manuela/Wösner, Barbara: Das Besondere sehen - Kommunikation bei Kindern mit Behinderung, in: Lilly Damm/Ulrike Leiss/Wolfgang Habeler/Ulrike Habeler (Hrsg.), Ärztliche Kommunikation mit Kindern und Jugendlichen, Wien 2014, S. 117–133.

Beauchamp, Tom L.: Paternalism, in: Warren Thomas Reich (Hrsg.), Encyclopedia of bioethics, New York 1995, S. 1914–1920.

Beauchamp, Tom L./Childress, James F.: Principles of biomedical ethics. 7. Aufl. New York 2013 [zitiert als: *Beauchamp/Childress*, Biomedical Ethics].

Beckmann, Jan P.: Genetische Diagnostik und Arztvorbehalt, in: Claus R. Bartram (Hrsg.), Humangenetische Diagnostik. Wissenschaftliche Grundlagen und gesellschaftliche Konsequenzen, Berlin 2000, S. 51–162.

Beckmann, Rainer: Der "natürliche Wille" - ein unnatürliches Rechtskonstrukt, JZ 2013, S. 604–608.
Beck-OGK: beck-online.GROSSKOMMENTAR. Bürgerliches Gesetzbuch (BGB). Herausgegeben von Beate Gsell, Wolfgang Krüger, Stephan Lorenz, Christoph Reymann. München 2020 [zitiert als: *Bearbeiter* in: Beck-OGK].
Beck-OK: Beck'scher Online-Kommentar Grundgesetz. Herausgegeben von Volker Epping, Christian Hillgruber. 42. Edition. München 2019 [zitiert als: *Bearbeiter* in: Beck-OK, GG].
dass.: Beck'scher Online-Kommentar BGB. Herausgegeben von Georg Bamberger, Herbert Roth, Wolfgang Hau, Roman Poseck. 53. Edition. München 2020 [zitiert als: *Bearbeiter* in: Beck-OK, BGB].
Belling, Detlev W.: Die Entscheidungskompetenz für ärztliche Eingriffe bei Minderjährigen, FuR 1990, S. 68–77.
Belling, Detlev W./Eberl, Christina/Michlik, Frank: Das Selbstbestimmungsrecht Minderjähriger bei medizinischen Eingriffen. Eine rechtsvergleichende Studie zum amerikanischen, englischen, französischen und deutschen Recht. Neuwied 1994 [zitiert als: *Belling/Eberl/Michlik*, Selbstbestimmungsrecht Minderjähriger].
Berger, Zackary D./Brito, Juan P./Ospina, Naykky Singh/Kannan, Suraj/Hinson, Jeremiah S./Hess, Erik P./Haskell, Helen: Patient centred diagnosis. Sharing diagnostic decisions with patients in clinical practice., BMJ 359; j4218 (2017), S. 1–8.
Bibace, Roger/Walsh, Mary E.: Development of children's concepts of illness, Pediatrics 1980, S. 912–917.
Bichler, Christian: Die Patientenverfügung eines Minderjährigen unter dem Aspekt der Kindeswohlgefährdung, GesR 2014, S. 1–6.
Birnbacher, Dieter: Vulnerabilität und Patientenautonomie – Anmerkungen aus medizinethischer Sicht, MedR 2012, S. 560–565.
Birnbacher, Dieter/Klitzsch, Wolfgang/Langenberg, Udo/Barnikol, Utako Birgit: Umgang mit Demenzpatienten. Gemeinsam verantwortete Entscheidungen. Das Gefühl, selbst zu handeln, ist für das Wohlbefinden und die Lebensqualität demenziell erkrankter Menschen von entscheidender Bedeutung, DÄBl. 2015, S. A-514–516.
BK: Bonner Kommentar zum Grundgesetz. Herausgegeben von Wolfgang Kahl, Christian Waldhoff, Christian Walter. Stand: 201. Aktualisierung. Heidelberg 2019 [zitiert als: *Bearbeiter* in: BK].
Bleckmann, Albert: Staatsrecht II - Die Grundrechte. 4. Aufl. 1997 [zitiert als: *Bleckmann*, StaatsR II].
Böckenförde, Ernst-Wolfgang: Elternrecht - Recht des Kindes - Recht des Staates. Zur Theorie des verfassungsrechtlichen Elternrechts und seiner Auswirkungen auf Erziehung und Schule, in: Essener Gespräche zum Thema Staat und Kirche 14, Münster 1980, S. 54–93.
Bodenmann, Guy: Dyadic coping: A systemic-transactional view of stress an coping among couples, European journal of applied psychology 1997, S. 137–140.
Boehmer, Gustav: Zum Problem der "Teilmündigkeit" Minderjähriger - Bemerkungen zu dem Urt. des VI. ZS des BGH v. 5.12.1958, MDR 1959, 383, MDR 1959, S. 705–707.
Bosch, Friedrich-Wilhelm: Anmerkung zu BGH-Urt. v. 5.12.1958, VI ZR 266/57 (BGHZ 29, 33), FamRZ 1959, S. 202–203.
Brewster, Arlene. B.: Chronically ill hospitalized children's concepts of their illness, Pediatrics 1982, S. 355–362.

Britz, Gabriele: Das Grundrecht des Kindes auf staatliche Gewährleistung elterlicher Pflege und Erziehung – jüngere Rechtsprechung des Bundesverfassungsgerichts, JZ 2014, S. 1069–1074.

dies.: Kindesgrundrechte und Elterngrundrecht: Fremdunterbringung von Kindern in der verfassungsgerichtlichen Kontrolle, FamRZ 2015, S. 793–798.

dies.: Kinderschutz - aktuelle verfassungsrechtliche Leitlinien, NZFam 2016, S. 1113–1118.

Bronfenbrenner, Urie: The ecology of human development. Experiments by nature and design. Cambridge, Massachusetts 1979 [zitiert als: *Bronfenbrenner*, Ecology of human development].

Brückner, Sarah: Das medizinische Selbstbestimmungsrecht Minderjähriger. Marburg 2014 [zitiert als: *Brückner*, Selbstbestimmungsrecht Minderjähriger].

Bryant, Peter. E./Trabasso, Tom: Transitive inferences and memory in young children, Nature 1971, S. 456–458.

Bund-Länder-Arbeitsgruppe "Kinderrechte ins Grundgesetz": Abschlussbericht (abrufbar unter *<https://www.verband-binationaler.de/fileadmin/user_upload/102519_Abschlussbericht_Kinderrechte.pdf>* zuletzt abgerufen am 12.02.2024) [zitiert als: Bund-Länder-Arbeitsgruppe "Kinderrechte ins Grundgesetz", Abschlussbericht].

Burschel, Hans-Otto: § 8 Die Personensorge, in: Helga Oberloskamp (Hrsg.), Vormundschaft, Pflegschaft und Beistandschaft für Minderjährige. 4. Aufl., München 2017, S. 168-213.

Caesar, Barbara: Die Einwilligung zu ärztlichen Eingriffen an Kindern. Tübingen 1963 [zitiert als: *Caesar*, Einwilligung zu ärztlichen Eingriffen an Kindern].

Cahill, Patricia/Papageorgiou, Alexia: Triadic communication in the primary care paediatric consultation: a review of the literature, British Journal of General Practice 2007, S. 904–911.

Canaris, Claus-Wilhelm: Grundrechte und Privatrecht, AcP 184 (1984), S. 201–246.

Carlson, Stephanie M./Mandell, Dorothy J./Williams, Luke: Executive function and theory of mind: stability and prediction from ages 2 to 3, Developmental Psychology 2004, S. 1105–1122.

Case, Robbie: Modelling the process of conceptual change in a continuously hierarchical system, in: Robbie Case/Yukari Okamoto/Sharon Griffin/Anne McKeough/Charles Bleiker/Barbara Henderson/Kimberly Marra Stephenson/Robert S. Siegler/Daniel P. Keating (Hrsg.), The role of central conceptual structures in the development of children's thought 1996, S. 283–301.

CDU/CSU und SPD: Ein neuer Aufbruch für Europa. Eine neue Dynamik für Deutschland. Ein neuer Zusammenhalt für unser Land. Koalitionsvertrag 19. Legislaturperiode (abrufbar unter *<https://archiv.cdu.de/system/tdf/media/dokumente/koalitionsvertrag_2018.pdf?file=1>* zuletzt abgerufen am 12.02.2024) [zitiert als: *CDU/CSU und SPD*, Koalitionsvertrag 19. Legislaturperiode].

Charman, Tony/Chandiramani, Shalini: Children's understanding of physical illnesses and psychological states, Psychology & Health 1995, S. 145–153.

Chi, Michelene T. H./Ceci, Stephen J.: Content knowledge: its role, representation, and restructuring in memory development, Advances in child development and behaviour 1987, S. 91–142.

Chu, Larry F./Utengen, Audun/Kadry, Bassam/Kucharski, Sarah E./Campos, Hugo/Crockett, Jamia/Dawson, Nick/Clauson, Kevin A.: "Nothing about us without us" - patient partnership in medical conferences, BMJ 354; i3883 (2016), S. 1–7.

Coester, Michael: Zur sozialrechtlichen Handlungsfähigkeit des Minderjährigen, FamRZ 1985, S. 982–987.

Coester-Waltjen, Dagmar: Neuregelung der elterlichen Sorge §§ 1626 - 1633 EFrakt, in: Manfred Rehbinder/Bernd Rebe (Hrsg.), Neues elterliches Sorgerecht. Alternativ-Entwurf eines Gesetzes zur Neuregelung des Rechts der elterlichen Sorge mit Begründung und Stellungnahmen, Bielefeld 1977, S. 67–87.

dies.: Reichweite und Grenzen der Patientenautonomie von Jungen und Alten – Ein Vergleich, MedR 2012, S. 553–560.

Cramer, Stephan: Genom- und Genanalyse. Rechtliche Implikationen einer "prädiktiven Medizin". Frankfurt am Main 1991 [zitiert als: *Cramer*, Genom- und Genanalyse].

Cremer, Hendrik: Das Übereinkommen über die Rechte des Kindes, in: Die "General Comments" zu den VN-Menschenrechtsverträgen. Deutsche Übersetzung und Kurzeinführungen, Baden-Baden 2005, S. 525–537.

ders.: Die UN-Kinderrechtskonvention. Geltung und Anwendbarkeit in Deutschland nach der Rücknahme der Vorbehalte. 2. Aufl. Berlin 2012 [zitiert als: *Cremer*, Die UN-Kinderrechtskonvention].

Damm, Lilly/Habeler, Ulrike/Habeler, Wolfgang/Leiss, Ulrike: Mit Kindern und Jugendlichen reden, Paediatr. Paedolog. Austria 2014 (Sonderheft 1), S. 36–41.

Damm, Lilly/Leiss, Ulrike: Patnerschaft mit Kindern. Partizipation und Empowerment durch Kommunikation, in: Lilly Damm/Ulrike Leiss/Wolfgang Habeler/Ulrike Habeler (Hrsg.), Ärztliche Kommunikation mit Kindern und Jugendlichen, Wien 2014, S. 43–60.

Damm, Reinhard: Eckpunkte der Bundesregierung zu einem Gendiagnostikgesetz, MedR 2008, S. 535–538.

ders.: Vulnerabilität als Rechtskonzept?, MedR 2013, S. 201–214.

ders.: Einwilligungs- und Entscheidungsfähigkeit in der Entwicklung von Medizin und Medizinrecht, MedR 2015, S. 775–785.

Dedding, Christine/Willekens, Tine/Schalkers, Inge: Mitwirkung von Kindern im Krankenhaus. Ein Handbuch für die Praxis 2012 [zitiert als: *Dedding/Willekens/Schalkers*, Mitwirkung von Kindern im Krankenhaus].

Dethloff, Nina: Familienrecht in Europa - Quo vadis?, NJW 2018, S. 23–28.

Deutsch, Erwin: Das therapeutische Privileg des Arztes: Nichtaufklärung zugunsten des Patienten, NJW 1980, S. 1305–1309.

ders.: Das Persönlichkeitsrecht des Patienten, AcP 192 (1992), S. 161–180.

Deutsch, Erwin/Spickhoff, Andreas: Medizinrecht. Arztrecht, Arzneimittelrecht, Medizinprodukterecht und Transfusionsrecht. 7. Aufl. Berlin [u.a.] 2014 [zitiert als: *Deutsch/Spickhoff*, Medizinrecht].

Deutsche Gesellschaft für Medizinrecht e. V.: Empfehlungen zur Therapieverweigerung bei Kindern und Jugendlichen, in: Christian Dierks/Toni Graf-Baumann/Hans-Gerd Lenard (Hrsg.), Therapieverweigerung bei Kindern und Jugendlichen. Medizinrechtliche Aspekte, Berlin, New York 1995, S. 147–149.

Deutscher Bundestag und Bundesarchiv: Der Parlamentarische Rat. 1948 - 1949; Akten und Protokolle. München 2009 [zitiert als: *Deutscher Bundestag und Bundesarchiv*, Parlamentarischer Rat].

Deutscher Ethikrat: Demenz und Selbstbestimmung. Stellungnahme. Berlin 2012 [zitiert als: *Deutscher Ethikrat*, Demenz und Selbstbestimmung].
Devitt, Patric: When a child refuses treatment, paediatric nursing 2009, S. 25.
Diamond, Adele: Executive functions, Annu Rev Psychol 2013, S. 135–168.
Diamond, Adele/Kirkham, Natasha/Amso, Dima: Conditions under which young children can hold two rules in mind and inhibit a prepotent response, Developmental Psychology 2002, S. 352–362.
Diederichsen, Angela: Aspekte des Selbstbestimmungsrechts Minderjähriger bei medizinischer Behandlung, in: Gerda Müller/Günter Hirsch (Hrsg.), Festschrift für Günter Hirsch zum 65. Geburtstag, München 2008, S. 355–364.
Diepold, Barbara: Einsicht und Urteilsfähigkeit von Kindern, in: Christian Dierks/Toni Graf-Baumann/Hans-Gerd Lenard (Hrsg.), Therapieverweigerung bei Kindern und Jugendlichen. Medizinrechtliche Aspekte, Berlin, New York 1995, S. 39–48.
DIJuF-Rechtsgutachten: Ambulante Zwangsbehandlung Minderjähriger, JAmt 2010, S. 239–240.
dass.: Verzicht auf die weitere Behandlung durch einen Jugendlichen selbst, JAmt 2015, S. 565–568.
Dodegge, Georg: Anmerkung zu LG Essen FamRZ 1993, 1347, FamRZ 1993, S. 1348–1349.
ders.: Zwangsbehandlung und Betreuungsrecht, NJW 2006, S. 1627–1629.
ders.: Ärztliche Zwangsmaßnahmen und Betreuungsrecht, NJW 2013, S. 1265–1270.
Dölitzsch, Simone: Vom Kindesschutz zu Kindesrechten. Ein Plädoyer für eine spezielle Handlungsfähigkeit in höchstpersönlichen Angelegenheiten aus rechtsvergleichender Sicht zum Schweizer Recht. Bielefeld 2005 [zitiert als: *Dölitzsch*, Vom Kindesschutz zu Kindesrechten].
Dörries, Andrea: Zustimmung und Veto. Aspekte der Selbstbestimmung im Kindesalter, in: Claudia Wiesemann (Hrsg.), Das Kind als Patient. Ethische Konflikte zwischen Kindeswohl und Kindeswille, Frankfurt am Main 2003, S. 180–189.
Dreier, Horst: Grundgesetz Kommentar. Herausgegeben von Horst Dreier. Band 1: Präambel, Artikel 1-19. 3. Aufl. Tübingen 2013 [zitiert als: *Bearbeiter* in: Dreier].
Drygala, Tim/Kenzler, Mareike: Teilentzug des elterlichen Sorgerechts zur Ermöglichung einer Cochlea-Implantation gegen den Willen der Eltern, FamRZ 2018, S. 156–161.
Duttge, Gunnar: Das Recht auf Nichtwissen in der Medizin, DuD 2010, S. 34–38.
ders.: Die Kateorie der Einwilligungsfähigkeit im Arztrecht. Grund- und Zweifelsfragen aus der Perspektive des deutschen Rechts, Biomedical Law & Ethics 2011, S. 23–44.
ders.: Selbstbestimmung bei einwilligungsunfähigen Patienten aus rechtlicher Sicht, in: Christof Breitsameter (Hrsg.), Autonomie und Stellvertretung in der Medizin. Entscheidungsfindung bei nichteinwilligungsfähigen Patienten, Stuttgart 2011, S. 34–59.
ders.: Die Kinderarzneimittel-Verordnung der Europäischen Union: Anliegen, Ziele und Effekte, Comp Law Rev (jap.) 2012, S. 41–61.
ders.: Patientenautonomie und Einwilligungsfähigkeit, in: Claudia Wiesemann/Alfred Simon (Hrsg.), Patientenautonomie. Theoretische Grundlagen, praktische Anwendungen, Münster 2013, S. 77–90.
ders.: Das Recht auf Nichtwissen in einer informationell vernetzten Gesundheitsversorgung, MedR 2016, S. 664–669.
ders.: Grenzen der Sinnhaftigkeit von Intensivmedizin, MedR 2017, S. 361–364.

Duttge, Gunnar/Er, Derya/Fischer, Sven: Vertrauen durch Recht?, in: Holmer Steinfath/Claudia Wiesemann (Hrsg.), Autonomie und Vertrauen. Schlüsselbegriffe der modernen Medizin, Wiesbaden 2016, S. 239–291.

Eberbach, Wolfram: Grundsätze zur Aufklärungspflicht bei nicht voll Geschäftsfähigen, MedR 1986, S. 14–18.

Eichenhofer, Eberhard: Soziale Menschenrechte im Völker-, europäischen und deutschen Recht. Tübingen 2012 [zitiert als: *Eichenhofer*, Soziale Menschenrechte].

Eiser, Christine/Patterson, David: 'Slugs and snails and puppy-dog tails'-children's ideas about the inside of their bodies, Child: Care, Health and Development 1983, S. 233–240.

Emanuel, Ezekiel J./Emanuel, Linda L.: Vier Modelle der Arzt-Patienten-Beziehung, in: Urban Wiesing/Johann S. Ach/Matthias Bormuth/Jens Clausen/Hans-Jörg Ehni/Georg Marckmann/L. Geza Rothenberger/Henning Tümmers (Hrsg.), Ethik in der Medizin. Ein Reader, Stuttgart 2000, S. 107–110.

Endemann, Friedrich: Die Rechtswirkungen der Ablehnung einer Operation seitens des körperlich Verletzten. Berlin 1893 [zitiert als: *Endemann*, Rechtswirkungen der Ablehnung einer Operation].

Engelhardt, Karlheinz: Verlorene Patienten? Für mehr Menschlichkeit in der Medizin. Darmstadt 2011 [zitiert als: *Engelhardt*, Verlorene Patienten].

Erhart, M./Wille, N./Ravens-Sieberer, Ulrike: Empowerment bei Kindern und Jugendlichen - die Bedeutung personaler und sozialer Ressourcen und persönlicher Autonomie für die subjektive Gesundheit, Gesundheitswesen 2008, S. 721–729.

Erman: BGB. Handkommentar mit AGG, EGBGB (Auszug), ErbbauRG, LPartG, ProdHaftG, VBVG, VersAusglG und WEG. Herausgegeben von Harm-Peter Westermann, Barbara Grunewald, Georg Maier-Reimer. Band II. 15. Aufl. Köln 2017 [zitiert als: *Bearbeiter* in: Erman].

Eyler, Lisa T./Jeste, Dilip V.: Enhancing the informed consent process: a conceptual overview, Behav Sci Law 2006, S. 553–568.

Faden, Ruth R./King, Nancy M. P./Beauchamp, Tom L.: A history and theory of informed consent. New York 1986 [zitiert als: *Faden/King/Beauchamp*, informed consent].

Faller, Hermann: Patientenorientierte Kommunikation in der Arzt-Patient-Beziehung, Bundesgesundheitsblatt 2012, S. 1106–1112.

Farin, Erik: Die Patient-Behandler-Kommunikation bei chronischen Krankheiten: Überblick über den Forschungsstand in ausgewählten Themenfeldern, Rehabilitation 2010, S. 277–291.

Fegert, Jörg Michael: Kindheit, Kinderrechte und Kinderschutz in sich wandelnden Familienwelten, ZKJ 2012, S. 418–426.

Fehnemann, Ursula: Die Innehabung und Wahrnehmung von Grundrechten im Kindesalter. Berlin 1983 [zitiert als: *Fehnemann*, Grundrechte im Kindesalter].

Feinberg, Joel: Legal Paternalism, Canadian Journal of Philosophy 1971, S. 105–124.

Fiebig, Udo: Freiheit für Patient und Arzt. Das Selbstbestimmungsrecht des Patienten als Postulat der Menschenwürde. Stuttgart 1985 [zitiert als: *Fiebig*, Freiheit].

Finger, Peter: Das Übereinkommen über die Rechte des Kindes (UN-Kinderrechtskonvention - UN-KRK), FuR 2020, S. 97–101.

Fischer, K. W./Bidell, T. R.: Dynamic development of action, thought and emotion, in: Richard M. Lerner/William Damon (Hrsg.), Theoretical models of human development. Handbook of child psychology. 6. Aufl., Hoboken, NJ 2006, S. 313–399.

Flavell, John H./Everett, Barbara A./Croft, Karen/Flavell, Eleanor R.: Young children's knowledge about visual perception. Further evidence for the Level 1-Level 2 distinction, Developmental Psychology 1981, S. 99–103.

Flick, Uwe: Gesundheits- und Krankheitsvorstellungen in verschiedenen Lebensaltern und ihre Bedeutung für chronische Erkrankungen, Psychomed 1998, S. 5–9.

Francke, Robert: Ärztliche Berufsfreiheit und Patientenrechte. Eine Untersuchung zu den verfassungsrechtlichen Grundlagen des ärztlichen Berufsrechts und des Patientenschutzes. Stuttgart 1994 [zitiert als: *Francke*, Berufsfreiheit].

Freeman, Michael D. A.: Introduction: Rights, Ideology and Children, in: Michael D. A. Freeman/Philip E. Veerman (Hrsg.), The ideologies of children's rights, Dordrecht 1992, S. 3–6.

Friebe, Günther: Die strafrechtliche Verantwortlichkeit des Lehrers bei Überschreitung des Züchtigungsrechts, ZBR 1956, S. 174–178.

Frister, Helmut: Strafrecht Allgemeiner Teil. Ein Studienbuch. 8. Aufl. München 2018 [zitiert als: *Frister*, Strafrecht AT].

Fröhlich, Uwe: Forschung wider Willen? Rechtsprobleme biomedizinischer Forschung mit nichteinwilligungsfähigen Personen. Berlin, Heidelberg 1999 [zitiert als: *Fröhlich*, Forschung wider Willen].

Fröschle, Tobias: Sorge und Umgang. Elternverantwortung in der Rechtspraxis. Bielefeld 2013 [zitiert als: *Fröschle*, Sorge und Umgang].

Führer, M./Duroux, A./Jox, R. J./Borasio, G. D.: Entscheidungen am Lebensende in der Kinderpalliativmedizin, Monatsschrift Kinderheilkunde 2009, S. 18–25.

Gabe, Jonathan/Olumide, Gillian/Bury, Michael: 'It takes three to tango'. A framework for understanding patient partnership in paediatric clinics, Social science & medicine 2004, S. 1071–1079.

Geilen, Gerd: Einwilligung und ärztliche Aufklärungspflicht. Bielefeld 1963 [zitiert als: *Geilen*, Einwilligung].

Geisler, L. S.: Patientenautonomie - eine kritische Begriffsbestimmung, DMW 2004, S. 453–456.

Geiß, Karlmann/Greiner, Hans-Peter: Arzthaftpflichtrecht. 7. Aufl. München 2014 [zitiert als: *Geiß/Greiner*, Arzthaftpflichtrecht].

Genenger, Angie: Das neue Gendiagnostikgesetz, NJW 2010, S. 113–117.

Gerlach, Annette von: Ärztliche Aufklärungspflicht und eigenmächtige Heilbehandlung, in: Arthur Kaufmann/Reinhard Merkel/Marie Ann Bay (Hrsg.), Moderne Medizin und Strafrecht. Ein Vademecum für Ärzte und Juristen über strafrechtliche Grundfragen ärztlicher Tätigkeitsbereiche, Heidelberg 1989, S. 15–35.

Gernhuber, Joachim: Elterliche Gewalt heute. Eine grundsätzliche Betrachtung, FamRZ 1962, S. 89–96.

Gernhuber, Joachim/Coester-Waltjen, Dagmar: Familienrecht. 6. Aufl. München 2010 [zitiert als: *Gernhuber/Coester-Waltjen*, Familienrecht].

Giesen, Dieter: Zwischen Patientenwohl und Patientenwille, JZ 1987, S. 282–290.

Gleixner-Eberle, Elisabeth: Die Einwilligung in die medizinische Behandlung Minderjähriger. Eine arztrechtliche Untersuchung im Rechtsvergleich mit Österreich und der Schweiz sowie mit Blick auf das internationale Privat- und Strafrecht. Heidelberg u.a. 2014 [zitiert als: *Gleixner-Eberle*, Einwilligung Minderjähriger].

Gödicke, Patrick: Anmerkung zu OLG Köln, Urt. v. 24.2.2016 – 5 U 77/15 (LG Köln), MedR 2017, S. 148–150.

Golbs, Ulrike: Das Vetorecht eines einwilligungsunfähigen Patienten. Baden-Baden 2006 [zitiert als: *Golbs*, Vetorecht einwilligungsunfähiger Patienten].

Goldman, Susan Lee/Whitney-Saltiel, Debbie/Granger, Jennifer/Rodin, Judith: Children's Representations of "Everyday" Aspects of Health and Illness, Journal of Pediatric Psychology 1991, S. 747–766.

Gonzalez-Mena, Janet/Widmeyer-Eyer, Dianne: Säuglinge, Kleinkinder und ihre Betreuung, Erziehung und Pflege. Ein Curriculum für respektvolle Pflege und Erziehung. 2. Aufl. Freiamt im Schwarzwald 2014 [zitiert als: *Gonzalez-Mena/Widmeyer-Eyer*, Säuglinge, Kleinkinder: Betreuung, Erziehung, Pflege].

Götz, Isabell: Rechtfertigende Einwilligung in körperliche Eingriffe durch das einsichts- und urteilsfähige minderjährige Kind - Ein Plädoyer für die Selbstbestimmung, in: Katharina Hilbig-Lugani/Dagmar Coester-Waltjen (Hrsg.), Zwischenbilanz. Festschrift für Dagmar Coester-Waltjen zum 70. Geburtstag, Bielefeld 2015, S. 89–100.

dies.: Zwangsbehandlung von Minderjährigen bei Selbstgefährdung, in: Dagmar Coester-Waltjen/Volker Lipp/Eva Schumann/Barbara Veit (Hrsg.), Zwangsbehandlung bei Selbstgefährdung. 14. Göttinger Workshop zum Familienrecht 2015, Göttingen 2016, S. 65–86.

dies.: Fortschritt im Kindesschutz - Genehmigungsvorbehalt jetzt auch für freiheitsentziehende Maßnahmen bei Kindern, FamRZ 2017, S. 1289–1295.

dies.: Anmerkungen zu OLG Frankfurt, Urt. v. 16.7.2019 - 8 U 228/17 und OLG Hamm, Beschluss v. 29.11.2019 - 12 UF 236/19, FamRZ 2020, S. 339–340.

Greve, Werner/Leipold, Bernhard: Problembewältigung und intentionale Selbstentwicklung, in: Wolfgang Schneider/Ulman Lindenberger (Hrsg.), Entwicklungspsychologie. 8. Aufl., Weinheim 2018, S. 579–594.

Grieser, Jürgen/Eiholzer Urs: Der "kranke" Jugendliche, in: Bernhard Stier/Nikolaus Weissenrieder (Hrsg.), Jugendmedizin. Gesundheit und Gesellschaft, Heidelberg 2006, S. 125–131.

Grotkopp, Jörg: Medizinische Zwangsbehandlung untergebrachter Personen - in Grenzen - wieder möglich. Anwendungsbereich des Gesetzes zur Regelung der betreuungsrechtlichen Einwilligung in eine ärztliche Zwangsmaßnahme, BtPrax 2013, S. 83–91.

Habeler, Ulrike/Damm, Lilly/Leiss, Ulrike: Das Wesentliche zuerst…, in: Lilly Damm/Ulrike Leiss/Wolfgang Habeler/Ulrike Habeler (Hrsg.), Ärztliche Kommunikation mit Kindern und Jugendlichen, Wien 2014, S. 15–26.

Haberstroh, Julia/Oswald, Frank: Unterstützung von Autonomie bei medizinischen Entscheidungen von Menschen mit Demenz durch bessere Person-Umwelt-Passung?, Informationsdienst Altersfragen 2014, S. 16–24.

Handbuch des Fachanwalts: Medizinrecht. Herausgegeben von Frank Wenzel. Handbuch des Fachanwalts. 3. Aufl. Köln 2013 [zitiert als: *Bearbeiter* in: Handbuch des Fachanwalts].

Hansdottir, Ingunn/Malcarne, Vanessa L.: Concepts of Illness in Icelandic Children, Journal of Pediatric Psychology 1998, S. 187–195.

Hansen, Rüdiger/Knauer, Raingard/Sturzenhecker, Benedikt: Partizipation in Kindertageseinrichtungen. So gelingt Demokratiebildung mit Kindern! Weimar, Berlin 2015 [zitiert als: *Hansen/Knauer/Sturzenhecker*, Partizipation in Kindertageseinrichtungen].

Hart, Dieter: Autonomiesicherung im Arzthaftungsrecht. Ein Beitrag zur Entkoppelung von ärztlicher Aufklärungspflicht und Körperverletzung, in: Andreas Heldrich/Helmut Heinrichs (Hrsg.), Recht im Spannungsfeld von Theorie und Praxis. Festschrift für Helmut Heinrichs zum 70. Geburtstag, München 1998, S. 291–318.

Hauser, Andrea: Die Behandlung minderjähriger Patienten, Das Krankenhaus 2012, S. 1310–1314.
Heide, Jochen: Medizinische Zwangsbehandlung. Rechtsgrundlagen und verfassungsrechtliche Grenzen der Heilbehandlung gegen den Willen des Betroffenen. Berlin 2001 [zitiert als: *Heide*, Medizinische Zwangsbehandlung].
Hein, Irma M./Troost, Pieter W./Broersma, Alice/Vries, Martine C. de/*Daams, Joost G./Lindauer, Ramón J. L.*: Why is it hard to make progress in assessing children's decision-making competence?, BMC Med Ethics 2015: 1, S. 1–6.
Heiß, Thomas Alexander: Elternrechte contra Kinderrechte? Die Stellung von Eltern und Kind in der Judikatur des BVerfG, NZFam 2015, S. 491–493.
Herdegen, Matthias: Die Aufnahme besonderer Rechte des Kindes in die Verfassung, FamRZ 1993, S. 374–384.
Hermann, Helena/Trachsel, Manuel/Biller-Andorno, Nikola: Einwilligungsfähigkeit: Inhärente Fähigkeit oder ethisches Urteil?, Ethik in der Medizin 2015, S. 1–14.
Herriger, Norbert: Empowerment in der Sozialen Arbeit. Eine Einführung. 5. Aufl. Stuttgart 2014 [zitiert als: *Herriger*, Empowerment].
Hesse, Konrad: Grundzüge des Verfassungsrechts der Bundesrepublik Deutschland. 20. Aufl. Heidelberg 1999 [zitiert als: *Hesse*, Grundzüge].
Hoffmann, Birgit: Rechtliche Aspekte psychiatrischer bzw. psychologischer Behandlung Minderjähriger, Recht & Psychiatrie 2007, S. 173–179.
dies.: Zwangsbehandlung Minderjähriger vor dem Hintergrund der jüngeren Rechtsprechung des BVerfG und des BGH, NZFam 2015, S. 985–989.
dies.: Genehmigungsvorbehalt auch für Zwangsbehandlung Minderjähriger, ZRP 2016, S. 242–244.
dies.: Personensorge. Erläuterungen und Gestaltungsvorschläge für die rechtliche Beratung nach der Reform von Sorge- und Umgangsrecht 2013. 3. Aufl. Baden-Baden 2018 [zitiert als: *Hoffmann*, Personensorge].
Höfling, Wolfram: TPG, Transplantationsgesetz. Kommentar. Herausgegeben von Wolfram Höfling. 2. Aufl. Berlin 2013 [zitiert als: *Bearbeiter* in: Höfling].
Hohmann-Dennhardt, Christine: Kindeswohl und Elternrecht - Rechtsverhältnis von Eltern und Kindern, FPR 2008, S. 476–477.
Hollenbach, Axel: Grundrechtsschutz im Arzt-Patienten-Verhaltnis. Eine Untersuchung zur Umsetzung verfassungsrechtlicher Vorgaben im einfachen Recht. Berlin 2003 [zitiert als: *Hollenbach*, Grundrechtsschutz].
Horn, Eckhard: Der medizinisch nicht indizierte, aber vom Patienten verlangte ärztliche Eingriff - strafbar? BGH NJW 1978, 1206, JuS 1979, S. 29–31.
Hruschka, Joachim: Anmerkung zu BGH NJW 1978, 1206, JR 1978, S. 519–522.
Isensee, Josef: Das Grundrecht als Abwehrrecht und als staatliche Schutzpflicht, in: Josef Isensee/Paul Kirchhof (Hrsg.), Handbuch des Staatsrechts der Bundesrepublik Deutschland. Band IX, Allgemeine Grundrechtslehren. 3. Aufl., Heidelberg 2011, § 191, S. 413-568.
Isfort, J./Floer, B./Koneczny, N./Vollmar, H. C./Butzlaff, Martin: "Shared Decision Making". Arzt oder Patient - Wer entscheidet?, DMW 2002, S. 2021–2024.
Ivanits, Natalie: Keine Beteiligung des Kindes bei elterlichem Einvernehmen?, NZFam 2016, S. 7–12.
Janisch, Wolfgang: Kinderrechte sollen ins Grundgesetz. Süddeutsche Zeitung 26.11.2019 (abrufbar unter <https://www.sueddeutsche.de/politik/kinderrechte-grundgesetz-gesetzentwurf-1.4697042> zuletzt abgerufen am: 12.02.2014) [zitiert als: *Janisch*, Kinderrechte sollen ins Grundgesetz].

Jarass/Pieroth: Grundgesetz für die Bundesrepublik Deutschland. Kommentar. Herausgegeben und bearbeitet von Hans D. Jarass, Bodo Pieroth. 15. Aufl. München 2018 [zitiert als: *Bearbeiter* in: Jarass/Pieroth].

Jauernig: Bürgerliches Gesetzbuch. Mit Rom-I-, Rom-II-VO, EU-UntVO/HUntProt und EuErbVO. Kommentar. Herausgegeben von Rolf Stürner. 17. Aufl. München 2018 [zitiert als: *Bearbeiter* in: Jauernig].

Jestaedt, Matthias: Das Recht des Kindes auf Pflege und Erziehung durch seine Eltern, in: Dagmar Coester-Waltjen/Volker Lipp/Eva Schumann/Barbara Veit (Hrsg.), Alles zum Wohle des Kindes? Aktuelle Probleme des Kindschaftsrechts; 2. Familienrechtliches Forum Göttingen, Göttingen 2012, S. 13–37.

Jox, Ralf J.: Der "natürliche Wille" bei Kindern und Demenzkranken, in: Claudia Wiesemann/Alfred Simon (Hrsg.), Patientenautonomie. Theoretische Grundlagen, praktische Anwendungen, Münster 2013, S. 329–339.

Kaeding, Nadja/Schwenke, Laura: Medizinische Behandlung Minderjähriger – Anforderungen an die Einwilligung, MedR 2016, S. 935–940.

Kainz, Willi Johannes: Wesentliche Änderungen durch das neue Bundesteilhabegesetz, NZS 2017, S. 649–655.

Kamper, Adrian: Psychische und psychosomatische Probleme im Jugendalter, Monatsschrift Kinderheilkunde 2015, S. 900–910.

Kandler, Hans-Christoph: Rechtliche Rahmenbedingungen biomedizinischer Forschung am Menschen. Das Zusatzprotokoll zum Übereinkommen über Menschenrechte und Biomedizin über biomedizinische Forschung. Berlin, Heidelberg 2008 [zitiert als: *Kandler*, Biomedizinische Forschung].

Katzenmeier, Christian: Die Rahmenbedingungen der Patientenautonomie, MedR 2012, S. 576–583.

ders.: Patientenautonomie und Patientenrechte, Bundesgesundheitsblatt 2012, S. 1093–1099.

Kaufmann, Arthur: Die eigenmächtige Heilbehandlung, ZStW 73 (1961), S. 341–384.

Kern, Bernd-Rüdiger: Der Minderjährige als Blutspender, FamRZ 1981, S. 738–740.

ders.: Fremdbestimmung bei der Einwilligung in ärztliche Eingriffe, NJW 1994, S. 753–759.

ders.: Die arzneimittelrechtliche Forschung an Minderjährigen und nicht einwilligungsfähigen Erwachsenen, in: Bernd-Rüdiger Kern/Gerfried Fischer (Hrsg.), Jurisprudenz zwischen Medizin und Kultur. Festschrift zum 70. Geburtstag von Gerfried Fischer, Frankfurt am Main 2010, S. 137–156.

ders.: Gendiagnostikgesetz. Kommentar. München 2012 [zitiert als: *Bearbeiter* in: Kern].

Kindhäuser, Urs/Neumann, Ulfrid/Paeffgen, Hans-Ullrich: Strafgesetzbuch. 5. Aufl. Baden-Baden 2017 [zitiert als: *Bearbeiter* in: Kindhäuser/Neumann/Paeffgen].

Kingreen, Thorsten/Poscher, Ralf: Grundrechte. Staatsrecht II. 35. Aufl. Heidelberg 2019 [zitiert als: *Kingreen/Poscher*, Grundrechte].

Klinkhardt, Horst: § 7 Die Personensorge, in: Helga Oberloskamp (Hrsg.), Vormundschaft, Pflegschaft und Beistandschaft für Minderjährige. 2. Aufl., München 1998, S. 85-150.

Kloepfer, Michael/Greve, Holger: Staatsrecht kompakt. Staatsorganisationsrecht, Grundrechte, Bezüge zum Völker- und Europarecht. 3. Aufl. Baden-Baden 2018 [zitiert als: *Kloepfer/Greve*, Staatsrecht kompakt].

Klose, Martin/Straub, Marvin: Willensmängel bei der Einwilligung in eine ärztliche Behandlung, MedR 2019, S. 714–721.

Knauf, Christian: Mutmaßliche Einwilligung und Stellvertretung bei ärztlichen Eingriffen an Einwilligungsunfähigen. Zugleich ein Beitrag zur Patientenverfügung. Baden-Baden 2005 [zitiert als: *Knauf*, Mutmaßliche Einwilligung].

Koch, Hans-Georg: Kind und Medizin, in: Albin Eser/Franz Josef Illhardt (Hrsg.), Lexikon Medizin, Ethik, Recht, Freiburg 1989, S. 593–607.

Kohlhaas, Max: Medizin und Recht. München [u.a.] 1969 [zitiert als: *Kohlhaas*, Medizin und Recht].

Kohte, Wolfhard: Die rechtfertigende Einwilligung, AcP 185 (1985), S. 105–161.

Kölch, Michael: Aufklärung bei klinischen Studien mit Kindern und Jugendlichen, in: Claudia Wiesemann (Hrsg.), Das Kind als Patient. Ethische Konflikte zwischen Kindeswohl und Kindeswille, Frankfurt am Main 2003, S. 59–71.

ders.: Kindgerechte Aufklärung und Einwilligungsfähigkeit bei Kindern im Rahmen klinischer Prüfungen, Drug Research 2004, S. 22–24.

Kölch, Michael/Fegert, Jörg Michael: Patientenautonomie - Minderjährige als Patienten, FPR 2007, S. 76–78.

Kölfen, Wolfgang: Ärztliche Gespräche, die wirken. Erfolgreiche Kommunikation in der Kinder- und Jugendmedizin. Berlin 2013 [zitiert als: *Kölfen*, Ärztliche Gespräche].

ders.: Kommunikationsgewohnheiten von Klinikärzten in deutschen Kinder- und Jugendkliniken, Monatsschrift Kinderheilkunde 2015, S. 583–589.

ders.: Professionelle ärztliche Kommunikation in der Kinder- und Jugendmedizin, Monatsschrift Kinderheilkunde 2016, S. 574–582.

ders.: Ärztliche Kommunikation mit jugendlichen Patienten, in: Bernhard Stier/Nikolaus Weissenrieder/Karl Otfried Schwab (Hrsg.), Jugendmedizin. 2. Aufl., Berlin, Heidelberg 2018, S. 73–79.

Koppernock, Martin: Das Grundrecht auf bioethische Selbstbestimmung. Zur Rekonstruktion des allgemeinen Persönlichkeitsrechts. Baden-Baden 1997 [zitiert als: *Koppernock*, Selbstbestimmung].

Korczak, Janusz/Heimpel, Elisabeth/Roos, Hans/Droß, Armin: Das Recht des Kindes auf Achtung. 5. Aufl. Göttingen 1994 [zitiert als: *Korczak et al.*, Recht des Kindes auf Achtung].

Köster, Thomas: Sorgerecht und Kindeswohl. Ein Vorschlag zur Neuregelung des Sorgerechts. Frankfurt am Main, New York 1997 [zitiert als: *Köster*, Sorgerecht].

Krenz, Armin: Kinderfragen gehen tiefer. Hören und verstehen, was sich hinter Kinderfragen verbirgt. 3. Aufl. Freiburg im Breisgau 1996 [zitiert als: *Krenz*, Kinderfragen].

Kreß, Hartmut: Medizinische Ethik. Gesundheitsschutz - Selbstbestimmungsrechte - heutige Wertkonflikte. Stuttgart 2009 [zitiert als: *Kreß*, Medizinische Ethik].

ders.: Das Arzt-Patient-Verhältnis im Sinn patientenzentrierter Medizin. Ethische Grundlagen - heutige Schlussfolgerungen, Bundesgesundheitsblatt 2012, S. 1085–1092.

Kreße, Bernhard: Aufklärung und Einwilligung beim Vertrag über die ärztliche Behandlung einwilligungsunfähiger Patienten, MedR 2015, S. 91–96.

ders.: Anmerkung zu OLG Frankfurt, Urt. v. 16.7.2019 – 8 U 228/17, MedR 2020, S. 387–390.

Kriele, Martin: Richterrecht und Rechtspolitik, ZRP 2008, S. 51–53.

Kügel, J. Wilfried/Müller, Rolf-Georg/Hofmann, Hans-Peter: Arzneimittelgesetz. Kommentar. 2. Aufl. 2016 [zitiert als: *Bearbeiter* in: Kügel/Müller/Hofmann].

Kuhlmann, Jens-Michael: Einwilligung in die Heilbehandlung alter Menschen. Frankfurt am Main, Berlin 1996 [zitiert als: *Kuhlmann*, Einwilligung in die Heilbehandlung].
Kuhn, Gustav: Grundrechte und Minderjährigkeit. Die Einwirkung der Verfassung auf die Rechtsstellung des jungen Menschen. Berlin 1965 [zitiert als: *Kuhn*, Grundrechte und Minderjährigkeit].
Lackner/Kühl: Strafgesetzbuch. Kommentar. Bearbeitet von Kristian Kühl, Martin Heger. 29. Aufl. München 2018 [zitiert als: *Bearbeiter* in: Lackner/Kühl].
Langewitz, Wolf: Zur Erlernbarkeit der Arzt-Patienten-Kommunikation in der Medizinischen Ausbildung, Bundesgesundheitsblatt 2012, S. 1176–1182.
Laufs, Adolf: Arztrecht. 5. Aufl. München 1993 [zitiert als: *Laufs*, Arztrecht (5. Auflage)].
Laufs, Adolf/Katzenmeier, Christian/Lipp, Volker: Arztrecht. 7. Aufl. München 2015 [zitiert als: *Bearbeiter* in: Laufs/Katzenmeier/Lipp].
Laufs, Adolf/Kern, Bernd-Rüdiger/Clemens, Thomas/Uhlenbruck, Wilhelm: Handbuch des Arztrechts. 4. Aufl. München 2010 [zitiert als: *Bearbeiter* in: Laufs/Kern/Clemens/Uhlenbruck (4. Auflage)].
Laufs, Adolf/Kern, Bernd-Rüdiger/Rehborn, Martin: Handbuch des Arztrechts. 5. Aufl. München 2019 [zitiert als: *Bearbeiter* in: Laufs/Kern/Rehborn].
Laufs, Rainer/Laufs, Adolf: Aids und Arztrecht, NJW 1987, S. 2257–2265.
Lazarus, Richard Stanley/Folkman, Susan: Stress, appraisal, and coping. New York 1984 [zitiert als: *Lazarus/Folkman*, Stress].
Lazarus, Richard Stanley/Launier, R.: Stressbezogene Transaktionen zwischen Person und Umwelt, in: Jürgen R. Nitsch (Hrsg.), Stress, Bern 1981, S. 213–259.
Levetown, Marcia: Communicating with children and families. From everyday interactions to skill in conveying distressing information, Pediatrics 2008, S. 1441–1460.
Liebel, Manfred: Wozu Kinderrechte. Grundlagen und Perspektiven. Weinheim 2007 [zitiert als: *Liebel*, Kinderrechte].
Linck, Joachim: Doping und staatliches Recht, NJW 1987, S. 2545–2551.
Lindberg, Marc A.: Is knowledge base development a necessary and sufficient condition for memory development?, Journal of Experimental Child Psychology 1980, S. 401–410.
Lipp, Volker: Freiheit und Fürsorge. Der Mensch als Rechtsperson: zu Funktion und Stellung der rechtlichen Betreuung im Privatrecht. Tübingen 2000 [zitiert als: *Lipp*, Freiheit und Fürsorge].
ders.: Anmerkung zu BGH, Urt. v. 10.10.2006 - VI ZR 74/05, MedR 2008, S. 292–293.
ders.: Erwachsenenschutz und Verfassung - Betreuung, Unterbringung und Zwangsbehandlung, FamRZ 2013, S. 913–923.
ders.: Assistenzprinzip und Erwachsenenschutz. Zur Kritik des Fachausschusses zur UN-Behindertenrechtskonvention im Betreuungsrecht, FamRZ 2017, S. 4–11.
ders.: Vorausplanung und Patientenvertreter, MedR 2020, S. 259–263.
Lipp, Volker/Brauer, Daniel: Autonomie und Familie in medizinischen Entscheidungssituationen, in: Holmer Steinfath/Claudia Wiesemann (Hrsg.), Autonomie und Vertrauen. Schlüsselbegriffe der modernen Medizin, Wiesbaden 2016, S. 201–237.
Lischewski, Isabel: Kinderrechte im Grundgesetz, DÖV 2020, S. 102–109.
LK: Leipziger Kommentar. Strafgesetzbuch. Großkommentar. Herausgegeben von Heinrich Wilhelm Laufhütte, Ruth Rissing-van Saan, Klaus Tiedemann. 2. Band. §§ 32-55. 12. Aufl. 2006 [zitiert als: *Bearbeiter* in: LK].

Lohaus, Arnold: Begriffe von Gesundheit und Krankheit bei Kindern, in: Heidi Keller (Hrsg.), Lehrbuch Entwicklungspsychologie, Bern 1998, S. 599–613.
ders.: Kindliche Krankheitskonzepte, in: Martin Pinquart (Hrsg.), Wenn Kinder und Jugendliche körperlich chronisch krank sind. Psychische und soziale Entwicklung, Prävention, Intervention, Berlin Heidelberg 2013, S. 17–32.
Lohaus, Arnold/Albrecht, R./Seyberth, H. W.: Einwilligungsfähigkeit bei Kindern. Ergebnisse einer empirischen Studie und zukünftige Forchungsperspektiven, Monatsschrift Kinderheilkunde 2002, S. 1502–1507.
Lohaus, Arnold/Vierhaus, Marc: Entwicklungspsychologie des Kindes- und Jugendalters für Bachelor. 4. Aufl. Berlin 2019 [zitiert als: *Lohaus/Vierhaus*, Entwicklungspsychologie].
Lorenz, Annegret: Das Selbstbestimmungsrecht des einsichtsfähigen Minderjährigen bei Eingriffen in die körperliche Integrität, NZFam 2017, S. 782–788.
Lorenz, Dieter: Recht auf Leben und körperliche Unversehrtheit, in: Josef Isensee/Paul Kirchhof (Hrsg.), Handbuch des Staatsrechts der Bundesrepublik Deutschland. Band VI, Freiheitsrechte. 2. Aufl., Heidelberg 1989, § 128, S. 3-39.
Lourdes-Levy, Maria de/Larcher, Victor/Kurz, Ronald: Informed consent/assent in children. Statement of the Ethics Working Group of the Confederation of European Specialists in Paediatrics (CESP), European Journal of pediatrics 2003, S. 629–633.
Lüderitz, Alexander: Elterliche Sorge als privates Recht, AcP 178 (1978), S. 263–297.
Ludyga, Hannes: Rechtmäßigkeit von medizinischen Zwangsmaßnahmen bei einer Unterbringung gemäß § 1906 BGB, FPR 2007, S. 104–107.
ders.: Die Schweigepflicht von Ärzten bei der Behandlung Minderjähriger, NZFam 2017, S. 1121–1125.
Mackenzie, Catriona/Stoljar, Natalie: Introduction. Autonomy Refigured, in: Catriona Mackenzie/Natalie Stoljar (Hrsg.), Relational autonomy. Feminist perspectives on automony, agency, and the social self, New York 2000, S. 3–31.
Maio, Giovanni: Geschäftsmodell Gesundheit. Wie der Markt die Heilkunst abschafft. 2. Aufl. Berlin 2016 [zitiert als: *Maio*, Geschäftsmodell Gesundheit].
Marschner, Rolf: Aktuelles zur Zwangsbehandlung - in welchen Grenzen ist sie noch möglich?, Recht & Psychiatrie 2011, S. 160–167.
Mårtenson, Eva K./Fägerskiöld, Astrid M.: A review of children's decision-making competence in health care, J Clin Nurs 2008, S. 3131–3141.
Maunz/Dürig: Grundgesetz Sonderdruck. Kommentierung der Artikel 1 und 2 Grundgesetz von Günter Dürig in der Bearbeitung von 1958. München 2003 [zitiert als: *Bearbeiter* in: Maunz/Dürig (1958), GG].
dies.: Grundgesetz. Kommentar. Herausgegeben von Roman Herzog, Rupert Scholz, Matthias Herdegen, Hans H. Klein. 51. Ergänzungslieferung. München 2008 [zitiert als: *Bearbeiter* in: Maunz/Dürig (51. EL), GG].
dies.: Grundgesetz. Kommentar. Herausgegeben von Roman Herzog, Rupert Scholz, Matthias Herdegen, Hans H. Klein. 89. Ergänzungslieferung. München 2019 [zitiert als: *Bearbeiter* in: Maunz/Dürig, GG].
Maywald, Jörg: Misshandlung, Vernachlässigung und sexueller Missbrauch. Eine Übersicht aus sozialwissenschaftlicher Perspektive, FPR 2003, S. 299–307.
Mehnert, Anja/Lehmann, C./Koch, U.: Schwierige Gesprächssituationen in der Arzt-Patienten-Interaktion, Bundesgesundheitsblatt 2012, S. 1134–1143.
Melton, Gary B.: Toward "Personhood" for Adolescents: Autonomy and Privacy as Values in Public Policy., American Psychologist 1983, S. 99–103.

Meyer, Kathrin: Genetische Untersuchungen zu medizinischen Zwecken und zu Forschungszwecken an nicht einwilligungsfähigen Personen. Eine Darstellung unter besonderer Berücksichtigung des Gendiagnostikgesetzes und besonderer Beachtung verfassungsrechtlicher Aspekte. Berlin 2017 [zitiert als: *Meyer*, Genetische Untersuchungen].

Michel, Margot: Rechte von Kindern in medizinischen Heilbehandlungen. Basel 2009 [zitiert als: *Michel*, Rechte von Kindern in Heilbehandlungen].

Miller, Tilly: Kompetenzen - Fähigkeiten - Ressourcen: Eine Begriffsbestimmung, in: Tilly Miller/Sabine Pankofer (Hrsg.), Empowerment konkret! Handlungsentwürfe und Reflexionen aus der psychosozialen Praxis, Berlin, Boston 2000, S. 23–32.

Miranowicz, Elisa: Die Entwicklung des Arzt-Patienten-Verhältnisses und seine Bedeutung für die Patientenautonomie, MedR 2018, S. 131–136.

Mittenzwei, Ingo: Anmerkung zu AG Celle, MedR 1988, 41, MedR 1988, S. 43–45.

Miyake, Akira/Friedman, Naomi P.: The nature and organization of individual differences in executive functions: four general conclusions, Curr Dir Psychol Sci 2012, S. 8–14.

Montada, Leo/Lindenberger, Ulman/Schneider, Wolfgang: Fragen, Konzepte, Perspektiven, in: Wolfgang Schneider/Ulman Lindenberger (Hrsg.), Entwicklungspsychologie. 8. Aufl., Weinheim 2018, S. 27–60.

Muckel, Stefan: Zwangsweise Durchsetzung der elterlichen Umgangspflicht, JA 2008, S. 744–745.

MüKo-BGB: Münchener Kommentar zum Bürgerlichen Gesetzbuch. Herausgegeben von Kurt Rebmann, Franz-Jürgen Säcker. Band 1 Allgemeiner Teil. (§§ 1-240). AGB-Gesetz. 3. Aufl. München 1993 [zitiert als: *Bearbeiter* in: MüKo (3. Aufl.), BGB].

ders.: Münchener Kommentar zum Bürgerlichen Gesetzbuch. Herausgegeben von Kurt Rebmann, Franz-Jürgen Säcker. Band 8 Familienrecht II §§ 1589-1921. SGB VIII. 6. Aufl. München 2012 [zitiert als: *Bearbeiter* in: MüKo (6. Aufl.), BGB].

ders.: Münchener Kommentar zum Bürgerlichen Gesetzbuch. Herausgegeben von Kurt Rebmann, Franz-Jürgen Säcker. Band 6 Schuldrecht - Besonderer Teil IV. §§ 705-853, Partnerschaftsgesellschaftsgesetz, produkthaftungsgesetz. 7. Aufl. München 2017 [zitiert als: *Bearbeiter* in: MüKo, BGB].

ders.: Münchener Kommentar zum Bürgerlichen Gesetzbuch. Herausgegeben von Kurt Rebmann, Franz-Jürgen Säcker. Band 8 Familienrecht II §§ 1589-1921. SGB VIII. 7. Aufl. München 2017 [zitiert als: *Bearbeiter* in: MüKo, BGB].

ders.: Münchener Kommentar zum Bürgerlichen Gesetzbuch. Herausgegeben von Kurt Rebmann, Franz-Jürgen Säcker, Hartmut Oetker, Bettina Limperg. Band 1 Allgemeiner Teil. §§ 1-240. ProstG. AGG. AllgPersönlR. 8. Aufl. München 2018 [zitiert als: *Bearbeiter* in: MüKo, BGB].

ders.: Münchener Kommentar zum Bürgerlichen Gesetzbuch. Herausgegeben von Kurt Rebmann, Franz-Jürgen Säcker, Hartmut Oetker, Bettina Limperg. Band 5 Schuldrecht - Besonderer Teil II. §§ 535-630h. BetrKV. HeizkostenV. WärmeLV. EFZG. TzBfG. KSchG. MiLoG. 8. Aufl. München 2020 [zitiert als: *Bearbeiter* in: MüKo, BGB].

ders.: Münchener Kommentar zum Bürgerlichen Gesetzbuch. Herausgegeben von Kurt Rebmann, Franz-Jürgen Säcker, Hartmut Oetker, Bettina Limperg. Band 6 Schuldrecht - Besonderer Teil III. §§ 631-704. 8. Aufl. München 2020 [zitiert als: *Bearbeiter* in: MüKo, BGB].

ders.: Münchener Kommentar zum Bürgerlichen Gesetzbuch. Herausgegeben von Kurt Rebmann, Franz-Jürgen Säcker, Hartmut Oetker, Bettina Limperg. Band 8 Sachenrecht §§ 854-1296. WEG. ErbbauRG. 8. Aufl. München 2020 [zitiert als: *Bearbeiter* in: MüKo, BGB].

ders.: Münchener Kommentar zum Bürgerlichen Gesetzbuch. Herausgegeben von Kurt Rebmann, Franz-Jürgen Säcker. Band 10 Familienrecht II §§ 1589-1921. SGB VIII. 8. Aufl. München 2020 [zitiert als: *Bearbeiter* in: MüKo, BGB].

MüKo-StGB: Münchener Kommentar zum Strafgesetzbuch. Herausgegeben von Wolfgang Joecks, Klaus Miebach. Band 4, §§ 185-262. 3. Aufl. München 2017 [zitiert als: *Bearbeiter* in: MüKo, StGB].

Münch/Kunig: Grundgesetz. Kommentar. Herausgegeben von Philip Kunig. 6. Aufl. München 2012 [zitiert als: *Bearbeiter* in: Münch/Kunig].

Nebendahl, Mathias: Selbstbestimmungsrecht und rechtfertigende Einwilligung des Minderjährigen bei medizinischen Eingriffen, MedR 2009, S. 197–205.

Neuner, Jörg: Paternalismus im Privatrecht, JZ 2020, S. 269–276.

Neyen, Werner: Die Einwilligungsfähigkeit im Strafrecht. Trier 1991 [zitiert als: *Neyen*, Einwilligungsfähigkeit].

Niethammer, Dietrich: Kinder im Angesicht des Todes, in: Claudia Wiesemann (Hrsg.), Das Kind als Patient. Ethische Konflikte zwischen Kindeswohl und Kindeswille, Frankfurt am Main 2003, S. 92–115.

Nipperdey, Hans Carl: Grundrechte und Privatrecht, in: Hans Carl Nipperdey/Erich Molitor (Hrsg.), Festschrift für Erich Molitor zum 75. Geburtstag, München und Berlin 1962, S. 17–33.

NK: Gesamtes Medizinrecht. Nomos Kommentar. Herausgegeben von Karl-Otto Bergmann, Burkhard Pauge und Heinz-Dietrich Steinmeyer. 3. Aufl. Baden-Baden 2018 [zitiert als: *Bearbeiter* in: NK].

Nolte, Stephan Heinrich: Arzt-Patienten-Verhältnis: Anvertraut oder ausgeliefert?, Kinderärztliche Praxis 2017, S. 51–53.

Nova, Cristina/Vegni, Elena/Moja, Egidio Aldo: The physician-patient-parent communication. A qualitative perspective on the child's contribution, Patient Educ Couns 58 (2005), S. 327–333.

Odenwald, Steffen: Die Einwilligungsfähigkeit im Strafrecht unter besonderer Hervorhebung ärztlichen Handelns. Frankfurt am Main 2004 [zitiert als: *Odenwald*, Einwilligungsfähigkeit im Strafrecht].

Ohly, Ansgar: "Volenti non fit iniuria". Die Einwilligung im Privatrecht. Tübingen 2002 [zitiert als: *Ohly*, Volenti non fit iniuria].

O'Leary, Katherine A./Estabrooks, Carole A./Olson, Kärin/Cumming, Ceinwen: Information acquisition for women facing surgical treatment for breast cancer. Influencing factors and selected outcomes, Patient Educ Couns 69 (2007), S. 5–19.

Ossenbühl, Fritz: Treuhänderische Wahrnehmung von Grundrechten der Kinder durch die Eltern, FamRZ 1977, S. 533–534.

Paino-Staber, Angela: Gesetzliche Stellvertretung naher Angehöriger im Bereich der Gesundheitssorge. Leipzig 2007 [zitiert als: *Paino-Staber*, Gesetzliche Stellvertretung].

Palandt: Bürgerliches Gesetzbuch. Bearbeitet von Gerd Brudermüller, Jürgen Ellenberger, Isabell Götz, Christian Grüneberg, Sebastian Herrler, Hartwig Sprau, Karsten Thorn, Walter Weidenkaff, Dietmar Weidlich, Hartmut Wicke. 79. Aufl. München 2020 [zitiert als: *Bearbeiter* in: Palandt].

Pankofer, Sabine: Empowerment - eine Einführung, in: Tilly Miller/Sabine Pankofer (Hrsg.), Empowerment konkret! Handlungsentwürfe und Reflexionen aus der psychosozialen Praxis, Berlin, Boston 2000, S. 7–22.

Paterson, Janis/Moss-Morris, Rona/Butler, Sarnia J.: The effect of illness experience and demographic factors on children's illness representations, Psychology & Health 1999, S. 117–129.

Patzig, Günther: Gesammelte Schriften. Göttingen 1993 [zitiert als: *Patzig*, Gesammelte Schriften].

Pawlowski, Hans-Martin: Probleme der Einwilligung zu Eingriffen in personenbezogene Rechte, in: Günter Brambring/Horst Hagen (Hrsg.), Festschrift für Horst Hagen, Köln 1999, S. 5–26.

Perrin, Ellen C./Gerrity, Patricia Susan: There's a demon in your belly: children's understanding of illness, Pediatrics 1981, S. 841–849.

Peschel-Gutzeit, Lore Maria: Das Recht auf gewaltfreie Erziehung Was hat sich seit seiner Einführung im Jahre 2000 geändert?, FPR 2012, S. 195–199.

dies.: Die Bedeutung des Kindeswillens, NZFam 2014, 433-437.

Petermann, Franz/Wiedebusch, Silvia: Patientenschulung mit Kindern. Wie lassen sich subjektive Krankheits- und Behandlungskonzepte berücksichtigen?, Kindheit und Entwicklung 2001, S. 13 (abrufbar unter <*https://econtent.hogrefe.com/doi/full/10.1026//0942-5403.10.1.13*> zuletzt abgerufen am 12.02.2024).

Piaget, Jean/Inhelder, Bärbel: Von der Logik des Kindes zur Logik des Heranwachsenden. Essay über die Ausformung der formalen operativen Strukturen. Stuttgart 1980 [zitiert als: *Piaget/Inhelder*, Logik des Kindes].

Popow, Christian: Therapie als Partizipationschance, Paediatr. Paedolog. Austria 2014 (Sonderheft 1), S. 62–67.

Pressley, Michael/Hilden, Katherine: Cognitive strategies, in: Deanna Kuhn/Robert S. Siegler (Hrsg.), Handbook of child psychology. Volume 2: cognition, perception, and language. 6. Aufl., Hoboken, NJ 2006, S. 511–556.

Preu, Peter: Freiheitsgefährdung durch die Lehre von den grundrechtlichen Schutzpflichten, JZ 1991, S. 265–271.

Prütting, Dorothea: Medizinrecht Kommentar. 5. Aufl. Köln 2019 [zitiert als: *Bearbeiter* in: Prütting].

Rauschenberg, Hans: Kinderfragen - Entwicklung, Bedeutung und pädagogische Hermeneutik, Zeitschrift für Pädagogik 1985, S. 759–771.

Raver, C. Cybele/Jones, Stephanie M./Li-Grining, Christine/Zhai, Fuhua/Bub, Kristen/Pressler, Emily: CSRP's impact on low-income preschoolers' preacademic skills: self-regulation as a mediating mechanism, Child Development 2011, S. 362–378.

Rehbock, Theda: Personsein in Grenzsituationen. Zur Kritik der Ethik medizinischen Handelns. Paderborn 2005 [zitiert als: *Rehbock*, Personsein in Grenzsituationen].

dies.: Kommentar, in: Thorsten Moos/Christoph Rehmann-Sutter/Christina Schües (Hrsg.), Randzonen des Willens. Anthropologische und ethische Probleme von Entscheidungen in Grenzsituationen, Frankfurt am Main, Bern, Bruxelles 2016, S. 306–310.

Rehborn, Martin/Schäfer, Anne: Die Einwilligung Minderjähriger, in: Arbeitsgemeinschaft Rechtsanwälte im Medizinrecht e. V. (Hrsg.), 25 Jahre Arbeitsgemeinschaft - 25 Jahre Arzthaftung. Von der Krähentheorie bis zum groben Behandlungsfehler, Berlin, Heidelberg 2011, S. 253–268.

Reipschläger, Christiane: Die Einwilligung Minderjähriger in ärztliche Heileingriffe und die elterliche Personensorge. Frankfurt am Main 2004 [zitiert als: *Reipschläger*, Einwilligung Minderjähriger].

Reiserer, Kerstin: Schwangerschaftsabbruch durch Minderjährige im vereinten Deutschland, FamRZ 1991, S. 1136–1141.

Reuter, Dieter: Die Grundrechtsmündigkeit - Problem oder Scheinproblem?, FamRZ 1969, S. 622–625.

ders.: Elterliche Sorge und Verfassungsrecht, AcP 192 (1992), S. 108–152.

Reuter, Dieter/Säcker, Jürgen: Herausgabe von Kindern in die Sowjetzone, NJW 1965, S. 2037–2041.

RGRK: Das Bürgerliche Gesetzbuch mit besonderer Berücksichtigung der Rechtsprechung des Reichsgerichts und des Bundesgerichtshofes. Kommentar. Herausgegeben von den Mitgliedern des BGH. Band I, §§ 1-240. 12. Aufl. Berlin 1982 [zitiert als: *Bearbeiter* in: RGRK].

dass.: Das Bürgerliche Gesetzbuch mit besonderer Berücksichtigung der Rechtsprechung des Reichsgerichts und des Bundesgerichtshofes. Kommentar. Herausgegeben von den Mitgliedern des BGH. Band II, 5. Teil. §§ 812-831 (Anhang nach § 823: I. Verletzung des Persönlichkeitsrechts II. Arzthaftungsrecht). 12. Aufl. Berlin 1989 [zitiert als: *Bearbeiter* in: RGRK].

Rixen, Stephan: Das todkranke Kind zwischen Eltern und Arzt. Ein Überblick über die rechtliche Problematik der Therapie lebensbedrohlicher Erkrankungen nichteinwilligungsfähiger Minderjähriger, MedR 1997, S. 351–355.

ders.: Das Gesetz über den Umfang der Personensorge bei einer Beschneidung des männlichen Kindes, NJW 2013, S. 257–262.

Röchling, Walter: Kindeswille und Elternrecht, FPR 2008, S. 481–483.

Roell, Monika: Die Geltung der Grundrechte für Minderjährige. Berlin 1984 [zitiert als: *Roell*, Grundrechte für Minderjährige].

dies.: Grundrechtsmündigkeit - eine überflüssige Konstruktion, RdJB 1988, S. 381–387.

Rogall, Klaus: Unwirksame Einwilligung zu einer umfassenden Zahnextraktion, NJW 1978, S. 2344–2345.

Rönnau, Thomas: Willensmängel bei der Einwilligung im Strafrecht. Tübingen 2001 [zitiert als: *Rönnau*, Willensmängel bei der Einwilligung].

Roth, Wolfgang: Die Grundrechte Minderjähriger im Spannungsfeld selbständiger Grundrechtsausübung, elterlichen Erziehungsrechts und staatlicher Grundrechtsbindung. Berlin 2003 [zitiert als: *Roth*, Grundrechte Minderjähriger].

Rothärmel, Sonja: Einwilligung, Veto, Mitbestimmung. Die Geltung der Patientenrechte für Minderjährige. Baden-Baden 2004 [zitiert als: *Rothärmel*, Einwilligung, Veto, Mitbestimmung].

Rothärmel, Sonja/Dippold, Ines/Wiethoff, Katja/Wolfslast, Gabriele/Fegert, Jörg M.: Patientenaufklärung, Informationsbedürfnis und Informationspraxis in der Kinder- und Jugendpsychiatrie und Psychotherapie. Eine interdisziplinäre Untersuchung zu Partizipationsrechten minderjähriger Patienten unter besonderer Berücksichtigung der Kinder- und Jugendpsychiatrie und Psychotherapie. Göttingen 2006 [zitiert als: *Rothärmel et al.*, Patientenaufklärung].

Rothärmel, Sonja/Wolfslast, Gabriele/Fegert, Jörg Michael: Informed Consent, ein kinderfeindliches Konzept?, MedR 1999, S. 293–298.

Röthel, Anne: Autonomie im Familienrecht der Gegenwart, JZ 2017, S. 116–123.

Rouka, Stella: Das Selbstbestimmungsrecht des Minderjährigen bei ärztlichen Eingriffen. Frankfurt am Main, Wien u.a. 1996 [zitiert als: *Rouka*, Selbstbestimmungsrecht des Minderjährigen].

Roxin, Claus: Strafrecht Allgemeiner Teil Band 1. Grundlagen. Der Aufbau der Verbrechenslehre. 4. Aufl. 2006 [zitiert als: *Roxin*, Strafrecht AT/1].

Rüping, Hinrich: Körperverletzung, Einwilligung und Heileingriff. Kritische Überlegungen zu BGH NJW 1978, 1206, Jura 1979, S. 90–93.

Rushforth, Helen: Practitioner Review: Communicating with Hospitalised Children: Review and Application of Research Pertaining to Children´s Understanding of Health and Illness, Journal of Child Psychology and Psychiatry 1999, S. 683–691.

Sachs, Michael: Grundgesetz. Kommentar. Herausgegeben von Michael Sachs. 8. Aufl. München 2018 [zitiert als: *Bearbeiter* in: Sachs].

Salgo, Ludwig: 10 Jahre Übereinkommen über die Rechte des Kindes - Auswirkungen am Beispiel von Art. 12 -, Kind-Prax 1999, S. 179–183.

ders.: Anmerkung zu BGH, Beschl. v. 7.8.2013 - XII ZB 559/11, FamRZ 2013, S. 1719–1720.

Scherer, Inge: Schwangerschaftsabbruch bei Minderjährigen und elterliche Zustimmung, FamRZ 1997, S. 589–595.

Schertzinger, Andreas: Aus der Praxis des Vormundschaftsgerichts, in: Christian Dierks/Toni Graf-Baumann/Hans-Gerd Lenard (Hrsg.), Therapieverweigerung bei Kindern und Jugendlichen. Medizinrechtliche Aspekte, Berlin, New York 1995, S. 119–127.

Schickhardt, Christoph: Kinderethik. Der moralische Status und die Rechte der Kinder. 2. Aufl. Münster 2016 [zitiert als: *Schickhardt*, Kinderethik].

Schmahl, Stefanie: Kinderrechtskonvention. Mit Zusatzprotokollen: Handkommentar. 2. Aufl. 2017 [zitiert als: *Schmahl*, KRK].

Schmidt, A.-K./Krones, Tanja: Aufklärungsgespräche in der Pädiatrie, Monatsschrift Kinderheilkunde 2016, S. 122–128.

Schmidt-Recla, Adrian: Kontraindikation und Kindeswohl. Die "zulässige" Knochenmarkspende durch Kinder, GesR 2009, S. 566–572.

ders.: Auf den Trümmern der Unterbringungsgesetze der Länder und im Niemandsland zwischen Einsichts- und Einwilligungsfähigkeit, MedR 2013, S. 567–570.

ders.: Das Recht als Willensgenerator. Juristische Konstruktionen zu Wille und Wollen, in: Thorsten Moos/Christoph Rehmann-Sutter/Christina Schües (Hrsg.), Randzonen des Willens. Anthropologische und ethische Probleme von Entscheidungen in Grenzsituationen, Frankfurt am Main, Bern, Bruxelles 2016, S. 147–169.

ders.: Karlsruhe "On Liberty". Über die Freiheitsrechte einwilligungsunfähiger Personen, MedR 2017, S. 92–96.

Schmidt-Recla, Adrian/Diener, Jens: Betreuungsrechtliche Denkfiguren auf dem Prüfstand der Zwangsbehandlung, MedR 2013, S. 6–11.

Schöne-Seifert, Bettina: Grundlagen der Medizinethik. Stuttgart 2007 [zitiert als: *Schöne-Seifert*, Grundlagen der Medizinethik].

Schönke/Schröder: Strafgesetzbuch. Kommentar. Bearbeitet von Albin Eser, Walter Perron, Bernd Hecker, Frank Schuster, Detlev Sternberg-Lieben, Jörg Kinzig, Jörg Eisele, Nikolaus Bosch, Bettina Weißer, Ulrike Schittenhelm. 30. Aufl. München 2019 [zitiert als: *Bearbeiter* in: Schönke/Schröder].

Schreiber, Hans-Ludwig: Ärztliche Aufklärung - Zweck, Grenzen und Modalitäten, in: Burkhard Madea (Hrsg.), Innere Medizin und Recht. Konfrontation - Kommunikation - Kooperation, Berlin 1996, S. 17–21.

Schumann, Eva: Beschneidung nach § 1631d BGB als Kindeswohlgefährdung?, in: Isabell Götz/Gerd Brudermüller (Hrsg.), Familie - Recht - Ethik. Festschrift für Gerd Brudermüller zum 65. Geburtstag, München 2014, S. 729–741.

Schünemann, Heinrich: Einwilligung und Aufklärung von psychisch Kranken, VersR 1981, S. 306–310.

Schwab, Dieter: Entwicklungen und Perspektiven des Familienrechts, in: Bundesministerium für Familie und Senioren (Hrsg.), 40 Jahre Familienpolitik in der Bundesrepublik Deutschland. Rückblick, Ausblick ; Festschrift, Neuwied, Berlin 1993, S. 63–89.

Schweitzer, Karl-Heinz: Heilbehandlung und Selbstbestimmung. Zur Frage der Zulässigkeit ambulanter Zwangsbehandlung psychisch Kranker, FamRZ 1996, S. 1317–1324.

Schwerdtner, Eberhard: Kindeswohl oder Elternrecht? Zum Problem des Verhältnisses von Grundrechtsmündigkeit und Elternrecht, AcP 173 (1973), S. 227–249.

Schwill, Florian: Aufklärungsverzicht und Patientenautonomie. Das Recht des Patienten zum Verzicht auf die ärztliche Aufklärung. Marburg 2007 [zitiert als: *Schwill*, Aufklärungsverzicht].

Seizinger, Kurt: Der Konflikt zwischen dem Minderjährigen und seinem gesetzlichen Vertreter bei der Einwilligung in den Heileingriff im Strafrecht 1976 [zitiert als: *Seizinger*, Einwilligung in den Heileingriff].

Sieber, Hanne: Partizipation von Kindern im Gesundheitswesen, Paediatr. Paedolog. Austria 2014 (Sonderheft 1), S. 25–30.

Siegler, Robert/Eisenberg, Nancy/DeLoache, Judy/Saffran, Jenny: Die Entwicklung von Kindern: Eine Einführung, in: Sabine Pauen (Hrsg.), Entwicklungspsychologie im Kindes- und Jugendalter. 4. Aufl., Berlin, Heidelberg 2016, S. 1–35.

dies.: Theorien der kognitiven Entwicklung, in: Sabine Pauen (Hrsg.), Entwicklungspsychologie im Kindes- und Jugendalter. 4. Aufl., Berlin, Heidelberg 2016, S. 117–154.

Siegler, Robert S./Chen, Zhe: Development of rules and strategies: balancing the old and the new, Journal of Experimental Child Psychology 2002, S. 446–457.

Siegrist, Johannes: Die ärztliche Rolle im Wandel, Bundesgesundheitsblatt 2012, S. 1100–1105.

Sodian, Beate: Denken, in: Wolfgang Schneider/Ulman Lindenberger (Hrsg.), Entwicklungspsychologie. 8. Aufl., Weinheim 2018, S. 395–422.

Soergel: Bürgerliches Gesetzbuch mit Einführungsgesetz und Nebengesetzen. Kommentar. Begründet von Hans Theodor Soergel. Band 2 Allgemeiner Teil 2. §§ 104-240. 13. Aufl. Stuttgart 1999 [zitiert als: *Bearbeiter* in: Soergel].

Spickhoff, Andreas: Die Patientenautonomie am Lebensende: Ende der Patientenautonomie?, NJW 2000, S. 2297–2304.

ders.: Autonomie und Heteronomie im Alter, AcP 208 (2008), S. 345–415.

ders.: Nach der Reform ist vor der Reform: Zur Neuregelung der Zwangsbehandlung im Zivilrecht, FamRZ 2017, S. 1633–1639.

ders.: Einwilligungsfähigkeit und Geschäftsfähigkeit von Minderjährigen im Kontext medizinischer Behandlungen, FamRZ 2018, S. 412–425.

ders.: Medizinrecht. 3. Aufl. München 2018 [zitiert als: *Bearbeiter* in: Spickhoff].

Stark, Wolfgang: Empowerment. Neue Handlungskompetenzen in der psychosozialen Praxis. Freiburg im Breisgau 1996 [zitiert als: *Stark*, Empowerment].

ders.: Gestalten lernen - Stärken entdecken. Empowerment: Eine neue Kultur der Sozialen Arbeit, Thema Jugend 2002, S. 11–13.

Staudinger [2007]: J. von Staudingers Kommentar zum Bürgerlichen Gesetzbuch mit Einführungsgesetz und Nebengesetzen. Buch 4 Familienrecht. §§ 1626-1633; Anhang zu § 1631: RKEG; §§ 1631a-1633 (Elterliche Sorge 1 - Inhaberschaft und Inhalt). Berlin, Saarbrücken 2007 [zitiert als: *Bearbeiter* in: Staudinger (2007)].

ders: J. von Staudingers Kommentar zum Bürgerlichen Gesetzbuch mit Einführungsgesetz und Nebengesetzen. Buch 2 Recht der Schuldverhältnisse. §§ 677-704 (Geschäftsführung ohne Auftrag). Berlin, Saarbrücken 2015 [zitiert als: *Bearbeiter* in: Staudinger (2015)].

ders.: J. von Staudingers Kommentar zum Bürgerlichen Gesetzbuch mit Einführungsgesetz und Nebengesetzen. Buch 4 Familienrecht. §§ 1626-1633; RKEG (Elterliche Sorge 1 - Inhaberschaft und Inhalt). Berlin, Saarbrücken 2015 [zitiert als: *Bearbeiter* in: Staudinger (2015)].

ders: J. von Staudingers Kommentar zum Bürgerlichen Gesetzbuch mit Einführungsgesetz und Nebengesetzen. Buch 1 Allgemeiner Teil. §§ 90-124; 130-133 (Sachen und Tiere, Geschäftsfähigkeit, Willenserklärung). Berlin, Saarbrücken 2017 [zitiert als: *Bearbeiter* in: Staudinger (2017)].

ders: J. von Staudingers Kommentar zum Bürgerlichen Gesetzbuch mit Einführungsgesetz und Nebengesetzen. Buch 3 Sachenrecht. Einleitung zum Sachenrecht §§ 854-882. Berlin, Saarbrücken 2018 [zitiert als: *Bearbeiter* in: Staudinger (2018)].

Steenbreker, Thomas: Zivilrechtliche Unbeachtlichkeit eines "natürlichen Willens" für den Widerruf der Patientenverfügung, NJW 2012, S. 3207–3211.

Steindorff, Ernst: Persönlichkeitsschutz im Zivilrecht. Heidelberg 1983 [zitiert als: *Steindorff*, Persönlichkeitsschutz im Zivilrecht].

Steindorff-Classen, Caroline: Europäischer Kinderrechtsschutz nach dem EU-Reformvertrag von Lissabon, EuR 2011, S. 19–39.

Steinfath, Holmer: Das Wechselspiel von Autonomie und Vertrauen - eine philosophische Einführung, in: Holmer Steinfath/Claudia Wiesemann (Hrsg.), Autonomie und Vertrauen. Schlüsselbegriffe der modernen Medizin, Wiesbaden 2016, S. 11–68.

Steinfath, Holmer/Pindur, Anne-Marie: Patientenautonomie im Spannungsfeld philosophischer Konzeptionen von Autonomie, in: Claudia Wiesemann/Alfred Simon (Hrsg.), Patientenautonomie. Theoretische Grundlagen, praktische Anwendungen, Münster 2013, S. 27–41.

Stern, Klaus: Das Staatsrecht der Bundesrepublik Deutschland. München 1988 [zitiert als: *Stern*, Staatsrecht III/1].

ders.: Das Staatsrecht der Bundesrepublik Deutschland. Der Schutz und die freiheitliche Entfaltung des Individuums. Unter Mitwirkung von Michael Sachs und Johannes Dietlein. München 2006 [zitiert als: *Stern*, Staatsrecht IV/1].

Sternberg-Lieben, Detlev: Die objektiven Schranken der Einwilligung im Strafrecht. Tübingen 1997 [zitiert als: *Sternberg-Lieben*, Schranken der Einwilligung].

Sternberg-Lieben, Detlev/Reichmann, Philipp C.: Die gesetzliche Regelung der Patientenverfügung und das medizinische Selbstbestimmungsrecht Minderjähriger, NJW 2012, S. 257–262.

Stivers, Tanya: Physician-child interaction: When children answer physicians´questions in routine medical encounters, Patient Educ Couns 87 (2012), S. 3–9.

Surall, Frank: Ethik des Kindes. Kinderrechte und ihre theologisch-ethische Rezeption. Stuttgart 2009 [zitiert als: *Surall*, Ethik des Kindes].

Tan, Jacinta O. A./Fegert, Jörg M.: Capacity and Competence in Chilld and Adolescent Psychiatry, Health care analysis 2004, S. 285–294.

Tates, Kiek/Elbers, Ed/Meeuwesen, Ludwien/Bensing, Jozien: Doctor-parent-child relationship: a 'pas de trois', Patient Educ Couns 48 (2002), S. 5–14.

dies.: Joking or decision-making? Affective and instrumental behaviour in doctor-parent-child communication, Psychology & Health 2002, S. 281–295.

Taupitz, Jochen: Das Recht auf Nichtwissen, in: Peter Hanau/Günther Wiese (Hrsg.), Festschrift für Günther Wiese zum 70. Geburtstag, Neuwied 1998, S. 583–602.

ders.: Empfehlen sich zivilrechtliche Regelungen zur Absicherung der Patientenautonomie am Ende des Lebens? Gutachten A für den 63. Deutschen Juristentag. München 2000 [zitiert als: *Taupitz*, Gutachten A].

ders.: Medizinische Forschung an jungen und alten Patienten, MedR 2012, S. 583–588.

ders.: Genetische Untersuchungen zur Klärung der Abstammung, MedR 2013, S. 1–6.

ders.: Haftung der Eltern für Schäden ihres Kindes aufgrund seiner Teilnahme an genetischer Forschung., in: Isabell Götz/Gerd Brudermüller (Hrsg.), Familie - Recht - Ethik. Festschrift für Gerd Brudermüller zum 65. Geburtstag, München 2014, S. 813–822.

Taupitz, Jochen/Fröhlich, Uwe: Medizinische Forschung mit nichteinwilligungsfähigen Personen - Stellungnahme der Zentralen Ethikkommission -, VersR 1997, S. 911–918.

Tegtmeyer-Metzdorf, Harald/Grundmann, Reinhart: Krankenhausarzt und Recht. Aufklärung, Behandlungsfehler, Dokumentation und Schweigepflicht im Krankenhaus; eine Übersicht über die Rechtsprechung sowie relevante Gesetzesvorschriften und Verordnungen in der Bundesrepublik Deutschland. Melsungen 1990 [zitiert als: *Tegtmeyer-Metzdorf/Grundmann*, Krankenhausarzt und Recht].

Tempel, Otto: Inhalt, Grenzen und Durchführung der ärztlichen Aufklärungspflicht unter Zugrundelegung der höchstrichterlichen Rechtsprechung, NJW 1980, S. 609–617.

Theunissen, Georg/Plaute, Wolfgang: Handbuch Empowerment und Heilpädagogik. Freiburg im Breisgau 2002 [zitiert als: *Theunissen/Plaute*, Empowerment und Heilpädagogik].

Thole, Larissa: Das Patientenrechtegesetz - Ziele der Politik, MedR 2013, S. 145–149.

Towle, A./Godolphin, W./Greenhalgh, T./Gambrill, J.: Framework for teaching and learning informed shared decision making Commentary. Competencies for informed shared decision making Commentary: Proposals based on too many assumptions, BMJ 319; 7212 (1999), S. 766–769.

Uhlenbruck, Wilhelm: Die Einwilligung in ärztliche Heileingriffe bei minderjährigen Patienten, DMW 1977, S. 65–68.

Ulsenheimer, Klaus: Therapieverweigerung bei Kindern. Strafrechtliche Aspekte, in: Christian Dierks/Toni Graf-Baumann/Hans-Gerd Lenard (Hrsg.), Therapieverweigerung bei Kindern und Jugendlichen. Medizinrechtliche Aspekte, Berlin, New York 1995, S. 65–96.

ders.: Arztstrafrecht in der Praxis. Herausgegeben von Klaus Ulsenheimer, Elmar Biermann, Rolf-Werner Bock. 5. Aufl. Heidelberg, Hamburg 2015 [zitiert als: *Bearbeiter* in: Ulsenheimer].

UN-KRA: General Comment No 12, The right of the child to be heard. CRC/C/GC/12 vom 20.07.2009 (abrufbar unter <*http://docstore.ohchr.org/SelfServices/FilesHandler.ashx?enc=6QkG1d%2fPPRiCAqhKb7yhsqIkirKQZLK2M58RF%2f5F0vHKTUsoHNPBW0noZpSp5d6MSKiT0*

9ePYFY4cH5tmyyvg3YyYVL7uIXAET9fcgaUxKNMYk2%2faPGF8Uay9K0wAPru > zuletzt abgerufen am 12.02.2024) [zitiert als: *UN-KRA*, General Comment No. 12 (2009)].

v. Mangoldt/Klein/Starck: Kommentar zum Grundgesetz. Band 1. Präambel, Artikel 1-19. Herausgegeben von Peter M. Huber, Andreas Voßkuhle. 7. Aufl. München 2018 [zitiert als: *Bearbeiter* in: v. Mangoldt/Klein/Starck].

van Bueren, Geraldine: The international law on the rights of the child. The Hague 1998 [zitiert als: *van Bueren*, Rights of the Child].

Vogel, Harald: Die familiengerichtliche Genehmigung der Unterbringung mit Freiheitsentziehung bei Kindern und Jugendlichen nach § 1631b BGB. Vor und nach Inkrafttreten des FGG-RG unter Auswertung der Jahrgangsakten 2008 - 2011 des Amtsgerichts Tempelhof-Kreuzberg. Bielefeld 2014 [zitiert als: *Vogel*, familiengerichtliche Genehmigung der Unterbringung nach § 1631b BGB].

ders.: Familiengerichtliche Genehmigung der freiheitsentziehenden Unterbringung bei Kindern und Jugendlichen nach § 1631b BGB, FamRZ 2015, S. 1–7.

Voll, Doris: Die Einwilligung im Arztrecht. Eine Untersuchung zu den straf-, zivil- und verfassungsrechtlichen Grundlagen, insbesondere bei Sterilisation und Transplantation unter Berücksichtigung des Betreuungsgesetzes. Frankfurt am Main u.a. 1996 [zitiert als: *Voll*, Einwilligung].

Vollmann, Jochen: Einwilligungsfähigkeit als relationales Modell. Klinische Praxis und medizinethische Analyse, Nervenarzt 2000, S. 709–714.

Voßkuhle, Andreas/Wischmeyer, Thomas: Grundwissen - Öffentliches Recht: Die Rechtsverordnung, JuS 2015, S. 311–314.

Wapler, Friederike: Kinderrechte und Kindeswohl. Tübingen 2015 [zitiert als: *Wapler*, Kinderrechte und Kindeswohl].

Weber, Alexandra K./Duttge, Gunnar/Höger, Christoph: Das Selbstbestimmungsrecht einwilligungsfähiger Minderjähriger als Grenze der ärztlichen Offenbarungsbefugnis nach §4 KKG, MedR 2014, S. 777–784.

Weber, Martin/Leeb, Christina-Maria: Die verdeckte Gabe von Medikamenten als ärztliche Zwangsmaßnahme i. S. v. § 1906 Abs. 3 BGB. Zugleich Besprechung der Entscheidung des AG Ratzeburg v. 10.12.2013, BtPrax 2014, S. 93 ff., BtPrax 2014, S. 119–121.

Webster, M. Louise/Skeen, Jane E.: Communicating with Children: their Understanding, Information Needs, and Processes, in: Andrés Martin/Myriam Weyl Ben A-rush/Shulamith Kreitler (Hrsg.), Pediatric psychooncology. Psychosocial aspects and clinical interventions. 2. Aufl., Chichester, West Sussex, Hoboken, NJ 2012, S. 71–91.

Weinreich, Gerd/Klein, Michael: Fachanwaltskommentar Familienrecht. 5. Aufl. Köln 2013 [zitiert als: *Bearbeiter* in: Weinreich/Klein].

Wentura, D./Greve, Werner/Klauer, T.: Bewältigungstheorien, in: Dieter Frey/Martin Irle (Hrsg.), Theorien der Sozialpsychologie. Band III. Motivations-, Selbst- und Informationsverarbeitungstheorien. 2. Aufl., Bern 2002, S. 101–125.

WHO, World Health Organization: The World Health Report (2008). Primary Health Care - Now More Than Ever (abrufbar unter < *https://www.paho.org/en/documents/world-health-report-2008-phc-now-more-ever*> zuletzt abgerufen am 12.02.2024) [zitiert als: *WHO*, World Health Report (2008)].

Wiesemann, Claudia: Die Autonomie des Patienten in der modernen Medizin, in: Claudia Wiesemann/Alfred Simon (Hrsg.), Patientenautonomie. Theoretische Grundlagen, praktische Anwendungen, Münster 2013, S. 13–26.

dies.: Vertrauen als moralische Praxis - Bedeutung für Medizin und Ethik, in: Holmer Steinfath/Claudia Wiesemann (Hrsg.), Autonomie und Vertrauen. Schlüsselbegriffe der modernen Medizin, Wiesbaden 2016, S. 69–99.

Wiesemann, Claudia/Peters, Sabine: Kindeswohl und Kindeswille in der Medizin. Eine ethische Analyse, Frühe Kindheit 2013, S. 23–29.

Wille, Jörn: § 1631b BGB in der amtsgerichtlichen Praxis, ZfJ 2002, S. 85–95.

Wilz, Gabriele/Meichsner, Franziska: Einbezug von Familienangehörigen chronisch Kranker in die Arzt-Patient-Kommunikation, Bundesgesundheitsblatt 2012, S. 1125–1131.

Wissenschaftlicher Beirat der Bundesärztekammer: Ethische und rechtliche Probleme bei der Behandlung bösartiger Erkrankungen bei Kindern und Jugendlichen, DÄBl. 1994, S. A-3204–3208.

ders.: Placebo in der Medizin. Köln 2011 [zitiert als: *Wissenschaftlicher Beirat der Bundesärztekammer*, Placebo in der Medizin].

Wölk, Florian: Der minderjährige Patient in der ärztlichen Behandlung, MedR 2001, S. 80–89.

Zacher, Hans F.: Elternrecht, in: Josef Isensee/Paul Kirchhof (Hrsg.), Handbuch des Staatsrechts der Bundesrepublik Deutschland. Band VI, Freiheitsrechte. 2. Aufl., Heidelberg 1989, § 134, S. 265-328.

Zimmer, Angelika: Das Sorge- und Umgangsrecht im Lichte der Kindschaftsrechtsreform. Eine interdisziplinäre Betrachtung. Berlin 2011 [zitiert als: *Zimmer*, Sorge- und Umgangsrecht].

Zimmermann, Walter: Praxisprobleme der ärztlichen Zwangsbehandlung bei Betreuten, NJW 2014, S. 2479–2481.

Zipf, Heinz: Einwilligung und Risikoübernahme im Strafrecht. Neuwied 1970 [zitiert als: *Zipf*, Einwilligung und Risikoübernahme].

Zitelmann, Ernst: Ausschluß der Widerrechtlichkeit, AcP 99 (1906), S. 1–130.

Zolnierek, Kelly B. Haskard/Dimatteo, M. Robin: Physician communication and patient adherence to treatment. A meta-analysis, Med Care 2009, S. 826–834.

Zuck, Rüdiger: Der Standort der besonderen Therapierichtungen im deutschen Gesundheitswesen, NJW 1991, S. 2933–2938.

Bonner Schriften zu Medizin, Recht und Gesundheitsethik

hrsg. von Prof. Dr. Hartmut Kreß, Prof. Dr. Lukas Radbruch und Prof. Dr. Torsten Verrel

Lea Stefanie Orbach
§217 StGB und Palliativmedizin – Eine Gefahr für Ärztinnen und Ärzte?
Eine Betrachtung in Theorie und Praxis
Im Spannungsfeld von Selbstbestimmung und Lebensschutz wird seit Jahrzehnten über Sterbehilfe diskutiert. Die Einführung von § 217 StGB, der Sterbehilfeorganisationen sowie Suizidbeihilfe in organisierter Form verbietet, und ein umstrittenes Urteil des BVerwG aus dem Jahr 2017, sorgen zudem für Klärungsbedarf. Mit Spannung wird daher die Entscheidung des BVerfG erwartet, welches in Kürze über mehrere Verfassungsbeschwerden zu § 217 StGB befinden wird. Die Arbeit geht mit einer eigenen Studie der Frage nach, welche Probleme bei der Anwendung der Norm tatsächlich bestehen. Die Ergebnisse der Onlinebefragung von Justizpraktikerinnen und -praktikern geben dabei Aufschluss über das Strafverfolgungsrisiko für medizinisches Fachpersonal.
Bd. 3, 2020, 368 S., 39,90 €, br., ISBN 978-3-643-14555-0

Sonny Mark Bornhauser
Die Strafbarkeit von Listenplatzmanipulationen
Eine auf Tötungs- und Körperverletzungsdelikte bezogene Analyse von Täterschafts- und Verhaltensformen sowie Kausalitäts- und Zurechnungsfragen am Beispiel des „Göttinger Transplantationsskandals"
Bd. 2, 2017, 350 S., 39,90 €, br., ISBN 3-643-13793-7

Sascha Lanzrath
Patientenverfügung und Demenz
Bd. 1, 2016, 344 S., 39,90 €, br., ISBN 978-3-643-13444-8

Medizin – Recht – Wirtschaft

hrsg. von Prof. Dr. Jochen Taupitz (Universität Mannheim), Prof. Dr. Marcus Oehlrich (accadis Hochschule Bad Homburg)

Luisa Mühlböck
Mensch-Technik-Interaktion unter besonderer Berücksichtigung des Arzt-Patienten-Verhältnisses
Ethische, rechtliche und soziale Implikationen am Beispiel interaktiver, autonomer und vernetzter Mikroimplantate
Der Einsatz künstlich intelligenter Systeme in der Medizin wirft zahlreiche ethische, soziale und haftungsrechtliche Fragen auf. Im Arzt-Patienten-Verhältnis stellen sich diese Fragen besonders dringlich. Die vorliegende Arbeit enthält eine systematische Analyse der Verantwortlichkeiten der am KI-Einsatz im Arzt-Patienten-Verhältnis beteiligten Akteure. Am Beispiel interaktiver, autonomer und vernetzter Mikroimplantate werden die haftungsrechtlichen Implikationen näher beleuchtet und – wo erforderlich – Lösungsansätze entwickelt. Hierbei findet jeweils auch die ethisch-soziale Dimension Berücksichtigung.
Bd. 22, 2023, 364 S., 54,90 €, br., ISBN 978-3-643-15346-3

LIT Verlag Berlin – Münster – Wien – Zürich – London
Auslieferung Deutschland / Österreich / Schweiz: siehe Impressumsseite

Annette Neikes-Pani
Die Zulässigkeit von Verbraucherinformationen angesichts des Publikumswerbeverbots für verschreibungspflichtige Arzneimittel
Das Publikumswerbeverbot für verschreibungspflichtige Arzneimittel steht im Widerspruch zum Leitbild des „mündigen Patienten", soweit es für den Patienten nützliche Information unterdrückt. Legislatorische Bemühungen, eine Klarstellung zur Abgrenzung von Werbung und zulässiger nützlicher Information zu schaffen, blieben erfolglos. Die vorliegende Arbeit untersucht die umfassende Rechtsprechung und Literatur zur Problematik und prüft aktuelle Praxisfälle, um die Grenze des heute Zulässigen zu ermitteln. Dabei geht es nicht nur um Informationen der Hersteller, sondern auch „Dritter" wie der Ärzteschaft, der Medien oder des Staats. Ein Knackpunkt in der Beantwortung der Frage ist, inwieweit das Verbot als abstraktes Gefährdungsdelikt teleologisch und grundrechtskonform einschränkend ausgelegt werden kann.
Bd. 21, 2021, 398 S., 49,90 €, br., ISBN 978-3-643-15070-7

Wiebke Droste
Produkthaftungsrecht und Produzentenhaftung in der digitalen Medizinproduktewelt
Ethische, rechtliche und soziale Implikationen am Beispiel interaktiver, autonomer und vernetzter Mikro-Implantate
Vernetzungsfähige Endgeräte wie Tablets und Smartphones kommen zunehmend in der Gesundheitsversorgung als mobile Medizinprodukte (mHealth-Produkte) zum Einsatz. Daneben gewinnt auch der Einsatz Künstlicher Intelligenz in der Medizintechnik immer mehr an Bedeutung. Die vorliegende Arbeit untersucht, ob das bestehende zivilrechtliche Haftungssystem in der Lage ist, die juristischen Problemstellungen vernetzungsfähiger mHealth-Produkte in Verbindung mit dem Einsatz Künstlicher Intelligenz in angemessener Weise bewältigen zu können. Zur Lösung der aufgezeigten Schwächen des geltenden Haftungsregimes wird ein Vorschlag für ein mögliches Haftungskonzept unterbreitet. Daneben werden auch datenschutz- und persönlichkeitsrechtliche Fragestellungen beim Einsatz intelligenter vernetzungsfähiger Medizinprodukte beleuchtet.
Bd. 20, 2020, 278 S., 44,90 €, br., ISBN 978-3-643-14747-9

Marie Schreiber
Die medizinische Forschung mit abgetrennten Körpersubstanzen Minderjähriger
Bd. 19, 2019, 396 S., 59,90 €, br., ISBN 978-3-643-14364-8

Henrike Fleischer
Rechtliche Aspekte der Systemmedizin
Der Umgang mit Gesundheitsdaten und -informationen in der Big Data-basierten Medizin unter besonderer Berücksichtigung des Gendiagnostikgesetzes
Bd. 18, 2018, 394 S., 64,90 €, br., ISBN 978-3-643-14211-5

Andrea Leonie Sautter
Forschung im Rahmen der postmortalen Organtransplantation
Bd. 17, 2018, 282 S., 44,90 €, br., ISBN 978-3-643-14113-2

Benjamin Hermes
Die Ethikkommissionen für Präimplantationsdiagnostik
Bd. 16, 2017, 306 S., 44,90 €, br., ISBN 978-3-643-13720-3

LIT Verlag Berlin – Münster – Wien – Zürich – London
Auslieferung Deutschland / Österreich / Schweiz: siehe Impressumsseite

Markus Fuderer
Hochschullehrer als Sponsor einer klinischen Prüfung nach dem Arzneimittelgesetz
Bd. 15, 2016, 312 S., 39,90 €, br., ISBN 978-3-643-13414-1

Ferdinand Weis
Technodoping
Bd. 14, 2016, 256 S., 39,90 €, br., ISBN 978-978-3-643-13281-9

Studien zum Medizinstrafrecht

hrsg. von Prof. Dr. Martin Waßmer (Universität zu Köln)

Pia Martini
Die Mitochondrien-Ersatztherapie im Kontext von Recht und Ethik
Die wachsende Nachfrage führt zu stetigen Entwicklungen im Bereich der Kinderwunschbehandlungsmedizin. Mit der Mitochondrien-Ersatztherapie soll die Vererbung genetischer Mitochondriopathien verhindert werden. Dabei führt die in vitro durchgeführte Methode zu einem Individuum, das das Erbgut von drei Personen in sich trägt. Die Autorin kommt zu dem Schluss, dass die Methode durch das Embryonenschutzgesetz untersagt ist, und beleuchtet das strafrechtliche Verbot unter rechtlichen sowie ethischen Gesichtspunkten.
Bd. 3, 2022, 350 S., 44,90 €, gb., ISBN 978-3-643-15127-8

Larissa Guderian
Off-Label- and Compassionate Use
Eine Betrachtung der zulassungs-, zivil- und strafrechtlichen Aspekte
Der Off-Label- und Compassionate Use ist fest in den medizinischen Alltag integriert und vor allem in der Onkologie und Pädiatrie ein notwendiger Bestandteil. Aufgrund der bislang nur sporadisch gesetzlichen Verankerung besteht trotz der medizinischen Notwendigkeit weitestgehend Rechtsunsicherheit. Es gilt daher, durch korrespondierende Lösungsansätze die Einzelfallgerechtigkeit, Rechtssicherheit und eine einheitliche Handhabung zu fördern. Wichtig ist insbesondere die Normierung eines vereinfachten Zulassungsverfahrens, das einen schnelleren und sicheren Wechsel vom Off- zum On-Label-Use ermöglicht.
Bd. 2, 2021, 364 S., 49,90 €, gb., ISBN 978-3-643-14877-3

Ayla Sommer
Die Verletzung der ärztlichen Schweigepflicht im Zusammenhang mit Kindesmisshandlungen
Eine Betrachtung der Rechtslage in Deutschland, Österreich und der Schweiz
Gewalt gegen Kinder ist ein globales und alltägliches Problem. Vor allem Ärztinnen und Ärzten kommt bei der Entdeckung von Misshandlungen eine Schlüsselrolle zu. Doch sind sie als Berufsgeheimnisträger zugleich zur Verschwiegenheit verpflichtet. Dieser Konflikt wurde 2012 durch Verabschiedung des § 4 KKG erstmals geregelt. Dessen Analyse ist Gegenstand dieser Arbeit. Rechtsvergleichend werden die entsprechenden Regelungen aus Österreich und der Schweiz in die Betrachtung mit einbezogen. Auf dieser Grundlage wird am Ende ein Verbesserungsvorschlag für das deutsche Recht unterbreitet.
Bd. 1, 2020, 328 S., 44,90 €, gb., ISBN 978-3-643-14669-4

LIT Verlag Berlin – Münster – Wien – Zürich – London
Auslieferung Deutschland / Österreich / Schweiz: siehe Impressumsseite